普通高等教育"十二五"系列教材

U0643320

电力电子技术

（第二版）

石新春　王　毅　孙丽玲　编

段善旭　主审

中国电力出版社
CHINA ELECTRIC POWER PRESS

内 容 提 要

本书由电力电子器件、基本电力变换电路和电力电子技术在电力系统中的应用等部分组成，共分为 9 章。其主要内容包括电力电子器件、相控整流电路、直流斩波电路与交流电力控制电路、无源逆变电路、PWM 控制技术、高压直流输电、静止无功补偿装置、有源电力滤波器、电力电子技术在风力发电中的应用等。本书在讲述电力电子学基本理论的基础上，突出了应用技术所占的比重。

本书既可作为电气类、自动化类等相关专业电力电子课程的本科教材，也可作为相关专业研究生的参考教材，同时可作为相关工程技术人员的参考用书。

图书在版编目（CIP）数据

电力电子技术/石新春，王毅，孙丽玲编. —2 版. —北京：
中国电力出版社，2013.10（2023.2 重印）
普通高等教育"十二五"规划教材
ISBN 978 - 7 - 5123 - 4897 - 4

Ⅰ. ①电… Ⅱ. ①石… ②王… ③孙… Ⅲ. ①电力电子技
术-高等学校-教材 Ⅳ. ①TM1

中国版本图书馆 CIP 数据核字（2013）第 215943 号

中国电力出版社出版、发行

（北京市东城区北京站西街 19 号 100005 http：//www.cepp.sgcc.com.cn）
三河市百盛印装有限公司印刷
各地新华书店经售

＊

2006 年 3 月第一版
2013 年 10 月第二版 2023 年 2 月北京第十三次印刷
787 毫米×1092 毫米 16 开本 14 印张 341 千字
定价 26.60 元

前　言

作为对电能高效变换和控制的重要手段，电力电子技术一直处在蓬勃发展之中，而智能电网与新能源应用的兴起为电力电子技术提供了更为广阔的空间。如今电力电子技术已经成为高等院校电气工程及其自动化专业的必修课程，而且与其专业课程的联系日益紧密。本书在介绍电力电子器件、分析电力变换电路的基础上，引入了电力电子技术在电力系统中的典型应用，便于学生将电力电子技术的基础理论与应用领域的知识相结合，加深了解电力系统中先进电力电子变换装置的性能，为进一步深入学习智能电网与新能源领域的专业知识奠定基础。

从本书第一版出版至今，电力电子技术在拓扑结构、控制技术和应用领域都有新的发展。本书第二版重点对直流斩波电路、PWM控制技术、多电平电路的内容进行了补充和完善，在应用部分将"电力电子技术在风力发电中的应用"替代了第一版中的"电力电子技术在同步电机中的应用"，以突出电力电子技术在新能源领域的重要作用。

本书内容可分为器件、电路、控制和应用四个部分，第1章介绍典型的电力电子器件，第2～4章分析了四种基本类型的电力变换电路的原理，第5章阐述了PWM控制的原理和实现方法，第6～9章则介绍了电力电子技术在电力系统中的典型应用。第1章首先简述电力电子器件的概念、基本类型和特点；然后重点介绍了几种广泛应用的电力电子器件的工作原理、基本特性、主要参数及应用情况；最后简单介绍一些新型电力电子器件及电力电子器件的发展趋势。第2章分析了重点电路——相控整流电路的工作原理，以及其有源逆变工作状态、变压器漏抗影响、谐波和无功等问题。第3章则涵盖了DC-DC变换电路和AC-AC变换电路两部分内容。第4章分析了方波控制下的电压型、电流型和谐振型的无源逆变电路的工作原理。第5章介绍为获得正弦化交流输出波形的正弦脉宽调制（SPWM）的基本原理、实现方法、谐波特点等，并着重阐述基于PWM控制技术的DC-AC变换电路——PWM变流器的工作原理。第6章介绍了整流电路的典型应用——高压直流输电的发展概况、应用现状、基本组成、换流器及控制系统的基本原理。第7章介绍了交流电力变换电路在电力系统中的应用——静止无功补偿的基本原理，具体阐述了晶闸管控制电抗器（TCR）、晶闸管投切电容器（TSC）和静止同步补偿器（STATCOM）的工作原理。而第8章和第9章均是介绍PWM变流器在电力系统中的应用装置。第8章首先介绍有源滤波器的基本原理和结构、发展现状和应用情况、三相电路的瞬时无功功率理论以及检测方法，最后着重介绍了目前应用比较广泛的并联型有源电力滤波器。第9章主要介绍风力发电的发展、风力发电机组的主要类型、典型风力发电机组的工作原理以及电力电子技术在风力发电中的应用。

为了便于教学和提高学生的学习兴趣，本教材还配套了多媒体课件、基于PSIM软件的电力电子电路仿真程序，帮助学生深入分析和理解各种变换电路的拓扑结构和控制原理，并能进一步对电路的参数进行设计和优化。

在本书的编写过程中得到了华北电力大学杨京燕、朱凌等老师们的支持和帮助，同时该教研室的研究生马韬、郭秀红、韩冰、苏小晴、马然等同学参与了部分内容校对、文字录入及插图绘制工作，在此向他们表示感谢。

华中科技大学的段善旭教授在审阅本书的过程中提出了许多宝贵意见，编者在此表示衷心感谢。

编者殷切希望广大读者对书中内容的疏漏、错误之处给予批评指正。

编　者

2013 年 6 月于华北电力大学

第一版前言

　　电力电子技术又称为功率电子技术，它是用于电能变换和功率控制为主要目的的电子技术。电力电子技术是弱电控制强电的方法和手段，是当代高新技术发展的重要内容，也是支持电力系统技术革新和技术革命发展的重要基础，并成为节能降耗、增产节约、提高生产效能的重要技术手段。随着微电子技术、计算机技术以及大功率电力电子技术的快速发展，极大地推动了电工技术、电气工程和电力系统的技术发展和技术进步。

　　电力电子器件是电力电子技术发展的基础。正是大功率晶闸管的发明，使得半导体变流技术从电子学中分离出来，发展成为电力电子技术这一专门的学科。而20世纪九十年代各种全控型大功率半导体器件的发明，极大地拓展了电力电子技术应用和覆盖的领域和范围。电力电子技术的应用领域已经深入到国民经济的各个部门，包括钢铁、冶金、化工、电力、石油、汽车、运输以及人们的日常生活。功率范围大到几千兆瓦的高压直流输电，小到不足1W的手机电池充电器，电力电子技术的应用随处可见。据统计，在发达的工业化国家，电厂发出的电力有60％以上要经过各种电力电子装置变换以后才最终使用。电力电子技术提高了用电效率，降低了能源的消耗，方便了人们的生活，提高了劳动生产率。各个电力电子设备的生产厂家形成了相关的产业群体，是国民经济的重要组成部分。

　　电力电子技术在电力系统中的应用也有长足的发展。例如，高压直流输电（HVDC）、静止无功补偿（SVC）、大型发电机静止励磁、抽水蓄能机组的软启动、超高压交流输电线的可控串联补偿（TCSC）等。电力电子技术是电力系统中发展最快、最具活力的组成部分。电力电子装置与传统的以机械式开关操作的设备相比，具有动态响应快，控制方便、灵活的特点，能够显著地改善电力系统的特性，在提高系统稳定、降低运行风险、节约运行成本方面具有很大的潜力。最近，电力系统的研究发展的热点"灵活交流输电系统"就是以电力电子技术在电力系统的应用为主要的技术手段，以改进和提高电力系统的可控性和灵活性为主要目的。各种用户的特制电力供电方式也离不开电力电子技术。

　　本书由电力电子器件、基本电力变换电路和电力电子技术在电力系统中的应用三大部分组成。第1章系统介绍了电力电子器件的发展概貌、各种典型电力电子器件的原理、结构、特性和参数；第2～5章讲述了四种基本电力变换电路的原理及其控制方法；第6～9章以电力系统为背景，介绍了各种电力变换电路的典型应用：高压直流输电、静止无功补偿、有源电力滤波、同步电机控制。相对于其他电力电子教材，本书突出了应用技术所占的比重，体现了作为一门工程技术，基础理论与应用技术并重的特点。

　　本书力求概念清晰、结构严谨、深入浅出、内容新颖，并结合电力系统的特点，做到理论联系实际，照顾到行业特点和实用性。本书适合电气工程专业、自动化专业的本科学生学习，也适合从事相关工作的技术人员阅读和参考。

本书由华北电力大学石新春教授、杨京燕教授和王毅博士合作编写，由朱凌副教授审阅。在编写过程中得到了许多同仁们的关怀和支持，并参阅了许多同行专家的论著和文献，在此一并表示感谢。由于时间仓促、编者水平所限，书中错误之处在所难免，敬请同行和广大读者批评指正。

编　者

2005 年 12 月于华北电力大学

目　录

绪　　论

1. 电力电子技术的概念

电力电子技术是研究电力变换和控制的一门工程技术，目的是为了更方便、更为有效地使用电能，使电能更好地为人们服务。按照美国 IEEE 电力电子学会的定义，电力电子技术是有效地使用功率半导体器件，应用电路和控制理论以及分析开发工具，实现对电能高效的变换和控制的一门技术，它包括电压、电流、频率和波形等方面的变换。国际电工委员会认为，电力电子技术就是应用于电力领域的电子技术，它是电气工程三大领域——电力、电子和控制之间的边缘学科，被学术界普遍承认的倒三角（见图 0 - 1）形象地描述了这一特征。采用变压器、交流电动机—直流发电机组等方式也可对电能进行变换，但因为不含有电力电子器件，所以不属于电力电子技术的范畴。

电力电子技术通常分为电力电子器件的制造技术、电力电子器件和电路的应用技术，即变流技术。器件制造技术包括各种功率半导体器件的设计、测试、模型分析、工艺及数字仿真等，是电力电子技术的基础。变流技术包括用电力电子器件构成各种电力变换电路并对其进行控制的技术，以及由这些电路构成电力电子装置及系统的技术。器件制造技术和变流技术相互支持、相互促进。

电能分为直流（Direct Current—DC）和交流（Alternating Current—AC）两种类型，电力变换（Power Conversion，也称作功率变换）的基本类型就是这两种电能之间的四种变换形式，如图 0 - 2 所示。

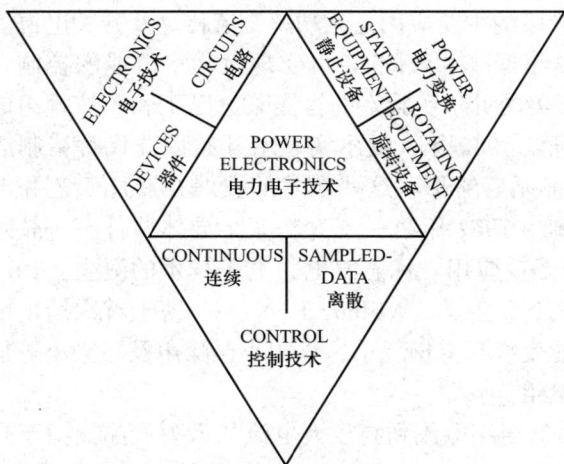

图 0 - 1　美国 W. Newell 的电力电子学定义　　　　图 0 - 2　电力变换的基本类型

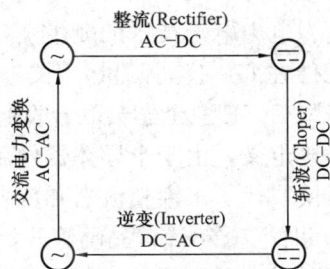

根据应用目的不同和功率强弱，电子技术可分为信息电子技术和电力电子技术两大类。信息电子技术应用于信息处理，属于弱电领域，包括微电子学、纳米电子学、光电子学等分支。基于信息电子技术出现了计算机技术、通信技术（移动通信、光纤通信、卫星通信与导

航）、互联网技术，这些技术的发展与融合使人类从电气时代走向了信息时代。而电力电子技术应用于电力变换，属于强电领域，包括器件制造技术和变流技术。经过电力电子技术对电力系统产生电能的高效变换之后，可满足航空航天、一般工业、电力传动、家用电器等各个方面的供电需求。信息电子技术和电力电子技术之间既有一定联系又有所区别。在器件的制造技术方面，二者理论基础、工艺方法相似，在电路分析方法上也有许多相通之处，如数字仿真方法等。二者的一个显著区别是：在电力电子技术中，为了避免功率损耗过大，电力电子器件总是工作在开关状态；而在信息电子技术中，既有半导体器件处于放大状态的模拟电子技术，也有半导体器件处于开关状态的数字电子技术。

电力电子技术具有以下特点。

（1）以小信号输入控制大功率输出，使电力电子设备成为强弱电之间接口。这样，电子技术和计算机的新成果可以通过这一接口移植到传统工业产品，可以促进传统工业产品的更新换代。如果把计算机比作是现代化生产设备的大脑，电动机和各种电磁执行元件是手足，而电力电子装置就是支配手足动作的肌肉和神经。

（2）在电力电子装置中，电力半导体器件一般都工作在开关状态，可以减小自身损耗，以实现对电能的高效变换。但器件在短暂的开关过程中，仍然会产生一定损耗，一般需要散热器。

（3）作为一种应用技术，电力电子技术的特点是综合性强、涉及面广、与工程实践联系密切。目前，几乎所有从兆瓦级到吉瓦级的功率变换，都会用到电力电子技术。

2. 电力电子技术的发展

（1）电力电子器件的发展。

电力电子器件是电力电子技术的基础，也是电力电子技术发展的"龙头"，其发展历程可大致分为两个阶段：1956 年～1979 年是晶闸管及其派生器件的半控型器件发展阶段，该阶段的主要应用是电解电源装置、电热冶金用电源及直流传动电源等；1980 年至今则是多种全控型电力电子器件的发展阶段，该阶段的主要应用是大功率交流传动及开关电源等。

20 世纪 30～50 年代，出现了水银整流器（汞弧阀），可实现大功率电能的控制，用于电气铁路、直流输电等。1947 年 12 月，美国贝尔实验室的肖克莱、巴丁和布拉顿组成的研究小组，研制出一种点接触型的锗晶体管。1955 年，贝尔实验室开始用硅代替锗制成了电力二极管。1956 年，贝尔实验室研制出晶闸管雏形。这些技术的发展在器件工艺和电路拓扑方面为电力电子技术的诞生奠定了基础。1957 年第一支大功率半导体器件——晶闸管的商品元件在 GE 公司问世，1958 年获得工业应用，标志着电力电子技术的诞生。1973 年 6月，美国 IEEE 三个学会联合发起召开 PESC 会议，William E. Newell 博士首次给出电力电子的经典定义。由于半导体器件用于电能变换具有损耗小、体积小、噪声及污染小等显著优点，很快取代了水银整流器和旋转变流机组。

20 世纪 70 年代，晶闸管开始形成由低压小电流到高压大电流的系列产品。由于自身容量的不断增大和性能的不断完善，已经在交流调压、调功、电解、电镀、冶金、直流调速、交流调速等电力电子设备中广泛应用，同时，非对称晶闸管、逆导晶闸管、双向晶闸管、光控晶闸管等晶闸管派生器件相继问世，其派生的半控器件在过去几乎渗透到电力电子技术应用的所有领域，其功率之大一直都是其他电力半导体器件所无法比拟的。

1969 年美国 GE 公司率先研制成功 200A/600V 的门极可关断晶闸管（GTO），从此可自关断的全控型器件受到广泛重视，并迅速发展。电力双极型晶体管（GTR）是 20 世纪 70 年代后期出现的产品，它把双极晶体管的应用领域从弱电扩展到强电领域。GTO 和 GTR 的出现，使电力电子技术的应用范围扩展到交流调速、机车牵引、开关电源、中小功率 UPS 等领域。

20 世纪 80 年代后期，电力场效应晶体管（Power MOSFET）、绝缘栅双极晶体管（IG-BT）等高频全控器件得到广泛应用，使变频器的输出波形大为改观，谐波含量大为减少，且解决了 GTO、GTR 变频器工作时产生的噪声问题。高频电力半导体器件的出现，使电力电子设备的工作频率已高达几兆赫兹，体积成倍缩小，促进了变频器和开关电源的广泛应用，对改进生产工艺水平、提高产品质量、降低能耗起到了很大的作用。此外，高频电力电子应用技术及高频传感器、高频电容、高频抗干扰技术等配套设备的迅猛发展及日趋完善，使电力电子设备的高频化应用领域迅速扩大。20 世纪 90 年代中后期集成门极换流晶闸管（IGCT）和电子注入增强栅晶体管（IEGT）的诞生，对高压大电流电力变换控制系统是一个突破。目前，IGCT、IEGT 已在大容量电力电子设备中得到应用，国内外均有成套装置应用到轧钢、造纸、水泥、煤炭等工业领域和电动汽车、城市轻轨、机车牵引、船舶推进等交通工具中。集高频、高压和大电流于一身的功率半导体复合器件的出现，标志着传统电力电子技术已经进入现代电力电子技术时代。

电力电子器件发展同时，其驱动和保护技术也日趋完善，为电力电子设备的广泛应用奠定了坚实的基础。自关断器件的基极（或门极、栅极）的驱动和快速保护在应用中是一个关键问题，为此，许多公司生产可关断器件的同时，开发生产了配套的驱动和保护电路，如日本富士电机公司生产的 GTR 厚膜驱动电路（EXB356、EXB357）、IGBT 厚膜驱动电路（EXB840、EXB841、EXB850、EXB851），日本三菱电机公司生产的 GTR 厚膜驱动电路（M572XX 系列）和 IGBT 厚膜驱动电路（M579 系列），东芝公司生产的 MOSFET 及 IGBT 混合驱动电路（TLP250），国产的 GTR、IGBT、MOSFET 及 GTO 厚膜驱动和保护电路（HL 系列），美国 IR 公司生产的 MOSFET 和 IGBT 集成驱动电路（IR21 系列）等。

为了使电力电子设备的结构紧凑、体积减小，常常把若干个电力电子器件及必要的辅助元件做成模块的形式，这给应用带来了很大的方便。后来，又把驱动、控制、保护电路和功率器件集成在一起，构成功率集成电路（PIC）。目前功率集成电路的功率都还较小，但这代表了电力电子技术发展的一个重要方向。

（2）电力变换电路的发展。

电力电子电路可以完成 AC－DC、DC－AC、DC－DC、AC－AC 等各种电力变换，而每种电力变换形式都有多种电路拓扑结构，以适应不同应用场合。整流电路、逆变电路、周波变换电路的理论在功率半导体器件出现之前的水银整流器时代，就已经发展成熟。20 世纪 70 年代以前，整流电路占主导地位；20 世纪 80 年代后逆变电路的应用日益广泛，但是整流电路仍占重要地位。这除了因为整流器应用仍然很广外，还因为在逆变器和斩波器中，都需要直流电源，这些直流电源绝大多数都是通过交流电源整流得到的。在整流电源中，目前常用的几乎都是晶闸管相控整流电路或二极管整流电路。晶闸管相控整流电路需要电网提供大量的无功功率，同时也给电网带来严重的谐波污染。二极管整流电路虽然输入电流的基波没有滞后，位移因数近似为 1，但谐波电流却很大，给电网造成了严重的污染。

电力电子设备对电网造成的污染类似现代大工业对地球的污染，也是经历先污染后治理的过程。目前这种污染仍日趋严重，但人们对防止和治理这种污染的意识已越来越强。治理电力电子设备污染的方法有两种，一种是设法补偿无功功率和抑制谐波，另一种是使电力电子设备本身不消耗无功功率，不产生谐波。补偿无功功率和抑制谐波的装置主要有静止无功功率补偿设备和电力有源滤波器，这两种设备也属电力电子技术的范畴。

与先产生谐波并消耗无功功率、再去进行抑制和补偿的方法相比较，更为积极的办法是让电力电子设备既具有所需要的功能，又不产生谐波，不消耗无功功率。为此，最基本的方法就是在整流电路中采用自关断器件，即采用高功率因数整流装置，并对其进行 PWM 控制。这样既可使输入电流无谐波，又可使其功率因数为 1。在电力电子装置中，随着开关频率的提高，开关损耗也将成比例地增加，开关损耗成了制约开关频率提高的重要原因，同时也成为器件能量损耗的主要部分，使变流器效率降低。另外，随着变流器的高频化，电磁干扰（EMI）问题也日益突出。除无功功率和谐波问题外，电磁干扰问题是电力电子设备所产生的另一公害。

20 世纪 80 年代后期出现的软开关（Soft Switching）电路是基于谐振原理，可使开关器件在零电压或零电流的条件下动作，因而在理论上可以把开关损耗降为零。零电压开关电路直流侧电压较高，需要采用耐压高的器件，而零电流开关电路的负载电流和谐振电流重叠流过器件，使器件需要的电流容量较大。用这种软开关电路可以使开关损耗降到很低，因而可以使电路的工作频率大大提高。同时，这种电路也可有效地防止电磁干扰。因此，近年来对软开关电路的研究很受关注。

20 世纪 90 年代以来，电力电子技术向高频化和大功率的方向发展，电力电子电路拓扑的研究也活跃起来。近年来一些新的电路拓扑形式如谐振型逆变电路、矩阵式变频电路、多电平逆变电路等不断涌现。人们也期待着通过对电力电子电路拓扑的不断研究，发现一些更新的拓扑形式，使电力电子设备的性能更为优良。

（3）控制技术的发展。

电力电子的控制技术包括电力电子电路的驱动控制技术（如相位控制和 PWM 控制技术）和电力电子设备应用领域的控制技术（如电机的相量控制和直接转矩控制技术）。早期的晶闸管整流器时期，主要采用的是相位控制和经典的 PI 控制。20 世纪 80 年代以来，在电力电子技术的高频化的发展过程中，一些新的控制方式逐渐占有重要地位，如 PWM 控制方式、应用静止/旋转坐标变换的矢量控制及瞬时无功功率控制、现代控制理论（包括自适应控制、采用状态观测器的控制及无差拍控制、无传感器控制等）、各种非线性控制（包括模糊控制、神经元网络控制等）。

晶闸管电路的控制主要采用相位控制方式，这使其在可控整流和有源逆变电路中有比较低的功率因数，同时有比较大的高次谐波电流，对电网产生"污染"，造成了负面影响。与晶闸管电路的相位控制方式相对应，采用全控型器件的电路的主要控制方式为脉冲宽度调制（PWM）方式。PWM 控制对推动电力电子技术的发展起了历史性的作用，其应用范围遍及斩波、逆变、整流、变频及交流调压等各种电路。目前各种新的控制方式仍不断出现，矢量控制使交流调速的控制性能可以与直流调速相媲美，使电气传动技术面目一新。由于电力电子电路良好的控制特性及现代微电子技术的不断进步，使得几乎所有新的控制理论、控制方式都得以在电力电子设备上应用或尝试。因此，近年来电力电子设备控制技术的研究十分活跃，各种现代控制理论、专家系统、模糊控制及神经元控制都是研究热点，这使得电力电子系统的控制技术发展到一个崭新的阶段。

电力电子系统控制技术的进步在很大程度上依赖于微处理器。微处理器性能的迅速提高使许多原来无法实现的控制方式得以实现。特别是 20 世纪 80 年代后期出现的具有浮点小数运算能力的 32 位 DSP 芯片，其运算速度快、功能强，已广泛运用于各种电力电子设备。目前基于微处理器的数字控制技术应用范围越来越广，在许多范围已取代了原有的模拟控制。

3. 电力电子技术的主要应用领域

进入 21 世纪，随着新理论、新器件、新技术的不断涌现，特别是与计算机控制和信息技术的日益融合，电力电子技术的应用领域也必将不断地得以拓展。目前，电力电子技术的应用已从机械、石化、纺织、冶金、电力、铁路、航空、航海等领域，进一步扩展到汽车、现代通信、家用电器、医疗设备、灯光照明等领域。以下分几个应用领域简要介绍。

（1）一般工业。

工业中大量应用各种交、直流电动机。直流电动机有良好的调速性能，为其供电的可控整流电源或直流斩波电源都是电力电子设备。近年来，由于电力电子变频技术的迅速发展，使得交流电动机的调速性能可与直流电动机相媲美，交流调速技术大量应用并占据主导地位，大至数千千瓦的各种轧钢机，小到几百瓦的数控机床的伺服电动机，以及矿山牵引等场合都广泛采用交直流调速技术。一些对调速性能要求不太高的大型鼓风机等近年来也采用了变频装置，以达到节能的目的。还有些不调速的电机为了避免启动时的电流冲击而采用了软启动装置，这种软启动装置也是电力电子设备。

电化学工业大量使用直流电源，电解铝、电解食盐水等都需要大容量整流电源。电镀装置也需要整流电源。电力电子技术还大量应用于冶金工业中的高频或中频感应加热电源、淬火电源及直流电弧炉电源等领域。

（2）交通运输。

电气化铁道中广泛采用电力电子技术。电气机车中的直流机车中采用整流装置，交流机车采用变频装置。直流斩波器也广泛用于铁道车辆。在磁悬浮列车中，电力电子技术更是一项关键技术。除牵引电动机传动外，车辆中的各种辅助电源也都离不开电力电子技术。

电动汽车的电机靠电力电子设备进行电力变换和驱动控制，其蓄电池的充电也离不开电力电子设备。一台高级汽车中需要许多控制电机，它们也要靠变频器和斩波器驱动控制。

飞机、船舶需要很多不同要求的电源，因此航空和航海都离不开电力电子技术。

电梯的驱动控制也需要电力电子技术。以前的电梯大都采用直流调速系统，而近年来交流变频调速已成为主流。

（3）电力系统。

电力电子技术在电力系统中有着非常广泛的应用。据统计，发达国家在用户最终使用的电能中，有 80% 以上的电能经过一次以上电力电子变流装置的处理。电力系统在通向现代化的进程中，电力电子技术是关键技术之一。可以毫不夸张地说，如果离开电力电子技术，电力系统的现代化是不可想象的。

以高压直流输电技术、柔性交流输电技术、用户电力技术和分布式发电技术为代表的先进电力电子技术广泛应用到我国电网中，它是建设统一智能电网的重要基础和手段。智能电网是以先进的计算机、电子设备和电力开关器件为基础，通过引入通信、自动控制和其他信息技术，从而实现对现有电力网络的改造，达到使电力系统更加经济、安全、高效和环保这一根本目标。在智能电网的几大关键性支撑技术中，蓬勃发展的现代电力电子技术的重要性逐渐凸显。

高压直流输电在长距离、大容量输电时有很大的优势，其送电端和受端的换流站均采用晶闸管变流装置。近年来，直流输电技术又有新的进展，基于电压源换流器（VSC）的柔性直流输电是一种以电压源换流器和脉冲宽度调制技术（PWM）为基础的新型直流输电技术，解决了用直流输电向无交流电源的负荷点送电的问题，可用于孤岛供电、城市配电网增容改造、交流系统间互联和大规模风力发电场并网等。

智能电网对电能质量和电网工作状况的稳定有较高要求，这些要求的实现需要电力系统有无功补偿和谐波抑制技术的密切配合。在智能电网概念出现之前就已经发展起来的柔性交流输电（FACTS）技术也是依靠电力电子设备得以实现的，可提高电网的输送容量和可靠性，由基于半控器件的静止无功补偿器（SVC）及基于可关断器件的静止同步补偿器（STATCOM）、统一潮流控制器（UPFC）、有源电力滤波器（APF）等新型电力电子设备构成，具有更为优越的无功功率补偿和谐波抑制的性能。在配电网系统中，目前广泛采用的用户电力技术装置主要有有源电力滤波器（APF）、动态电压调节器（DVR）以及配电网静止同步补偿器等电力电子设备，可用于防止电网瞬间停电、瞬时电压跌落、电压闪变等，以改善供电效果，进行电能质量控制。这些也是智能电网中配电网自动化的重要组成部分。

传统的发电方式是火力发电、水力发电以及核能发电，进入 21 世纪后，随着煤、石油及天然气等不可再生资源的逐渐消耗，人们日益感受到能源危机的逼近，越来越重视各种可再生能源构成的新型发电方式。其中风力发电、光伏发电已进入大规模发展阶段，在电网中的渗透率不断增加。由于可再生能源的能量密度低、稳定性差，这些新型的发电方式都需要电力电子技术参与调节与控制，当这些发电方式发出来的电能参与储能和联网时亦离不开电力电子技术。

在全球能源问题日益紧张的今天，智能电网的出现无疑将是一场引人瞩目和影响巨大的变革。现代电力电子技术对智能电网可以起到多方面的支撑和提升作用。随着新型电力电子器件、电路拓扑及控制技术的不断涌现，有理由相信，现代电力电子技术将更好地为智能电网的建设服务。

（4）计算机与家用电器。

计算机和各种电子设备都需要不同电压等级的直流电源供电。过去都是采用线性稳压电源或整流电源，现在已改为采用全控型器件的高频开关电源。由于高频开关电源体积小、质量轻、效率高，逐渐取代了线性电源。采用晶体管镇流器的照明灯发光效率高，节省电能显著，通常被称为"节能灯"，正逐步取代传统的白炽灯和日光灯。电视机、变频空调、洗衣机、微波炉等也都采用了电力电子技术。电力电子技术的广泛应用使我们的生活变得越来越方便。

总之，电力电子技术的应用范围十分广泛。从人类对宇宙的探索到国民经济各个环节以及人们的衣食住行都有电力电子技术的参与和贡献。现代化的社会和生活几乎每时每刻都离不开电能，而电力电子技术则是人们高效、方便地使用电能的方法和手段。电力电子技术研究的是各种电能的变换方式，也可称之为电源技术；同时它又十分重视变换过程中的节能与效率，因此，电力电子技术又是一种重要的节能技术。

4. 本书的主要内容

本书主要介绍电力电子技术的基本原理及其在电力系统中的应用，可以分为器件、电路、控制和应用四大部分。第 1 章内容为电力电子器件，作为后续电路分析的基础，重点介绍几种广泛应用的电力电子器件的工作原理、基本特性、主要参数及应用情况。第 2～5 章为四种基本电力变换电路及其控制方法，是电力电子变流技术的核心部分，也是本课程的重点学习内容。第 6～9 章为电力电子技术在电力系统中的应用介绍，涵盖了传统晶闸管相控整流电路构成的高压直流输电、IGBT 的 PWM 变流器为核心的风力发电并网控制等广泛应用的电力电子装置，分析了定电压和定电流控制、矢量控制、瞬时无功理论等不同应用领域中的控制策略。

1 电力电子器件

半导体器件不仅用于信息及信号处理，而且也用于电气与电子电路中电流与功率的控制。用于电能的变换与控制时，这些器件必须承受相当大的电流与电压，通常被称为功率半导体器件或电力电子器件，电力电子器件是电力电子技术的基础。本章首先简述电力电子器件的概念、基本类型和特点，然后重点介绍几种广泛应用的电力电子器件的工作原理、基本特性、主要参数及应用情况，最后简单介绍一些新型电力电子器件及电力电子器件的发展趋势。

1.1 概　　述

1.1.1 电力电子器件的概念与特征

电力电子器件与普通半导体器件一样，目前它所采用的主要材料仍然是单晶硅，但由于电压等级和功率要求不一样，制造工艺也有所不同。以开关方式应用于主电路之中，对电能进行变换和控制的半导体器件称为电力电子器件。其主要特点如下：

（1）电力电子器件具有体积小、质量轻、寿命长、耗电省、耐振性好等优点。

（2）与用于电子电路的半导体器件相比，由于电力电子器件直接用于电力电路，所以承受电压、电流的能力是它的重要参数，提高其所能处理电功率的能力是电力电子器件制造和应用的首要问题。

（3）电力电子器件一般都工作在开关状态，目的是为了减小本身的损耗，高效地完成对电能的变换与控制。

（4）实际应用中，电力电子器件还需要控制电路、驱动保护电路以及必要的散热措施等，才能构成一个完整的电力电子系统。

1.1.2 电力电子器件的基本类型

近 60 年来，电力电子器件经历了非常迅猛的发展，从大功率电力二极管、半控型器件晶闸管到开通关断都可控的全控型器件，从驱动功率较大的电流控制器件到驱动功率很小的电压控制器件，从低频开关到高频开关，从低压小功率到高压大功率，先后出现了多种电力电子器件。各种电力电子器件见表 1 - 1 所示。对其可从以下三个角度进行分类。

表 1 - 1　　　　　　　　　　　各种类型的电力电子器件

类型			名称	
			中文名称	英文名称
分立器件	不可控器件		电力二极管	Power Diode
	半控型器件		晶闸管（可控硅）	Thyristor（SCR）
	全控型器件	电流控制器件	电力晶体管（双极型晶体管）	GTR（BJT）
			门极可关断晶闸管	GTO

续表

类型			名称	
			中文名称	英文名称
分立器件	全控型器件	电压控制器件	电力场效应晶体管	Power MOSFET
			绝缘栅双极型晶体管	IGBT
			场控晶闸管	MCT
			静电感应晶体管	SIT
			静电感应晶闸管	SITH
	集成模块		功率模块	Power Module
			单片集成模块	System on a Chip
			智能功率模块	IPM

1. 根据电力电子器件的可控程度分类

(1) 不可控器件：具有整流的作用而无可控的功能，主要是电力二极管（Power Diode），包括普通整流二极管和肖特基二极管等。

(2) 半控型器件：通过控制信号只能控制其开通而不能控制其关断，所以称其为半控型器件，主要是晶闸管及其派生器件（如逆导晶闸管、不对称晶闸管和双向晶闸管等）。

(3) 全控型器件：通过控制信号，既可以控制其开通，又可以控制其关断，故称之为全控型器件。目前，主要有门极可关断晶闸管（Gate - Turn - Off Thyristor，GTO）、电力晶体管（GTR）、功率场效应晶体管（Power MOSFET）、绝缘栅双极晶体管（Insulated - Gate Bipolar Transistor，IGBT）、集成门级换流晶闸管（Integrated Gate - Commutated Thyristor，IGCT）等。

2. 根据器件参与导电的载流子情况分类

(1) 单极型器件：由一种载流子参与导电的称为单极型器件，又称为多子型器件，如电力场效应晶体管 Power MOSFET、静电感应晶体管（SIT）等。

(2) 双极型器件：由电子和空穴两种载流子参与导电的称为双极型器件，又称为少子型器件，包括电力二极管、达林顿管、电力晶体管（GTR）、晶闸管、晶闸管（SCR）、门极可关断晶闸管（GTO）等。

(3) 复合型器件：由单极型器件和双极型器件组成的器件称为复合型器件，如绝缘栅双极型晶体管（IGBT）等。

3. 根据驱动信号的分类

(1) 电流驱动型器件：电流驱动型器件使用电流控制其开关，它们都是双极型器件，如电力二极管、GTR、SCR 及其派生器件。

(2) 电压驱动型器件：通过控制端施加一定的电压信号来实现开通和关断的器件被称为电压驱动型器件。由于它是用场控原理进行控制的电力电子器件，因此，也称为场控电力电子器件，如 Power MOSFET、IGBT、SIT、SITH、MCT 等。

以上各种类型器件的特点可概括为以下几点。

(1) 对于单极型器件，因为只有一种载流子导电，没有少数载流子的注入和存储，开关过程中不存在双极型器件中的两种载流子的复合问题，因而工作频率很高，可达几百千赫，甚至更高。对于复合型器件，工作频率也远高于双极型器件，如 IGBT 的工作频率可达 20kHz 以上。

（2）对于双极型器件，由于具有电导调制效应，使其导通压降很低，导通损耗较小，这一点优于单极型器件。

（3）对于电流驱动型器件，控制极输入阻抗低，驱动电流和驱动功率较大，电路也比较复杂。

（4）对于电压驱动型器件，因为输入信号是加在门极的反偏结或者是绝缘介质上的电压，输入阻抗很高，所以驱动功率小，驱动电路简单；另外，电压驱动型器件工作温度高，抗辐射能力强。

1.1.3　电力电子器件的模块化与集成化

最初的电力电子器件都是单管结构，电力电子设备由分立器件组成。功率器件安装在散热器上，附近安装驱动、检测、保护等印刷电路板。用分立元器件制造电力电子产品，设计周期长、可靠性差、成本高。因此电力电子产品逐步向模块化、集成化方向发展，其目的是使设备尺寸紧凑、实现电力电子装置的小型化。集成化还可缩短设计周期，并减小互连导线的寄生参数等。

电力电子器件的模块化和集成化，先后经历了功率模块、单片集成式模块、智能功率模块（Intelligent Power Module，IPM）等发展阶段。其中，单片集成和 IPM 中的功率器件与驱动、保护、控制等功能集成为一体，又被称为功率集成模块（Power Integrated Circuit，PIC）。

将若干功率开关器件和快速二极管组合成标准的功率模块，是集成电力电子技术发展进程中最初步的集成化、模块化。因为这种功率模块没有驱动、控制、保护、检测、通信等功能。现在国内外已经开发出 MOS 管、晶闸管（SCR）、IGBT 等器件的功率模块，以及用于变频器、功率因数校正电路专用的主电路功率模块。

随着半导体集成电路技术的进步和发展，使功率器件、驱动、控制、保护等电路集成在一个硅片上成为可能，形成所谓单片集成（System on a chip，SoC）模块。单片集成模块结构简单，应用方便，但由于传热、隔离等问题还没有很好解决，因而用单片集成技术将高电压、大电流功率器件和控制电路集成在一起的难度较大，目前这种集成方法只适用于小功率电力电子电路中。

智能功率模块 IPM 是一种混合集成方法，将具有驱动、控制、自保护、自诊断功能的 IC 与电力电子器件集成，封装在一个绝缘外壳中，形成相对独立、有一定功能的模块。功率半导体器件和 IC 安装在同一基片上，用引线键合互连，并应用了表面贴装技术。目前 IPM 在逆变器控制的电机驱动系统已获得了广泛应用，并正在向高性能、多功能、高集成化、大功率方面发展。

1.1.4　电力电子器件的应用领域

电力电子器件在电压、电流和开关频率技术上的飞速发展大大拓宽了电力电子技术的应用范围，已经深入到工业生产和社会生活的各个方面，而科技的不断进步又进一步推动电力电子器件制造技术的发展与创新。进入 20 世纪 90 年代后，随着我国长江三峡和金沙江水电站工程的建设，损耗较低的高压直流输电已成为重要的大容量远距离输电方式和联网手段，这是电力电子技术应用领域中功率等级最高的。电力电子技术也是目前我国发展迅猛的电气化铁路核心技术，晶闸管、GTO、IGBT 等主要电力电子器件均在电力机车传动装置中获得过广泛应用，目前智能模块 IPM 逐渐成为其变流器的主流技术。此外，感应加热和高频热处理、动态无功补偿、大型电解电镀、UPS 电源、家用电器、办公设备、电机拖动等领域都离不开电力半导体器件。各种电力电子器件的功率等级和开关速度各不相同，应用范围也不尽相同。图 1-1 所示为常用电力电子器件的容量、频率及应用。

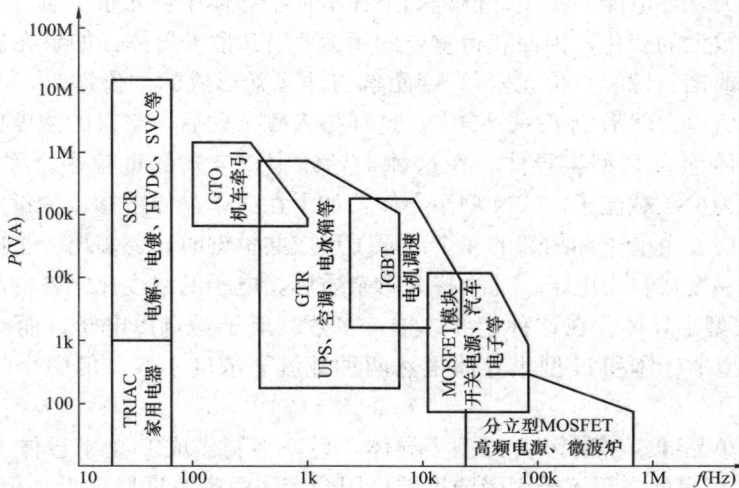

图 1-1 电力电子器件的容量、频率及应用

1.2 电力二极管

二极管（Power Diode）通常也称为半导体整流管（Semiconductor Rectifier，SR）或电力整流管（Power Rectifier），在 20 世纪 50 年代初期获得应用，成为出现最早、结构最简单的电力电子器件，至今仍广泛应用于各种电力电子设备中。1947 年 PN 结理论被提出，成为电子技术发展的一个重要里程碑。电力二极管实际上就是由 PN 结加上电极引线和管壳封装构成，而其他种类繁多的半导体器件也是由最基本的结构 PN 结组成，所以本章首先回顾PN 结的工作原理，然后再介绍电力二极管的工作特性、主要参数及类型。

1.2.1 PN 结的工作原理

1. PN 结的形成

制作电力电子器件的半导体材料有硅和锗（还有碳单晶），锗和碳现在应用较少，主要的电力电子器件都是由半导体材料单晶硅制成的。单晶硅的结构是排列非常整齐的硅原子构成的，每个硅原子最外层有 4 个电子，它和四周相邻的硅原子共用电子形成电子对，成为化学上稳定的最外层 8 个电子结构，这样硅原子就以共价键形成晶体结构。硅原子对最外层电子约束较强，所以单晶硅的导电能力不强。但在一定的温度下，单晶硅外层共有的电子，由于热运动转化为电子的动能，其中少数电子就可能挣脱束缚而成为自由电子，使得在原来的共价键的位置上留下了空位，即空穴。由于含有空穴的原子带正电，它将吸引相邻原子的价电子，使它挣脱原来的共价键的束缚去填补前者的空穴，从而在自己的位置上形成新的空穴。这样，当电子按某一方向填补空穴时，就像带正电的空穴按相反的方向移动。所以说空穴也是一种载流子，并且在半导体里是与电子成对出现的。挣脱束缚的电子可以碰撞另一个电子，占据它的位置，使被碰离的电子成为新的自由电子，从而形成电子的传递运动，这就是另一种载流子。单晶硅材料在常温条件下两种载流子都不多，即导电能力较差，所以叫半导体。

半导体的基本类型有三种。①本征半导体：纯净不掺杂的半导体。本征半导体中，电子—空穴对数量不大，导电能力很差。但是如果在本征半导体中掺入了少量其他元素，它的导电特性就会发生很大的变化，因而获得重要的用途。②P 型半导体：如果在硅单晶体中掺入少量的硼元素（或铟、镓等三价元素），硼元素与硅元素形成的共价键时，由于硼元素外层只有 3 个电子，所以自然形成了一个空穴。这样掺入硼杂质后，空穴的浓度比电子的浓度大得多，这种半导体称为 P 型半导体。在这种半导体中，空穴数量较多，称为多数载流子，而电子相对的称为少数载流子。③N 型半导体：如果在硅单晶体中掺入少量的磷元素等五价元素，磷元素外层五个电子和相邻的 4 个硅原子形成共价键时，还多出 1 个电子，这个电子不受束缚，很容易变成自由电子。这样掺入磷杂质后，电子的浓度比空穴的浓度大得多，这种半导体称为 N 型半导体。在这种半导体中，多数载流子是自由电子，而空穴相对的称为少数载流子。P 型半导体和 N 型半导体虽然两种载流子浓度不等，但整个晶体仍是电中性的，并不带电。

如果把一块单晶硅一半制作成 N 型半导体，另一半制作成 P 型半导体，在 P 型半导体和 N 型半导体的交界处，载流子因受浓度差作用会产生由高浓度区向低浓度区的扩散运动。一些电子会从 N 区向 P 区扩散，留下了不能移动的带正电荷的离子（带正电的原子）；同理，一些空穴从 P 区向 N 区扩散，留下了不能移动的带负电荷的离子。这些不能移动的正负电荷叫做空间电荷，由其形成了由 N 区指向 P 区的内电场。载流子因受内电场作用而产生漂移运动，即 N 区会有空穴载流子受内电场吸引沿内电场方向漂移回 P 区，P 区也有电子逆内电场方向漂移回 N 区。随着扩散运动的进行，空间电荷区不断加宽，内电场逐渐增强，漂移运动也会增强，直到漂移运动增强到与扩散运动处于动态平衡时，空间电荷区即相对稳定，PN 结也就形成了，见图 1 - 2。

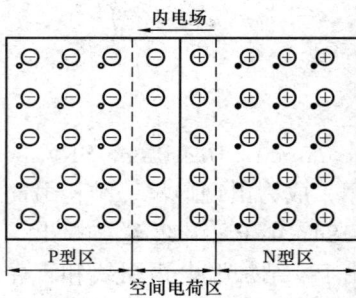

图 1 - 2　PN 结的形成

2. PN 结的单向导电性

若给 PN 结外加正向电压（P 区接外加电压的正端、N 区接负端）时，则外加电压建立的外部电场与 PN 结内部电场方向相反，大大削减了内部电场。这时扩散运动占优，P 区和 N 区的多数载流子又将通过交界面进行扩散运动，在外电路中形成较大的正向电流（电流大小主要由电源电压和外电路的电阻决定），PN 结表现为正向低阻态，这种状态称为 PN 结的导通。

若给 PN 结外加反向电压（P 区接外加电压的负端，N 区接正端）时，外加电压加强了内电场，空间电荷区变宽，强烈阻止多子向对方扩散，虽有利于少子的漂移，但因少子数目少，漂移电流很小，被称为反向漏电流。PN 结表现为反向高阻态。

PN 结的反向耐压能力是有限制的，当施加的反向电压过大时，会造成 PN 结的反向击穿。按照机理的不同，有雪崩击穿和齐纳击穿两种形式。如果反向电流未被限制住，继续增加，就可能会导致热击穿，造成永久性损坏。

以上说明了 PN 结的单向导电性，即正向导通，反向截止。但为什么当 PN 结正向导通时，电流很大，压降却很低（只有 1V 左右）呢？这是因为通过正向大电流时注入基区（通常是 N 型材料）的空穴浓度（称为少子）大幅度的增加，这些载流子来不及与电子中和就到达了二极管的负极。为了维持半导体电中性的条件，多子的浓度也要大幅度的增加。这就意味着，在大注入的条件下原始基片的电阻率实际上大大地下降了，也就是电导率大大增加了。这种现象被称为基区的电导调制效应。

3. PN 结的电容效应

PN 结中的电荷随外加电压而变化，呈现电容效应，称为结电容。PN 结高频工作时需考虑结电容的影响。不同的工作情况下的电容效应，分别用势垒电容和扩散电容予以描述。

（1）势垒电容。

势垒电容 C_B 描述了 PN 结势垒区空间电荷随电压变化而产生的电容效应。PN 结的空间电荷随外加电压的变化而变化，当外加正向电压升高时，N 区的电子和 P 区空穴进入耗尽区，相当于电子和空穴分别向 C_B "充电"。当外加正向电压降低时，又有电子和空穴离开势垒区，好像电子和空穴从 C_B "放电"。C_B 是非线性电容，电路上 C_B 与结电阻并联。在 PN 结反偏时结电阻很大，C_B 的作用不能忽视，特别是在高频时，它对电路有较大的影响。

（2）扩散电容。

扩散电容 C_D 描述了积累在 P 区的电子或 N 区的空穴随外加电压变化的电容效应。PN 结正向导电时，多子扩散到对方区域后，在 PN 结边界上积累，并有一定的浓度分布。积累的电荷量随外加电压的变化而变化，当 PN 结正向电压加大时，正向电流随着加大，这就要求有更多的载流子积累起来以满足电流加大的要求；而当正向电压减小时，正向电流减小，积累在 P 区的电子或 N 区的空穴就要相对减小，这样，当外加电压变化时，有载流子向 PN 结 "充入" 和 "放出"。C_D 是非线性电容，PN 结正偏时，C_D 较大，反偏时载流子数目很少，因此反向时扩散电容数值很小，一般可以忽略。

结电容的大小除了与本身结构和工艺有关外，还与外加电压有关。当 PN 结处于正向偏置时，结电容主要决定于扩散电容 C_D；当 PN 结处于反向偏置时，结电容主要决定于势垒电容 C_B。

1.2.2 电力二极管的结构与基本特性

电力二极管的基本结构和工作原理与信息电子电路中的二极管一样。在结构上以半导体 PN 结为基础，由一个面积较大的 PN 结和两端引线以及封装组成的，主要有螺栓型、平板型和模块型三种封装，其结构与电气符号如图 1-3 所示。电力二极管的工作特性分为静态特性和动态特性，下面分别予以介绍。

1. 静态特性

电力二极管的静态伏安特性是指流过二极管的电流 I_D 与加于二极管两端的电压 U_D 之间的关系，如图 1-4 所示。当所加的正向电压为零时，电流为零；当正向电压较小时，由于外电场远不足以克服 PN 结内电场对多数载流子扩散运动所造成的阻力，故正向电流很小（几乎为零），二极管呈现出较大的电阻。当正向电压升高到一定值 U_{TO} 以后内电场被显著减弱，正向电流才有明显增加。U_{TO} 被称为门槛电压或阈值电压。当正向电压大于 U_{TO} 以后，正向电流随正向电压几乎线性增长。把正向电流随正向电压线性增长时所对应的正向电压，称为二极管的正向管压降 U_F。

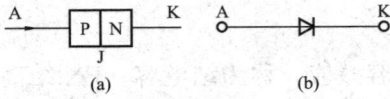

图 1-3　电力二极管的结构和电气符号
(a) 结构；(b) 电气符号

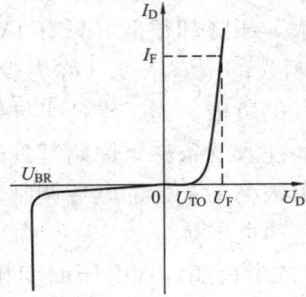

图 1-4　电力二极管的伏安特性

当二极管两端外加反向电压时，PN 结内电场进一步增强，使扩散运动更难进行。这时只有少数载流子在反向电压作用下的漂移运动形成微弱的反向电流 I_R。反向电流很小，且在一定的范围内几乎不随反向电压的增大而增大。但反向电流是温度的函数，将随温度的变化而变化。当反向电压增大到一定数值 U_{BR} 时，反向电流剧增，这种现象称为二极管的击穿，此时的 U_{BR} 叫做击穿电压。

二极管的静态特性是非线性的，在正向偏置时呈低阻态，正向管压降很低，近似于短路；在反向偏置时，二极管呈现高阻态，反向电流很小，近似于开路。在实际电路分析及计算中，需根据精度要求对其静态特性作适当简化，以得到合适的数学模型，如二值电阻，甚至理想开关。

2. 动态特性

电力二极管的动态特性是指二极管在导通与截止两种状态转换过程中的特性，它表现在完成两种状态之间的转换需要一定的时间。二极管从高阻的反向阻断转变为低阻的正向导通称为正向恢复，即开通过程；从正向导通转变为反向阻断称为反向恢复，即关断过程。这两种恢复过程限制了二极管的工作频率。

由于二极管外加正向电压 U_F 时，PN 结两边的多数载流子不断向对方区域扩散，这不仅使空间电荷区变窄，而且有相当数量的载流子存储在 PN 结的两侧。正向电流越大，P 区存储的电子和 N 区存储的空穴就越多。当输入电压突然由正向电压变为反向电压时，PN 结两边存储的载流子在反向电压作用下朝各自原来的方向运动，即 P 区中的电子被拉回 N 区，形成反向漂移电流 I_R，由于开始时空间电荷区依然很窄，二极管电阻很小，所以反向电流很大。经过延迟时间 t_d 后，PN 结两侧存储的载流子显著减少，空间电荷区逐渐变宽，反向电流慢慢减小，直至又经过下降时间 t_f 后，在电流变化率接近于零时，I_R 减小至反向饱和电流，二极管两端承受的反向电压才降至外加电压的大小，二极管完全恢复对反向电压的阻断能力。这实际上是由电荷存储效应引起的，反向恢复时间就是存储电荷耗尽所需要的时间。该过程如图 1-5 所示，二极管的反向恢复时间 t_{rr} 为延迟时间 t_d 与下降时间 t_f 之和，即 $t_{rr}=t_d+t_f$。反向恢复电荷量 Q_R 定义为

$$Q_R = \int_0^{t_d+t_f} i_{rr}dt \qquad (1-1)$$

式中：i_{rr} 为二极管在 $t_0\sim t_2$ 时间内的反向电流。

减少反向恢复时间 t_{rr} 主要是减少延迟时间 t_d（清除过剩的少数载流子的时间即少数载流子存储时间）。下降时间与延迟时间的比值 $S_r = t_f/t_d$ 称为恢复特性的软度，S_r 越大则恢复特性越软，反向电流下降时间越长，同样外电路条件下造成的反向电压过冲 U_{Rm} 越小，为避免器件的关断过电压和降低 EMI 强度，在使用时应选择具有软恢复特性的二极管。

当突然加入正向电压后，二极管须先将充入势垒电容中的电荷放掉，并且当二极管正向电压上升到门槛电压 U_{TO} 之后，才会有正向电流流过，这一过程所需时间为正向恢复时间。相对反向恢复时间而言，二极管的开通时间很短，所以影响二极管开关速度的主要因素是其关断时间。

图 1-5 电力二极管的关断过程

1.2.3 电力二极管的主要参数

正确选择和使用电力电子器件，除需掌握其工作特性外，还应熟悉其主要参数。

电力二极管的主要参数包括正向平均电流、正向通态管压降、反向重复峰值电压、反向漏电流、反向恢复时间、反向恢复电荷量、浪涌电流和最高允许结温等。其中，正向平均电流、反向重复峰值电压和最高允许结温是电力二极管的功能参数，是选管时首先要考虑的参数；正向通态管压降和反向漏电流参数则标志着大功率整流管工作性能的优劣；反向恢复时间是电力二极管的动态参数，应用于高频电路中必须予以考虑。下面给出二极管的电压和电流定额的定义。

（1）正向平均电流 I_F：在规定的管壳温度和散热条件下，管子长期运行允许通过的最大工频正弦半波电流的平均值。这是标称其额定电流的参数。正向平均电流是按照电流的发热效应来定义的，因此使用时应按有效值相等的原则来选取电流定额，并应留有一定的裕量。

（2）反向重复峰值电压 U_{RRM}：指对电力二极管所能重复施加的反向最高峰值电压，通常是其雪崩击穿电压 U_{BR} 的 2/3。这是标称其额定电压的参数。选管时，往往按照电路中电力二极管可能承受的反向最高峰值电压的 2～3 倍来选定。

1.2.4 电力二极管的主要类型

目前，电力二极管主要有普通二极管、快恢复二极管和肖特基二极管三种类型。电力二极管在电力电子电路中有整流、续流、钳位等不同用途，在应用时，应根据不同场合的不同要求选择不同类型的电力二极管。这就需要了解它们各自的特点。

1. 普通二极管（General Purpose Diode）

普通二极管又称整流二极管（Rectifier Diode），其特点是：漏电流小、通态压降较高（1.0～1.8V）、反向恢复时间较长（一般在 5μs 以上）、正向电流定额和反向电压定额很高（分别可达数千安和数千伏以上）。它多用于对开关频率要求不高（主要是工频 50Hz）的场合，如牵引、充电、电镀等装置的整流电路中。

2. 快恢复二极管（Fast Recovery Diode）

快恢复二极管的显著特点是恢复过程很短（特别是反向恢复过程：几百纳秒至 5μs，其

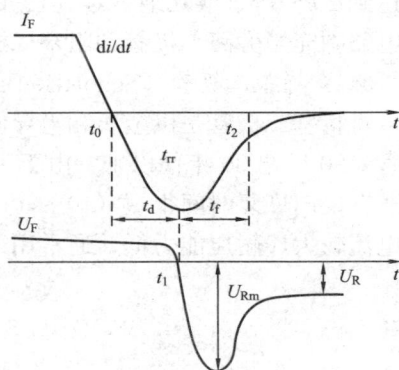

至达到 20～30ns 或几纳秒），但它的通态压降很高（1.6～4.0V）。它主要用于斩波、逆变等电路中充当旁路二极管和阻塞二极管。

3．肖特基二极管（Schottky Barrier Diode）

肖特基二极管是以金属和半导体接触形成的势垒为基础的二极管，又称为肖特基势垒二极管，20 世纪 80 年代以来，由于工艺的发展得以在电力电子电路中广泛应用。肖特基二极管兼有反向恢复时间很短（10～40ns）和正向通态压降（0.3～0.6V）较低的优点，不过其漏电流较大、耐压能力低，通常用于高频低压仪表和开关电源。

1.3　晶闸管及其派生器件

晶闸管（Thyristor，晶体闸流管）最初被称为可控硅（Silicon Controlled Rectifier，SCR）。1956 年，美国贝尔实验室（The Bell Labs）发明了晶闸管，1957 年，美国通用电气公司（GE）开发出第一只晶闸管产品，并在 1958 年将其商业化，由于其具有正向导电可控性，又明显胜过汞弧整流器、机械整流器，它的出现开辟了电力电子技术这一崭新学科。晶闸管在 20 世纪六七十年代获得迅速发展，已形成晶闸管系列，派生出快速晶闸管、逆导晶闸管、双向晶闸管、光控晶闸管、可关断晶闸管等。1980 年以后，尽管晶闸管的地位开始被各种性能更优的全控型器件所取代，但是由于其电压和电流定额仍然是目前电力电子器件中最高的，而且工作可靠、价格低廉，在大功率、低频的应用场合仍占主导地位。本节着重介绍普通晶闸管的工作原理、特性及参数，并简要介绍晶闸管的几种派生器件。

1.3.1　晶闸管的结构及工作原理

1．结构

晶闸管的结构和电气符号如图 1-6 所示，晶闸管是一个由四层半导体材料（P1N1P2N2）构成的器件，在每两层不同的材料分界面上都形成 PN 结，共形成三个 PN 结（J1、J2、J3），晶闸管有三个引出端，其中，A（Anode，阳极）、K（Cathode，阴极）是功率引出端，G（Gate，门极）是控制引出端。N1 层和 P1 层是轻微掺杂的，PN 结 J1 并有很大的宽度来承受高电压。当器件加上反向电压时，PN 结 J1 将承受大部分电压。如果门极不触发，当器件加上正向电压时，PN 结 J2 将承受大部分电压。晶闸管有螺栓型、平板型、模块型等不同的封装形式。对于螺栓型封装，通常用于 200A 以下的小容量领域。螺栓是其阳极，能与散热器紧密连接且安装方便。平板型封装一般用于大功率场合，晶闸管作为管芯，由两个散热器将其夹在中间。

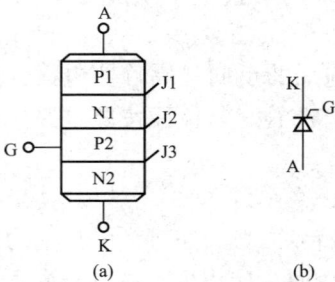

图 1-6　晶闸管的结构和电气符号
（a）结构；（b）电气符号

2．工作原理

晶闸管正向具有可控闸流特性、反向具有高阻特性，称为逆阻型器件，它属于电流驱动、双极型、半控型器件，可等效为可控的单向导电开关。正向有两个稳定的工作状态，即高阻抗的阻断工作状态和低阻抗的导通工作状态。反向能承受一定电压，处于阻断（截止）状态。下面讨论晶闸管各种工作状态成立及相互转换的条件。

（1）阻断工作状态。

当晶闸管门极不加控制信号时，晶闸管的四层结构中有 3 个 PN 结，晶闸管无论是加正向电压还是反向电压，总有 PN 结处于反向电压作用下，器件中只有少数载流子漂移作用形成的很小的漏电流，晶闸管呈阻断工作状态。

（2）导通工作状态。

晶闸管导通工作原理通常采用双晶体管模型来解释，即将晶闸管视为一只 PNP 型和一只 NPN 型晶体三极管互连构成（见图 1-7）。主回路电路（由外电路 R、E 组成）加在阳极 A 和阴极 K 之间，门极触发电流加在 G 和阴极 K 之间。当晶闸管处于正向偏置时（阳极 A 和阴极 K 之间电压为正值，见图 1-7），J1 结和 J3 结向邻近的基区注入少数载流子，起着发射极的作用，而处于反向偏置的 J2 结则起着集电极的作用。所以，在等效模型中，一个晶体管的集电极总是和另一个晶体管的基区连在一起的。对于这两个互相复合的晶体管电路，内部具有正反馈的条件，但是由于结构的原因（基区较厚），这两个晶体管在小电流情况下放大倍数都很小，因此只有主回路加正向偏置，而门极不加电流触发时，晶闸管达不到正反馈的条件。但当主回路加正向偏置，而门极有足够的门极电流 I_G 流入时就会形成强烈的正反馈过程，即

$$I_G \rightarrow I_{B2} \uparrow \rightarrow I_{C2}(I_{B1}) \uparrow \rightarrow I_{C1}$$

从而造成两晶体管很快进入饱和状态，晶闸管即由阻断状态转为导通状态。此时即使撤掉外电路注入的门极电流 I_G，只要主电路保持足够的电流，由于晶闸管内部已经形成了强烈的正反馈，晶闸管仍然能维持导通状态。

下面从数量关系上进一步做出解释。设两只晶体管 PNP 管 V1 和 NPN 管 V2 的共基极电流放大系数分别为 α_1、α_2，流过 J2 的反向漏电流为 I_{CBO}，电流放大系数随射极电流（I_A 或 I_K）呈非线性变化，如图 1-8 所示。晶体管饱和之前，$I_{C1} = \alpha_1 I_A$，$I_{C2} = \alpha_2 I_K$。晶闸管的阳极电流等于两管的集电极电流和漏电流的总和，则有

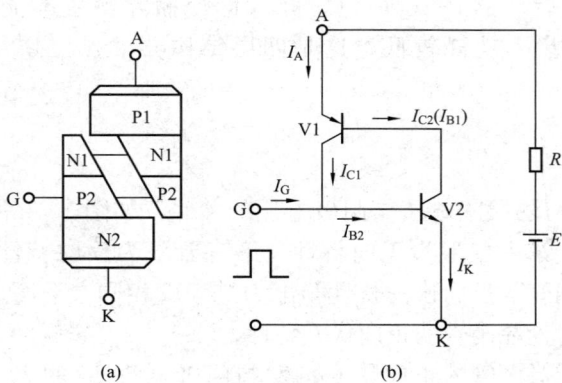

图 1-7 晶闸管的等效双晶体管模型及工作原理
（a）等效双晶体管模型；（b）工作原理

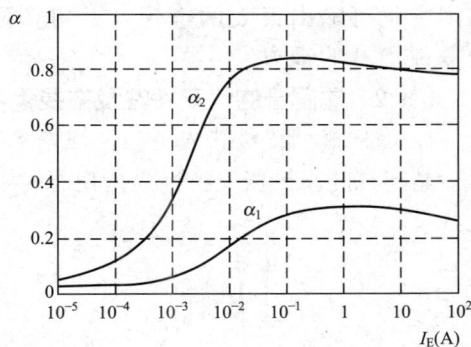

图 1-8 晶体管的电流放大系数与发射极电流的关系

$$I_A = I_{C1} + I_{C2} + I_{CBO} = \alpha_1 I_A + \alpha_2 I_K + I_{CBO} \tag{1-2}$$

其中，I_{CBO} 为两管的漏电流之和，$I_{CBO} = I_{CBO1} + I_{CBO2}$。

晶闸管的阴极电流为

$$I_K = I_A + I_G \tag{1-3}$$

由式（1-2）和式（1-3），可以得出晶闸管的阳极电流为

$$I_A = \frac{I_{CBO} + \alpha_2 I_G}{1 - (\alpha_1 + \alpha_2)} \tag{1-4}$$

当晶闸管承受正向阳极电压，而门极没有驱动电流的情况下，式（1-4）中，$I_G = 0$，$(\alpha_1 + \alpha_2)$ 很小，故晶闸管的阳极电流 $I_A \approx I_{CBO}$。晶闸管处于正向阻断状态。当晶闸管承受正向阳极电压时，从门极注入电流 I_G，由于足够大的 I_G 流经晶体管 V2 的发射结，从而提高其电流放大系数 α_2，产生足够大的集电极电流 I_{C2} 流过晶体管 V1 的发射结，并提高了晶体管 V1 的电流放大系数 α_1，产生更大的集电极电流 I_{C1} 流经晶体管 V2 的发射结。这样强烈的正反馈过程迅速进行。从图 1-8 可见，当 α_1 和 α_2 随发射极电流增加而使 $(\alpha_1 + \alpha_2) \approx 1$ 时，式（1-4）的分母 $1 - (\alpha_1 + \alpha_2) \approx 0$，因此大大地提高了晶闸管的阳极电流 I_A。这时，流过晶闸管的电流完全由主回路的电源电压和回路电阻所决定，晶闸管已处于正向导通状态。从式（1-4）可见，在晶闸管导通后，$1 - (\alpha_1 + \alpha_2) \approx 0$，即使此时门极电流 $I_G = 0$，晶闸管仍能保持原来的阳极电流 I_A 而继续导通。晶闸管在导通后，其门极已失去作用。因而晶闸管正常导通需要的外部条件为：使晶闸管承受正向电压，并在门极施加正向触发信号。而晶闸管导通后，使其关断所需的外部条件为：不断的减小电源电压、增大回路电阻或加反偏电压，使阳极电流 I_A 减小到维持电流 I_H 以下时，由于 α_1、α_2 迅速下降，由式（1-4）可知，当 $1 - (\alpha_1 + \alpha_2) \approx 1$ 时，晶闸管恢复阻断状态，这就是晶闸管的开关过程。总之，$(\alpha_1 + \alpha_2) \approx 1$ 是器件临界导通的条件。当 $(\alpha_1 + \alpha_2) > 1$ 时，两个等效晶体管过饱和而使器件导通；当 $(\alpha_1 + \alpha_2) < 1$ 时，两个等效晶体管不能维持饱和而关断。

从以上分析可以看出，晶闸管是一种只能由门极控制其导通，不能由门极控制其关断的半控型器件；而晶体管却是可由基极控制其导通和关断的全控器件。晶体管必须在基极一直维持注入电流，集电极才有输出电流，管子的功耗比晶闸管大，如果基极电流消失，集电极电流也一起消失；四层结构的晶闸管有两个电流放大系数，只要用较小的触发电流，就能触发开通管子，饱和导通后，$(\alpha_1 + \alpha_2) \geqslant 1$，此时即使撤除触发电流，晶闸管仍可输出很大的电流，并且内阻很小，功耗较低，这是四层结构器件比三层结构器件优越的地方。

1.3.2　晶闸管的伏安特性及主要参数

1. 晶闸管的阳极伏安特性及静态参数

晶闸管的阳极伏安特性是指稳态时阳极与阴极间电压与阳极电流的关系，如图 1-9 所示。第一象限为正向特性，第三象限为反向特性。晶闸管的反向伏安特性与电力二极管相同，下面主要讨论晶闸管的正向伏安特性。

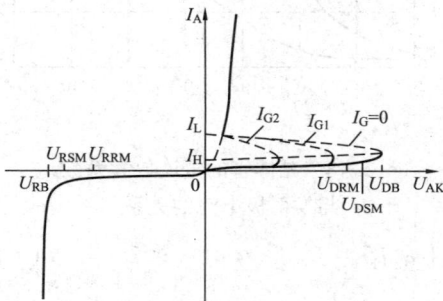

图 1-9　晶闸管的伏安特性

晶闸管的正向伏安特性与门极电流 I_G 的大小有关。当门极没有触发信号（即 $I_G = 0$）时，晶闸管处于正向阻断状态，阳极电流 I_A 为漏电流。晶闸管的正向阻断能力有极限，当正向电压增至正向转折电压 U_B 时，特性从高阻区（阻断状态）经负阻区进入低阻区（导通状态），器件非正常导通。当门极有触发信号（即 $I_G > 0$）时，正向转折电压

随 I_G 的增大而下降，当门极电流足够大时，阳极和阴极之间的电阻立即变得很小，阳极电流增加至擎住电流 I_L（由关断状态进入导通状态的临界电流值）之后，晶闸管即进入导通状态，此时即使去掉门极信号，晶闸管仍然维持导通状态不变。这是晶闸管所特有的性质，称为自锁或擎住特性。因此，晶闸管的触发信号常采用具有一定宽度的脉冲电流，而无需采用直流电流，但触发脉冲宽度必须足以使阳极电流在这段时间内增加到擎住电流 I_L 之上。与晶闸管的静态伏安特性有关的主要参数如下。

（1）额定电压。

图 1-9 中，U_{DB}、U_{RB} 为正向转折电压和反向击穿电压；U_{DSM}、U_{DRM} 为正向断态不重复峰值电压和正向重复峰值电压；U_{RSM}、U_{RRM} 为反向不重复峰值电压和反向重复峰值电压。不重复峰值电压是指不造成正向转折和反向击穿的最大电压，一般不允许多次施加，否则容易造成晶闸管损坏。重复电压是指晶闸管在开通和关断的过渡过程中，能重复经受的最大瞬时电压。取正、反向不重复峰值电压的 90% 作为正、反向重复峰值电压。取正、反向重复峰值电压中的较小者作为晶闸管的额定电压。

由于晶闸管的电压过载能力较差，电源波动、异常电压和瞬时电流变化等原因引起的瞬时过电压可能会造成晶闸管损坏。在实际应用时，通常按照电路中晶闸管的正常工作峰值电压的 2～3 倍来选择晶闸管的额定电压，以确保有足够的安全裕量。

（2）正向通态电压。

正向通态电压指晶闸管通过额定值电流时的阳极与阴极间的电压降，也称管压降，该参数直接反映了器件的通态损耗特性。若通过晶闸管的电流为通态平均电流，则电压降为通态平均管压降。

（3）额定电流（通态平均电流）。

这是标称晶闸管额定电流的参数，国标规定的测试条件为：在环境温度为 +40℃ 和规定的冷却条件下，晶闸管的结温已达额定结温时，允许流过晶闸管的最大工频正弦半波电流的平均值。在实际应用时，环境温度、散热器以及工作波形显然是不尽相同的，需要根据实际的工况来选择晶闸管的额定电流。环境温度越低、冷却条件越好，晶闸管稳定工作时的结温就越低，则器件允许通过的电流就越大。通常制造厂给出晶闸管允许的通态电流与外壳温度的关系曲线。同一晶闸管对于不同的波形和导通角，允许通过的最大电流也不相同。这个参数是按照正向电流造成器件本身的通态损耗的发热效应来定义的，使用时实际波形的电流与通态平均电流所造成的发热效应相等，因此根据有效值相等的原则来选取晶闸管的电流定额。

由于晶闸管的额定电流以工作波形的平均值定义，而选管时根据有效值相等的原则，这样在选择晶闸管电流定额时，通常需要作电流波形的平均值与有效值的换算。对于定义中的正弦半波电流波形，设其峰值为 I_m，则其平均值为

$$I_T = \frac{1}{2\pi}\int_0^{2\pi} i(\omega t)\,\mathrm{d}(\omega t) = \frac{1}{2\pi}\int_0^{\pi} I_m\sin(\omega t)\,\mathrm{d}(\omega t) = \frac{I_m}{\pi} \tag{1-5}$$

其有效值为

$$I = \sqrt{\frac{1}{2\pi}\int_0^{2\pi} i^2\,\mathrm{d}(\omega t)} = \sqrt{\frac{1}{2\pi}\int_0^{\pi} [I_m\sin(\omega t)]^2\,\mathrm{d}(\omega t)} = \frac{I_m}{2} \tag{1-6}$$

由式（1-5）和式（1-6）可得

$$I = \frac{1}{2}\pi I_T = 1.57 I_T \qquad (1-7)$$

即额定电流为 $I_T = 100A$ 的晶闸管可以通过电流有效值不超过 157A。因此，按照实际电流波形计算其有效值后，再除以 1.57 作为选择晶闸管额定电流的依据，并且考虑到实际装置的散热条件和可能的过载现象，一般取 $1.5 \sim 2.0$ 倍的安全裕量。

（4）维持电流与擎住电流。

维持电流 I_H 是指晶闸管稳定导通后，逐渐减小阳极电流，能够维持晶闸管导通状态所需的最小阳极电流，一般几十到几百毫安。当阳极电流低于维持电流后，认为晶闸管已进入阻断状态。

擎住电流 I_L 是指晶闸管刚由断态转入通态并且去掉门极信号，仍能维持晶闸管导通状态所需的最小阳极电流。I_L 是晶闸管的临界开通电流，若阳极电流 I_A 未达到 I_L 时就去掉门极信号，晶闸管将自动返回阻断状态。在感性负载电路中，由于阳极电流上升到 I_L 需要一定时间，若不施加幅值较宽的门极信号，晶闸管则不能维持住导通状态。

维持电流与擎住电流是描述晶闸管阻断与导通状态的两个参数，通常 $I_L = (2 \sim 4) I_H$，而且都随着结温的下降而增大。

2. 动态特性及其参数

动态特性是指晶闸管处在阻断状态和导通状态变换过程中的特性，包括开通特性和关断特性。开通特性描述晶闸管在正向偏置并受到理想电流触发时的导通情况；而关断特性描述已导通的晶闸管在施加反向电压时的关断情况。晶闸管的主要动态参数有开通时间 t_{on}，关断时间 t_{off}，断态电压临界上升率 du/dt，通态电流临界上升率 di/dt，四个动态参数都与使用条件有关。

（1）开通时间（t_{on}）。

晶闸管的开通过程电压、电流波形如图 1-10 所示，可将该过程共分为三段。第一段为 OA 所对应的时间，称为延迟时间，在这段时间内电子、空穴分别渡越短、长基区到达 J2 结两侧积累起来，J2 结仍为反偏，晶闸管中的电流不大。规定触发电流 i_G 上升到 90% 起到阳极电流 I_A 上升到额定值的 10% 为止的这段时间间隔为 t_d，普通晶闸管 t_d 为 $0.5 \sim 1.5 \mu s$。第二段为 AB 所对应的时间为上升时间 t_r，对应阳极电流从 10% 上升到额定值的 90% 所需的时间，在这段时间内，J2 结两侧积累的载流子使其由反偏转向正偏，电流迅速上升，靠近门极的局部区域已导通，普通晶闸管 t_r 为 $0.5 \sim 3.0 \mu s$。第三段为 BC 对应的时间为扩展时间 t_s，它反映导通区扩展的快慢程度，在此时间内，阳极电流由额定值的 90% 上升到额定值，晶闸管由局部导通扩展到全面积导通。一般定义器件的开通时间 t_{on} 为延迟时间 t_d 与上升时间 t_r 之和，即

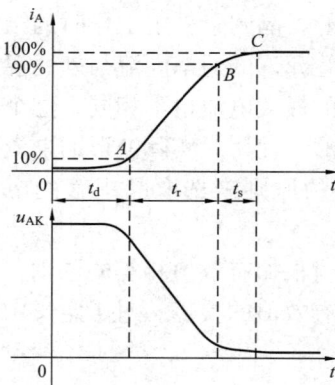

图 1-10　晶闸管的开通
过程电压、电流波形

$$t_{on} = t_d + t_r \qquad (1-8)$$

一般认为，延迟时间是由于载流子渡越基区造成的，随门级电流的增大而减少，它还受触发脉冲前沿陡度及其幅值的影响，采用强触发可缩短开通时间；上升时间反映了基区载流

子浓度达到新稳态的分布过程，它受主回路阻抗的影响，不同性质的负载在开通过程中表现出不同的电流、电压变化。延迟时间和上升时间随阳级电压上升而下降。

（2）关断时间（t_{off}）。

对处于导通状态的晶闸管施加反向电压使其强迫关断，关断过程中的电流、电压波形如图 1-11 所示。在 t_1 时刻给晶闸管施加反向电压，由于外电路电感的存在，在 $t_1 \sim t_2$ 阶段，阳极电流逐步衰减到零。由于导通时的电荷存储效应，在 $t_2 \sim t_3$ 阶段，晶闸管硅片内大量未被复合的载流子会形成反向恢复电流，反向恢复电流经过最大值后迅速衰减接近于零，晶闸管恢复对反向电压的阻断能力，完成反向恢复过程所需的时间为反向恢复时间 t_{rr}。由于外电路电感作用，衰减时会在晶闸管两端引起尖峰电压，为抑制尖峰电压幅值以防止损坏晶闸管，通常采用浪涌电压吸收电路。在 $t_3 \sim t_4$ 阶段，由于 J1 结和 J3 结已成为反向偏置，J2 结两侧的载流子通过复合方式消失，当 J2 结两侧的载流子复合完毕并建立新的阻挡层，晶闸管完全关断而恢复了阻断能力，这段时间即为门极恢复时间 t_{gr}。之后重加正向电压，晶闸管只流过正向漏电流。从通态电流降至零的时刻起，到晶闸管开始能够承受规定的断态电压时刻止的时间间隔，称为晶闸管的关断时间 t_{off}，普通晶闸管 t_{off} 为几十到几百纳秒加在晶闸管上的反向阳极电压时间必须大于 t_{off}，否则无法可靠关断。关断时间 t_{off} 包括反向恢复时间 t_{rr} 和门极恢复时间 t_{gr}，即

$$t_{off} = t_{rr} + t_{gr} \qquad (1-9)$$

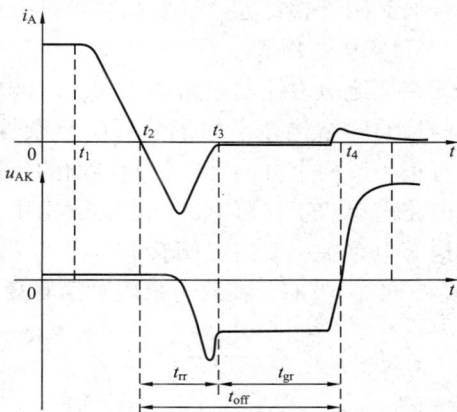

图 1-11　晶闸管的关断过程电压、电流波形

（3）断态电压临界上升率（du/dt）。

在规定结温及门极开路条件下，不导致晶闸管从断态转入通态的最大电压上升率。需要说明的是，晶闸管的 du/dt 随温度变化有两种情况，一种类型的晶闸管的 du/dt 随温度增高而下降，另一类型的晶闸管的 du/dt 随温度增高而上升。如果晶闸管承受过大的断态电压上升率会使其误导通。

（4）通态电流临界上升率（di/dt）。

在规定条件下，由门极触发导通时，晶闸管能够承受而不致损坏的最大通态平均电流上升率。如果电流上升速度过快，则晶闸管刚一开通，便会有很大的电流集中在门极附近的小区域内，易造成局部过热而损坏晶闸管。

1.3.3　晶闸管的派生器件

随着生产的发展，对晶闸管的使用提出了一些特殊要求，采用不同工艺在普通晶闸管的基础上研制出的不同性能的晶闸管，由于都是 PNPN 结构，可将其统称为晶闸管家族的派生器件。下面简要介绍几种派生器件及其特性。

1. 快速晶闸管

普通晶闸管的开通和关断时间较长，允许的电流上升率较小，其工作频率受到限制，主要用于工频电路中。为了提高晶闸管的工作频率，采用特殊工艺缩短开关时间、提高通态电流临界上升率 di/dt 和断态电压临界上升率 du/dt、同时降低通态压降和开关损耗，制造了

快速晶闸管，可应用于斩波器、中频逆变电源等电力电子装置中。通常快速晶闸管的关断时间 $t_{off} \leqslant 50\mu s$，工作频率高于 $400Hz$，而高频晶闸管的关断时间 t_{off} 为 $10\mu s$ 左右，工作频率在 $10kHz$ 以上。

2. 逆导晶闸管

在逆变和斩波电路中，经常用到晶闸管与大功率二极管并联的电路，其反向不需要承受阻断电压但需要二极管续流，为了简化电路结构和快速换流，提高变流装置的工作频率，人们发明了逆导晶闸管。逆导晶闸管是一个反向导通的晶闸管，即将一个逆阻型晶闸管与一个二极管反并联集成在同一硅片上构成的新器件，其符号和伏安特性如图 1-12 所示。由图可知，逆导晶闸管正向可控闸流特性与逆阻型晶闸管相同，反向则表现为二极管的正向特性。与普通晶闸管相比较，逆导晶闸管具有正向压降小、关断时间短、额定结温高等优点。

3. 双向晶闸管

在交流电力控制电路中，为了对波形的正、负半周都进行控制，通常采用两只普通晶闸管的反并联结构，增加了装置的复杂性，双向晶闸管就应运而生了。双向晶闸管（Triac）具有正、反两个方向都能控制导通的特性，可以看成一对反并联的普通晶闸管，但其具有触发电路简单、工作可靠的优点，通常用于交流电路，如交流调压、固体继电器、交流电动机调速等电路中。双向晶闸管的符号及静态伏安特性如图 1-13 所示，它有两个主电极 T1 和 T2，一个门极 G，在第 Ⅰ 象限和第 Ⅲ 象限有对称的伏安特性。

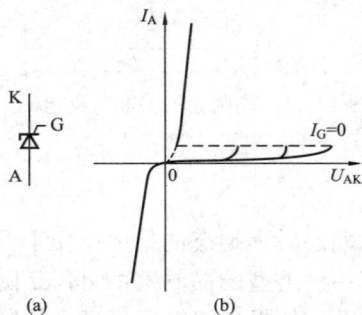

图 1-12 逆导晶闸管的符号和伏安特性
(a) 符号；(b) 伏安特性

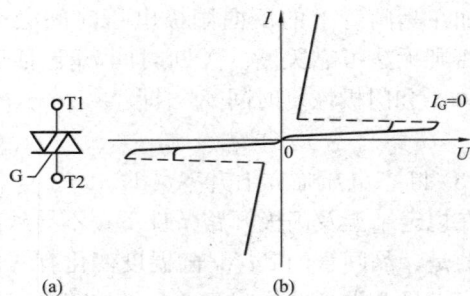

图 1-13 双向晶闸管的符号和伏安特性
(a) 符号；(b) 伏安特性

由于双向晶闸管工作在交流回路中，因此不是用平均值而是用有效值来表征其额定电流。

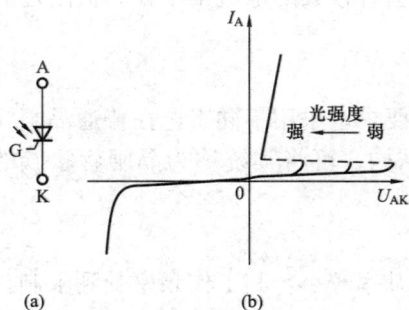

图 1-14 光控晶闸管的符号和伏安特性
(a) 符号；(b) 伏安特性

4. 光控晶闸管

光控晶闸管是利用一定波长的光照信号触发导通的晶闸管。小功率光控晶闸管只有两个电极（A、K），大功率光控晶闸管还带有光缆，光缆上装有作为触发光源的发光二极管或半导体激光器。光控晶闸管的符号和伏安特性如图 1-14 所示。光控晶闸管一旦导通，即使无光照，也不会自行关断。从伏安特性看出，转折电压随光照强度的增大而降低。由于采用光触发保证了主电路与控制电路之间的绝缘，而且可以避免电磁干扰的影响，因此主要应用在高压大功率的场合，如高压直流输电装置。

1.4 门极可关断晶闸管

普通晶闸管具有阻断电压高、通态电流大和损耗低等优点，在高压大功率领域将继续广泛应用。但由于晶闸管是半控型器件，不具有自关断能力，当用于斩波、无源逆变等直流输入电压的变流器中，就存在器件如何关断（即换流）这一突出问题。为此必须附加强迫换流电路，这会使装置复杂化、效率低。在实际需要的推动下，随着理论研究和工艺水平的不断提高，在普通晶闸管基础上发展起来一种具有自关断能力的电力电子器件——门极可关断晶闸管（Gate Turn-Off Thyristor, GTO）。GTO 既有普通晶闸管的耐压高、电流容量大和耐浪涌能力强等优点，又具有自关断能力。只需提供足够幅度、宽度的门极关断脉冲信号，就可以保证可靠关断，一般工作频率（1kHz 以内）介于晶闸管和电力晶体管之间，极限时工作频率可达 100kHz，工作电流达到 6000A，工作电压达到 6000V，目前研制水平已达 8kA/8kV，它主要应用于大功率领域（高电压、大容量的交流拖动系统，如 GTO 斩波器用于电力机车主传动系统）。

1.4.1 GTO 的结构与工作原理

1. 结构

GTO 结构和静态特性与普通晶闸管类似，也为 PNPN 四层半导体结构的三端器件，GTO 的结构和电气符号如图 1-15 所示。GTO 与 SCR 不同，是一种多元的功率集成器件，内部包含着数百个小 GTO 元。这些小 GTO 元的阳极共有，阴极和门级分别由数百个细长小条并联在一起，为便于实现门极控制关断，阴极周围被门极所包围，以减小门极和阴极之间的距离，即阴极呈岛状结构。阴极宽度越窄、门极与阴极距离越短（横向电阻小），越有利于关断。

大容量 GTO 是由若干 GTO 元并联而成，要求各个 GTO 元在导通和关断时动作一致，否则容易发生某些阴极单元由于电流过大而损坏，称为 GTO 失效。失效现象是由于各个 GTO 元特性的不一致，从而使它们的关断时间有长有短，较先关断的 GTO 元把自己负担的电流转移到滞后关断的 GTO 元上，致使后者电流密度增大；同理，若各个 GTO 元特性的不一致使它们的开通时间有长有短，则较先开通的 GTO 元通过的电流密度增大。大容量 GTO 制造的关键技术之一就是改善大面积扩散工艺的均匀性。

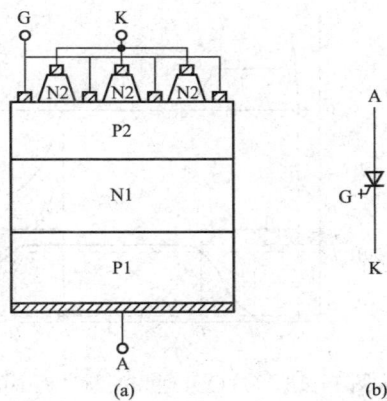

图 1-15 GTO 的结构和电气符号
(a) 结构；(b) 电气符号

2. 工作原理

GTO 属于电流驱动、双极型、全控型器件，可以看做是晶闸管的派生器件，工作原理仍然可以采用图 1-7 所示的双晶体管模型来分析。

（1）GTO 导通过程：与晶闸管非常相似，有同样的正反馈过程，但略有不同，导通时饱和程度较浅，体现在设计上存在三个特点。

1）GTO 中晶体管 V2 的 α_2 取值较大，使 V2 控制灵敏，GTO 易于关断。

2）GTO 导通时 $(\alpha_1+\alpha_2)\approx1$，晶闸管常设计为 $(\alpha_1+\alpha_2)\geqslant1.15$，而 GTO 则设计为 $(a_1+a_2)\approx1.05$，因此，GTO 导通时处于临界饱和状态，这为通过门极控制关断 GTO 提供了有利条件。

3）多元集成结构使每个 GTO 元阴极面积很小，门级与阴极间的距离大为缩短，使得 P2 基区的横向电阻很小，从而使从门级抽出更大的 V1 集电极电流 I_{C1} 成为可能，GTO 的多元集成结构除了对关断有利外，也使其比普通晶闸管开通过程更快，承受 $\mathrm{d}i/\mathrm{d}t$ 的能力增强。其中 $(\alpha_1+\alpha_2)\approx1$ 时的阳极电流为临界导通电流，定义为 GTO 的擎住电流。只有当阳极电流大于擎住电流后 GTO 才能维持大面积导通。

（2）GTO 关断过程：GTO 处于导通状态时，对门极施加负的关断脉冲，形成 I_G，相当于将 I_{C1} 的电流抽出，使 NPN 晶体管的基极电流减小，I_{C2} 随之减小，PNP 晶体管基极电流的减小又使 I_A 和 I_{C2} 减小，这也形成强烈的正反馈过程。当 I_{C1} 和 I_{C2} 减小使得 $(\alpha_1+\alpha_2)<1$ 时，晶体管退出饱和，此时 GTO 的阳极电流已经小于其擎住电流，GTO 不满足维持导通的条件而关断。GTO 关断时，随着阳极电流的下降，阳极电压逐步上升，因而关断时的瞬时功耗较大。

1.4.2　GTO 的动态特性

GTO 在开通和关断过程中的门极电流 i_G 和阳极电流 i_A 波形如图 1-16 所示。

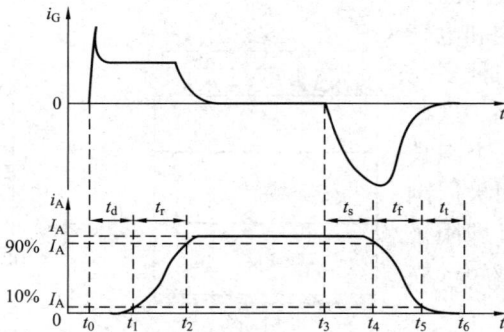

图 1-16　GTO 开通和关断过程中的电流波形

1. 开通特性

与普通晶闸管类似，GTO 开通时间 t_{on} 由延迟时间 t_d 和上升时间 t_r 组成，延迟时间一般在 $1\sim2\mu s$，上升时间则随通态阳极电流的增大而增大，t_{on} 的大小取决于元件特性、门极电流上升率以及门极脉冲幅值。开通损耗集中在 t_r 区间，当阳极电压一定时，开通损耗将随着峰值阳极电流 I_A 的增加而增加。

2. 关断特性

与普通晶闸管有所不同，GTO 关断过程可用 3 个不同的时间来表示，即存储时间 t_s、下降时间 t_f 及尾部时间 t_t。

（1）存储时间 t_s：是指抽取饱和导通时储存的大量载流子的时间，对应从关断过程开始到阳极电流下降到 $90\%I_A$ 为止的时间间隔，存储时间随阳极电流的增大而增大。在这段时间内，依靠门极负脉冲电压从门极抽出存储电荷，使等效晶体管饱和深度变浅，退出饱和状态，由于此时三个 PN 结还都处于正向偏置，所以阳极电流 i_A 变化很小，门极电流 i_G 达到负的最大值。

（2）下降时间 t_f：是指等效晶体管从饱和区退至放大区，阳极电流逐渐减小的时间，对应着阳极电流从 $90\%I_A$ 起到下降到 $10\%I_A$ 为止的时间间隔，一般小于 $2\mu s$。在这段时间里，继续从门极抽出载流子，阳极电流逐渐减小，当 $(\alpha_1+\alpha_2)\leqslant1$ 后，内部正反馈作用停止而使 GTO 退出饱和。此段瞬时损耗比较集中，过大的瞬时损耗会出现类似晶体管的二次击穿现象，造成 GTO 损坏。

（3）尾部时间 t_t：是指残余载流子复合所需时间，对应着阳极电流从 $10\%I_A$ 起减小到维持电流为止的时间间隔。在这段时间内，仍有残存载流子被抽出，但阳极电压已经建立，因此过高的 du/dt，会使 GTO 关断失效。因此必须设计适当的缓冲电路。

关断时间 t_{off} 为存储时间 t_s 和下降时间 t_f 之和，则有

$$t_{off} = t_s + t_f \tag{1-10}$$

通常 t_f 比 t_s 小得多，而 t_t 比 t_s 要长。门级负脉冲电流幅值越大，前沿越陡，抽走储存载流子的速度越快，t_s 就越短；若使门级负脉冲的后沿缓慢衰减，在 t_t 阶段仍能保持适当的负电压，则可缩短尾部时间。由于在尾部时间内阳极电流呈缓慢减小趋势，而此时阳极电压可能已很高，因而这段时间关断损耗大，为减小尾部时间功耗，应尽量缩短尾部时间 t_t。

1.4.3　GTO 的主要参数

GTO 的许多参数与普通晶闸管相同，这里只给出几个不同意义的参数。

（1）最大可关断阳极电流。

GTO 的阳极电流受限制的原因有两个。一是受发热限制，即管子的额定工作结温决定的平均电流额定值，这一点与普通晶闸管相同；另一个是由临界饱和导通条件所决定的最大阳极电流。因为阳极电流过大，管子处于深度饱和状态，导致门极关断失败。由门极可靠关断为决定条件的最大阳极电流称为最大可关断阳极电流 I_{ATO}，这是标称 GTO 额定电流容量的参数。

（2）电流关断增益。

电流关断增益 β_{off} 是指被关断的最大阳极电流与门极关断峰值电流之比，即

$$\beta_{off} = \frac{I_{ATO}}{I_{GM}} \tag{1-11}$$

β_{off} 低是 GTO 的一个主要缺点，一般 β_{off} 约为 $4\sim5$。一个 1000A 的 GTO，关断时门极负脉冲的电流峰值为 200A，这是一个电压不高、电流数值很大的控制电流，而且对这个电流的波形要求很高。

（3）阳极尖峰电压。

阳极尖峰电压 U_P 是在下降时间末尾出现的极值电压，它几乎随阳极可关断电流线性增加，U_P 过高可能导致 GTO 失效。阳极尖峰电压的产生是由缓冲电路中引线电感、二极管正向恢复电压和电容中的电感造成的，为减小 U_P，必须减小引线电感，并采用反向恢复快的二极管和无感电容构成缓冲电路。

虽然 GTO 电压、电流容量比其他全控型器件大，但它的关断时间相对较长（几十微秒），而且关断过程是非均匀的，易产生局部过热现象，造成器件失效；另外电荷存储时间差异过大，使 GTO 在串联和并联应用时需要复杂的缓冲电路；驱动电路技术难度大，使其推广受到限制。

1.5　电　力　晶　体　管

随着电力电子技术的发展，对全控型自关断器件的需求量日益增加，电力晶体管应运而生。电力晶体管（Giant Transistor，GTR）又称双结晶体管（Bipolar Junction Transistor，BJT），GTR 的开关时间在几微秒以内，比晶闸管和 GTO 都短很多，开关频率比晶闸管高，

具备良好的自关断能力，但容量比晶闸管低很多，因此主要适用于数百千瓦以下功率的电力电子设备，如高频开关电源，中小功率变频调速、高频电子镇流器等。

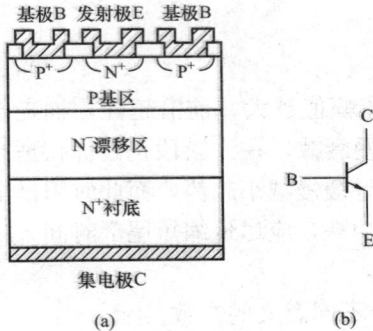

图 1-17　NPN 型 GTR 的结构和符号
(a) 结构；(b) 符号

1.5.1　GTR 的结构和工作原理

1. 结构

GTR 是由三层半导体材料两个 PN 结组成，有 PNP 和 NPN 两种结构。对于高压大电流场合，NPN 型易于制造而被广泛应用，所以仅介绍 NPN 型 GTR 的结构，如图 1-17（a）所示。一个 GTR 芯片包含大量的并联晶体管单元，这些晶体管单元共用一个大面积集电极，而发射极和基极则被分散间隔，可以有效解决发射极电流边缘效应问题，GTR 的电气图形符号[见图 1-17（b）]与普通晶体管相同。

2. 工作原理

GTR 的工作原理和基本特性与普通晶体三极管没有本质上的差别，但二者工作特性的侧重面不同，普通晶闸管注重单管电流放大系数、线性度、频率响应以及噪声和温漂等；而 GTR 最主要的特性是耐压高、电流大、开关特性好。GTR 通常采用至少由两个晶体管按达林顿接法组成的单元结构，同 GTO 一样采用集成电路工艺将这些单元并联而成。GTR 在应用中采用共发射极接法，其电流放大系数 β，即集电极电流 i_c 与基极电流 i_b 之比，$\beta = i_c / i_b$，它反映了基极电流对集电极电流的控制能力。由于 GTR 工作电流和功耗大，工作时出现与小信号晶体管不同的新问题，必须在结构和工艺上采取适当的措施，以满足大功率应用的要求。GTR 在重掺杂的 N^+ 硅衬底上设置轻掺杂的 N^- 区，以提高器件的耐压能力。基极与发射极在一个平面上做成叉指型以减少电流集中和提高器件电流处理能力。

目前常用的 GTR 器件有单管、达林顿管和模块三种。电流增益低将给驱动电路造成负担，达林顿结构是提高电流增益的一种有效方式。达林顿结构是由两个或多个晶体管复合而成，图 1-18 所示为两个 NPN 管组成的达林顿 GTR。达林顿 GTR 虽然提高了电流增益，但饱和压降增加了，开关速度变慢。作为大功率开关，用得最多的是 GTR 模块，将许多达林顿单元电路集成制作在同一硅片上，不仅提高了器件的集成度和可靠性，同时也增加了器件的性价比。

1.5.2　GTR 的特性

1. 静态特性

在电力电子电路中，GTR 一般采用共射极接法，其集电极输出特性如图 1-19 所示。输出特性可分为截止区Ⅰ、放大区Ⅱ、临界饱和区Ⅲ和深饱和区Ⅳ四个区。

截止区又称阻断区，此时，基极电流 I_B 为零，发射结和集电结均处于反向偏置状态，GTR 承受高压而仅有小的漏电流存在。放大区又称线性区，晶体管工作在这一区域时，集电结出于反向偏置而发射结改为正向偏置状态，集电极电流与基极电流呈线性关系。在电力电子电路中，要尽量避免 GTR 工作于线性区，否则功耗将会很大。在深度饱和区中，基极电流变化时，集电极电流不再随之变化，电流增益与导通电压均很小。集射极电压称为饱和压降 U_{CES}，它决定器件开关损耗的大小。工作于这一区域的 GTR，其发射结和集电结均处

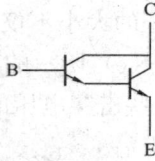

图 1-18 NPN 型达林顿 GTR　　　图 1-19 共射极电路的集电极输出特性

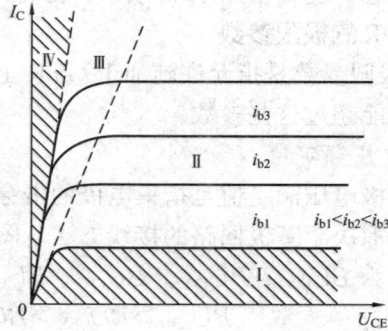

于正向偏置状态。临界饱和区是指放大区与深饱和区之间的一段区域，在此区域中随着基极电流的增加开始出现基区宽度调制效应，电流增益开始下降，基极电流与集电极电流不再呈线性关系，但仍保持着集电结反向偏置、发射结正向偏置的特点。器件作为开关应用时，其工作只稳定在截止区和饱和区两个状态，但在开关过程中要经过放大区的过渡。

2. 动态特性

GTR 主要工作在开关状态，其动态特性即开关特性如图 1-20 所示。当在晶体管的基极输入脉冲电流 i_B 时，便会从集电极输出脉冲电流 i_C，但两者并不同步。由于结电容和过剩载流子的存在，其集电极电流的变化总是滞后于基极电流的变化。从 t_0 时刻基极加上脉冲信号到 t_1 时刻集电极电流上升到 $0.1I_{CS}$ 的时间为延迟时间 t_d，这是为使发射结由反向偏置转向正向偏置所需的时间，实质就是发射结势垒电容充电所需的时间；从 t_1 时刻到 t_2 时刻集电极电流上升到 $0.9I_{CS}$ 的时间为上升时间 t_r，这是为了在基区建立起对应于 i_C 值的电荷密度分布所需要的时间；从 t_3 时刻输入的脉冲开

图 1-20 GTR 的开关特性

始反极性到 t_4 时刻集电极电流减小到 $0.9I_{CS}$ 的时间为存储时间 t_s，为存储在集电结两侧的电荷消散所需要的时间；从 t_4 时刻到 t_5 时刻集电极电流减小到 $0.1I_{CS}$ 的时间为下降时间 t_f，是发射结和集电结势垒放电的结果。

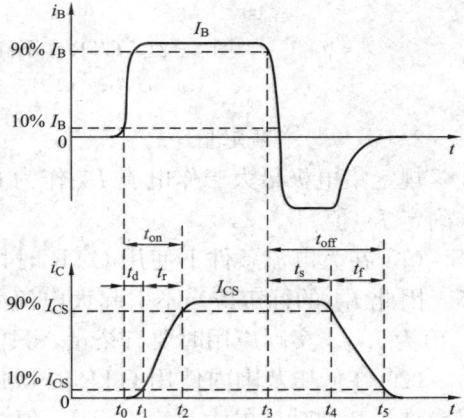

晶体管由关断状态过渡到导通状态所需的时间称为开通时间 t_{on}（为纳秒数量级），为延迟时间 t_d 和上升时间 t_r 之和，即

$$t_{on} = t_d + t_r \tag{1-12}$$

晶体管由导通状态过渡到关断状态所需的时间称为关断时间 t_{off}，为存储时间 t_s（3～8μs）和下降时间 t_f（约为 1μs）之和，即

$$t_{off} = t_s + t_f \tag{1-13}$$

在饱和状态 GTR 的通态损耗最小，但这种状态并不利于迅速关断 GTR。通过控制基极电流的大小，可使 GTR 工作在临界饱和状态，一旦施加反向基极电流，器件可迅速退出饱

和进入截止状态，使 t_s 和 t_f 都将减小，但此时的通态损耗比深度饱和时要高。

1.5.3　GTR 的极限参数

GTR 的极限参数是指允许施加于 GTR 上的电压、电流、耗散功率及结温等的最大值，在使用中绝不能超过这些参数。

1. 最高电压额定值

最高集电极电压额定值是指集电极的击穿电压。击穿电压的大小不仅与器件本身的特性有关，而且还取决于基极回路的接线方法。图 1-21 中（a）～（e）所示的各种接线方式下的击穿电压分别为 BU_{CBO}、BU_{CEO}、BU_{CES}、BU_{CER} 和 BU_{CEX}，这些击穿电压的关系为

$$BU_{CBO}>BU_{CEX}>BU_{CES}>BU_{CER}>BU_{CEO}$$

在 GTR 生产手册中，BU_{CEO} 作为额定电压给出，实际应用时的最高工作电压应低于 BU_{CEO}，并且需设置过电压保护措施，以确保工作安全。

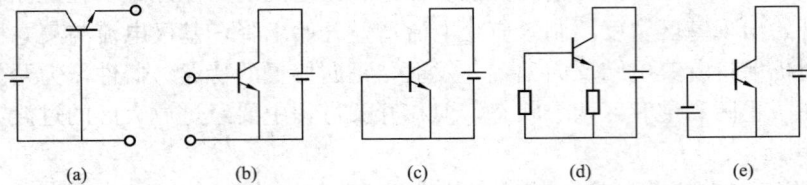

图 1-21　GTR 在不同基极条件下的伏安特性及电压极限值

(a) BU_{CBO}；(b) BU_{CEO}；(c) BU_{CES}；(d) BU_{CER}；(e) BU_{CEX}

2. 最大电流额定值

规定集电极最大工作电流 I_{CM} 作为 GTR 的电流定额。在实际应用时，一般用如下方法来确定 I_{CM} 值。

（1）在大电流条件下使用 GTR 时，大电流效应会使 GTR 的性能变差，甚至使管子损坏。因此 I_{CM} 的标定应当不引起大电流效应，通常规定 β 值下降到额定值的 $1/2\sim1/3$ 时的 I_C 值为 I_{CM}。实际应用时要有裕量，只能用到 I_{CM} 的一半左右。

（2）在低压范围内使用 GTR 时，必须考虑饱和压降对功率损耗的影响。这种情况下，以允许的耗散功率的大小来确定 I_{CM} 值。

3. 最大耗散功率

最大耗散功率额定值 P_{CM} 是指 GTR 在最高允许结温时所对应的耗散功率。电流通过集电极产生功耗使结温上升，集电结产生的热量通过硅片、管壳、散热片等散发到周围空间去。但结温达到允许的最大值时，相应的功耗即为最大功耗 P_{CM}。

在应用上述参数选择器件时，要特别注意测试条件与实际应用条件的差别，以保证器件的正确使用。

1.5.4　GTR 的二次击穿与安全工作区

GTR 在实际使用中，实际允许的功耗不仅由 P_{CM} 决定，还要受到二次击穿功率的限制。实践表明，二次击穿是大功率晶体管损害的主要原因，是影响晶体管变流装置可靠性的一个重要因素。

当集电极电压 U_{CE} 逐渐增至某一数值时，集电极电流 I_C 急剧增加，出现雪崩击穿现象，即一次击穿现象。其特点是在 I_C 急剧增加的过程中，集电极电压基本保持不变，一般不会使 GTR 特性变坏。但如果不加限制地让 I_C 继续增加，则晶体管上电压突然下降，出现负阻

效应，导致破坏性的二次击穿。虽然二次击穿问题并非 GTR 所特有，但 GTR 的二次击穿问题比较突出，它使 GTR 的安全工作范围大为缩小。

为保证 GTR 可靠工作，避免二次击穿现象发生，生产厂家用安全工作区来限制 GTR 的工作范围。安全工作区是指 GTR 能够安全运行的范围，简称 SOA，一般由晶体管的电流、电压、耗散功率和二次击穿的极限参数 I_{CM}、BU_{CEO}、P_{CM} 和 P_{SB} 确定，如图 1-22 所示，这使得 GTR 在额定容量下工作的频率受到限制，此外，GTR 有负的电阻温度系数，因此不易并联工作。

GTR 工作结温可高达 200℃，满足高温条件下对功率管工作可靠性高的要求，在航空、航天等极端恶劣环境条件下具有优势；GTR 在高电压、大电流下比 IGBT 和

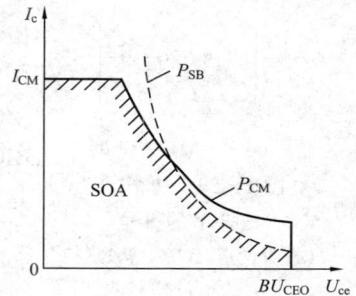

图 1-22 GTR 的安全工作区

MOSFET 具有更低的通态饱和压降（200A 负载电流下，通态饱和压降约为 0.8V），可以最大限度的提高变换器效率，自 20 世纪 80 年代以来，在中、小功率范围内取代晶闸管的，主要是 GTR。但它是电流控制型器件，开通增益仅为 5～10，这对大功率器件控制电路的制作工艺和电能消耗都是沉重的负担；此外为降低噪声，现代电源要求器件以超音频工作，但由于 GTR 是双极型电流驱动的全控器件，存在少子存储效应，所以关断时存储时间长，在硬开关环境中，GTR 的典型开关频率仅为 5kHz，这显然无法满足要求；而且 GTR 过载能力差，有二次击穿功率的限制。由于存在这些缺点，所以在很多场合 GTR 正在被 IGBT 和 MOSFET 所取代。

1.6 功率场效应晶体管

功率场效应晶体管（Power Metal Oxide Semiconductor Field Effect Transistor，Power MOSFET）是由多数载流子参与导电的，没有少数载流子存储现象，属于单极型电压控制器件，通过栅极电压来控制漏极电流。其显著优点是驱动电路简单，输入阻抗高，驱动电流小，驱动功率小，同时开关速度快（低压器件的开关时间 10ns 数量级，高压器件的开关时间 100ns 数量级），工作频率可达 1MHz，是所有全控型电力电子器件中工作频带最宽的一种，相对于 GTR 不存在二次击穿问题，提高了器件耐压水平，安全工作区较大；其缺点是导通电阻大、电流容量小、耐压低、通态压降大、导通损耗大。因而功率场效应晶体管适用于开关电源、高频感应加热等高频场合，但不适用于大功率装置。MOS 栅控晶体管称为 IGBT，MOS 栅控晶闸管称为 MCT，因此本章内容也是这些器件的基础。

1.6.1 功率 MOSFET 的结构与工作原理

1. 结构

MOSFET 的含义是：金属氧化物半导体（Metal Oxide Semiconductor，MOS），场效应晶体管（Field Effect Transistor，FET），即以金属层（M）的栅极隔着氧化层（O）利用电场的效应来控制半导体（S）的场效应晶体管。功率场效应晶体管也分为结型和绝缘栅型，但通常主要指绝缘栅型，栅极是由多晶硅制成的，它同基片之间隔着 SiO₂ 薄层，因此它同其他两个极之间是绝缘的。这样一来，只要 SiO₂ 层不被击穿，栅极对源极之间的阻抗是非常高的。

结型功率场效应晶体管一般称作静电感应晶体管（Static Induction Transistor，SIT）。

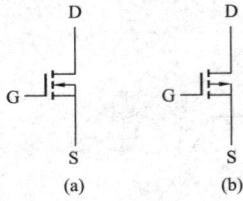

图 1 - 23　功率
MOSFET 的符号
(a) N 沟道；(b) P 沟道

根据载流子的性质，功率 MOSFET 可分为 P 沟道和 N 沟道两种类型，符号如图 1 - 23 所示，它有栅极 G、源极 S 和漏极 D 三个电极。N 沟道中的载流子是电子，P 沟道中的载流子是空穴。其中每一种类型又可以分为增强型和耗尽型。增强型 MOSFET 在 $U_{GS}=0$ 时，无导电沟道，漏极电流 $I_D=0$；耗尽型 MOSFET 在 $U_{GS}=0$ 时，导电沟道已存在。功率 MOSFET 主要是 N 沟道增强型。

早期的 Power MOSFET 结构采用平面结构（PMOS）。器件的三个电极（源极 S、栅极 G、漏极 D）均置于硅片一侧，因而 MOSFET 中的电流是横向流动的，虽然漏极电流可达数安培，漏源极电压可达 100V 以上，但此结构存在通态电阻大、频率特性差、硅片利用率低等缺点，限制了它的电流容量，所以 PMOS 管属小功率 MOS 管。为提高耐压和耐电流能力，功率 MOSFET 大都采用垂直导电结构，称为 VMOS（Vertical MOSFET）。20 世纪 70 年代中期，应用于 LSIC 的垂直导电结构（VMOS）被移植到 Power MOSFET 中，出现了 Power MOSFET 领域的 VMOS 结构，这种结构不仅保持原来平面结构的优点，而且具有短沟道、高电阻漏极漂移区和垂直导电等特点，大幅度提高了器件的耐压能力、载流能力和开关速度，目前 VMOS 的耐压水平已提高到 1000V 以上，电流处理能力达到数百安培，使 Power MOSFET 真正进入了大功率电力电子器件的领域。

按垂直导电结构的差异，MOSFET 又分为利用 V 型槽实现垂直导电的 VVMOSFET 和具有垂直导电双扩散 MOS 结构的 VDMOSFET（Vertical Double-diffused MOSFET）。早期 VMOS 结构是美国雷达半导体公司在 1957 年首先提出的，采用 V 形槽以实现垂直导电，它是采用二次扩散工艺，将漏极 D 移到芯片的另一侧表面上，使从漏极到源极的电流垂直与芯片表面流过，有利于减小芯片面积和提高电流密度，故称 VVMOS，这种结构在精确控制沟道长度方面存在工艺上的困难，于是发展了双扩散结构（VDMOS），利用二次扩散过程中 P 型区和 N⁺ 型区，在硅片表面处的结深之差形成极短的沟道长度（1～2μm），电流在沟道内沿表面流动，然后垂直地被漏极接收，这种扩散易于实现，各国都在这一基础上生产出各具特点的 VDMOS 结构，如 HEXFET（IR）、TMOS（Motorola）、SIPMOS（Siemens）、ZMOS（Intersti）等。本节主要以 VDMOSFET 器件为例进行讨论。

VDMOSFET 的结构示意图如图 1 - 24 所示。在高掺杂、低电阻率的 N⁺ 型单晶硅片的衬底上衍生 N⁻ 型高阻层（最终成为漂移区，该层电阻率及外延厚度决定器件的耐压水平），N⁺ 区和 N⁻ 区共同组成 VDMOSFET 的漏区；在 N⁻ 区经过 P 型和 N 型的两次扩散，先形成 P 型体区，再形成 N⁺ 型源区，形成 N⁺ N⁻ P N⁺ 结构，由两次扩散的深度差形成沟道体区，因而沟道的长度可以精确控制；栅极为零偏压时，i_D 被 P 型区阻隔，漏源之间的电压 U_{DS} 加在反向 PN⁻ 结上，整个器件处于阻断状态。当栅极正偏压超过阀值电压 U_T 时，沟道由 P 型变成 N⁺ 型，这个反型的沟道成为 i_D 电流的通道，整个器件又处于导通状

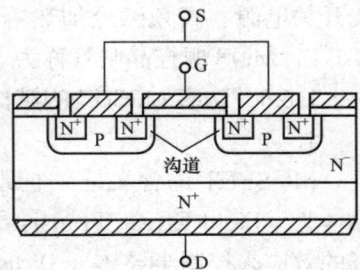

图 1 - 24　VDMOSFET
的结构示意图

态，它靠 N$^+$型沟道来导电，故称为 N 沟道 VDMOS 管，在 MOSFET 中只有一种载流子（N 沟道时是电子，P 沟道时是空穴）。由于电子的迁移率 μ_n（电子在电场作用下的运动情况，μ_n 越大，同等电场强度时电子的平均漂移速度越大）比空穴高三倍左右，从减小导通电阻、增大导通电流方面考虑，一般用 N 沟道器件。

由于 N$^+$型源区与 P 型体区被源级 S 短路，所以源区 PN 结常处于零偏置状态，漏区的 PN 结形成源极和漏极之间的寄生二极管，与功率 MOSFET 组成了一个整体。因而它无反向阻断能力，可视为一个逆导器件。从图 1-24 可以看出，VDMOSFET 还寄生了一个晶体管（双极 NPN 型），因此有产生二次击穿的潜在危险，可以通过把基极和发射极用金属膜短路的方法使晶体管失效，这样形成了 PN$^-$N$^+$ 的体二极管与 MOSFET 反并联，也就消除了二次击穿的隐患，提高了器件耐压水平，同时也提供了一个反并联二极管，有些场合该二极管速度不够快，还需在外部反并联一个快恢复二极管。

通常一个 VDMOSFET 管是由许多元胞并联组成的，一个高压芯片的元胞密集度可达每立方英寸 140000 个元胞，可见它也是一种功率集成器件。

2. 工作原理

当栅、源极间 $U_{GS}=0$ 时，P 基区与 N 漂移区之间形成的 PN 结 J1 反偏，漏极下的 P 型区表面呈现空穴的堆积状态，无法沟通漏源极，此时即使在漏、源极间加正向电压 U_{GS}，也不会形成 P 型区内载流子的移动，漏源极之间无电流流过。

当栅源极间加正电压 U_{GS}，栅极是绝缘的，所以不会有栅极电流流过，但栅极的正电压会将其下面 P 区中的空穴推开，而将 P 区中的少子——电子吸引到栅极下面的 P 区表面。当 $U_{GS}>U_T$（U_T 为开启电压或阈值电压）时，栅极下 P 区表面的电子浓度将超过空穴浓度，使 P 型半导体反型成 N 型半导体而成为反型层（原来的反偏的 PN 结 J1 消失），该反型层形成 N 型表面层（称为导电沟道）把漏源沟通，此时漏极和源极之间施加电压，电子从源极通过沟道移动到漏极，形成漏极电流 I_D。

1.6.2 功率 MOSFET 的特性

1. 静态特性

功率 MOSFET 的静态特性主要包括输出特性与转移特性。MOSFET 的漏极伏安特性（输出特性）是以栅源电压 U_{GS} 为参变量，反映漏极电流 I_D 与漏源极电压 U_{DS} 间关系的曲线族，如图 1-25 所示，它可分为截止区 Ⅰ、线性导电区 Ⅱ（恒定电阻区）、饱和恒流区（可调电阻区）Ⅲ和雪崩击穿区Ⅳ四个区域。当 $U_{GS}<U_T$ 时，MOSFET 处于截止状态，$I_D=0$。在线性导电区，由于 U_{DS} 较小，它对导电沟道的影响可以忽略，一定的 U_{GS} 对应导电沟道宽度和一定的漏源电阻 R_{DS}，$I_D\approx U_{DS}/R_{DS}$，因而 I_D 随 U_{DS} 线性增大。在饱和恒流区，对于一定的 U_{GS}，当 U_{DS} 较大时，I_D 达到饱和值，不会随 U_{DS} 的增大而再增加，这相当于漏极电阻 R_{DS} 随 U_{DS} 的而增大。当电压 U_{DS} 超过击穿转折电压时，器件将被击穿，使 I_D 急剧增大。电力 MOSFET 漏源极之间有寄生二极管，漏源极间加反向电压时器件导通。

功率 MOSFET 的典型开启电压 U_T 为 2～4V，但为保证通态时漏源级之间等效电阻、管压降尽可能小，栅极电压 U_{GS} 通常设计大于 10V。电力 MOSFET 的通态电阻具有正温度系数，对器件并联时的均流有利。

漏源间电压 U_{DS} 为常数时，漏极电流 I_D 和栅源间电压 U_{GS} 的关系称为 MOSFET 的转移特性，如图 1-26 所示，它表征 U_{GS} 对 I_D 的控制能力。I_D 较大时，I_D 与 U_{GS} 的关系近似线

性，曲线的斜率定义为跨导 g_m，即

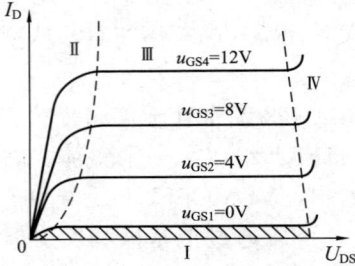

图 1-25　功率 MOSFET 的输出特性　　　　图 1-26　功率 MOSFET 的转移特性

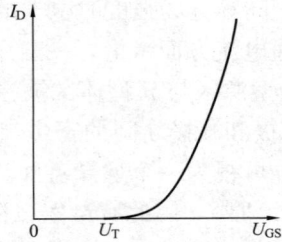

$$g_m = di_D/du_{GS} \tag{1-14}$$

MOSFET 是场控器件，绝缘栅极的输入电阻很高而等效于一个电容，故仅在突加 U_{GS} 时需要不大的输入电流，形成电场后栅极电流基本上为 0，因此 MOSFET 的驱动功率很小。

2. 动态特性

功率 MOSFET 的动态特性主要分析其开关过程，输入电压（u_{GS}）和输出电压（u_{DS}）的关系如图 1-27 所示。它与 GTR 相似，但由于功率 MOSFET 是单极型器件，依靠多数载流子导电，没有少数载流子的存储效应，因此其开关速度高、开关时间很短。通常功率 MOSFET 的开关时间为 10～100ns，而双极性型器件的开关时间为几微秒至几百微秒。

开通时间 t_{on} 定义为从输入信号上升到 10%开始到输出电压的波形下降到其幅值的 10%为止所需的时间；关断时间 t_{off} 定义为从输入信号下降到 90%开始到输出电压的波形上升到其幅值的 90%为止所需的时间。开通时间与功率 MOSFET 的开启电压 U_T、栅源间电容 C_{GS} 和栅漏间电容 C_{GD} 有关，也受信号上升时间和内阻的影响。关断时间则由功率 MOSFET 的漏源间电容 C_{DS} 和负载电阻 R_D 决定。

功率 MOSFET 内寄生着两种类型的电容：一种是与 MOS 结构有关的 MOS 电容，如栅源电容 C_{GS} 和栅漏电容 C_{GD}；另一种是与 PN 结有关的电容，如漏源电容 C_{DS}。C_{GS} 由两部分组成：栅极与源极金属层间的电容，它与工作电压无关；栅极与沟道间的电容，其数值随 U_{DS} 有很大变化。功率 MOSFET 极间电容的等效电路如图 1-28 所示。输入电容 C_{iss}、输出电容 C_{oss} 和反馈电容 C_{rss} 是应用中常用的参数，这些参数从电路分析角度出发使用并不方便，所以厂商按共源接法提供数据，而且各电容值随 U_{DS} 升高而降低，这是因为 U_{DS} 越高，PN 结厚度增加，极间电容量减小。它们与极间电容的关系为

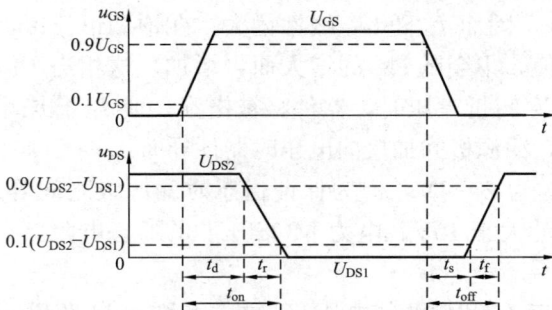

图 1-27　功率 MOSFET 输入输出电压波形　　图 1-28　功率 MOSFET 极间电容的等效电路

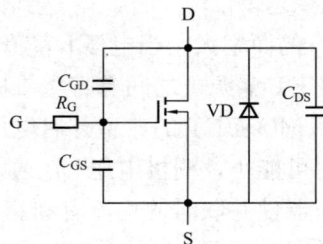

$$C_{\text{iss}} = C_{\text{GS}} + C_{\text{GD}}\text{（DS 间短接）} \tag{1-15}$$

$$C_{\text{oss}} = C_{\text{DS}} + C_{\text{GD}}\text{（GS 间短接）} \tag{1-16}$$

$$C_{\text{rss}} = C_{\text{GD}} \tag{1-17}$$

1.6.3 功率 MOSFET 的参数

除上述已介绍的开启电压 U_{T}、跨导 g_{m}、开关时间和极间电容外，功率 MOSFET 的其他主要参数如下。

1. 漏源击穿电压

漏源击穿电压 U_{BDS} 决定了功率 MOSFET 的最高工作电压，是为了避免器件进入雪崩击穿区而设的极限参数，U_{BDS} 随温度的升高而增大。

2. 栅源击穿电压

由于栅极氧化层极薄，栅源击穿电压 U_{BGS} 是为了防止绝缘层因电压过高发生介质击穿而设定的参数，其极限值一般为 $\pm 20\text{V}$。

3. 正向通态电阻

通常规定，在确定的栅极电压 U_{GS} 下，功率 MOSFET 由可调电阻区进入恒流区时的直流电阻为通态电阻 R_{on}，通态电阻 R_{on} 比结型功率二极管和 GTR 都大。通态电阻决定了器件的通态损耗，是影响最大输出功率的重要参数。在相同的条件下，耐压等级越高的器件通态电阻越大，且器件的通态压降越大，这是功率 MOSFET 的弱点。与 GTR 不同，功率 MOSFET 通态电阻具有正的温度系数，当电流增大时，附加发热使 R_{on} 增加，对电流的正向增量有抑制作用，有利于器件并联时的均流。

4. 漏极连续电流和漏极峰值电流

漏极连续电流 I_{D} 和漏极峰值电流 I_{DM} 表征功率 MOSFET 的电流容量，它们主要受结温的限制。由于功率 MOSFET 工作在开关状态，漏极连续电流 I_{D} 通常没有直接的用处，仅作为一个基准，其最大漏极电流由额定峰值电流 I_{DM} 定义。只要不超过额定结温，峰值电流 I_{DM} 就可以超过连续电流，大约是连续电流额定值的 $2\sim4$ 倍。

5. 最大功耗

最大功耗 P_{DM} 与管壳温度有关，随管壳温度的增高而下降，因此散热是否良好对于器件正常工作来讲很重要。

1.7 绝缘栅双极晶体管

全控型电力半导体器件 GTR、GTO、功率 MOSFET 均各具特色又各有所限。例如，功率 MOSFET 的优点是开关速度快、工作频率可达 $10\sim40\text{kHz}$、驱动功率小、热稳定性好、输入阻抗高，缺点是耐压低、导通压降高、载流密度小；GTR、GTO 的优点是耐压高、导通压降小、载流密度大，缺点是开关速度低、驱动功率大。综合单极型器件和多极型器件的特点，取长补短，便形成了具有双导电机制的新型器件——复合型电力电子器件，其中最具代表性的器件就是绝缘栅双极晶体管（Insulated Gate Bipolar Transistor，IGBT）。

绝缘栅双极晶体管是一种复合型电力半导体器件。它将 MOSFET 和 GTR 的优点集于一身，具有耐压高、电流大、工作频率高、通态压降低、驱动功率小、无二次击穿、安全工作区宽、热稳定性好等优点。自 20 世纪 80 年代复合型电力电子器件投入市场，发展迅速，在电机控制、中频电源、开关电源以及要求快速和低损耗的领域，IGBT 已逐渐取代了 GTR 和 MOSFET 的应用，成为中小功率电力电子设备的主导器件，2.4kA/3.3kV，1.2kA/6.5kV 产品已商品化，目前研制水平已达 2.5kA/6.5kV，随着其电压和电流容量的不断升高，有进一步取代 GTO 和 GTR 的趋势。

1.7.1 IGBT 的结构与工作原理

1. 结构

IGBT 按载流子种类分为 N 沟道型、P 沟道型；按电压阻断能力分为对称型、非对称型；按制作工艺分为穿通型（PT）、非穿通型（NPT）；按关断速度分高速型、低速型。

目前多数 IGBT 为 N 沟道型，图 1-29 给出了一种由 N 沟道 MOSFET 与双极型晶体管复合而成的 IGBT 基本结构、符号和等效电路。与图 1-24 对比可知，IGBT 与 N 沟道 MOSFET 结构十分类似，不同之处是 IGBT 多一个 P^+ 层发射极，形成一个大面积的 P^+N^+ 结 J1，这样整个单胞成为四层结构并存在 J1、J2、J3 三个 PN 结，二者上半部分基本相同（命名和 MOSFET 一样，凡电子从发射极流出的称 N 沟道型，而空穴从发射极流出的称 P 沟道型，IGBT 的外部电极端子名称沿用 GTR，内部结构名称沿用 MOSFET），并由此引出集电极 C，发射极 E、栅极 G。

当采用外延工艺在注入区与漂移区之间加入 N^+ 高掺杂缓冲层时，对器件性能会产生多方面影响，其一是反向阻断电压耐量降低，器件正反向耐压不同，故称为非对称型，其特点是反向阻断能力弱，但正向压降低，关断时间短，关断尾部电流小；相反对于无缓冲层或采用其他工艺形成缓冲层的器件，由于正反向耐压相同，称为对称型器件，其特点是具有正、反向阻断能力，但特性不及非对称的 IGBT。

由于制作工艺不同，导致器件性能迥异。采用外延法工艺的器件，因 N^- 长基区的宽度小于空间电荷的扩展宽度，称为穿通型 IGBT（采用非透明集电区技术的 PT 型 IGBT（Punch Through IGBT）。其唯一优点是通态压降较小，缺点很多，在高频（20kHz）、高温（60～80℃）时，拖尾电流随温度升高明显增大，拖尾时间长，通态压降、阀值电压及关断时间等关键参数随温度升高而恶化，且参数变化的一致性较差，失效率明显增加。采用同质单晶硅片和扩散工艺的器件，情况与 PT 型 IGBT 相反的非穿透型 IGBT（系采用透明集电区技术的 NPT 型 IGBT，即 Non Punch Through IGBT），相对于前者，NPT 型 IGBT 具有许多优越性能。①更少依赖降低少子寿命来控制开关速度，使得关断时的电流拖尾减小，由于开通关断的特性随温度变换改变很小，所以其高温性能十分稳定；②通态压降随工作温度升高而变大，并具有正温度系数特性，因此易于并联使用，同时还具有更好的短路能力；③NPT 型 IGBT 芯片厚度是 PT 型 IGBT 芯片厚度的 2/5，其 P^+ 发射区厚度小于 $1\mu m$，因此热量容易从芯片发热区传出，具有更低的通态损耗和更宽的 SOA 范围；④不需要复杂的工艺，成本低。

从结构图中可以看出，IGBT 相当于一个由 N 沟道 MOSFET 驱动的厚基区 GTR（PNP 型），其简化等效电路如图 1-29（b）所示，等效电路中 R_{dr} 是厚基区 GTR 基区内的扩展电阻。IGBT 是以 GTR 为主导元件、N 沟道 MOSFET 为驱动元件的达林顿结构。图 1-29（c）为以 GTR 形式表示的 IGBT 符号，若以 MOSFET 形式表示，也可将 IGBT 的集电极称为漏极、发射极称为源极。

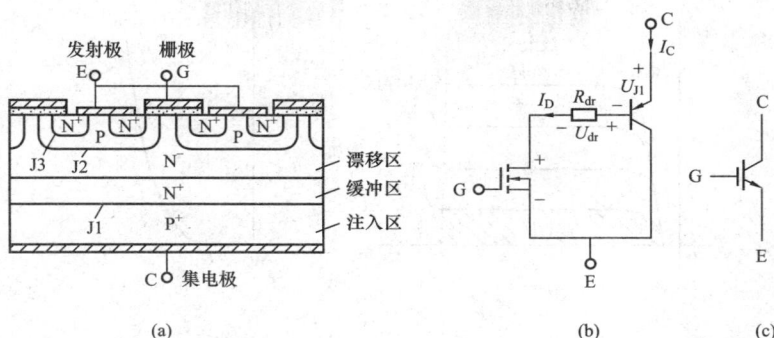

图 1-29 IGBT 的结构、简化等效电路和电气符号
(a) 内部结构断面示意图；(b) 简化等效电路；(c) 电气图形符号

以上所介绍 PNP 晶体管与 N 沟道 MOSFET 组合而成的 IGBT 称为 N 沟道 IGBT，相应地，改变半导体的类型可制成 P 沟道 IGBT，即 MOSFET 为 P 沟道，GTR 为 NPN 型，其符号和 N 沟道 IGBT 箭头方向相反。

2. 工作原理

当 IGBT 端压 $U_{CE}<0$，由于 J1 结处于反偏，因而不管 MOSFET 的沟道体区中是否形成沟道，电流均不能在集电极至发射极间流过，这是由于 IGBT 存在 J1 结而具有反向阻断能力，阻断能力的高低取决于 J1 结的雪崩击穿电压。IGBT 的正向阻断电压主要由 J2 结的雪崩击穿电压决定。

当 IGBT 端压 $U_{CE}>0$，$U_{GE}=0$ 时，由于 J2 处于反偏，MOSFET 的沟道体区中未能形成导电沟道，所以集电极电流 $I_C=0$；当 $U_{CE}>0$，$U_{GE}>U_T$（栅阀电压）时，栅极下面 P^+ 沟道体区表面反型并形成导电沟道，IGBT 进入正向导通状态，电子由 N 源区（发射区）经沟道进入漂移区，同时由于 J1 结处于正偏，P^+ 衬底向漂移区注入空穴，当栅压升高时，空穴密度也相应升高，因此在有源区（放大区）中，I_C 的值由栅压 U_{GE} 值决定，而与 U_{CE} 无关。

由于来自 P^+ 区的部分空穴与来自沟道的电子复合，其余部分被处于反偏的 J2 结收集到沟道体区，这些载流子将显著调制 N^- 漂移区的电导率，降低器件的导通电阻，从而提高器件的电流密度。反之，如果栅压重新下降到低于 U_T（栅阀电压）时，栅极下 P^+ 区表面的反型层消失，其导电沟道也不复存在，从而切断 N 源区（发射区）对漂移区的电子供给，器件由导通状态转为阻断状态。

1.7.2 IGBT 的特性

1. 静态特性

IGBT 的静态特性包括输出特性、转移特性等。

对称的 N 沟道 IGBT 正向输出特性如图 1-30（a）所示，可分为饱和区、放大区、截止区和击穿区。当 $U_{GE}<U_T$（开启电压）时，IGBT 处于截止区，仅有极小的漏电流存在。当 $U_{GE}>U_T$ 且为一定值时，IGBT 处于放大区，在该区中，集电极电流 I_C 大小几乎不变，其大小取决于 U_{GE}，正常情况下不会进入击穿区。当 $U_{GE}>U_T$ 且集电极电流 I_C 不随 U_{GE} 而变化时，IGBT 处于饱和区，导通压降较小，此时集电极电流 I_C 与 U_{GE} 不再呈线性关系。

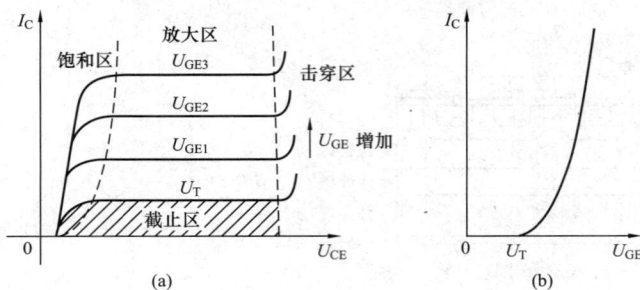

图 1-30　IGBT 的静态特性
（a）输出特性；（b）转移特性

IGBT 的转移特性表示集电极电流 I_C 与栅射电压 U_{GE} 的关系，如图 1-30（b）所示，它与 MOSFET 转移特性类似。开启电压 U_T 是 IGBT 能实现电导调制而导通的最低栅射极电压。当 U_{GE} 小于开启电压 U_T 时，IGBT 处于关断状态；当 U_{GE} 大于开启电压 U_T 时，IGBT 开通，导通后，在大部分集电极电流范围内，i_C 与 U_{GE} 呈线性关系。开启电压随温度的升高而略有下降，在 +25℃ 时，开启电压一般为 2~6V。一般栅射电压 U_{GE} 的最佳值可取 15V 左右。

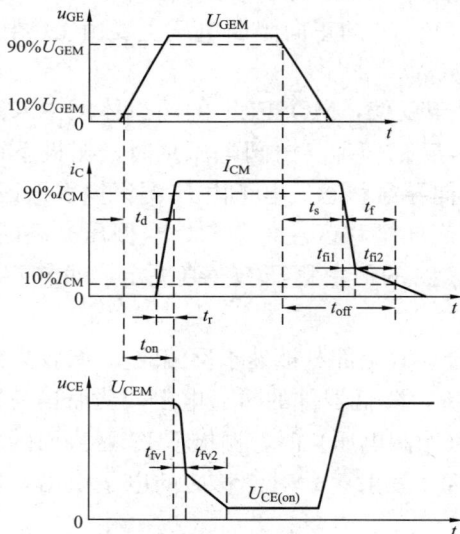

图 1-31　IGBT 的动态特性

2. 动态特性

IGBT 的动态特性包括开通过程和关断过程两个方面，如图 1-31 所示。

IGBT 的开通过程与 MOSFET 的开通过程很相似，这是因为 IGBT 在开通过程中大部分时间是作为 MOSFET 来运行的。如图 1-31 所示，从驱动电压 u_{GE} 的前沿上升至其幅值的 10% 时刻，到集电极电流 i_C 上升至其幅值的 10% 的时刻止，这段时间称为开通延迟时间 t_d。i_C 从 10%I_{CM} 上升至 90%I_{CM} 所需时间为电流上升时间 t_r。开通时间 t_{on} 为开通延迟时间与电流上升时间之和。集射电压 u_{CE} 的下降过程分为 t_{fv1} 和 t_{fv2} 两段。其中 t_{fv1} 段为 IGBT 中 MOSFET 单独工作时的电压下降时间，t_{fv2} 段为 MOSFET 和 PNP 晶体管同时工作的电压下降时间。t_{fv2} 时间的长短受两个因素的影响。其一是在集射电压降低时，IGBT 中 MOSFET 的栅极电容增加，致使电压下降时间变长，这与 MOSFET 相似；其二是 IGBT 的 PNP 晶体管从放大状态转为饱和状态需要一个过程，这段时间也使下降时间变长。由上可知，只有在 t_{fv2} 段结束时，IGBT 才完全进入饱和状态。

IGBT 关断时，从驱动电压 u_{GE} 的脉冲后沿下降到其幅值的 90% 的时刻起，到集电极电流下降到 90%I_{CM} 止，这段时间称为关断延迟时间 t_s。集电极电流从 90%I_{CM} 下降至 10%I_{CM} 的这段时间为电流下降时间。关断时间 t_{off} 为关断延迟时间与电流下降时间之和。电流下降

时间可分为 t_{fi1} 和 t_{fi2} 两段。其中，t_{fi1} 对应 IGBT 内部的 MOSFET 的关断过程，这段时间集电极电流 i_C 下降较快；t_{fi2} 对应 IGBT 内部的 PNP 晶体管的关断过程，这段时间内 MOSFET 已经关断，IGBT 又无反向电压，所以 N 基区内的少子复合缓慢，造成集电极电流 i_C 下降较慢。由于此时集射电压已经建立，过长的下降时间会产生较大的功耗，使结温升高，所以希望下降时间越短越好。为了解决这个问题，可以通过减轻饱和程度来缩短电流下降时间，但是这样需要与通态压降折中。对称型 IGBT 下降时间较短，非对称型 IGBT 下降时间较长。

IGBT 的开关时间与集电极电流、门极电阻等参数有关，集电极电流越大、门极电阻越大，则开通时间、上升时间、关断时间、下降时间都趋向增加。与 MOSFET 比较可以看出，由于 PNP 晶体管的存在，虽然带来了电导调制效应的好处，但是也引入了少子储存现象，因此 IGBT 的开关速度低于 MOSFET。

1.7.3 IGBT 的主要参数

除了上述的一些参数外，IGBT 的主要参数还包括以下几个参数。

1. 集射极击穿电压

集射极击穿电压 U_{CES} 决定了器件的最高工作电压，它是栅极发射级短路时，由器件内部的 PNP 晶体管所能承受的雪崩击穿电压所确定，具有正温度系数。

2. 最大栅射极电压

栅射极电压 U_{GES} 是由栅氧化层的厚度和特性所限制的，为了限制故障下的电流和确保长期使用的可靠性，应将栅极电压限制在 20V 之内，其最佳值一般取 15V 左右。

3. 集电极连续电流和峰值电流

集电极连续电流 I_C 为 IGBT 的额定电流，表征其电流容量，I_C 主要受结温限制；峰值电流 I_{CM} 是为了避免擎住效应的发生。只要不超过额定结温，IGBT 可以工作在比连续电流额定值大的峰值电流范围内，通常 $I_{CM} \approx 2I_C$。

4. 最大集电极功率

最大集电极功率 P_{CM} 为在正常工作温度下允许的最大耗散功率。

1.7.4 IGBT 的擎住效应与安全工作区

从 IGBT 的结构图看出，在 IGBT 内部寄生着一个 N^-PN^+ 晶体管和作为主开关器件的 P^+N^-P 晶体管组成的寄生晶闸管。其中 NPN 晶体管的基极与发射极之间存在体区短路电阻，P 形体区的横向空穴电流会在该电阻上产生压降。对 J3 结来说，相当于加上一个正偏置电压，在额定集电极电流范围内，这个正向偏置电压比较小，不足以使 J3 结开通，即 NPN 晶体管不起作用，但当集电极电流大到一定程度，这个正偏置电压足够大时，J3 结便会开通，进而使 NPN 和 PNP 晶体管处于饱和导通状态，于是寄生晶体管开通，IGBT 栅极就会失去对集电极电流的控制作用，导致集电极电流增大，造成器件功率过高而损坏。这种电流失控现象被称为擎住效应或自锁效应。引发擎住效应的原因可能是静态擎住效应（集电极电流过大），也可能是动态擎住效应（du_{CE}/dt 过大），由于动态擎住效应比静态擎住效应所允许的集电极电流还要小，因此 IGBT 所允许的最大集电极电流实际上是根据动态擎住效应而确定的。当然，为了避免动态擎住效应的发生，还应适当加大栅极电阻以延长 IGBT 关断时间，这就是 IGBT 要求设计慢速关断电路的原因。此外，温度升高也会加重发生擎住效应的危险，因此必须设置过热保护电路。

可以看出擎住效应是限制 IGBT 电流容量的主要原因之一，20 世纪 90 年代中后期，IGBT 的研究和制造水平迅速提高，此问题有了很大的改善，促进了 IGBT 研究和制造水平的迅速提高。

IGBT 有规范其开通过程和通态工作点额定值的正向偏置安全工作区（Forward Biased Safe Operating Area，FBSOA），规范其关断过程和断态工作点的反向偏置安全工作区（Reverse Biased Safe Operating Area，RBSOA）等。正向偏置安全工作区由最大集电极电流 I_{CM}、最大集射极电压 U_{CEM} 和最大集电极功耗 P_{CM} 确定。正向偏置安全工作区与 IGBT 的导通时间密切相关，随着导通时间的增加，IGBT 发热越严重，安全工作区逐步减小。反向偏置安全工作区由最大集电极电流 I_{CM}、最大集射极电压 U_{CEM} 和最大允许电压上升率 du_{CE}/dt 确定。因为过高的 du_{CE}/dt 会使 IGBT 发生动态擎住效应，所以 du_{CE}/dt 越高，反向偏置安全工作区越小。

1.8 其他新型电力电子器件

在现代全控型电力半导体器件的家族中，除了 GTO、GTR、功率 MOSFET 和 IGBT 这些主要类型之外，近年来不断涌现出许多新型器件。本节简单介绍部分已实用化的器件以及电力电子器件的发展趋势。

1.8.1 静电感应晶体管

静电感应晶体管（Static Induction Transistor，SIT）实质上是一种大功率结型场效应晶体管，它是电压控制型器件。SIT 将结型场效应管中的栅极层 P^+ 分散埋入高阻层 N^- 中，利用具有高载流子浓度的 P^+ 区把电流 I_{DS} 的通道分割为多个，并将通道长度大大缩短。当栅极 G 与源极 S 之间不加电压，而漏极 D 与源极 S 之间加正向电压时，由于漏—源之间都是 N 型材料，因而有电流 I_{DS} 流通，其值只取决于漏源间的电阻和所加电压。在加有反向偏置电压的 PN 结的 P、N 材料中都存在耗尽区，耗尽区中的多数载流子被移走，具有电绝缘性质，并且反偏电压愈高，耗尽区就从两种材料的界面为起点，愈向材料内部扩展，而两种材料的耗尽区中被移走的载流子数必定相等。因此，两材料中的耗尽区宽度与其所含多数载流子的浓度成反比，载流子的浓度愈小，耗尽区愈宽。同理，对 SIT 来说，当栅—源之间加负电压时，栅极的 P^+ 与 N^- 间的 PN 结承受反压，在高阻层中与 P^+ 相接的通道部分就形成耗尽区，反压越高，耗尽区就越宽，意味着漏—源电流 I_{DS} 的流通通道越窄，最终会被夹断，这与结型场效应管中的栅—源极间负电压可使 I_{DS} 的通道夹断是一样的。所不同的是，结型场效应管的通道长，存在较大的通道电阻，在流过 I_{DS} 时，通道上形成的电压降起负反馈作用，使得 I_{DS} 达一定值后，不再跟随 U_{DS} 增加，因而具有饱和型伏安特性。而 SIT 的通道极短，通道电阻压降造成的负反馈作用趋于零，因而具有不饱和型的电流、电压特性。

SIT 具有不饱和电流、电压特性，类似真空三极管，是电压控制型器件。它的漏—源极间呈电阻特性，SIT 是常通型电压控制器件，当 $U_{GS} \geqslant 0$ 时，SIT 导通，当 $U_{GS} < 0$ 时，其阻值随 U_{GS} 的绝对值增大而增加，最终使 SIT 成截止状态。SIT 的开关速度快，允许工作频率高。由于 SIT 的栅极层的 P^+ 与高阻层 N^- 形成 PN 结，使其结具有小的电容；而 I_{DS} 电流通道又多又短，在开通、关断时，I_{DS} 会从所有通道同时流通或同时截止；因而开关速度特快，

一般小功率的可小到 50ns，大功率的也只有 350ns。

在栅源极间加正电压，可减小元件的通态电阻，提高开关效率和电流效率，但其正电压值不能超过 10V，而且需串入限流电阻，否则会损坏元件。当 U_{GS} 值超过 0.7V 后，就会出现栅流 I_{GS}，限流电阻值可选取加正向 U_{GS} 时能使 I_{GS} 达到 0.2～0.5A 的电阻值。

在实际运行时，必须保证先接通栅极负偏压，后加漏源电压；断电时，则应相反，否则会导致电源短路。SIT 的漏源极间不能流过反向电流，也不能承受反向电压，因此，通常都把快速恢复二极管与 SIT 反并联使用，在需要承受反向电压的电路中串联快速恢复二极管。

1.8.2 MOS 控制晶闸管

MOS 控制晶闸管（MOS - Controlled Thyrisitor，MCT）是 MOSFET 和 SCR 的复合器件。MCT 将 MOSFET 的高输入阻抗、低驱动功率、快速开关过程的特性与晶闸管的高压大电流、低导通压降特性结合在一起，成为 20 世纪 80 年代末最热门的器件之一。

一个 MCT 器件由数以万计的 MCT 元组成，每个元的组成为：一个 PNP 晶体管和一个 NPN 晶体管（二者组成 SCR）、一个控制该晶体管开通的 MOSFET（称为 ON - FET）和一个控制该晶体管关断的 MOSFET（称为 OFF - FET）。ON - FET 连接在 PNP 晶体管的射、集电极之间，OFF - FET 连接在 PNP 晶体管的基、射极之间，这两组 MOSFET 的栅极连在一起，构成的 MCT 门极。根据 ON - FET 的导电沟道类型，MCT 又可分为 P - MCT、N - MCT，目前 MCT 产品多为 P - MCT。

MCT 采用双门极控制，当门极相对于阳极加负脉冲电压时，ON - FET 导通，从而使 MCT 导通。当门极相对于阳极加正脉冲电压时，OFF - FET 导通，从而使 MCT 关断。使 MCT 触发导通的门极负脉冲电压幅值一般为 5～15V，使其关断的门极正脉冲电压幅值一般为 +10V。

MCT 的静态特性与 SCR 一样，可承受反向电压，但它是一种新型的自关断场控器件，驱动电路要简单得多。目前，MCT 有 MCT、BRT 及 EST 三种结构。其中，MCT 和 BRT 有良好的通态特性，但不呈现正偏安全工作区，而且工艺复杂；EST 结构是利用晶闸管电流强迫流过 MOSFET 沟道以达到 MOS 栅控制的目的，其正向安全工作区与 IGBT 相当，但通态压降稍高。因此，EST 是制造 MCT 的优选结构。目前已研制出 3kV 的高压 MCT，并有很低的通态压降（约为 IGBT 的 1/3）。

MCT 的优点有：电压、电流容量大，目前水平为阻断电压 3000V，峰值电流 1000A，最大电流关断密度为 6000A/cm²；通态压降小，约为 1.1V，仅为 IGBT 通态压降的 1/3；开关速度快，开关损耗小，开通时间为 200ns，可以在 $2\mu s$ 时间内关断 1000V 电压；工作温度高，其温度受限于反向漏电流，上限值可达 250～270℃；MCT 即使关断失败，器件也不会损坏；当工作电压超出安全工作区时，MCT 可能失效，可用简单的熔断器进行短路保护；MCT 容易串并联使用，以满足更大功率的要求。

MCT 曾一度被认为是一种最有发展前途的电力电子器件，但是，经过十多年的努力，其关键技术没有大的突破，与此同时，其竞争对手 IGBT 却进展飞速，所以目前从事 MCT 研究和开发的人员不多。

1.8.3 集成门极换向型晶闸管

目前中电压大功率应用领域，占主导地位的电力电子器件主要有晶闸管、GTO 和 IGBT 等，这些器件在实用方面还存在一些缺陷。GTO 关断不均匀，需要笨重而昂贵的缓冲电路。

另外，由于其门极驱动电路复杂，所需控制功率大，这就使得设计复杂，制造成本高，电路损耗大；IGBT虽吸收电路简单，但它的通态损耗大，而且可靠性不高，另外，单个IGBT的阻断电压较低，即使是新型的高压IGBT也不适合所有的中高电压领域，在高电压应用场合需多个串联使用，增加了系统的复杂性和损耗。

为了适应高电压大功率的需要，20世纪90年代中后期，国内外开展了新型功率开关器件IGCT（Integrated Gate Commutated Thyristor）的研究工作，IGCT是指集成门极换向型晶闸管，是在IGBT和GTO成熟技术的基础上，专门为高电压大功率场合而设计的功率开关器件，它将GTO芯片与反并联二极管和门极驱动电路集成在一起，再与其门极驱动器在外围以低电感方式连接，结合了晶体管和晶闸管两种器件的优点，即晶体管的稳定的关断能力和晶闸管的低通态损耗。IGCT在导通期间发挥晶闸管的性能，关断阶段呈类似晶体管的特性。IGCT具有电流大、电压高、开关频率较高（比GTO高10倍）、可靠性高、结构紧凑、损耗低的特点。此外，IGCT还具有制造成本低和成品率高的特点，有极好的应用前景。

IGCT是GCT（门极换向型晶闸管）和集成门极驱动电路的合称。当GCT工作在导通状态时，是一个类似于晶闸管的正反馈开关，其特点是携带电流能力强和通态压降低。在关断状态时，GCT门—阴极PN结提前进入反向偏置，并有效地退出工作，整个器件呈晶体管方式工作。

GCT关断时，通过打开一个与阴极串联的开关（通常是MOSFET），使基极P—发射极N反偏，从而迅速阻止阴极注入，将整体的阳极电流强制转化成门极电流（通常在$1\mu s$内），这样便把GTO转化成为一个无接触基区的NPN晶体管，消除了阴极发射极的正反馈作用，GTO也就均匀关断，而且没有载流子收缩效应。这样，它的最大关断电流比传统GTO的额定电流高出许多。由于GCT在增益接近1时关断，因此，保护性的吸收电路可省去。

IGCT的关键设计技术：采用缓冲层设计技术，使芯片所需的厚度减少，相应地降低导通和关断损耗；采用透明发射极技术，大大降低了门极触发功率，并缩短了关断时间；采用低电感的安装结构和门极驱动电路，具有良好的开关性能。

IGCT的典型应用有：①串联应用，与GTO相比，IGCT的一个突出的优点是存储时间短，因而在串联应用时，各个IGCT关断时间的偏差极小，其分担的电压会较为均衡，所以适合大功率应用；在铁路用100MVA（已商业化）转换控制网络的输出级中，采用了12个IGCT，每组6个串联，直流中间电路电压额定值为10kV，输出电流为1430A；②牵引逆变器，由于牵引领域的广泛需要，逆导IGCT发展很快，IGCT可无吸收关断，比GTO逆变器更加紧凑。在目前已成功应用的IGCT三相逆变器中，只需要di/dt限制电路，门极驱动电源在中心放置，进一步减小了逆变器的体积。

IGCT在GTO技术基础上进行了重大改进，采用硬驱动技术，在整体结构上集成了门极驱动电路和反并联二极管，省去了吸收电路，易于串联应用。IGCT兼具了GTO和IGBT的优点：电流容量大、阻断电压高、开关频率高、可靠性高、结构紧凑、便于集成、损耗低，适合于中电压大功率应用场合。IGCT的生产工艺与GTO完全兼容，是极具发展潜力的新一代功率器件，至今已研制成功4kA/4.5kV的IGCT，并已在电力系统中应用，目前研制水平已达6kA/6kV，今后IGCT有可能广泛应用于电力系统高压直流输电系统，以及静止无功补偿和谐波抑制等装置中。

1.8.4 电力电子器件的发展趋势

电力半导体器件的飞速发展大大拓宽了电力电子技术的应用范围。无论是信息技术，还是电力技术，都离不开电力电子器件。目前，电力电子器件正在进行一场新的变革，市场逐渐由传统的电流控制型器件向电压控制型器件转化，从而涌现了多种新型的电力电子器件。

电力电子器件按其控制机理不同，可分为电压控制型、电流控制型器件和功率集成电路（PIC）。

（1）以硅材料为主的电压控制型器件，自从 20 世纪 70 年代拉开功率 MOSFET 的序幕后，经过几十年的发展，已出现了许多新的结构和 Bi - MOS 复合器件，具有代表性的器件是 COOLMOS、IGBT、IEGT、MCT，这类器件的特点是：输入阻抗高、易驱动、速度快、频率高、无热击穿和二次击穿、安全工作区宽、易并联使用等，目前正向更高速度、更高频率和低通态损耗方向飞速发展。

（2）电流型控制器件，经历了 Thyristor、GTO 的漫长发展后，目前以 IGCT 为其发展方向，正向高电压、大电流和低通态损耗方向发展。

（3）功率集成电路（PIC）包括高压集成电路（HVIC）和智能功率集成电路（SPIC）。HVIC 是横向高压器件与逻辑或模拟控制电路的单片集成；SPIC 是纵向功率器件与逻辑或模拟控制电路以及传感器、保护电路的单片集成。采用 PIC 可使装置内电源部分的体积缩小、重量减轻、可靠性提高、使装置成本显著降低。目前 PIC 的发展方向趋于规范化、高集成化和进一步提高电、热性能。

高频电力电子技术要求电力电子器件具有高开关速度和低通态损耗、高输入阻抗和高工作温度、优良的热稳定性和良好的抗辐射能力。由于硅材料本身的限制，使传统的硅器件无法满足这些要求。因此，必须开发具有很大带隙、很高载流子迁移率和良好电热传导性的碳化硅（SiC）材料的器件，SiC 是 21 世纪下半叶最可能实用化、取代硅材料的电力半导体器件新材料，SiC 工作温度可达 300° 以上，PN 结耐压易于做到 5kV，导通电阻小，用 SiC 做成同样耐压水平的 MOSFET 管，其通态电阻仅是硅器件的二百分之一，SiC 导热性也很好，其本征半导体载流子浓度比硅小十几个数量级，故漏电流特别小。目前，已开发的 SiC 器件有 SiC 功率 MOSFET、SiC BI - MOSFET 和 SiC GTO 器件。目前，发展 SiC 器件的主要障碍是材料提纯、结晶工艺及相关的加工工艺和高温运行的外围技术问题，只要获得突破，以 SiC 为材料的电力电子器件将很快实用化，SiC 功率器件将使电力电子技术有一个新的飞跃。

随着电力电子装置不断向大容量、高频率、易驱动、低损耗等方向发展，可以预测，现代电力电子器件未来发展趋势是：①高频化；②高效率；③高电压、大功率；④高功率密度；⑤多功能集成化；⑥绿色化（污染小），包括减小生产和原材料应用中的污染，尤其是指减小器件使用中的电磁干扰和射频干扰；⑦小型、轻量、廉价化。

综上所述，电力半导体器件近年来取得了长足的进展。今后，大功率晶闸管的用量将会逐年减少，但超高压 8kV、大电流 3kA 以上的晶闸管将继续在高压直流输电 HVDC 和静止无功补偿器 SVC 上使用；GTO 器件在采用了各种新工艺、新技术和新结构之后，可制成只需低吸收电路的高压 GTO，在大功率、超高压领域，特别是在机车牵引领域将继续发挥其应有的作用。预计不久的将来，在中等功率的变流设备中，IGBT 将完全替代 GTO；在大功率的变流设备中将主要由 GTO 或晶闸管来承担；而低压小功率的变流器中功率 MOS-FET 将占主要地位。由于 IGCT 改善了 GTO 的存储时间，IEGT 减小了 IGBT 的关断拖尾电流，因而在低损耗的应用中，IGCT 和 IEGT 将分别替代 GTO 和 IGBT，成为促进电力电子技术发展的主要电力半导体器件；MCT 的制作工艺比 IGBT 复杂，因而发展较慢，随着对其结构的进一步认识，将会有所发展；电力半导体器件结构模块化是电力电子的发展方向，PIC 和 IPM 在 21 世纪将会蓬勃发展；随着 SiC 材料的成本降低及工艺技术进步，SiC 器件必将成为电力电子器件发展的主流。可以相信，电力半导体器件的发展将为电力电子技术的飞跃创造出更加美好的前景。

习　题　一

1. 晶闸管正常导通的条件是什么，导通后流过的电流由什么决定？晶闸管关断的条件是什么，如何实现？

2. 有时晶闸管触发导通后，触发脉冲结束后它又关断了，是何原因？

3. 图 1-32 中的阴影部分表示流过晶闸管的电流波形，其最大值均为 I_m，试计算各波形的电流平均值、有效值。如不考虑安全裕量，额定电流 100A 的晶闸管，流过上述电流波形时，允许流过的电流平均值 I_d 各为多少？

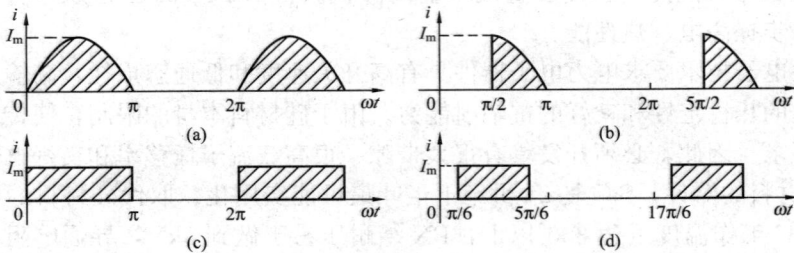

图 1-32　习题 3 图

4. 为什么晶闸管不能用门极负信号关断阳极电流，而 GTO 却可以？

5. GTO 与 GTR 同为电流控制器件，前者的触发信号与后者的驱动信号有哪些异同？

6. 试比较 GTR、GTO、MOSFET、IGBT 之间的差异和各自的优缺点。

2 相控整流电路

将交流电（AC）转换为直流电（DC）的电力变换称为整流（Rectifier）。整流在四种基本电力变换中应用最早，因为我们首先面临的问题就是如何把电力系统提供的交流电转换为直流电。20 世纪初发明了汞弧阀，基于汞弧阀的整流电路随之出现，1954 年第一个采用汞弧阀的直流输电工程哥特兰岛直流输电工程在瑞典投入运行。20 世纪 70 年代后，晶闸管整流电路发展成熟，取代了汞弧阀，但整流电路的拓扑沿用了下来。

根据采用器件和控制方式的不同，整流电路可以分为相控整流电路和 PWM 整流电路。相控整流电路由晶闸管组成，通过控制晶闸管触发脉冲相位调节输出电压，早期的整流电路均采用这种形式，而本章仅阐述相控整流电路的原理。PWM 整流电路采用全控型器件和 PWM 控制，在控制性能以及谐波和无功等方面优于相控整流电路。虽然晶闸管相控整流电路存在固有缺点，但在容量、成本和技术成熟度方面仍有一定优势，目前仍广泛应用于电力系统和工业生产之中，如高压直流输电、直流电机调速等。

为满足不同的生产要求，已出现了多种各具特点的整流电路。相控整流电路按器件组成可分为不可控整流电路、半控整流电路和全控整流电路；按电网相数可分为单相整流电路、三相整流电路和多相整流电路；按接线方式可分为半波整流电路和全波整流电路；按滤波方式可分为电容滤波的电压型整流电路和电感滤波的电流型整流电路等。

全控型的相控电路既可工作在整流状态，又可工作在逆变状态。当其功率从电网流向负载、将交流电变换为固定或可调的直流电称为"整流"；反之，功率从负载流向电网、将直流电变换为交流电称为"有源逆变"。有源逆变电路可以看成是整流电路的另外一种工作方式。同样，PWM 电路也可工作在整流和逆变两种不同状态，只是相控电路主要用作整流器，而 PWM 电路更多是作为逆变器。功率双向流动的 AC $\longleftrightarrow$ DC 变换电路统称为变流器或换流器。

本章首先阐述单相和三相相控整流的原理，包括电路结构、波形分析、数值计算等，然后分析变压器漏抗对整流电路的影响、相控电路的有源逆变工作状态，最后介绍整流电路的谐波和功率因数。为讨论方便起见，假设电路中的晶闸管是理想元件，即阻断时晶闸管电阻无穷大，漏电流为零；导通时晶闸管压降为零；晶闸管的开通和关断的时间忽略不计。

2.1 单相可控整流电路

2.1.1 单相半波可控整流电路

用一只晶闸管构成的单相半波可控整流电路是最简单最基本的整流电路，也是掌握其他整流电路的基础。

1. 电阻性负载

（1）工作原理。

单相半波可控整流电路带电阻性负载的原理图及工作波形如图 2-1 所示，其中图 2-1（a）、

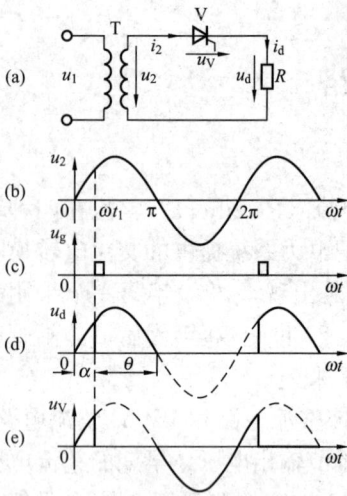

图 2-1　带电阻性负载的单相半波
可控整流电路及波形

(a) 原理图；(b) 变压器二次侧电压；
(c) 触发脉冲；(d) 负载电压；
(e) 晶闸管两端电压

(b)、(c)、(d) 和 (e) 分别给出了原理图、变压器二次侧电压、触发脉冲、负载电压和晶闸管两端电压的波形。图中 u_1 和 u_2 分别为整流变压器的一次侧和二次侧电压，负载为电阻 R，电阻性负载的特点是负载上的电流电压同相位。假定变压器二次侧电压为正弦波，则该电路的具体工作过程如下。

1) $0 < \omega t < \alpha$ 区域：晶闸管承受正向电压，但无触发脉冲，所以晶闸管未开通，电源电压全部加在晶闸管上，即 $u_V = u_2$，负载的电压为零，流过负载的电流也为零。

2) $\omega t = \alpha$：触发脉冲到，晶闸管开始导通，忽略通态压降，即 $u_V = 0$，电源电压全部加在负载上，即 $u_d = u_2$，负载电流 $i_d = u_d / R$，与输入电压同相位。

3) $\omega t = \pi$：u_2 由正向电压下降到零，晶闸管关断，则 $u_d = i_d = 0$，$u_V = u_2$，此状态一直持续到下一周期触发脉冲到来时刻为止。

在电力电子电路中常用以下术语：从电力电子器件开始承受正向阳极电压至触发脉冲出现时的延迟时间对应的电角度称为"触发延迟角"，用 α 表示。使输出电压从最大值到最小值变化的触发延迟角的范围称为"移相范围"。在一个周期内元件的导通电角度称为"导通角"，用 θ 表示。如上述电路中，触发延迟角 α 的变化范围为 $0 \sim \pi$，$\theta = \pi - \alpha$。通过控制触发脉冲的相位来控制输出电压大小的控制方式称为"相控方式"。从工作原理中看出，触发脉冲与电源电压在频率和相位上需协调配合，称为"同步"。

(2) 数值计算。

假设变压器二次侧电压 $u_2 = \sqrt{2} U_2 \sin\omega t$，输出电压的平均值 U_d 为

$$U_d = \frac{1}{2\pi} \int_\alpha^\pi \sqrt{2} U_2 \sin\omega t \, \mathrm{d}(\omega t) = \frac{\sqrt{2} U_2}{2\pi}(1 + \cos\alpha) = 0.45 U_2 \frac{1 + \cos\alpha}{2} \tag{2-1}$$

其有效值为

$$U = \sqrt{\frac{1}{2\pi} \int_\alpha^\pi (\sqrt{2} U_2 \sin\omega t)^2 \, \mathrm{d}(\omega t)} = U_2 \sqrt{\frac{\pi - \alpha}{2\pi} + \frac{\sin 2\alpha}{4\pi}} \tag{2-2}$$

当触发角 $\alpha = 0$ 时，直流输出电压平均值 U_d 最大，随着触发角 α 的增大，U_d 减少，到 $\alpha = \pi$ 时，$U_d = 0$。所以，单相半波可控整流电路的最大移相范围是 $0 \sim \pi$，相应 U_d 调节范围为 $0.45 U_2 \sim 0$。

直流输出平均电流 I_d 为

$$I_d = \frac{U_d}{R} = 0.45 \frac{U_2}{R} \times \frac{1 + \cos\alpha}{2} \tag{2-3}$$

单相半波可控整流电路中 $i_2 = i_{VT} = i_d$，因此其有效值也相同，即

$$I_2 = I_{VT} = I = \frac{U}{R} = \frac{U_2}{R} \sqrt{\frac{\pi - \alpha}{2\pi} + \frac{\sin 2\alpha}{4\pi}} \tag{2-4}$$

由图 2-1 (e) 可知，晶闸管在工作中可能承受的最大正、反向电压为电源电压的峰

值，即$\sqrt{2}U_2$。

变压器二次侧有功功率P、视在功率S、功率因数λ分别为

$$P = I^2R = UI \qquad (2-5)$$

$$S = U_2I \qquad (2-6)$$

$$\lambda = \frac{P}{S} = \frac{UI}{U_2I} = \sqrt{\frac{\pi-\alpha}{2\pi} + \frac{\sin 2\alpha}{4\pi}} \qquad (2-7)$$

在单相半波可控整流电路中，λ是α的函数，α越大，功率因数越低。因而即使是电阻性负载，由于存在谐波电流，最大功率因数小于1，为0.707。

2. 阻感性负载

在实际应用中，除了电阻负载外，还经常遇到感性负载，如变压器和电机的励磁绕组、电磁线圈等。为使负载获得平稳的输出电流，可在整流输出端接平波电抗器，此时也将其看做阻感性负载，用电感L和电阻R的串联来等效。图2-2给出了带阻感负载的单相半波可控整流电路及其波形。

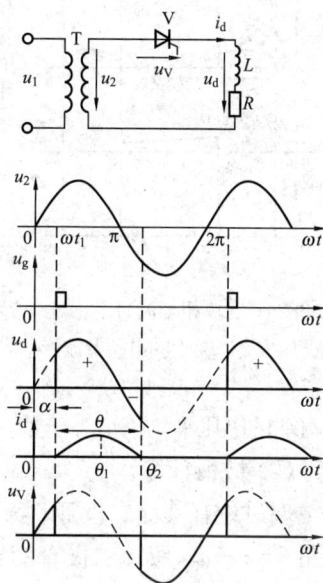

图 2-2 单相半波可控整流电阻感性负载电路及波形

（1）工作原理。

阻感负载的特点是电感对电流变化有抗拒作用，使得流过电感的电流不能发生突变。由图2-2可得

$$u_2 = u_L + u_R = L\frac{\mathrm{d}i_d}{\mathrm{d}t} + i_dR \qquad (2-8)$$

1) 在$0<\omega t<\alpha$区间：没有触发脉冲，晶闸管处于关断状态，回路中没有电流，晶闸管承受全部电压。

2) $\omega t = \alpha$：触发晶闸管，电源电压被加到阻感负载上。在晶闸管导通瞬间，因电感的存在，电流不能突变，而是从零开始上升。所以在$\omega t = \alpha$时，$i_d = 0$，$u_R = i_dR = 0$，$u_d = u_L = L\mathrm{d}i_d/\mathrm{d}t$。

3) $\alpha<\omega t<\alpha+\theta$区间：当$\alpha<\omega t<\theta_1$时，电流$i_d$上升，电感储能，电感上的电压为$u_2$与$u_R$之差，即$u_L = u_2 - u_R = L\mathrm{d}i_d/\mathrm{d}t$。$\omega t = \theta_1$时，$u_R = u_d = u_2$，$u_L = L\mathrm{d}i_d/\mathrm{d}t = 0$。此后，电流$i_d$下降，电感释放所储存的能量，随着$u_2$下降进入负半周，电感能量尚未释放完毕，仍维持晶闸管导通，直至θ_2点$u_L = u_2$止，晶闸管开始关断，所以晶闸管的导通角$\theta > \pi - \alpha$。

通过分析，负载两端电压的平均值为

$$U_d = \frac{1}{2\pi}\int_\alpha^{\alpha+\theta} u_2 \mathrm{d}(\omega t) = \frac{1}{2\pi}\int_\alpha^{\alpha+\theta} u_R \mathrm{d}(\omega t) + \frac{1}{2\pi}\int_\alpha^{\alpha+\theta} u_L \mathrm{d}(\omega t)$$

其中第二项积分即电感电压平均值为

$$U_L = \frac{1}{2\pi}\int_\alpha^{\alpha+\theta} u_L \mathrm{d}(\omega t) = \frac{\omega L}{2\pi}\int_0^0 \mathrm{d}i = 0$$

所以

$$U_d = U_R \qquad (2-9)$$

从图2-2波形看出，从$\pi \sim \theta_2$区间u_d为负，L越大，u_d负值部分所占比例越大，整流平均电压U_d越小，当$\omega L \gg R$时，导通角$\theta \approx 2\pi - 2\alpha$，$U_d \approx 0$。可见单相半波可控整流电路

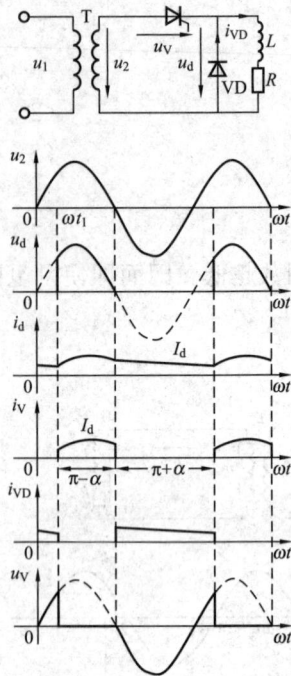

图 2-3　单相半波带阻感负载有续流二极管的电路及波形

带大电感负载时，无论怎样调节 α，U_d 总是很小无法满足需要，因此单相半波整流电路不适合大电感负载，或者说大电感负载一般不采用单相半波整流电路，因为它的效率极低。其中一个改进的方法是加入续流二极管，以改进它的工作特性，其原理图如图 2-3 所示。

在整流电路中，续流二极管 VD 的作用有三方面。

1) 提高整流平均电压 U_d。当 u_2 为正时，VD 承受反向电压呈关断状态，不起作用。当 u_2 进入负半周时 VD 导通，负载电流通过 VD 继续流通，负载上的电压箝位在零电位，u_d 中负电压消失，使输出平均电压 U_d 得以提高。此时输出电压 u_d 波形与电阻性负载相同，因此 U_d 和 I_d 的计算公式、晶闸管两端电压波形、移相范围也都相同。

2) 减轻晶闸管的负担。u_2 负半周时段，负载电流流经 VD，而不流过晶闸管，减轻了晶闸管的负担。

3) 消除失控事故。在整流电路中，电感 L 大而储能大时有可能使晶闸管在整个 u_2 负半周区域都导通，使晶闸管不会关断，造成失控事故。加入续流二极管后，L 中的电流通过 VD 形成通路，晶闸管自然关断。

从以上分析得到电感元件的一个重要特性，在稳态条件下，电感两端的电压平均值恒等于零。换言之，在一个周期内，电感储存的能量等于释放的能量。

（2）数值计算。

现讨论有续流二极管、大电感负载时的基本计算。此时 u_d 的负电压消失，晶闸管的导通角 $\theta = \pi - \alpha$，续流二极管的导通角为 $\pi + \alpha$。若近似认为 i_d 为一条水平线，恒为 I_d，则流过晶闸管和续流二极管的平均电流分别为

$$I_{dV} = \frac{1}{2\pi}\int_{\alpha}^{\pi} I_d d(\omega t) = \frac{\pi - \alpha}{2\pi}I_d \qquad (2-10)$$

$$I_{dVD} = \frac{1}{2\pi}\int_{0}^{\pi+\alpha} I_d d(\omega t) = \frac{\pi + \alpha}{2\pi}I_d \qquad (2-11)$$

有效值分别为

$$I_V = \sqrt{\frac{1}{2\pi}\int_{\alpha}^{\pi} I_d^2 d(\omega t)} = \sqrt{\frac{\pi - \alpha}{2\pi}}I_d \qquad (2-12)$$

$$I_{VD} = \sqrt{\frac{1}{2\pi}\int_{0}^{\pi+\alpha} I_d^2 d(\omega t)} = \sqrt{\frac{\pi + \alpha}{2\pi}}I_d \qquad (2-13)$$

输出直流电压的平均值、移相范围、晶闸管承受的最大正、反向电压与电阻性负载一样。续流二极管承受的最大正、反向电压也为 $\sqrt{2}U_2$。必须指出，接有大电感负载的整流电路，由于晶闸管触发导通瞬间，电流上升比较缓慢，要使用宽脉冲触发，以确保晶闸管的电流上升到擎住电流后，触发脉冲再消失。

2.1.2 单相桥式可控整流电路

单相半波可控整流电路简单，但阻性负载时电流脉动大，交流回路中含有直流分量，造成换流变压器铁芯饱和，设备利用率下降，所以单相半波可控整流电路只适用于容量小、要求不高的场合。为了改进整流特性，可以采用单相全波可控整流电路和单相桥式可控整流电路。单相桥式可控整流电路分为单相桥式全控整流电路、单相桥式半控整流电路。

2.1.2.1 单相桥式全控整流电路

单相桥式全控整流电路由四只晶闸管构成，对角线的两对晶闸管轮流导通向负载供电，使 u_2 负半周对应的输出电压波形是正半周的重复。分析方法同单相半波可控整流电路。

1. 电阻性负载

(1) 工作原理。

单相桥式全控整流电路如图 2-4 所示，晶闸管 V1 和 V2 组成左桥臂，V3 和 V4 组成右桥臂。

在 u_2 正半周，当 $0<\omega t<\alpha$ 时，V1 和 V4 管承受正向电压 u_2，假设 V1~V4 的漏电阻相等，则每只晶闸管都承受 u_2 的一半电压；当 $\omega t=\alpha$ 时，同时给 V1 和 V4 管加触发脉冲，使其导通，电流从 a 端经过 V1、R、V4 流回 b 端，整流电压 u_d 波形与 u_2 相同；当 $\omega t=\pi$ 时，u_2 由正向过零，流过晶闸管的电流也将到零，V1 和 V4 因此而关断。

在 u_2 负半周，当 $\pi<\omega t<\pi+\alpha$ 时，V2 和 V3 管承受正向压降；在 $\omega t=\pi+\alpha$ 时，同时给 V2 和 V3 管加触发脉冲，电流从 b 端经过 V3、R、V2 流回 A 端，可以看出流过 R 的电流的方向一直没有改变，所以整流电压 u_d 波形是正半周的重复；当 $\omega t=2\pi$ 时，u_2 由负向过零，V2 和 V3 管由于其通过的电流小于维持电流而关断。至此电路完成了一个工作周期，以后继续重复上述过程，电路的工作波形如图 2-4 所示。与单相半波整流电路相比，该电路在交流电源的正负半周均有整流输出电流经过负载，所以该电路称为全波电路。

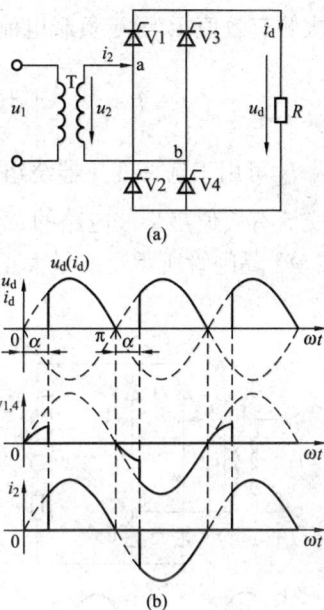

图 2-4 带电阻性负载的单相全控桥式整流电路及波形
(a) 电路；(b) 波形

(2) 数值关系。

1) 直流输出电压平均值 U_d 和输出电流平均值 I_d。

通过分析，U_d 和 I_d 均为单相半波可控整流电路的两倍，即

$$U_d = \frac{1}{\pi}\int_\alpha^\pi \sqrt{2}U_2\sin\omega t\,\mathrm{d}(\omega t) = \frac{\sqrt{2}U_2}{\pi}(1+\cos\alpha) = 0.9U_2\frac{1+\cos\alpha}{2} \qquad (2-14)$$

$$I_d = \frac{U_d}{R} = 0.9\frac{U_2}{R}\times\frac{1+\cos\alpha}{2} \qquad (2-15)$$

可以看出，当 $\alpha=0$ 时，输出电压最高，当 $\alpha=\pi$ 时，输出电压为零，所以单相桥式全控整流电路带电阻性负载的移相范围是 $0\sim\pi$。

2) 晶闸管电流的平均值 I_{dV} 和有效值 I_V。

　　两对晶闸管 V1、V4 和 V2、V3 轮流导通，流过每个晶闸管电流的平均值相等，为平均负载电流的一半，即

$$I_{dV} = \frac{1}{2}I_d = 0.45\frac{U_2}{R} \times \frac{1+\cos\alpha}{2} \qquad (2-16)$$

晶闸管电流的有效值与单相半波可控整流电路相等，即

$$I_V = \frac{U_2}{R}\sqrt{\frac{\pi-\alpha}{2\pi}+\frac{\sin2\alpha}{4\pi}} \qquad (2-17)$$

　　3）输出电流的有效值 I 和变压器二次电流有效值 I_2。

　　整流变压器二次绕组在正负半周均有电流通过，所以变压器没有直流磁化问题，变压器二次侧有效值 I_2 等于负载电流的有效值 I，即

$$I_2 = I = \sqrt{\frac{1}{\pi}\int_\alpha^\pi\left(\frac{\sqrt{2}U_2\sin\omega t}{R}\right)^2 \mathrm{d}(\omega t)} = \frac{U_2}{R}\sqrt{\frac{\pi-\alpha}{\pi}+\frac{\sin2\alpha}{2\pi}} = \sqrt{2}I_V \qquad (2-18)$$

　　I_2 可用于选择变压器绕组铜线线径。全波整流输出电压和电流的平均值是半波的 2 倍，而交流有效值是半波电路的 $\sqrt{2}$ 倍，因此变压器的利用效率提高了。

　　4）晶闸管所承受的最大正向和反向电压。

　　由图 2-4 可以看出，晶闸管承受的最大反向电压为 $\sqrt{2}U_2$，晶闸管正向阻断时承受的最大正向电压为 $U_2/\sqrt{2}$。

　　2. 阻感性负载

　　单相桥式全控整流电路带阻感性负载的原理图如图 2-5 所示，由于电感的感应电动势阻止电流的变化，输出电压波形出现负波形，如果电感足够大，则输出电流是近似平直的，流过晶闸管和变压器二次侧的电流可近似为矩形波。

　　（1）工作原理。

　　假设电路已经工作在稳定状态，在 $0\sim\alpha$ 区间内，由于电感释放能量，晶闸管 V2 和 V3 继续维持导通；当 $\omega t=\alpha$ 时，触发晶闸管 V1、V4，使之导通，而 V2 和 V3 才立即承受反压关断；u_2 由零变负时，由于电感的作用晶闸管 V1 和 V4 中仍流过电流，并不关断，至 $\omega t=\pi+\alpha$ 时刻，给 V2 和 V3 加触发脉冲，因 V2 和 V3 本已承受正电压，故两管导通，同时 V1 和 V4 关断。如此循环下去，两对晶闸管轮流导电，当电感足够大时，每对晶闸管导通角为 π，且与 α 无关，因电感的平波作用使每对晶闸管导通角内有方波电流通过负载，所以输出电流 i_d 的波形平直，变压器二次电流是对称的正负方波。当 $\alpha=\pi/2$ 时，输出电压的正负面积相等，其平均值等于零，电流 I_d 也为零，所以 α 移相范围为 $0\sim\pi/2$。

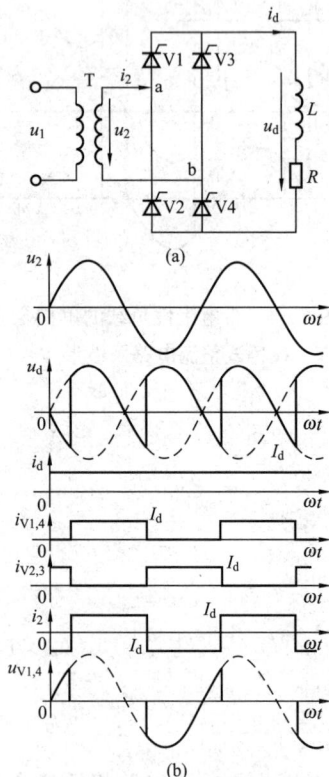

图 2-5　单相全控桥式整流
电路电感性负载及波形
（a）电路；（b）波形

（2）数值计算。

假设 $\omega L \gg R$，负载电流连续，近似为一平直的直线。

1）输出电压平均值 U_d 和输出电流平均值 I_d 为

$$U_d = \frac{1}{\pi}\int_\alpha^{\pi+\alpha} \sqrt{2}U_2 \sin\omega t\, \mathrm{d}(\omega t) = \frac{2\sqrt{2}U_2}{\pi}\cos\alpha = 0.9U_2\cos\alpha \qquad (2-19)$$

$$I_d = \frac{U_d}{R} \qquad (2-20)$$

2）晶闸管电流的平均值 I_{dV} 和有效值 I_V 为

$$I_{dV} = \frac{1}{2}I_d \qquad (2-21)$$

$$I_V = \frac{I_d}{\sqrt{2}} \qquad (2-22)$$

3）输出电流的有效值 I 和变压器二次电流有效值 I_2。从波形图中可以看出，输出电流波形是一条水平线，而变压器二次电流是对称的正负矩形波，所以其有效值相等，即

$$I = I_2 = I_d \qquad (2-23)$$

4）晶闸管所承受的最大正向和反向电压均为 $\sqrt{2}U_2$。

3. 反电动势负载

（1）无滤波电感。

当整流电路供电给直流电动机的电枢或给蓄电池充电等情形，等效负载可用电阻和直流反电动势的串联来表示，如图 2-6 所示。只有当整流变压器二次侧电压的绝对值大于反电动势即 $|u_2|>E$ 时，才有晶闸管承受正电压，为导通提供条件。晶闸管导通之后，直到 $|u_2|=E$ 时，由于输出电流降为 0，使得晶闸管关断。图中 $|u_2|=E$ 点至 u_2 的过零点为 δ 区段，此段所有晶闸管均关断，所以 δ 称为停止导电角，根据 $|u_2|=E$，即

$$\sqrt{2}U_2\sin\delta = E$$

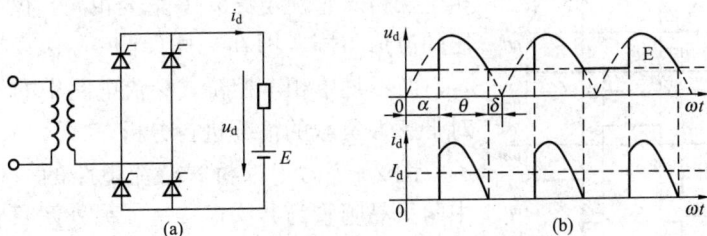

图 2-6 单相全控桥式整流反电动势负载电路及波形
(a) 电路；(b) 波形

可得

$$\delta = \sin^{-1}\frac{E}{\sqrt{2}U_2} \qquad (2-24)$$

在图中晶闸管的触发角 $\alpha>\delta$，晶闸管导电角 $\theta=\pi-\delta-\alpha$。若 $\alpha<\delta$，为保证晶闸管承受正压时加触发脉冲，要求触发脉冲有一定宽度，到 $\omega t=\delta$ 时不但不消失，而且还要保持到晶

闸管电流大于擎住电流可靠导通后，此时晶闸管导电角 $\theta=\pi-2\delta$。如果触发脉冲宽度太窄，则晶闸管不能触发。

输出电压平均值为

$$U_\mathrm{d} = E + \frac{1}{\pi}\int_{\alpha}^{\pi-\delta}(\sqrt{2}U_2\sin\omega t - E)\mathrm{d}(\omega t) \tag{2-25}$$

输出电流平均值为

$$I_\mathrm{d} = \frac{U_\mathrm{d}-E}{R} \tag{2-26}$$

（2）大电感滤波。

反电动势负载在直流侧没有滤波电感的情况下，其主要特点是只有交流侧电压 u_2 大于反电动势 E 时晶闸管承受正压，才能被触发导通，才有电流通过负载。输出电流 i_d 易出现断续，断续电流不仅使直流电动机的机械特性变软，而且影响直流电动机的换相，为此常在电路中串入平波电抗器，保证电流连续。此时虽然是反电动势负载，但如果电感足够大，使电流保持连续，其晶闸管工作情况及负载电压电流波形与电感性负载相同，即仍按图 2-5 所示波形分析，只是负载电流应按式（2-26）计算。

2.1.2.2　单相桥式半控整流电路

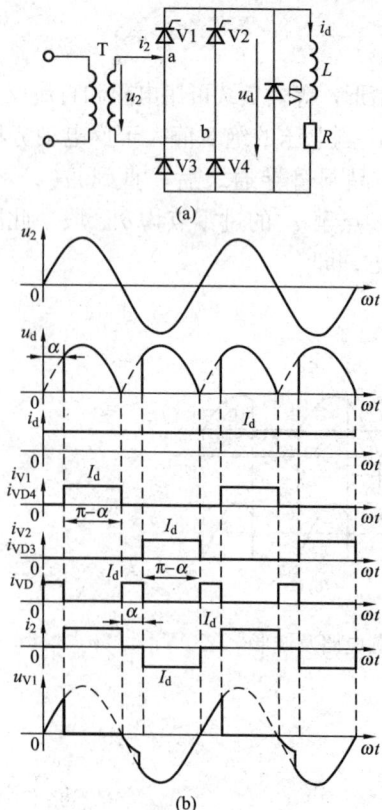

图 2-7　带电感性负载的单相半控桥式整流电路及波形
（a）电路；（b）波形

在单相全控桥式整流电路中，负载电流同时流过两只晶闸管，实际上只要其中一只可控，即可控制电流的导通时刻。为简化控制、降低造价，可把单相全控桥中的两只晶闸管换成二极管构成半控桥式整流电路。当它工作于电阻性负载下的整流方式时，两者在工作原理、基本计算上完全相同，所以单相半控桥式整流电路广泛用于小容量电阻性负载的场合。

单相半控桥式整流电路带电阻负载的工作情况与单相全控桥式整流电路几乎完全相同，仅有晶闸管两端电压的波形不同，即在一周期的 $0\sim\alpha$ 区间承受的电压是 u_2，而不是单相全控桥式整流电路中的 $u_2/2$。以下着重对带感性负载的情况进行分析。

图 2-7 为半控桥式整流电路的一种接线形式，其中两只晶闸管为共阴极接法，另外两只整流管为共阳极接法，在负载侧还并联了一个续流二极管。假设 $\omega L \gg R$，且电路已工作在稳态，则负载电流在整个过程中保持恒值。

（1）工作原理。

首先讨论没有续流二极管的情况。在 u_2 的正半周，当 $\omega t=\alpha$ 时触发晶闸管 V1，u_2 经过 V1 和 VD4 向负载供电。当 u_2 由正向过零变负时，由于电感作用使电流连续，V1 继续导通，但 b 点电位高于 a 点电位，共阳极接法的二极管阴极电位低的导通,电流从 VD4 转到 VD3,即电流不再经变压器绕组而由 V1 和 VD3 续流,在自然续流期间,忽略器件的通态压降,输出电压 $u_d=0$。直到 V2 被触发导通、V1 承受反压关断为止,开始由 V2 和 VD3 向负载供电。当 u_2 过零变正时,VD4 导通,VD3 关断,电流经过 V2 和 VD4 续流,同样输出电压仍为零,以后重复循环上述过程。在输出电压的波形分析中,不像全控桥出现负压,所以 u_d 的波形与电阻性负载相同。

上述的自然续流方式,输出电压的波形不出现负压,虽无续流二极管,却可达到单相全控桥大电感性负载带续流二极管的效果。但实际运行时,一旦触发脉冲丢失或触发角 $\alpha > \pi$ 时,会产生一个晶闸管持续导通,两个二极管轮流导通的现象。这样会使输出电压 u_d 的波形成为正弦半波,即半周期为正弦波,另外半周期为零,其平均值恒定,相当于单相半波不可控整流电路的输出电压波形,这种现象称为失控。例如,当 V1 导通时切断触发电路,当 u_2 变负时,由于电感作用负载电流通过 V1 和 VD3 续流,而当 u_2 变正时,因为 V1 仍是导通的,u_2 又通过 V1 和 VD4 向负载供电,此时出现失控现象。为避免这一现象的发生,仍需在负载两端并联续流二极管,将流经桥臂的续流电流转移到续流二极管上。在续流阶段中,晶闸管关断,同时,导电回路中只有一个管压降,有利于降低损耗。接续流二极管后,输出电压 u_d、负载电流 i_d、变压器二次侧电流 i_2 的波形与不接续流二极管相同,不同的是晶闸管和二极管的导通角不是 π,而是 $\theta = \pi - \alpha$,二极管的导通角为 2α。

(2) 数值计算。

实际使用的电路均接续流二极管,这种电路的基本计算均与单相全波可控整流电路电阻性负载相同。

1) 输出电压平均值 U_d 和输出电流平均值 I_d 为

$$U_d = 0.9 U_2 \frac{1+\cos\alpha}{2} \tag{2-27}$$

$$I_d = \frac{U_d}{R} = 0.9 \frac{U_2}{R} \times \frac{1+\cos\alpha}{2} \tag{2-28}$$

2) 晶闸管电流的平均值 I_{dV} 和有效值 I_V 为

$$I_{dV} = \frac{1}{2\pi}\int_{\alpha}^{\pi} I_d \mathrm{d}(\omega t) = \frac{\pi-\alpha}{2\pi} I_d \tag{2-29}$$

$$I_V = \sqrt{\frac{1}{2\pi}\int_{\alpha}^{\pi} I_d \mathrm{d}(\omega t)} = \sqrt{\frac{\pi-\alpha}{2\pi}} I_d \tag{2-30}$$

3) 续流二极管电流的平均值 I_{dVD} 和有效值为 I_{VD} 为

$$I_{dVD} = \frac{2}{2\pi}\int_{0}^{\alpha} I_d \mathrm{d}(\omega t) = \frac{\alpha}{\pi} I_d \tag{2-31}$$

$$I_{VD} = \sqrt{\frac{2}{2\pi}\int_{0}^{\alpha} I_d^2 \mathrm{d}(\omega t)} = \sqrt{\frac{\alpha}{\pi}} I_d \tag{2-32}$$

4) 整流变压器二次侧有效值 I_2 为

$$I_2 = \sqrt{\frac{1}{2\pi}\int_{\alpha}^{\pi}\left[I_d^2 + (-I_d)^2\right]d(\omega t)} = \sqrt{\frac{\pi-\alpha}{\pi}}I_d = \sqrt{2}I_V \qquad (2-33)$$

2.1.3　单相全波可控整流电路

单相全波可控整流电路又称为单相双半波可控整流电路，也是一种应用广泛的单相可控整流电路。其带电阻负载的电路及波形如图2-8所示，下面介绍其工作原理。

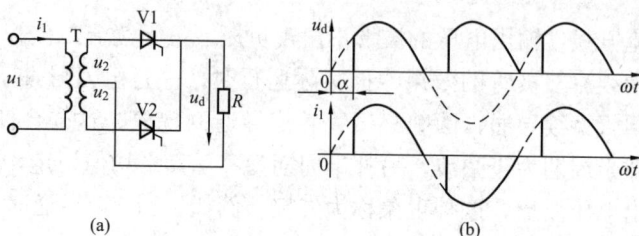

图2-8　带电阻负载的单相全波可控整流电路及波形
(a) 电路；(b) 波形

在单相全波整流电路中，变压器带中心抽头，两只晶闸管共阴极连接，负载接在变压器中心抽头和晶闸管共阴极之间。在 u_2 正半周，V1工作，变压器二次绕组上半部分流过电流；在 u_2 负半周，V2工作，变压器二次绕组下半部分流过电流。由图2-8（b）所示波形可知，单相全波整流电路的输出电压波形和交流输入端电流波形与单相全控桥相同，也不存在变压器直流磁化问题。当接其他负载时，也有相同结论。两者的区别在于以下三点。

（1）单相全波电路中变压器结构较复杂，绕组及铁芯对铜、铁等材料的消耗多。

（2）单相全波电路只用2只晶闸管，比单相全控桥电路少2只，相应地，门极驱动电路也少2个；但是晶闸管承受的最大电压为 $2\sqrt{2}U_2$，是单相全控桥的2倍。

（3）单相全波电路导电回路只含1只晶闸管，比单相桥少1只，因而管压降也少1个。因此，单相全波电路有利于在低输出电压的场合应用。

2.2　三相可控整流电路

单相可控整流电路简单经济、调整维护方便，但直流输出波形脉动大，所以只适用于没有三相交流电的场合或小功率场合。一般负载容量较大或要求电压脉动小的场合，应采用三相可控整流电路。三相可控整流电路具有输出电压高且脉动小、脉动频率高以及动态响应快等特点，并且三相负荷比较均匀，在中、大功率领域中获得了广泛的应用。

三相可控整流电路可分为三相半波、三相全桥、三相半控桥及带平衡电抗器的双反星形等类型，其中最基本的是三相半波整流电路，其余可看成由它以不同方式串、并联组成。

2.2.1　三相半波可控整流电路

三相半波可控整流电路又称为三相零式可控整流电路，其原理图如图2-9所示。可以看出电路有两个特点：一是整流变压器采用△/丫接线，可防止三次谐波流入电网；二是它可看成是三个单相半波可控整流电路通过三个晶闸管共阴极接法叠加而成，这种接法使触发电路有公共线，连接方便。

1. 电阻性负载

三相半波可控整流电路带电阻性负载 $\alpha=0$ 时的波形，如图 2-9 所示。在电力电子电路中，常用到自然换相点的概念，它的定义是当把电路中所有的可控元件用不可控元件代替时，各元件的导电转换点，又称为自然换流点。在三相半波可控整流电路中，自然换相点就是各相晶闸管能触发导通的最早时刻，将其作为计算各晶闸管触发角 α 的起点，即 $\alpha=0$。要改变触发角只能是在此基础上增大，即沿时间轴向右移动。

（1）工作原理。

1）$\alpha=0$ 时的工作情况。

图 2-9 给出了触发角 $\alpha=0$ 的波形，此时相当于电路中的晶闸管全换成二极管的情况，因为三个整流器件是采用共阴极接法，当哪一个晶闸管阳极所对应的电压值最大，则可触发其导通，即整流元件在 t_1、t_2、t_3 处自然换相，并总是换到相电压最高的一相上去，可以看出该电路的自然换相点就是各相电压正向的交点。

在 $t_1\sim t_2$ 期间，a 相电压最高，如果在 t_1（即 $\alpha=0$）处触发晶闸管 V1，则负载由 a 相供电，即 $u_d=u_a$；在 $t_2\sim t_3$ 期间，b 相电压最高，如果在 t_2 处触发 V2，则 V2 导通，V1 因承受反向电压而关断，负载由 b 相供电，即 $u_d=u_b$；在 $t_3\sim t_4$ 期间，c 相电压最高，若在 t_3 出触发 V3，则 V3 导通，V2 因承受反向电压而关断，负载由 c 相供电，即 $u_d=u_c$。如此循环下去，各晶闸管按同样规律依次导通，并关断前一个已导通的晶闸管，具体如图 2-9 的（b～e）所示，可以看出，3 只晶闸管分别在一个周期内各导通 $2\pi/3$，输出电压的波形为三相交流相电压正半周的包络线，是在一个周期内有 3 次脉动的直流电压，脉动频率为 150Hz。负载电流波形与电压波形相同。

图 2-9（f）给出了晶闸管 V1 两端的电压波形，当 V1 导通期间，u_{V1} 仅为管压降，可认为 $u_{V1}\approx0$；V2 导通期间，$u_{V1}=u_a-u_b=u_{ab}$；V3 导通期间，$u_{V1}=u_a-u_c=u_{ac}$，所以晶闸管所承受的最大反向电压为线电压的峰值。

2）$\alpha=\pi/6$ 时的工作情况。

图 2-10 给出了电阻负载、$\alpha=\pi/6$ 时的波形，假设电路已经工作在稳定状态，设 c 相 V3 已导通，在经过自然换相点 t_1 时，由于 a 相 V1 触发脉冲未到，因此它不能导通；因此 V3 继续导通，直到 t_2（$\alpha=\pi/6$）时 V1 被触发导通，由于此时 $u_a>u_c$，使 V3 承受反向电压而关断，负载电流由 c 相换到 a 相，以后各相就这样依次轮流导通。从波形可以看出，各相仍导通 $2\pi/3$，$\alpha=\pi/6$ 时输出电压和电流处于连续和断续的临界点。

3）$\alpha>\pi/6$ 时的工作情况。

当 $\alpha>\pi/6$ 时，输出电压和电流出现断续，前一相的晶闸管由于交流电压过零变负而关

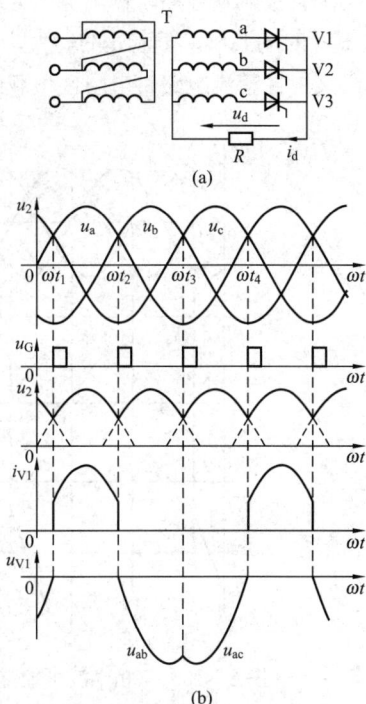

图 2-9　三相半波可控整流电路电阻性负载 $\alpha=0$ 时的波形
(a) 电路；(b) 波形

断后，后一相的晶闸管未到触发时刻，此时 3 个晶闸管都不导通，输出电压 $u_d = 0$，直到后一相的晶闸管被触发导通，输出电压为后一相电压，此时晶闸管的导通角小于 $2\pi/3$。图 2-11 所示为 $\alpha = \pi/3$ 时的波形。随着 α 的增大，输出电压逐渐减小，直到 $\alpha = 5\pi/6$ 时，输出电压为零，所以三相半波可控整流电路带电阻性负载的移相范围是 $0 \sim 5\pi/6$。

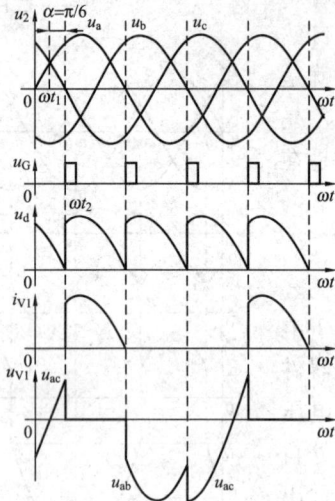

图 2-10 三相半波可控整流电路带
电阻性负载 $\alpha = \pi/6$ 时的波形

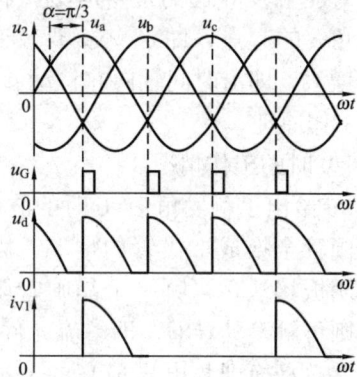

图 2-11 三相半波可控整流电路
电阻性负载 $\alpha = \pi/3$ 时的波形

（2）数值计算。

1）输出电压平均值 U_d 和输出电流平均值 I_d。

$\alpha = \pi/6$ 是 u_d 波形连续和断续的分界点，因此计算输出电压的平均值应分两种情况。

当 $\alpha \leqslant \pi/6$ 时，负载电流连续，有

$$U_d = \frac{3}{2\pi} \int_{\frac{\pi}{6}+\alpha}^{\frac{5\pi}{6}+\alpha} \sqrt{2} U_2 \sin\omega t \, d(\omega t)$$

$$= \frac{3\sqrt{2}\sqrt{3}}{2\pi} U_2 \cos\alpha \approx 1.17 U_2 \cos\alpha \tag{2-34}$$

当 $\alpha = 0$ 时，U_d 最大，即 $U_{dmax} = U_{d0} = 1.17 U_2$。

当 $\alpha > \pi/6$ 时，负载电流断续，每个晶闸管的导通角为 $5\pi/6 - \alpha$，有

$$U_d = \frac{3}{2\pi} \int_{\frac{\pi}{6}+\alpha}^{\pi} \sqrt{2} U_2 \sin\omega t \, d(\omega t) = \frac{3\sqrt{2}}{2\pi} U_2 \left[1 + \cos\left(\frac{\pi}{6} + \alpha\right)\right] \approx 0.675 U_2 \left[1 + \cos\left(\frac{\pi}{6} + \alpha\right)\right] \tag{2-35}$$

输出电流的平均值 I_d 为

$$I_d = \frac{U_d}{R} \tag{2-36}$$

2）晶闸管电流的平均值 I_{dV}。

因每个晶闸管轮流导通相同的角度，所以晶闸管电流的平均值为

$$I_{dV} = I_d/3 \tag{2-37}$$

3）晶闸管电流的有效值 I_V。

当 $\alpha \leqslant \pi/6$ 时，有

$$I_V = \sqrt{\frac{1}{2\pi}\int_{\frac{\pi}{6}+\alpha}^{\frac{5\pi}{6}+\alpha}\left(\frac{\sqrt{2}U_2\sin\omega t}{R}\right)^2 \mathrm{d}(\omega t)} = \frac{U_2}{R}\sqrt{\frac{1}{2\pi}\left(\frac{2\pi}{3}+\frac{\sqrt{3}}{2}\cos2\alpha\right)} \qquad (2-38)$$

当 $\alpha > \pi/6$ 时，有

$$I_V = \sqrt{\frac{1}{2\pi}\int_{\frac{\pi}{6}+\alpha}^{\pi}\left(\frac{\sqrt{2}U_2\sin\omega t}{R}\right)^2 \mathrm{d}(\omega t)} = \frac{U_2}{R}\sqrt{\frac{1}{2\pi}\left(\frac{5\pi}{6}-\alpha+\frac{\sqrt{3}}{4}\cos2\alpha+\frac{1}{4}\sin2\alpha\right)} \qquad (2-39)$$

4）晶闸管承受的最大正反向电压。

由波形可以看出，晶闸管承受的最大反压为线电压的峰值即 $\sqrt{6}U_2 \approx 2.45U_2$，而晶闸管阴极与零线间的电压即为整流输出电压 u_d，其最小值为零，晶闸管阳极与零线间的最高电压等于变压器二次相电压的峰值，因此晶闸管所承受的最大正向电压为变压器二次侧相电压的峰值，即 $\sqrt{2}U_2$。

2. 阻感性负载

（1）工作原理。

三相半波整流电路带阻感性负载的原理图如图 2-12 所示，假设 $\omega L \gg R$，例如串联平波电抗器的负载，整流电流 i_d 的波形基本是平直的，流过晶闸管的电流接近矩形波。

当 $\alpha \leqslant \pi/6$ 时，u_d 波形与电阻性负载相同。当 $\alpha > \pi/6$ 时，电感储能时晶闸管在电源电压由零变负时仍然继续导通，直到因后序相晶闸管触发导通后使其承受反压为止，如图 2-12 所示的 $\alpha = \pi/3$ 时的波形图。

尽管 $\alpha > \pi/6$，仍然能使各相的晶闸管导通 $2\pi/3$，从而保证电流连续，而且此时整流电压的脉动很大，还出现负值，随着 α 的增大，负值部分增多，当 $\alpha = \pi/2$ 时，u_d 波形中正负面积相等，即 $U_d = 0$。所以大电感性负载的时，α 的移相范围是 $\pi/2$。

（2）数值计算。

由于负载电流连续，每个晶闸管的导通角为 $2\pi/3$，每周期脉动三次，所以输出电压、电流平均值、晶闸管电流平均值与电阻性负载相同。即

$$U_d = 1.17U_2\cos\alpha$$

$$I_d = \frac{U_d}{R} = 1.17\frac{U_2}{R}\cos\alpha$$

$$I_{dV} = \frac{1}{3}I_d$$

每个晶闸管在一周内的电流波形为正向的矩形波，变压器二次侧相电流与晶闸管电流相

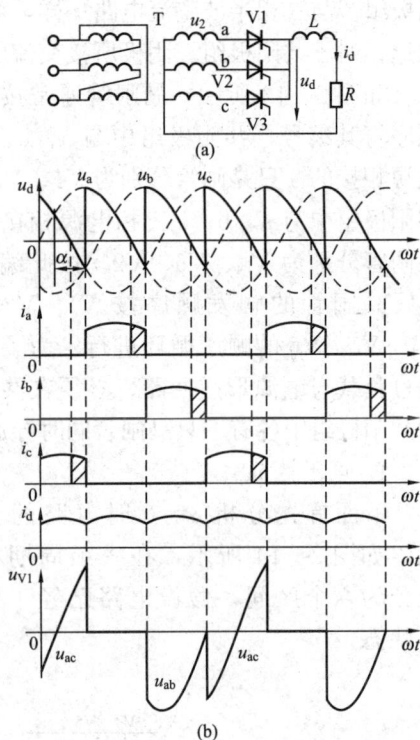

图 2-12 三相半波可控整流电路带阻感性负载 $\alpha = \pi/3$ 时的波形

(a) 电路；(b) 波形

同，故有效值为

$$I_V = I_2 = \sqrt{\frac{1}{2\pi}\int_0^{\frac{2\pi}{3}} I_d^2 d(\omega t)} = \sqrt{\frac{1}{3}} I_d \approx 0.577 I_d \qquad (2-40)$$

从晶闸管两端的电压波形看出，由于负载电流连续，晶闸管可能承受的最大正反向电压均为$\sqrt{6}U_2 \approx 2.45U_2$。

三相半波可控整流电路只用 3 只晶闸管，接线和控制简单是其优点；但变压器二次绕组的利用率低，且绕组中电流是单方向的，它的直流分量形成直流绕组磁动势，使变压器直流磁化并产生较大的漏磁通，会引起附加损耗。因此三相半波可控整流电路多用在中小功率的设备上。

2.2.2 三相桥式全控整流电路

在目前的各种整流电路中，应用最为广泛的是三相桥式全控整流电路，其原理图如图 2-13 所示。它是由两组三相半波整流电路串联而成的，其中阴极连接在一起的 3 只晶闸管（V1、V3、V5）称为共阴极组，阳极连接在一起的 3 只晶闸管（V2、V4、V6）称为共阳极组。与三相半波整流电路一样，对于共阴极组，阳极所接交流电压值最高的一个先触发导通；对于共阳极组，阴极所接交流电压之最低的一个先触发导通。

如图 2-13 所示，晶闸管通常按照导通顺序将其编号，共阴极组中与 a、b、c 三相电源相接的 3 只晶闸管分别为 V1、V3、V5，共阳极组中与 a、b、c 三相电源相接的 3 只晶闸管分别为 V4、V6、V2。按此编号，这6 只晶闸管的触发顺序按 V1—V2—V3—V4—V5—V6 的顺序循环进行。为了使电流通过负载与电源形成回路，必须在共阴极组和共阳极组中各有一只晶闸管同时导通。

1. 电阻性负载

下面首先分析 $\alpha = 0$ 时电路的工作情况。如图 2-14 所示，在一个周期将相电压分为六个区间，假设电路已经工作在稳定状态。

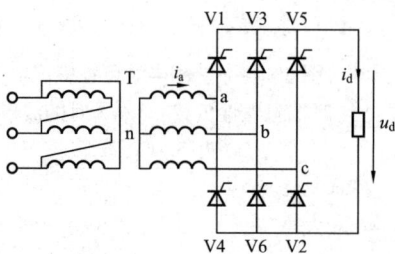

图 2-14 三相桥式全控整流电路
带电阻性负载 $\alpha = 0$ 时波形

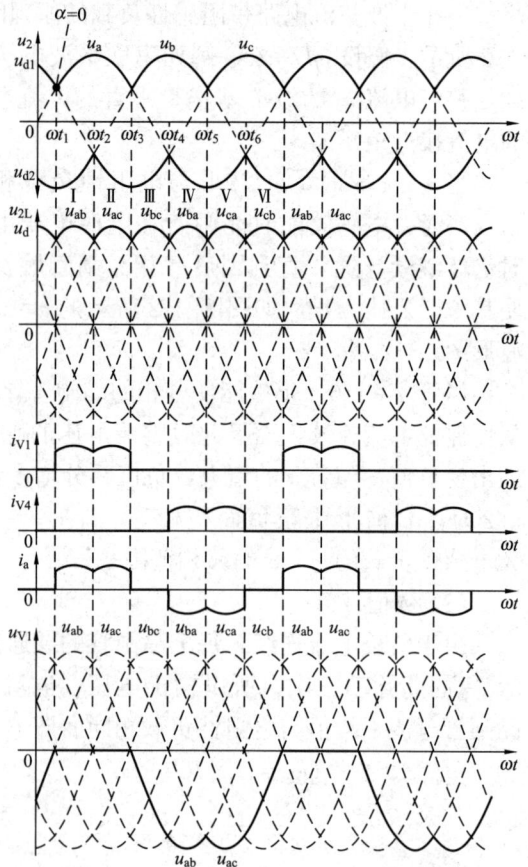

图 2-13 三相桥式全控整流电路

在 $t_1 \sim t_2$ 区间，正半部分中 a 相电压最高，在 t_1（$\alpha=0$）处给 V1 发触发脉冲信号，则 V1 导通；负半部分中 b 相电压最低，但之前已经触发导通了 V6 管，V6 仍然导通。所以加在负载上的输出电压 $u_d = u_a - u_b = u_{ab}$。

在 $t_2 \sim t_3$ 区间，正半部分中 a 相电压仍然最高，V1 继续导通；负半部分中 c 相电压最低，在 t_2 处给 V2 加触发脉冲，V2 导通，V6 因承受反向电压而关断。所以加在负载上的输出电压 $u_d = u_a - u_c = u_{ac}$。以此类推，可得到如表 2-1 所示的工作情况。由表 2-1 可见，6 只晶闸管的导通顺序为 V1—V2—V3—V4—V5—V6。

表 2-1 三相桥式全控整流电路晶闸管导通状态表

时段	I	II	III	IV	V	VI
输出电压	u_{ab}	u_{ac}	u_{bc}	u_{ba}	u_{ca}	u_{cb}
导通晶闸管	V6, V1	V1, V2	V2, V3	V3, V4	V4, V5	V5, V6

当 $\alpha>0$ 时，晶闸管不在自然换相点换相，而是从自然换相点后移 α 角度开始换相，其工作过程与 $\alpha=0$ 基本相同，图 2-15 和图 2-16 分别给出了 $\alpha=\pi/3$ 和 $\alpha=\pi/2$ 时的工作波形，由图中可以看出，$\alpha \le \pi/3$ 时，u_d 波形连续，$\alpha>\pi/3$ 时，u_d 波形断续。

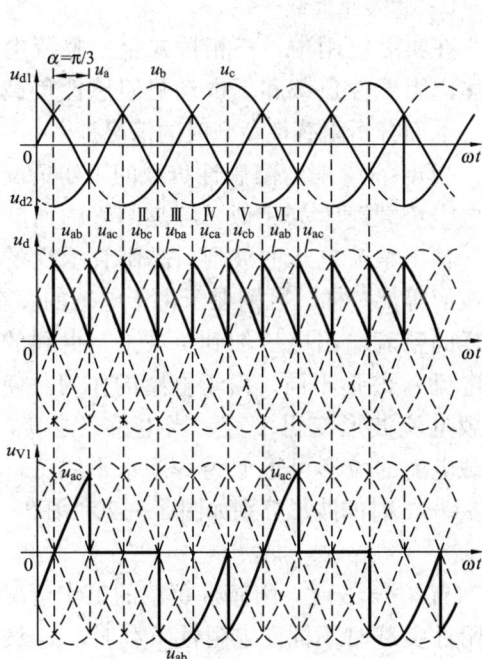

图 2-15 三相桥式全控整流电路带
电阻性负载 $\alpha=\pi/3$ 时波形

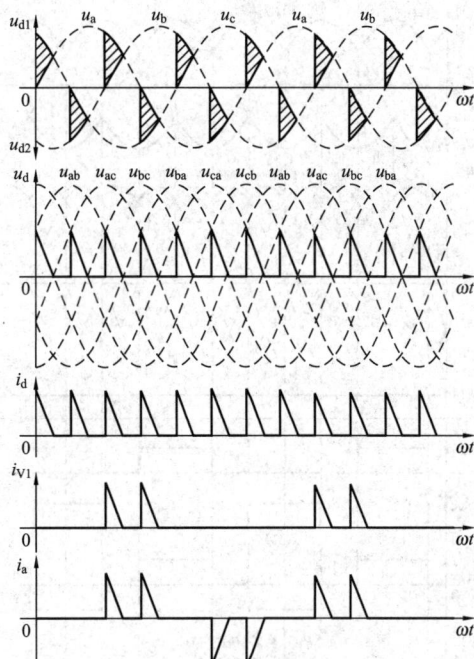

图 2-16 三相桥式全控整流电路带
电阻性负载 $\alpha=\pi/2$ 时波形

从上述分析可以总结出三相全控桥式整流电路带电阻性负载的工作特点。

(1) 任何时刻都有不同组别的两只晶闸管同时导通，构成电流通路，因此为保证电路启动或电流断续后能正常导通，必须对不同组别应导通的一对晶闸管同时加触发脉冲，所以触发脉冲的宽度应大于 $\pi/3$，或用间隔 $\pi/3$ 的双窄脉冲代替一个大于 $\pi/3$ 的宽脉冲。宽脉冲触发要求触发功率大，易使脉冲变压器饱和，所以可以采用脉冲列代替双窄脉冲。

（2）每隔 $\pi/3$ 换相一次，换相过程在共阴极组和共阳极组轮流进行，但只在同一组别中换相。接线图中晶闸管的编号方法使每个周期内 6 只管子的组合导通顺序是 V1—V2—V3—V4—V5—V6；共阴极组 V1、V3、V5 的脉冲依次相差 $2\pi/3$，共阳极组 V4、V6、V2 也依次相差 $2\pi/3$；同一相的上下两个桥臂，即 V1 和 V4、V3 和 V6、V5 和 V2 的脉冲相差 π，给分析带来了方便。

（3）当 $\alpha=0$ 时，输出电压 u_d 一周期内的波形是六条线电压的包络线，所以输出脉动直流电压频率是电源频率的 6 倍，比三相半波电路高一倍，脉动减小，而且每次脉动的波形都一样，故该电路又可称为 6 脉波整流电路。同理，三相半波整流电路称为 3 脉波整流电路。$\alpha>0$ 时，u_d 的波形出现缺口，随着 α 角的增大，缺口增大，输出电压平均值降低。当 $\alpha=2\pi/3$ 时，输出电压为零，所以电阻性负载时，α 的移相范围是 $0\sim2\pi/3$。

（4）当 $0\leqslant\alpha\leqslant\pi/3$ 时，电流连续，每个晶闸管导通 $2\pi/3$；当 $\pi/3\leqslant\alpha\leqslant2\pi/3$ 时，电流断续，每只晶闸管导通小于 $2\pi/3$。$\alpha=\pi/3$ 是电阻性负载电流连续和断续的分界点。

（5）同三相半波可控整流相比，变压器二次侧流过正、负对称的交变电流，避免了直流磁化，提高了变压器的利用率。

2. 阻感性负载

在实际应用中，三相桥式全控整流电路大多向阻感性负载和反电动势阻感性负载供电。下面分析阻感性负载时的情况。

当 $\alpha\leqslant\pi/3$ 时，阻感性负载的工作情况与带电阻负载时十分相似，各晶闸管的通断情况、输出整流电压的波形、晶闸管承受的电压波形等都一样。区别在于由于电感的存在，同样的整流输出电压加到负载上，得到的负载电流 i_d 波形不同。由于电感的作用，使得负载电流波形变得平直，当电感足够大时，负载电流的波形可近似为一条水平线。$\alpha=0$ 和 $\alpha=\pi/6$ 时的波形分别如图 2-17 和图 2-18 所示。

当 $\alpha>\pi/3$ 时，阻感性负载的工作情况与电阻性负载时不同。电阻性负载时，u_d 波形不会出现负值，波形断续；而阻感性负载由于负载电感感应电动势的作用，u_d 波形会出现负的部分。如图 2-19 所示为阻感性负载在 $\alpha=\pi/2$ 时的波形。可以看出，当 $\alpha=\pi/2$ 时，u_d 的波形正负对称，平均值为零。因此，三相桥式全控整流电路带阻感性负载时，α 的移相范围是 $0\sim\pi/2$。

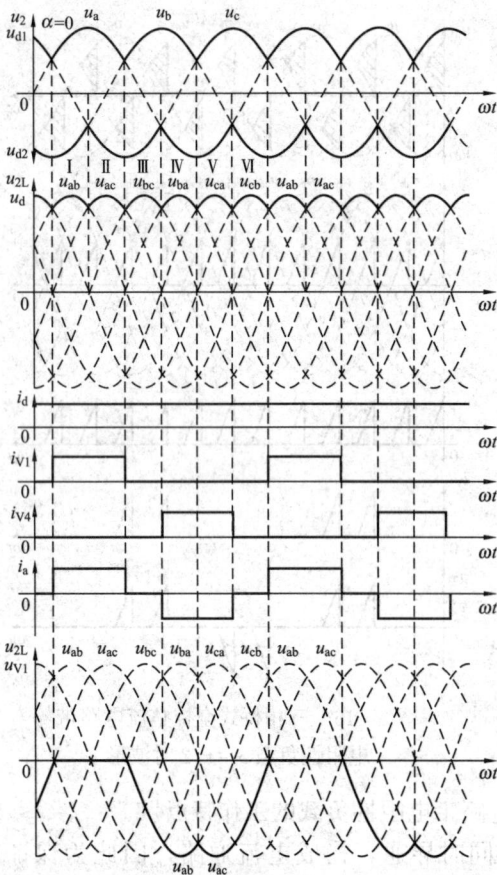

图 2-17　三相桥式全控整流电路带阻感性负载 $\alpha=0$ 时的波形

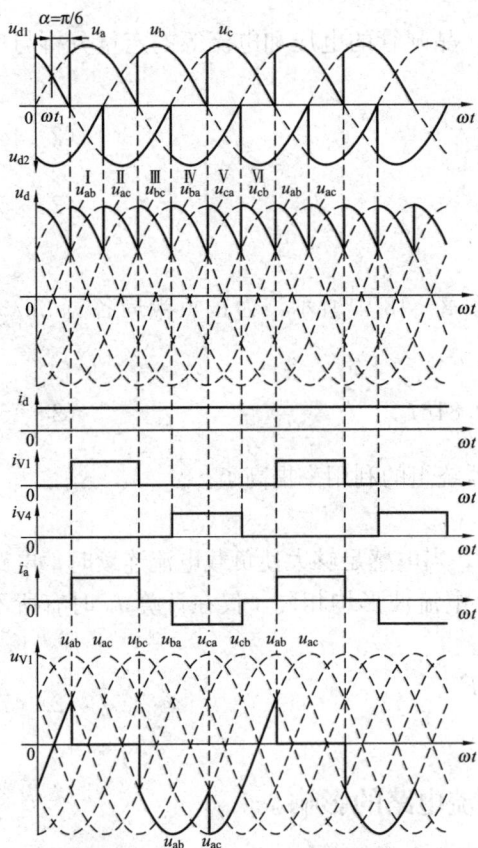

图 2-18 三相桥式全控整流电路
带阻感性负载 $\alpha=\pi/6$ 时的波形

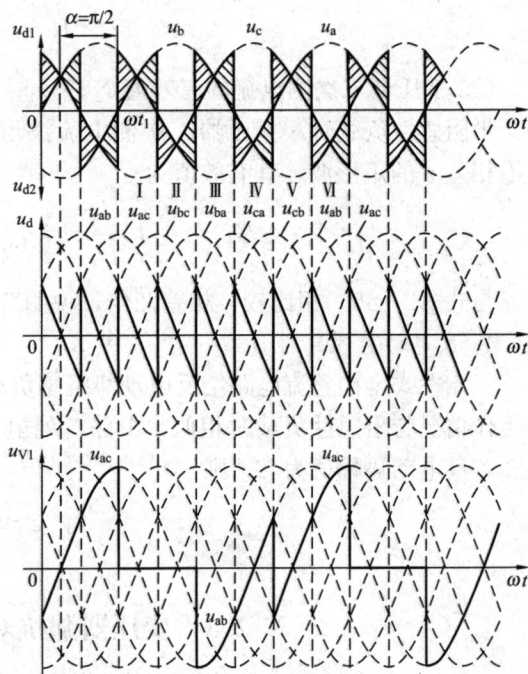

图 2-19 三相桥式全控整流电路带
阻感性负载 $\alpha=\pi/2$ 时的波形

3. 数值计算

(1) 直流输出电压的平均值 U_d 和输出电流平均值 I_d。

为计算方便，以线电压的过零点为时间坐标轴的零点。电流连续时（即带大电感性负载或带电阻性负载 $\alpha \leqslant \pi/3$ 时），U_d 为三相半波整流电路的两倍，即

$$
\begin{aligned}
U_d &= \frac{1}{\pi/3} \int_{\frac{\pi}{3}+\alpha}^{\frac{2\pi}{3}+\alpha} \sqrt{3}\,\sqrt{2}U_2 \sin\omega t \, \mathrm{d}(\omega t) \\
&= \frac{3\sqrt{6}}{\pi} U_2 \cos\alpha \approx 2.34 U_2 \cos\alpha \\
&= 1.35 U_{2L} \cos\alpha
\end{aligned}
\tag{2-41}
$$

式中：U_{2L} 为线电压的有效值。

电流断续时（即带电阻性负载 $\alpha > \pi/3$），输出电压的平均值 U_d 为

$$
U_d = \frac{1}{\pi/3} \int_{\frac{\pi}{3}+\alpha}^{\pi} \sqrt{6}U_2 \sin\omega t \, \mathrm{d}(\omega t) = 2.34 U_2 \left[1 + \cos\left(\frac{\pi}{3}+\alpha\right)\right]
\tag{2-42}
$$

整流输出平均电流为

$$
I_d = \frac{U_d}{R}
\tag{2-43}
$$

（2）晶闸管电流的平均值 I_{dV} 和有效值 I_V。

主要讨论带阻感性负载的情况，当 $\omega L \gg R$ 时，晶闸管的电压和电流等的定量分析与三相半波时一致，即

$$I_{dV} = \frac{1}{3} I_d \qquad (2-44)$$

$$I_V = \frac{1}{\sqrt{3}} I_d \qquad (2-45)$$

（3）变压器二次侧电流的有效值 I_2。

带阻感性负载时，变压器二次侧电流波形如图 2-18 中所示，为正负半周各宽 $2\pi/3$、前沿相差 π 的矩形波，其有效值为

$$I_2 = \sqrt{\frac{2}{3}} I_d \approx 0.816 I_d \qquad (2-46)$$

与式（2-40）相比较，相差 $\sqrt{2}$ 倍，说明变压器绕组的利用率提高了。

4. 反电动势阻感性负载

三相桥式全控整流电路结反电动势阻感负载时，当电感足够大使负载电流连续时，电路的工作情况与阻感性负载时相似，电路各处电压、电流波形均相同，仅在计算 I_d 时有所不同。若反电动势幅值为 E，则

$$I_d = \frac{U_d - E}{R} \qquad (2-47)$$

2.3　变压器漏抗对整流电路的影响

前面介绍的各种整流电路都是在理想工作状态下的工作情况，即假设：①变压器为理想变压器，即变压器的漏抗、绕组电阻和励磁电流都可忽略；②晶闸管元件是理想的。在此基础上，电路的换相是瞬时完成的，但实际的交流供电电源总存在电源阻抗（主要考虑电感），如变压器存在漏抗，在分析中可以将电源内感抗和变压器漏感抗相加，用一个集中的电感 L_B 表示，并将其折算到变压器二次侧，下面的分析以变压器漏抗代表。由于电感对电流的变化起阻碍作用，电感电流不能突变，因此晶闸管换相过程不能瞬时完成，而是要经过一段时间。

2.3.1　换相期间的波形分析

变压器漏抗对整流电路的换流过程产生影响，因此主要分析整流电路中两个相邻相元件的换流过程。下面以三相半波整流电路为例分析，分析方法和所得结论对 m 脉波整流电路具有普遍性。

图 2-20 所示为考虑变压器漏感 L_B 影响的三相半波可控整流电路带电感性负载时的电路图及波形，T 为理想变压器，L_B 为等效漏感。假设负载中的电感很大，负载电流连续而

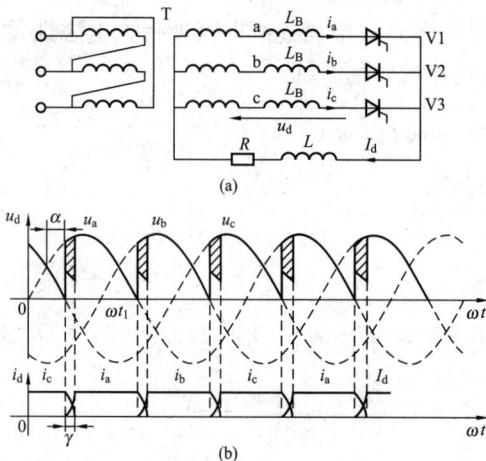

图 2-20　考虑变压器漏感 L_B 影响的三相半波可控整流电路带电感性负载时的电路图及波形
(a) 电路；(b) 波形

平直，其值为 I_d。该电路在交流电源的一个周期内有 3 次晶闸管换相过程，因为每一次换相情况一样，这里只分析从 V1 换相至 V2 的过程。

在 t_1 之前 V1 管导通，当在 t_1 时刻触发 V2 管，由于电抗 X_B 阻止电流变化，从 a 相转换到 b 相时，a 相电流从 I_d 逐渐减小到 0，而 b 相电流则从 0 增大到 I_d，这个过程叫换相过程。换相过程所对应的时间以相角计算，称为换相重叠角 γ。在换相过程中，晶闸管 V1 和 V2 同时导通，相当于相间短路，两相之间的电位差瞬时值 u_{ba} 必定大于零，它是完成两相换流的动力，称之为换相电压。

在换相期间，a 相与 b 相同时流过电流，a 相电流 i_a 逐渐减小，而 b 相电流 i_b 逐渐增大。当 i_b 增长到 I_d、i_a 减到 0 时，a 相晶闸管阻断，之后 V1 继续承受反压 u_{ba}，使其恢复反向阻断能力。

在换相过程中有

$$u_a = u_d + L_B \frac{di_a}{dt} \tag{2-48}$$

$$u_b = u_d + L_B \frac{di_b}{dt} \tag{2-49}$$

$$I_d = i_a + i_b \tag{2-50}$$

将式（2-48）与式（2-49）相加可得

$$u_a + u_b = 2u_d + L_B \frac{d(i_a + i_b)}{dt} = 2u_d + L_B \frac{dI_d}{dt} = 2u_d$$

因此

$$u_d = \frac{u_a + u_b}{2} \tag{2-51}$$

式（2-51）表明，在换相过程中，输出电压为两个换相晶闸管所对应相电压的平均值，由此可画出换相过程中电压的波形，如图 2-20 所示。这一结论也适用于其他整流电路。

2.3.2 换相压降与换流重叠角的计算

与换相瞬时完成（$L_B = 0$）相比，直流电压波形少了一块阴影面积，使输出电压平均值 U_d 降低，这块面积的平均值称为换相压降 ΔU_d。若取自然换相点为时间坐标轴的原点，则换相压降的计算过程如下

$$\Delta U_d = \frac{1}{2\pi/m} \int_{\alpha}^{\alpha+\gamma} (u_b - u_d) d(\omega t) = \frac{m}{2\pi} \int_{\alpha}^{\alpha+\gamma} \frac{u_b - u_a}{2} d(\omega t) = \frac{m}{2\pi} \int_{\alpha}^{\alpha+\gamma} \frac{\omega L_B d(i_b - i_a)}{2d(\omega t)} d(\omega t)$$

$$= \frac{m}{2\pi} \int_{\alpha}^{\alpha+\gamma} \omega L_B \frac{di_b}{d(\omega t)} d(\omega t) = \frac{m}{2\pi} \int_{0}^{I_d} \omega L_B di_b = \frac{m}{2\pi} \omega L_B I_d = \frac{m}{2\pi} X_B I_d \tag{2-52}$$

$$X_B = \omega L_B$$

式中：X_B 为变压器每相折算到二次侧的漏电抗。

这里需要说明的是：对于单相全控桥，两个换相电压可理解为相电压及其反相电压，但换相压降的计算上述通式是不成立的。因为单相全控桥虽然每周期换相 2 次（$m=2$），但换相过程中变压器漏感上的电流是从 $-I_d$ 变化到 I_d，所以积分下限不是 0，而是 $-I_d$。相应的，式（2-50）中的 I_d 应该带入 $2I_d$，故对于单相全控桥有

$$\Delta U_d = \frac{2X_B}{\pi} I_d \tag{2-53}$$

这样，整流输出电压平均值 U_d 可以表示为

$$U_d = U_{d0}\cos\alpha - \frac{mX_B}{2\pi}I_d = U_{d0}\cos\alpha - R_B I_d \tag{2-54}$$

式中：U_{d0} 为 $\alpha = 0$、$\gamma = 0$ 时的输出的平均电压；R_B 为忽略整流回路中其他一切电阻时，产生换相压降的等效电阻。

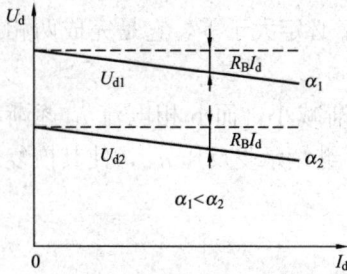

图 2-21　整流电路的输出外特性

从上面的分析可知，换相压降正比于负载电流 I_d，这相当于整流电源内增加了一个内阻 R_B。但应注意的是，等效内阻 R_B 区别于欧姆电阻的是它并不消耗有功功率。在相同的控制角 α 下，由于换相重叠的影响，U_d 值下降，其整流电路的输出外特性如图 2-21 所示。

下面推导换相重叠角的计算。以自然换相点作为时间坐标轴坐标的原点，仍然以 m 脉波输出的普遍形式来表示，设

$$u_a = U_m\cos\left(\omega t + \frac{\pi}{m}\right)$$

$$u_b = U_m\cos\left(\omega t - \frac{\pi}{m}\right)$$

式中：U_m 为 m 脉波整流电路输出电压 u_d 的峰值。

因此

$$u_b - u_a = 2U_m\sin\frac{\pi}{m}\sin\omega t \tag{2-55}$$

由式（2-48）和式（2-49）可得

$$u_b - u_a = 2\omega L_B\frac{di_b}{d(\omega t)} \tag{2-56}$$

由式（2-56）和式（2-55）可得

$$di_b = \frac{1}{\omega L_B}U_m\sin\frac{\pi}{m}\sin\omega t\,d(\omega t) = \frac{1}{X_B}U_m\sin\frac{\pi}{m}\sin\omega t\,d(\omega t) \tag{2-57}$$

当 $\omega t = \alpha$ 时，除单相桥式电路外，变压器 b 相漏感上的电流 $i_b = 0$；当 $\omega t = \alpha + \gamma$ 时，换流结束，$i_b = I_d$。对式（2-57）两边同时积分得

$$I_d = \int_0^{I_d}di_b = \frac{U_m\sin(\pi/m)}{X_B}\int_\alpha^{\alpha+\gamma}\sin\omega t\,d(\omega t) = \frac{U_m\sin(\pi/m)}{X_B}\big[\cos\alpha - \cos(\alpha + \gamma)\big]$$

于是得

$$\cos\alpha - \cos(\alpha + \gamma) = \frac{X_B I_d}{U_m\sin(\pi/m)} \tag{2-58}$$

式（2-58）是一个普遍的公式，可根据实际的整流电路带入不同的 m 和 U_m 的值，可得相应的计算公式。例如，三相半波整流电路，取 $m = 3$、$U_m = \sqrt{2}U_2$ 代入式（2-58），可求得

$$\cos\alpha - \cos(\alpha + \gamma) = \frac{2X_B I_d}{\sqrt{6}U_2} \tag{2-59}$$

对于三相桥式整流电路，取 $m = 6$、$U_m = \sqrt{6}U_2$ 代入式（2-58），可求得

$$\cos\alpha - \cos(\alpha + \gamma) = \frac{2X_B I_d}{\sqrt{6}U_2} \qquad (2-60)$$

相应地，对于单相全控桥，在换流期间变压器漏感上的电流是从 $-I_d$ 到 I_d 变化，其换流方程为

$$\cos\alpha - \cos(\alpha + \gamma) = \frac{2X_B I_d}{\sqrt{2}U_2} \qquad (2-61)$$

变压器的漏感与交流进线电抗器的作用一样能够限制其短路电流，并且使电流的变化较缓和，对晶闸管电流上升率和电压上升率 di/dt 和 du/dt 值的限制是有利的；但是由于在换相期间两相的重叠导通相当于两相间短路，如果整流装置的容量在电网中举足轻重，则在每一晶闸管换流瞬间，使相电压的波形出现一个很深的缺口，造成电网波形畸变，使整流装置成为一个干扰源，它对电网质量和整流控制电路的可靠性均产生危害，这个缺口还加剧了正向阻断元件端压的突跳，危害晶闸管，因而情况严重时须加滤波装置。另外变压器的漏感使整流装置的功率因数变坏，输出电压降低，所以变压器的漏感要加以限制。

2.4 有源逆变电路

整流电路将交流电转换为直流电，即 AC/DC 变换，而逆变电路将直流电转换为交流电即 DC/AC 变换。将直流电转换为交流电又馈送到交流电网的逆变电路称为有源逆变电路；将直流电转换为交流电直接供给负载的逆变电路称为无源逆变电路。本节只讨论前者。

有源逆变电路广泛用于直流可逆调速、交流异步机串级调速、高压直流输电和灵活交流输电等领域。有源逆变电路也可看做是整流电路另一种工作方式，它们的电路结构相同，但功率的传递方向不同。

2.4.1 有源逆变产生的条件

变流器既能以整流器方式工作又能以逆变器方式工作。若变流器工作于整流状态时，能量由交流侧向直流侧传递；若工作于逆变状态时，能量由直流侧向交流侧传递。实现两个电源间能量相互转换的外部和内部条件就是有源逆变产生的条件。

对于可控整流电路而言，只要满足一定的条件，就可以工作在有源逆变状态。此时电路形式并没有发生变化，只有电路工作条件改变，因此可以将有源逆变电路作为整流电路的一种工作状态分析。下面首先从直流发电机—电动机系统入手，研究其间的电能流动关系，再转入变流器中分析交流和直流电之间电能的流转，以得到实现有源逆变的条件。

图 2-22 所示的直流发电机—电动机系统中，M 为电动机，G 为发电机。图 2-22（a）中，两电源同极性相连，电流从高电动势电源的正极流向低电动势电源的正极。当回路总电阻 R_Σ 很小时，即使很小的电动势差，也能产生很大的电流 I_d，在两电源间产生足够大能量交换，$I_d = (E_M - E_G)/R_\Sigma$；图 2-22（b）是回馈制动状态，M 作发电运转，此时 $E_M > E_G$，电流反向，$I_d = (E_M - E_G)/R_\Sigma$；在图 2-22（c）中，两电源顺向串联，向电阻 R_Σ 供电，两电源都输出功率，但由于 R_Σ 一般很小，实际上是形成短路而损坏设备，在工作中必须严防这类事故发生。

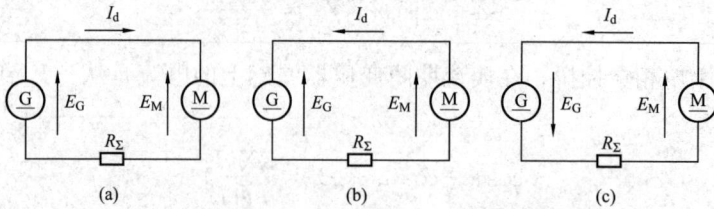

图 2-22　直流发电机—电动机之间电能的流转
（a）两电源同极性相连，$E_G > E_M$；（b）两电源同极性相连，
$E_M > E_G$；（c）两电源反极性相连，形成短路

如果将 E_G 看做是整流电路的输出电压 U_d，E_M 看做是蓄电池或处于发电运行状态的直流电动机电动势，则 $E_G(U_d) > E_M$ 相当于整流状态，$E_M > E_G(U_d)$ 相当于逆变状态。但晶闸管具有单向导电性，电流方向不能改变，欲改变能量传送方向，只能改变 E_M 极性，为防止两电源反极性连接形成电源间短路故障，U_d 的极性也必须同时反向，即将 U_d、E_M 均反向后再串接，且满足 $U_d < E_M$，则电流方向不变，但电能反送，回路电流为 $I_d = (E_M - U_d)/R_\Sigma$。

从上述分析，可归纳出以下有源逆变产生的条件。

（1）外部条件——直流侧应有能提供逆变能量的直流电动势，极性与晶闸管导通方向一致，其值大于变流器直流侧的平均电压。

（2）内部条件——变流器直流侧输出直流平均电压必须为负值，即 $\alpha > \pi/2$，$U_d < 0$。

以上两条件必须同时满足，才能实现有源逆变。

可以看出，同一变流装置，当 $\alpha < \pi/2$ 时，工作于整流状态，当 $\alpha > \pi/2$ 时，同时存在适当的外接直流电源时，则工作于逆变状态。但必须指出的是，有源逆变电路原则上只有全控型变流器才能实现逆变，而半控型和带有续流二极管的电路是不可能进行逆变的，这是因为其整流电压输出值不能出现负值，也不允许直流侧出现负极性的电动势。

2.4.2　三相桥式有源逆变电路

现以三相桥式逆变电路为讨论的重点，并注意到逆变工况是整流工况的继续和延伸，其工作原理、参数计算、分析方法等都和整流电路密切相关。

因逆变电路工作在 $\alpha > \pi/2$ 范围，为方便常用逆变角 β（也称超前角）表示，β 角以 $\omega t = \pi$ 为起点，向左方计量，它与 α 角的关系是 $\alpha + \beta = \pi$。这样在逆变工作方式时，逆变角在 $0 < \beta \leqslant \pi/2$ 范围。图 2-23 所示为三相桥式有源逆变电路与不计重叠角 γ 条件下，$\beta = \pi/3$、$\beta = \pi/4$、$\beta = \pi/6$ 时的负载电压 u_d 波形。三相桥式整流电路工作于有源逆变状态时的工作原理与整流状态类似，晶闸管成对导通，每管导通 $2\pi/3$，每隔 $\pi/3$ 换相一次。输出电压的平均值为负，相对于整流状态而言极性相反，平均功率由直流侧反送到交流侧。

三相桥式变流器，工作于整流工况时，器件在阻断区间绝大部分承受反压，而在逆变工况时，器件在阻断区间绝大部分承受正压，只有在 β 角区间承受反压，这段时间的长短对逆变器的正常、安全运行至关重要。

关于有源逆变状态时的各电量的计算，可归纳如下。假设直流侧电感足够大，直流电流连续且平直，则输出直流电压的平均值 U_d 为

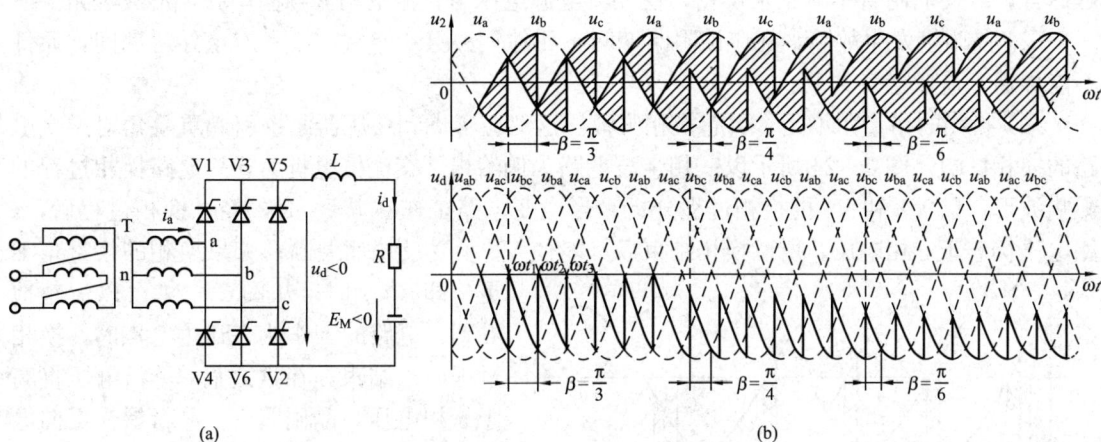

图 2-23 三相桥式有源逆变状电路的电路图与负载电压波形

(a) 电路；(b) 负载电压波形

$$U_d = \frac{3\sqrt{6}}{\pi}U_2\cos\alpha \approx 2.34U_2\cos\alpha = -2.34U_2\cos\beta = -1.35U_{2L}\cos\beta \qquad (2-62)$$

输出直流电流平均值为

$$I_d = \frac{U_d - E_M}{R} \qquad (2-63)$$

式中：U_2 为相电压的有效值；U_{2L} 为线电压的有效值；R 为回路总电阻。

在逆变状态时，E_M 和 U_d 的值和整流状态时相反，均为负值。

若考虑理想情况，电感足够大，电流无脉动，则有

$$I = I_d \qquad (2-64)$$

晶闸管电流有效值为

$$I_V = \frac{I_d}{\sqrt{3}} \qquad (2-65)$$

变压器二次电流有效值为

$$I_2 = \sqrt{2}I_V = \sqrt{\frac{2}{3}}I_d = 0.816I_d \qquad (2-66)$$

交流电源送到直流侧的有功功率为

$$P_d = U_d I_d = RI_d^2 + E_M I_d \qquad (2-67)$$

2.4.3 逆变失败和最小 β 角限制

变流器工作于整流工况时，若因触发脉冲丢失、突发电源缺相或断相，其后果只影响输出电压数值，对变流器无严重威胁，但当变流器工作于逆变工况时，一旦由于上述原因换相失败，将使输出电压 U_d 进入正半周，与 E_M 顺向连接，由于回路电阻很小，造成很大的短路电流，这种情况叫逆变失败或逆变颠覆。

1. 逆变失败的主要原因

造成逆变失败的原因有很多，主要有以下几种情况。

(1) 触发电路工作不可靠，不能适时、准确地给各晶闸管分配脉冲，如脉冲丢失、脉冲

延迟等，致使晶闸管不能正常换相，使交流电源电压与直流电动势顺向串联，形成短路。

(2) 晶闸管发生故障，在应该阻断期间，元件失去阻断能力，或者应该导通期间，元件不能导通，造成逆变失败。

(3) 换相的裕量角不足，引起换相失败。这时应考虑到变压器漏抗引起重叠角对逆变电路的换相影响，图 2-24 所示以三相半波电路为例给出了交流侧电抗对逆变电路换相过程的影响波形。以 V1 和 V3 的换相过程分析，当逆变电路工作在 $\beta > \gamma$ 时，经过换相过程后，a 相电压仍高于 c 相电压，所以换相结束后，能使 V3 承受反压而关断；如果换相的裕量角不足，即 $\beta < \gamma$ 时，从图 2-24 可以清楚地看到，电路的工作状态到达 P 点时，换相过程尚未结束，在这之后，c 相电压将高于 a 相电压，晶闸管 V1 重新承受反向电压而重新关断，而使应该关断的 V3 继续导通，且 c 相电压随着时间的推迟越来越高，电动势顺向串联而使逆变失败。

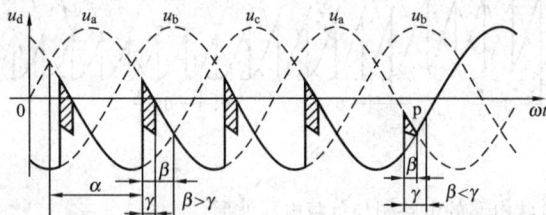

图 2-24　交流侧电抗对逆变电路换相过程的影响

(4) 交流电源发生异常现象。在逆变运行时，可能出现交流电源突然断电、缺相或电压过低等现象；由于直流电动势的存在，晶闸管仍可触发导通，使变流器侧出现逆变电压为 0 或者太低，不能与直流电动势匹配，形成晶闸管电路被短接。

由此可见，为了保证逆变电路的正常工作，必须选用可靠的触发器，正确选择晶闸管的参数，并且采取必要的措施，减小电路中 $\mathrm{d}u/\mathrm{d}t$ 和 $\mathrm{d}i/\mathrm{d}t$ 的影响，以免发生误导通。为了防止意外事故，与整流电路一样，电路中一般应装有快速熔断器或快速开关，以提供保护；另外，为了防止发生逆变颠覆，逆变角 β 的角度有一最小限制。

2. 最小逆变角 β 确定的方法

最小逆变角 β 的大小要考虑以下因素。

(1) 换相重叠角 γ。此值随着电路形式、工作电流大小的不同而不同。可根据式 (2-58) 计算，即

$$\cos\alpha - \cos(\alpha + \gamma) = \frac{2X_{\mathrm{B}}I_{\mathrm{d}}}{\sqrt{2}U_2\sin(\pi/m)}$$

根据逆变工作时 $\alpha + \beta = \pi$，并设 $\beta = \gamma$，则可改写成为

$$\cos\gamma = 1 - \frac{I_{\mathrm{d}}X_{\mathrm{B}}}{\sqrt{2}U_2\sin(\pi/m)} \tag{2-68}$$

(2) 晶闸管关断时间 t_{off} 所对应的关断角 δ。t_{off} 长的可达 $200 \sim 300\mu s$，折算到关断角为 $4° \sim 5°$。

(3) 安全裕量角 θ'。考虑到脉冲调整时不对称、电网波动、畸变与温度等影响，还必须留一个安全裕量角，一般取 θ' 约为 $10°$。

综上所述，最小逆变角为

$$\beta_{\min} = \delta + \gamma + \theta' \approx 30° \sim 35° \tag{2-69}$$

为了可靠防止 β 进入 $\beta_{\min}$ 区内，在要求较高的场合，可在触发电路中加一套保护线路，使 β 在减少时不能进入 $\beta_{\min}$ 区内，或在 $\beta_{\min}$ 处设置产生附加安全脉冲的装置，万一当工作脉冲移入 $\beta_{\min}$ 区内时，则安全脉冲保证在 $\beta_{\min}$ 处触发晶闸管，防止逆变失败。

2.5 电容滤波的不可控整流电路

在前几节所介绍的是可控整流电路，且负载形式重点放在了阻感负载上。在实际的工业应用中，还经常使用不可控整流电路经电容滤波，以抑制电压的脉动，以达到滤波的目的。这种电路被广泛应用到交—直—交变频器、不间断电源、开关电源等应用场合。

在前述的各种可控整流电路，只要将其中的晶闸管换为整流二极管，就是不可控整流电路。

2.5.1 电容滤波的单相半波不可控整流电路

电容 C 并联于负载 R 的两端，$u_d = u_C$。在没有并入电容 C 之前，整流二极管在 u_2 的正半周导通，负半周截止，输出电压 u_d 的波形如图 2-25（b）中虚线所示。并入电容之后，则当 u_2 由零逐渐增大至电容电压时，二极管 VD 导通，除有一电流 i_d 流向负载以外还有一电流 i_C 向电容 C 充电，充电电压 u_C 的极性为上正下负。如忽略二极管的内阻，则 u_C 可充到接近 u_2 的峰值。在 u_2 达到最大值以后开始下降，此时电容器上的电压 u_C 也将由于放电而逐渐下降。当 $u_2 < u_C$ 时，VD 因反偏而截止，于是 C 以一定的时间常数通过 RC 按指数规律放电，u_C 下降。直到下一个正半周，当 $u_2 > u_C$ 时，VD 又导通，如此循环下去，使输出电压的波形如图 2-25（b）中实线所示。显然比未并联电容 C 前平滑多了。

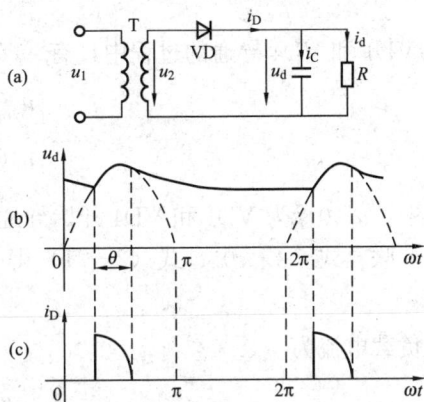

图 2-25 电容滤波的单相半波不可控整流电路及波形

(a) 电路；(b) 电压波形；(c) 电流波形

2.5.2 电容滤波的单相桥式不可控整流电路

本电路常用于小功率单相交流输入的场合，如目前大量普及的微机、电视机等家电产品中。其原理图如图 2-26 所示。

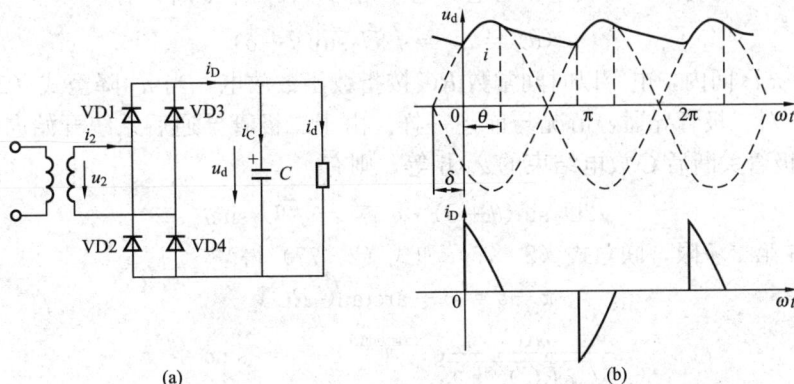

图 2-26 电容滤波的单相桥式不可控整流电路及其工作波形

(a) 电路；(b) 工作波形

1. 工作原理

假设电路已工作于稳态，同时由于实际中作为负载的后级电路稳态时直流平均电流是一定的，所以分析中以电阻作为负载。

该电路的基本工作过程是，当 u_2 为正半周并且数值大于电容两端电压 u_C 时，二极管 VD1 和 VD4 管导通，VD2 和 VD3 截止，电流一路流经负载电阻 R，另一路对电容 C 充电。当 $u_C > u_2$，导致 VD1 和 VD4 反向偏置而截止，电容通过负载电阻 R 放电，u_C 按指数规律缓慢下降。当 u_2 为负半周幅值变化到恰好大于 u_C 时，VD2 和 VD3 加正向电压变为导通状态，u_2 再次对 C 充电，重复上述过程。

设 VD1 和 VD4 导通的时刻与 u_2 过零的时刻相距 δ 角，具体如图 2-26（b）所示，则

$$u_2 = \sqrt{2}U_2 \sin(\omega t + \delta) \tag{2-70}$$

在 VD1 和 VD4 导通的过程中，有

$$\begin{cases} u_d(0) = \sqrt{2}U_2 \sin\delta \\ u_d(0) + \dfrac{1}{C}\displaystyle\int_0^t i_C dt = u_2 \end{cases} \tag{2-71}$$

式中：$u_d(0)$ 为 VD1 和 VD4 开始导通时的输出电压值。

联立式（2-70）、式（2-71）得

$$i_C = \sqrt{2}\omega CU_2 \cos(\omega t + \delta) \tag{2-72}$$

而负载电流为

$$i_d = \frac{u_2}{R} = \frac{\sqrt{2}U_2}{R}\sin(\omega t + \delta) \tag{2-73}$$

所以有

$$i_D = i_C + i_d = \sqrt{2}\omega CU_2 \cos(\omega t + \delta) + \frac{\sqrt{2}U_2}{R}\sin(\omega t + \delta) \tag{2-74}$$

设 VD1 和 VD4 的导通角为 θ，则当 $\omega t = \theta$ 时，VD1 和 VD4 关断，将 $i_d(\theta) = 0$ 代入式（2-74）得

$$\tan(\theta + \delta) = -\omega RC \tag{2-75}$$

另外，ωt 在 $0 \sim \theta$ 区间内，负载电压与电源电压相同，在 $\omega t = \theta$ 时，有

$$u_d(\theta) = u_2 = \sqrt{2}U_2 \sin(\theta + \delta) \tag{2-76}$$

ωt 在 $\theta \sim \pi$ 区间内，电容以时间常数 RC 按指数函数放电，当 u_d 降至式（2-71）所示的值时，另一对二极管导通，情况与前述一样。由于二极管导通后系统开始向电容 C 充电时的 u_d 与二极管关断后 C 放电结束的 u_d 相等，则有

$$\sqrt{2}U_2 \sin(\theta + \delta) \cdot e^{-\frac{\pi-\theta}{\omega RC}} = \sqrt{2}U_2 \sin\delta \tag{2-77}$$

可知，$\delta + \theta$ 在第二象限，联立式（2-75）和式（2-77）得

$$\pi - \theta = \delta + \arctan(\omega RC) \tag{2-78}$$

$$\frac{\omega RC}{\sqrt{(\omega RC)^2 + 1}} e^{-\frac{\arctan(\omega RC)}{\omega RC}} e^{-\frac{\delta}{\omega RC}} = \sin\delta \tag{2-79}$$

当 ωRC 已知时，即可由式（2-79）得到 δ，进而由式（2-78）求出 θ。显然 δ 和 θ 仅由乘积 ωRC 决定。图 2-27 给出了根据式（2-78）和式（2-79）得出的 δ 和 θ 角随着 ωRC 变化的曲线。

2. 数值计算

(1) 输出电压平均值 U_d。

输出电压平均值 U_d 可根据前述波形和计算公式推导得出，但很繁琐，这里仅给出 U_d 和输出到负载的电流平均值 I_R 之间的关系如图 2-28 所示。空载时，电阻 $R=\infty$，放电时间常数为无穷大，输出电压最大，为 $\sqrt{2}U_2$。负载很大时，R 很小，电容放电很快，几乎失去储能作用，极限的情况下，$RC=0$，即相当于电容支路开路，输出电压平均值为电阻负载的情况，即 $0.9U_2$。

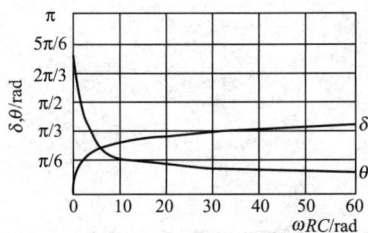

图 2-27 δ 和 θ 角随着
ωRC 变化的曲线

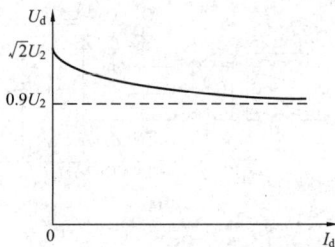

图 2-28 电容滤波的单相不可控整流电路
输出电压与输出电流平均值的关系

在负载确定之后，可根据 $RC \gg \dfrac{3 \sim 5}{2} T$（$T$ 为电源周期）选择电容值，此时输出电压为

$$U_d \approx 1.2U_2 \tag{2-80}$$

(2) 电流平均值。

负载电流为

$$I_d = \frac{U_d}{R} \tag{2-81}$$

在稳态时，电容 C 在一个周期内吸收的能量和释放的能量相等，其电压的平均值不变，相应的，流经电容的电流在一周期内的平均值为零，又由 $i_D = i_C + i_d$ 得出

$$I_D = I_d \tag{2-82}$$

流过二极管的电流 i_{VD} 的平均值为

$$I_{VD} = I_d/2 \tag{2-83}$$

(3) 二极管承受的最大反向电压。

二极管承受反向电压的最大值为变压器二次电压的最大值，即 $\sqrt{2}U_2$。

从上面的分析可知，若 R 一定，C 增大时，输出电压的平均值增加，i_d 的平均值也将增大，而这时二极管的导通角将减小，这样的结果时是变压器二次电流的幅值要增加。因此，为了要减小电压波动而增大电容 C 的结果是使输入电流的有效值大大增大，且使变压器二次电流的脉动增加，这一结果要求必须增加二极管的电流容量，这在参数选择时应予以注意。

2.5.3 电容滤波的三相桥式不可控整流电路

1. 工作原理

图 2-29 所示为电容滤波的三相桥式不可控整流电路。当某一对二极管导通时，输出电压等于交流侧线电压中的最大值，该线电压既向电容供电，也向负载供电。当没有二极管导

通时，由电容向负载放电，u_d 按指数规律下降。

电容的放电时间常数不同，整流桥输出电流 i_D 会出现连续和断续两种情况。当 i_D 连续时，如图 2 - 30 所示，导通角 $\theta = \pi/3$，输出电压 u_d 为线电压的包络线。可根据"电压下降速度相等的原则"来推导电流连续的临界条件。"电压下降速度相等的原则"即在线电压的交点 A 处，电源电压的下降速度与二极管 VD1、VD2 关断后电容开始单独向负载放电时电压的下降速度相等。根据图 2 - 30 的坐标系，线电压为

$$u_{ab} = \sqrt{6}U_2 \sin(\omega t + \pi/3)$$

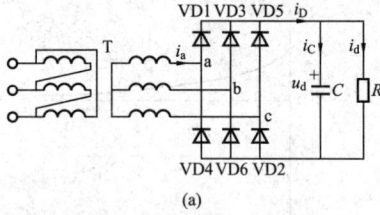

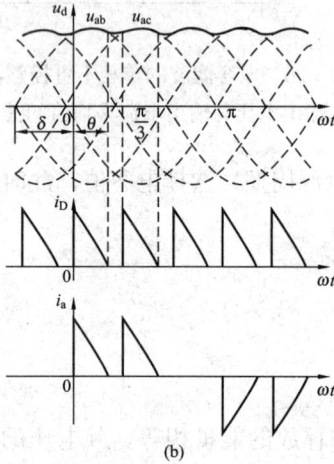

图 2 - 29　电容滤波的三相桥
式不可控整流电路及波形
（a）电路；（b）波形图

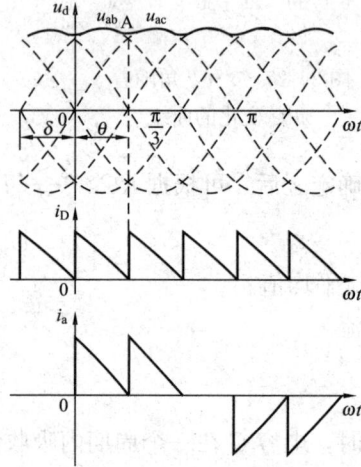

图 2 - 30　电容滤波的
三相桥式电路 $\omega RC = \sqrt{3}$
时的波形

在 $\omega t = \pi/3$ 时，线电压与电容电压下降的速度刚好相等，即

$$\left| \frac{\mathrm{d}\left[\sqrt{6}U_2 \sin(\omega t + \theta) \right]}{\mathrm{d}(\omega t)} \right|_{\omega t = \frac{\pi}{3}} = \left| \frac{\mathrm{d}\left[\sqrt{6}U_2 \sin\frac{2\pi}{3} \mathrm{e}^{-\frac{1}{\omega RC}\left(\omega t - \frac{\pi}{3} \right)} \right]}{\mathrm{d}(\omega t)} \right|_{\omega t = \frac{\pi}{3}}$$

可求出临界条件为

$$\omega RC = \sqrt{3} \tag{2-84}$$

当 $\omega RC > \sqrt{3}$ 时，i_D 断续；当 $\omega RC \leqslant \sqrt{3}$ 时，i_D 连续。因此，当重载时，R 较小，电流可能连续；当轻载时，R 较大，电流可能断续，其分界点即为 $\omega RC = \sqrt{3}$。

2. 数值计算

（1）输出电压平均值。

空载时，输出电压平均值最大，为 $U_d=\sqrt{6}U_2=2.45U_2$。随着负载的加重，输出电压平均值减小，当电流 i_D 连续后，输出电压为线电压的包络线，其平均值为 $U_d=2.34U_2$。因此，U_d 在 $2.34U_2\sim2.45U_2$ 之间变化，变化范围比单相电路要小得多。当负载加重到一定程度之后，U_d 就稳定在 $2.34U_2$ 不变了。

（2）输出电流平均值。

输出电流平均值为

$$I_d=\frac{U_d}{R} \tag{2-85}$$

流经电容的电流在一周期内的平均值为零，因此

$$I_D=I_d \tag{2-86}$$

流过二极管的电流 i_{VD} 的平均值为

$$I_{VD}=I_d/3 \tag{2-87}$$

（3）二极管承受的最大反向电压。

二极管承受反向电压的最大值为线电压的峰值，即 $\sqrt{6}U_2$。

2.5.4 感容滤波的二极管整流电路

实际电路中存在交流侧的电感以及直流侧抑制冲击电流串联的电感，当考虑上述电感时，工作情况有所变化。图 2-31 和图 2-32 分别为感容滤波的单相桥式、三相桥式电路及相应交流侧电流波形。交流侧电流的上升段平缓了许多，这对于电路的工作是有利的。随着负载的加重，电流波形与纯电阻负载时的交流侧电流波形逐渐接近。

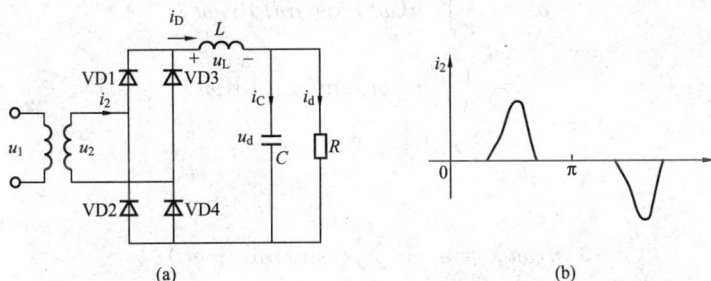

图 2-31 感容滤波的单相桥式电路及交流侧电流波形
(a) 电路图；(b) 交流侧电流波形

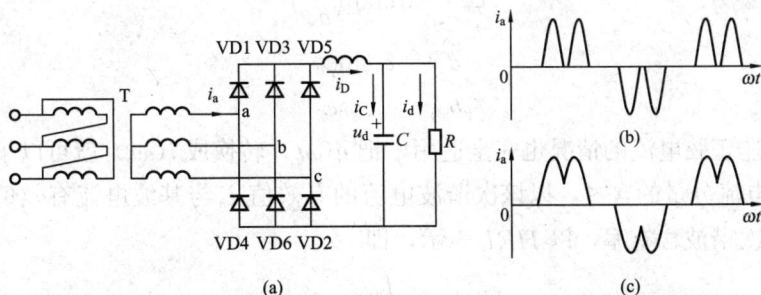

图 2-32 感容滤波的三相桥式电路及交流侧电流波形
(a) 电路图；(b) 轻载时的交流侧电流波形；(c) 重载时的交流侧电流波形

2.6　整流电路的谐波与功率因数

从前面的分析可以看出与电力电子装置有关的输出波形几乎都是非正弦的。整流输出至负载的电压是脉动的直流电压，电流也并非平直，脉动幅度与负载性质相关。整流器件的开关过程使交流电源的电流波形畸变。这些畸变的波形可用谐波和功率因数进行分析，下面首先介绍谐波和功率因数的相关概念。

2.6.1　谐波和功率因数分析的基础

1. 谐波

以工频为周期的非正弦波形可以用傅里叶级数分解为一系列的不同频率的正弦波，其中频率为工频（50Hz）的正弦分量称为基波，其他频率为基波整数倍的分量称为谐波。谐波次数为谐波频率和基波频率的整数比。这种傅里叶级数的分析方法对于非正弦电压和非正弦电流均适用。下面以电压为例，分析其基本关系。

以 $2\pi/\omega$ 为周期的非正弦电压，一般满足狄里赫利条件，可表示为傅里叶级数形式，则有

$$u(\omega t) = a_0 + \sum_{n=1}^{\infty}(a_n\cos n\omega t + b_n\sin n\omega t) \tag{2-88}$$

其中

$$a_0 = \frac{1}{2\pi}\int_0^{2\pi}u(\omega t)\mathrm{d}(\omega t)$$

$$a_n = \frac{1}{\pi}\int_0^{2\pi}u(\omega t)\cos(n\omega t)\mathrm{d}(\omega t)$$

$$b_n = \frac{1}{\pi}\int_0^{2\pi}u(\omega t)\sin(n\omega t)\mathrm{d}(\omega t)$$

$$n = 1,2,3,\cdots$$

或

$$u(\omega t) = a_0 + \sum_{n=1}^{\infty}c_n\sin(n\omega t + \varphi_n) \tag{2-89}$$

其中各量的关系

$$c_n = \sqrt{a_n^2 + b_n^2}$$

$$\varphi_n = \arctan\left(\frac{a_n}{b_n}\right)$$

$$a_n = c_n\sin\varphi_n$$

$$b_n = c_n\cos\varphi_n$$

以上各式对于非正弦电流的情况也完全适用，把 $u(\omega t)$ 转换成 $i(\omega t)$ 就可以了。

n 次谐波电流分量的含量，以该次谐波电流的有效值 I_n 与基波电流有效值 I_1 的百分比表示，称为 n 次谐波含有率，以 HRI_n 表示，即

$$HRI_n = \frac{I_n}{I_1} \times 100\% \tag{2-90}$$

畸变波形因谐波偏离正弦波形的程度，以电流总谐波畸变率 THD_i 表示，即

$$THD_i = \frac{\sqrt{\sum_{n=2}^{M} I_n^2}}{I_1} \times 100\% \tag{2-91}$$

把电流量改变为电压量，便可计算出 n 次谐波电压含有率 HRU_n 和电压总谐波畸变率 THD_u。国家的有关标准对非线性用户规定了相关的谐波标准，使用变流设备的用户应该将谐波含有率和总谐波畸变率限制在国家标准允许的范围之内。

2. 功率因数

在正弦电路中，电路的有功功率就是其平均功率，即

$$P = \frac{1}{2\pi} \int_0^{2\pi} ui \, d(\omega t) = UI\cos\varphi \tag{2-92}$$

式中：U、I 分别为电流和电压的有效值；φ 为电流落后于电压的相位角。

视在功率为

$$S = UI \tag{2-93}$$

功率因数 λ 定义为有功功率和视在功率的比值，则有

$$\lambda = \cos\varphi = \frac{P}{S} \tag{2-94}$$

在非正弦电路中，主要考虑电流波形的畸变，因为在公共电网中，通常电压波形的畸变较小。有功功率、视在功率的定义均和正弦电路相同，但设正弦波电压的有效值为 U，畸变电流的有效值为 I，基波电流的有效值为 I_1，I_1 与 U 的相位角为 φ_1，可推导出

$$P = UI_1\cos\varphi_1 \tag{2-95}$$

按传统定义的功率因数为

$$\lambda = \frac{P}{S} = \frac{UI_1\cos\varphi_1}{UI} = \frac{I_1}{I}\cos\varphi_1 = \nu\cos\varphi_1 \tag{2-96}$$

定义 $\cos\varphi_1$ 为位移功率因数或基波功率因数，比例因子 $\nu = I_1/I$，ν 称为基波因数或畸变因数。因此在非正弦电路中，功率因数和畸变因数、位移因数有关。

2.6.2 谐波和功率因数对电网的影响

晶闸管相控整流装置实际上是一个谐波源，随着其大量使用，装置容量日益增大，造成电网波形的畸变程度愈来愈严重，并且影响与之并联的用电设备。高次谐波流入电网和其他负载中会对电网产生一系列的影响和危害，主要危害如下。

（1）使供电电源电压和电流波形畸变。供电电源电压和电流波形不但影响电网的其他用户，也会祸及电力电子装置本身，例如同步电压畸变将使触发角 α 不稳定，导致整流波形不规则。

（2）增大负载和线路的电流，占用电源的容量，使电网中的元件产生附加损耗，功率因数下降，效率降低。

（3）谐波对电动机不产生负载转矩，引起附加谐波损耗与发热，缩短设备使用寿命。

（4）对临近的通信系统产生干扰。由于开关过程的快速性等因素，在高电压大电流下，在一定范围内将产生电磁干扰，影响通信设备的正常工作。

（5）并联在电源上用于补偿功率因数的电容器过热。因为电容器的高频阻抗低，很容易通过大量的谐波电流，造成高次谐波电流放大，严重的谐波过载会损坏电容器。

（6）可能产生谐波谐振过电压使谐波放大，引起电缆击穿事故。

（7）谐波的负序特性容易使继电保护和自动装置等敏感元件误动作。

（8）使测量仪表的精度降低。大量的 3 次谐波和 3 的倍数次谐波流过中性线，会使线路中性线过载。

为了限制谐波的影响，许多国家和一些著名的国际组织都发布了限制电网谐波的国家标准。我国 1993 年发布了国家标准 GB/T 14549—1993《电能质量公用电网谐波》。

由式（2 - 96）可见，晶闸管相控整流电路功率因数低有两个原因：一是波形畸变，电流波形中的高次谐波电流都是无功电流，二是位移因数使电压与基波电流的相位差变大。整流装置在给负载提供有功功率的同时，要消耗无功功率，会对电网带来以下不利影响。

（1）导致视在功率的增加，从而增加了电源的容量。

（2）使总电流增加，从而使线路的损耗增加。

（3）冲击性无功负载会使电网电压剧烈波动。

提高功率因数的途径主要有以下四方面。

（1）选择合适的输入电压，在满足控制和调节范围的情况下尽可能减小控制角 α。

（2）增加整流相数，改善交流电流的波形，减少谐波成分。

（3）设置补偿电容器和滤波器。

（4）采用高功率因数的整流电路，如 PWM 整流电路。

值得说明的是考虑换相重叠角 γ 后的谐波电流波形不再是矩形，比 $\gamma = 0°$ 时的谐波电流值要小。

2.6.3 整流电路交流侧电流谐波与功率因数分析

对于理想的 m 脉波整流器，假定直流电感足够大，负载电流连续，波形平直，变压器二次侧电流波形近似为理想的矩形波。下面分别以单相桥式全控整流电路和三相桥式全控整流电路为例进行分析。

1. 单相桥式全控整流电路

单相桥式全控整流电路变压器二次侧电流如图 2 - 5 所示，对其做傅里叶分解得

$$i_2 = \frac{4}{\pi} I_d \left(\sin\omega t + \frac{1}{3}\sin 3\omega t + \frac{1}{5}\sin 5\omega t + \cdots \right) \qquad (2 - 97)$$

基波电流有效值为

$$I_1 = \frac{2\sqrt{2}}{\pi} I_d \qquad (2 - 98)$$

n 次谐波电流有效值为

$$I_n = \frac{2\sqrt{2}}{n\pi} I_d \qquad (2 - 99)$$

可见，电流中仅含奇次谐波，即谐波次数为 $2k \pm 1$（$k = 1, 2, 3, \cdots$）；各次谐波幅值与谐波次数成反比，即谐波次数越高，谐波电流有效值越小。

基波因数为

$$\nu = \frac{I_1}{I} = \frac{I_1}{I_d} = \frac{2\sqrt{2}}{\pi} \approx 0.9$$

由图 2 - 5 可以看出，电流基波与电压的相位差就等于触发角 α，故位移因数为

$$\cos\varphi_1 = \cos\alpha$$

所以，功率因数为

$$\lambda = \nu \cos\varphi_1 = \frac{2\sqrt{2}}{\pi}\cos\alpha \approx 0.9\cos\alpha \qquad (2-100)$$

2. 三相桥式全控整流电路

三相桥式全控整流电路变压器二次侧边 a 相电流如图 2-18，对其做傅里叶分解得

$$i_a = \frac{2\sqrt{3}}{\pi}I_d\left(\sin\omega t - \frac{1}{5}\sin5\omega t - \frac{1}{7}\sin7\omega t + \frac{1}{11}\sin11\omega t + \frac{1}{13}\sin13\omega t + \cdots\right) \quad (2-101)$$

基波电流有效值为

$$I_1 = \frac{\sqrt{6}}{\pi}I_d \qquad (2-102)$$

n 次谐波电流有效值为

$$I_n = \frac{\sqrt{6}}{n\pi}I_d \qquad (2-103)$$

可见，电流中仅含 $6k\pm1$（$k=1，2，3，\cdots$）次谐波，不含 3 的倍数次谐波，也不含偶次谐波；各次谐波幅值与谐波次数成反比，即谐波次数越高，谐波电流有效值越小。

总电流有效值为

$$I = \sqrt{\frac{2}{3}}I_d$$

基波因数为

$$\nu = \frac{I_1}{I} = \frac{3}{\pi} = 0.955$$

因为基波电流与电压的相位角就等于触发延迟角 α，所以位移因数

$$\cos\varphi_1 = \cos\alpha$$

整流器功率因数

$$\lambda = \frac{I_1}{I}\cos\varphi_1 = \frac{3}{\pi}\cos\alpha = 0.955\cos\alpha \qquad (2-104)$$

2.6.4 整流电路直流侧谐波分析

1. 输出电压的谐波分析

整流电路的输出电压是周期性脉动的直流，包含高次谐波，谐波对负载的工作带来不利影响。本节仅讨论 $\alpha=0$，换相角为零的情况。图 2-33 给出了 $\alpha=0$ 时，m 脉波整流电路的输出电压波形（以 $m=3$ 为例），将纵坐标选在整流电压的峰值处，则输出电压平均值为

$$U_d = \frac{1}{2\pi/m}\int_{-\frac{\pi}{m}}^{\frac{\pi}{m}}\sqrt{2}U_2\cos\omega t\,d(\omega t) = \frac{m\sqrt{2}U_2}{\pi}\sin\frac{\pi}{m}$$

$$(2-105)$$

图 2-33 $\alpha=0$ 时，m 脉波整流电路的输出电压波形

输出电压的有效值为

$$U = \sqrt{\frac{m}{2\pi}\int_{-\frac{\pi}{m}}^{\frac{\pi}{m}}(\sqrt{2}U_2\cos\omega t)^2\,d\omega t} = U_2\sqrt{1+\frac{\sin(2\pi/m)}{2\pi/m}} \qquad (2-106)$$

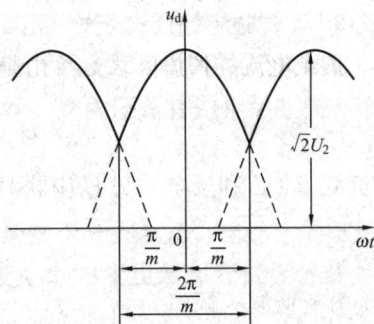

u_d 为偶函数不含正弦项，展开成傅里叶级数为

$$u_d = U_d + \sum_{n=mk}^{\infty} b_n \cos(nm\omega t)$$

$$= \frac{\sqrt{2}mU_2}{\pi}\sin\frac{\pi}{m} + \sum_{n=mk}^{\infty}\frac{\sqrt{2}mU_2}{\pi}\sin\frac{\pi}{m}\left(\frac{2}{n^2m^2-1}\right)(-\cos n\pi)\cos(nm\omega t)$$

$$(2-107)$$

从以上计算可看出以下两点。

（1）输出电压中的直流分量，即输出电压平均值，为式（2-107）中的常数项，即

$$U_{d0} = \frac{\sqrt{2}mU_2}{\pi}\sin\frac{\pi}{m}$$

（2）谐波频率为电压脉动数的整数倍，即 $h=nm$，其中 n 为正整数。当 $n=1$ 时，即最低次谐波为基波的 m 倍。谐波分量的幅值相对于直流分量的幅值为 $2/(n^2m^2-1)$，增加整流电源的相数，可减小谐波分量。

为评价整流输出电压 u_d 波形的脉动大小，可用电压纹波因数 γ_u 来衡量。γ_u 定义为 u_d 的谐波分量有效值 U_R 与 U_d 之比，即

$$\gamma_u = \frac{U_R}{U_d} = \frac{\sqrt{U^2-U_d^2}}{U_d} = \frac{\left(\frac{1}{2}+\frac{m}{4\pi}\sin\frac{2\pi}{m}-\frac{m^2}{\pi^2}\sin^2\frac{\pi}{m}\right)^{\frac{1}{2}}}{\frac{m}{\pi}\sin\frac{\pi}{m}} \qquad (2-108)$$

表 2-2 给出了不同脉波数 m 时所对应电压纹波因数值，可看出，脉动次数 m 愈多，γ_u 值愈小，输出电压中的交流分量愈小。当 $m=6$ 时，γ_u 已经相当小了。特别指出的是，直流输出电压的谐波与触发延迟角 α 关系极大，当触发延迟角 α 不等于零时，直流电压会出现缺口，相应的谐波电压也会迅速增加，纹波因数值也会变大。最大的谐波电压出现在 $\alpha=60°$ 左右。

表 2-2   **不同脉波数 m 时所对应电压纹波因数值**

m	2	3	6	12	∞
γ_u	0.482	0.1827	0.0418	0.0099	0

2. 负载电流的谐波分析

负载电流的傅里叶级数可由整流输出电压的傅里叶级数求得，即

$$i_d = I_d + \sum_{n=mk}^{\infty} d_n \cos(n\omega t - \varphi_n) \qquad (2-109)$$

当负载 R、L 和反电动势 E 串联时，式（2-109）中

$$I_d = \frac{U_{d0}-E}{R}$$

n 次电流谐波的幅值为

$$d_n = \frac{b_n}{z_n} = \frac{b_n}{\sqrt{R^2+(n\omega L)^2}}$$

n 次电流谐波的滞后角为

$$\varphi_n = \arctan\frac{n\omega L}{R}$$

值得说明的是考虑换相重叠角 γ 后的直流谐波电压比 $\gamma=0°$ 时的谐波电压值要小。

2.7 其他可控整流电路

为适应不同的工业要求，还存在许多种不同的整流电路，如带平衡电抗器的双反星形可控整流电路等。本节将分别介绍几种常用的整流电路。

2.7.1 带平衡电抗器的双反星形可控整流电路

三相整流变压器二次侧设有两套互为反相的星形绕组，将中点相连，便得到六相电源。仿照三相半波整流电路可构成六相半波整流电路。此电路输出电压波形脉动较小，一周内六次，但每只管子仅 1/6 周期导通，利用率太低，且一次绕组电流中三次谐波成分很大，所以很少采用，而是多用带平衡电抗器的双反星形整流电路。

这种电路的实质是变压器二次为互差 π 的两星形绕组，其匝数相同、极性相反（为消除直流磁动势）。两绕组分别接于两组共阴极连接的、通过带中心抽头的平衡电抗器并联在一起的三相半波整流电路上，负载接于中心抽头与两星形绕组中点之间。如图 2-34 所示。它可满足电解、电镀等低压、大电流的要求，主要用于电阻性负载。双反星形电路 $\alpha=0$ 时两组整流电压、电流波形如图 2-35 所示。

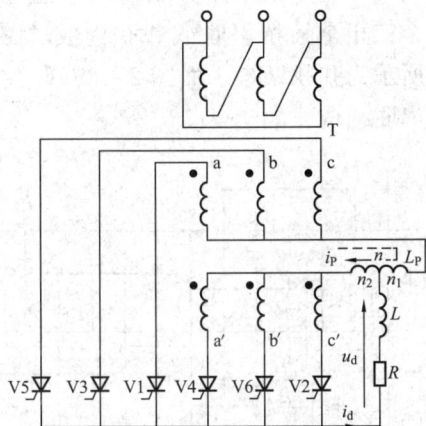

图 2-34 带平衡电抗器的双反
星形可控整流电路

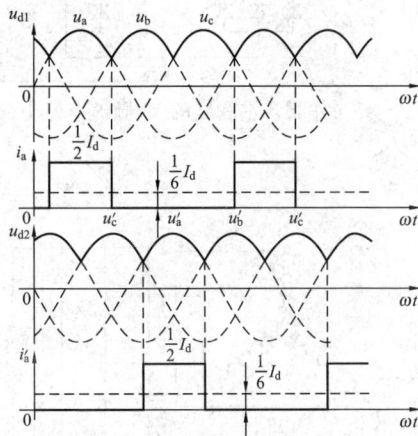

图 2-35 双反星形电路，$a=0$
时两组整流电压、电流波形

通过分析，带平衡电抗器的双反星形整流电路的特点如下：

（1）接入平衡电抗器后，两组输出电压之差加于平衡电抗器两端，使每一瞬间两组整流电路中各有一只管子同时向负载供电（两相同时导通，整流变压器磁路平衡，不存在直流磁化问题），每只管子导通 1/3 周期，每隔 π/3 换流一次，管子的编号、导通顺序与三相全控桥相同，由于平衡电抗器电感很大，两组电压差产生的环流可忽略，如图 2-36 所示。

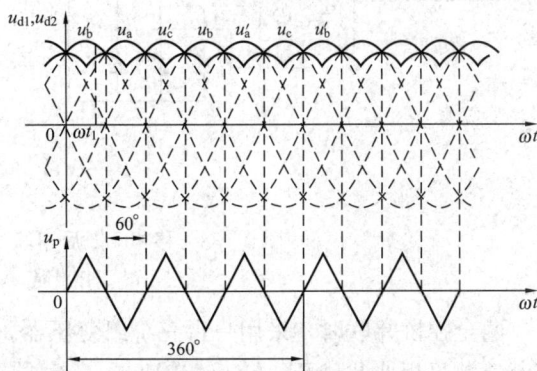

图 2-36 平衡电抗器作用下输出电压的波形和
平衡电抗器上电压的波形

（2）当 $a=0$ 时输出电压 u_d 的波形为六个相电压波头的正向包络，脉动比三相半波小。输出电压的平均值等于一组三相半波整流电路的平均值，即

$$U_d = 1.17U_2\cos\alpha \qquad (2-110)$$

（3）每组整流电路承担负载电流的一半，导通时间为三相半波的两倍，提高了器件承受负载的能力，变压器二次绕组的利用率比六相半波提高，电感负载时，电流为矩形波，其有效值为

$$I_2 = \sqrt{\frac{1}{2\pi}\left(\frac{1}{2}I_d\right)^2 \times \frac{2\pi}{3}} = 0.289I_d \qquad (2-111)$$

2.7.2 多重化整流电路

整流电源相数愈多，整流电压脉动愈小，其中低次谐波频率愈高，幅值愈低滤波愈容易，对电网的谐波干扰也愈小。采用若干相位彼此错开的多个基本单元整流电路串联或并联运行，可构成多脉波的整流电路，称为移相多重连接，即多重化。多重化电路的连接形式很多，十二相整流电路可由两个双反星形电路并联构成，也可采用两个三相全控桥串联或并联构成，图 2-37 所示为并联结构，而图 2-38（a）所示为串联结构。

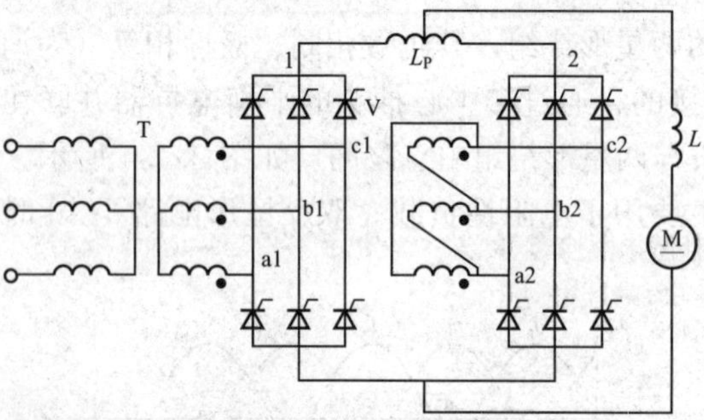

图 2-37　并联多重联结的 12 脉波整流电路

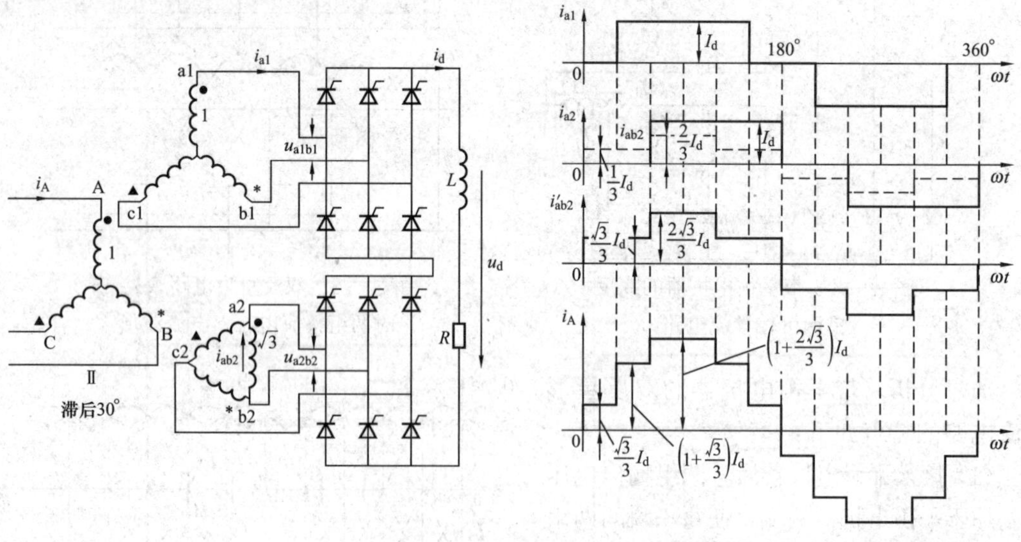

(a)

(b)

图 2-38　移相 $\pi/6$ 后串联 2 重连接电路及工作波形
(a) 工作电路；(b) 电流波形

两全控桥并联时，采用一台三绕组变压器，二次侧一个接成 Y 形，另一个接成△形，使整流电源每相彼此错开 $\pi/6$，输出电压 u_d 每周脉动 12 次，最低次谐波频率为 12 倍电源频率，和双反星形电路一样，为使两组同时工作，而不是交替工作，加入平衡电抗器。由于两桥并联，输出平均电压等于一组三相全控桥的平均电压，每桥承担负载电流的一半。该电路

用于低电压、大电流的大容量负载。

两组全控桥串联时，输出平均电压是一组桥输出电压的两倍，该电路用于高电压、小电流、供电质量要求高的大容量负载，具体电路如图 2-38（a）所示。

从上述的波形可以看出，采用多重连接的方法并不能提高位移因数，但可以使输入电网的电流谐波大为减小，从而也可以在一定的程度上提高功率因数。

习 题 二

1. 单相桥式全控整流电路接阻感性负载，要求输出电压在 0~100V 间连续可调，输出电压平均值为 30V 时，负载电流平均值达到 20A。系统采用 220V 的交流电压通过降压变压器供电，且晶闸管的最小控制角 $\alpha_{min}=30°$，（设降压变压器为理想变压器）。$\alpha=60°$时，①作出 u_d、i_d 和变压器二次侧 i_2 的波形；②计算变压器二次侧电流有效值 I_2；③考虑安全裕量，选择晶闸管电压、电流定额。

2. 试作出图 2-8 所示的单相桥式半控整流电路带大电感负载，在 $\alpha=30°$时的 u_d、i_d、i_{V1}、i_{VD4} 的波形。并计算此时输出电压和电流的平均值。

3. 单相桥式全控整流电路，$U_2=100V$，负载中 $R=2\Omega$，L 值极大，反电动势 $E=60V$，当 $\alpha=30°$时，试求：①作出 u_d、i_d 和 i_2 的波形；②求整流输出电压平均值 U_d、电流 I_d，以及变压器二次侧电流有效值 I_2。

4. 某一大电感负载采用单相半控桥式整流接有续流二极管的电路，负载电阻 $R=4\Omega$，电源电压 $U_2=220V$，$\alpha=\pi/3$，试求：①输出直流平均电压和输出直流平均电流；②流过晶闸管（整流二极管）的电流有效值；③流过续流二极管的电流有效值。

5. 三相半波可控整流电路的共阴极接法和共阳极接法，a、b 两相的自然换相点是同一点吗？如果不是，它们在相位上差多少度？试作出共阳极接法的三相半波可控的整流电路在 $\alpha=30°$时的 u_d、i_{V1}、u_{V1} 的波形。

6. 三相半波可控整流电路带大电感性负载，$\alpha=\pi/3$，$R=2\Omega$，$U_2=220V$，试计算负载电流 I_d，并按裕量系数 2 确定晶闸管的额定电流和电压。

7. 三相桥式全控整流电路，$U_2=100V$，带阻感性负载，$R=5\Omega$，L 值极大，当 $\alpha=60°$，试求：①作出 u_d、i_d 和 i_{V1} 的波形；②计算整流输出电压平均值 U_d、电流 I_d，以及流过晶闸管电流的平均值 I_{dV} 和有效值 I_V；③求电源侧的功率因数；④估算晶闸管的电压电流定额。

8. 三相桥式不控整流电路带阻感性负载，$R=5\Omega$，$L=\infty$，$U_2=220V$，$X_B=0.3\Omega$，求 U_d、I_d、I_{VD}、I_2 和 γ 的值，并作出 u_d、i_{VD1} 和 i_2 的波形。

9. 请说明整流电路工作在有源逆变时所必须具备的条件。

10. 什么是逆变失败？如何防止逆变失败？

11. 三相全控桥变流器，已知 L 足够大、$R=1.2\Omega$、$U_2=200V$、$E_M=-300V$，电动机负载处于发电制动状态，制动过程中的负载电流 66A，此变流器能否实现有源逆变？求此时的逆变角 β。

12. 三相全控桥变流器，带反电动势阻感负载，$R=1\Omega$，$L=\infty$，$U_2=220V$，$L_B=1mH$，当 $E_M=-400V$，$\beta=60°$时，试求 U_d、I_d 和 γ 的值，此时送回电网的有功功率是多少？

13. 三相桥式全控整流电路，其整流输出电压中含有哪些次数的谐波？其中最大的是哪一次? 变压器二次电流中含有哪些次数的谐波? 其中主要的是哪几次?

14. 试计算第 3 题中 i_2 的 3、5、7 次谐波分量的有效值 I_{23}、I_{25}、I_{27}，并计算此时该电路的输入功率因数。

15. 试计算第 7 题中的 i_2 的 5、7 次谐波分量的有效值 I_{25}、I_{27}。

16. 三相晶闸管整流器接至 10.5kV 交流系统。已知 10kV 母线的短路容量为 150MVA，整流器直流侧电流 $I_d = 400A$，触发延迟角 $\alpha = 15°$，不计重叠角 γ，试求：①相移功率因数 $\cos\varphi_1$、整流器的功率因数 λ；②整流侧直流电压 U_d；③有功功率、无功功率和交流侧基波电流有效值；④截止到 23 次的各谐波电流的大小、总谐波畸变率。

17. 晶闸管整流电路的功率因数是怎么定义的? 它与哪些因素有关?

3 直流斩波电路与交流电力控制电路

本章内容将涉及两种基本的电力变换形式，即 DC/DC 变换与 AC/AC 变换。直流斩波电路（DC Chopper）的功能是将直流能源（如蓄电池、光伏电池）或整流电路得到的直流电能变为幅值可调、性能更好的直流电能，在直流电动机调速、电解电镀电源、蓄电池充放电和开关电源等场合得到了广泛应用。AC/AC 变换电路是将某种参数的交流电能变为另一种参数交流电能的电路，包括电压或电流的有效值、频率、相位、相数等的变换。目前，直接的 AC/AC 变换主要应用在由晶闸管构成的交流调压、调功、固态开关等交流电力控制领域，而高性能的交流变压变频控制则需由 AC/DC/AC 的组合变换电路实现。本章首先介绍直流斩波变换电路，包括非隔离型和隔离型两类 DC/DC 变换电路；在交流电力控制电路部分将重点介绍交流调压电路、交流调功电路和交流无触点开关。

3.1 DC/DC 变换电路概述

相控整流电路虽然实现了交流到直流的变换，但输出直流电压波动较大，需要很大的平波电抗器滤波才能得到较平稳的直流电流。此外，相控整流电路还存在无功和谐波问题。在很多直流电源应用领域，相控整流电路并不能满足要求，需要采用高频的 DC/DC 变换来进一步提高输出性能、减小装置体积。对于光伏电池等不稳定的直流能源，则需要通过 DC/DC 变换得到稳定的直流电压，再给直流负载供电或通过逆变器并网。

3.1.1 斩波电路的基本类型

斩波电路一般由全控型电力电子器件（如 IGBT、MOSFET）、二极管、电感和电容组成，但有多种接线型式。根据是否经过变压器隔离，可分为非隔离型和隔离型两大类 DC/DC 变换电路。根据电路接线形式和功能的不同，非隔离型电路可以分为降压（Buck）型电路、升压（Boost）型电路、升降压（Buck—Boost）型电路、Cuk 型电路、Sepic 型电路和 Zeta 型电路。在开关电源等应用场合中，要求输入输出间的电气隔离，这时需要采用含变压器的隔离型 DC/DC 变换电路。最常用隔离型 DC/DC 变换电路有正激型变换电路、反激型变换电路、桥式变换电路和推挽型变换电路。

3.1.2 斩波电路的分析基础

为了分析简便，以下分析均假定 DC/DC 变换电路由理想元件构成、输入电源内阻为零、输出端接有足够大的滤波电容。在阐述各种电路之前，首先介绍推导过程中用到的两个基本原理。

（1）稳态条件下电感两端电压在一个开关周期内的平均值为零。电路处于稳态时，电路中的电压、电流等变量都是按开关周期严格重复的，因此每一开关周期开始时的电感电流值必然都相等，而电感电流通常是不会突变的，故开关周期开始时的电感电流值等于上一个开关周期结束时的电感电流值，由此就可以得出，开关周期开始时的电感电流值一定等于开关周期结束时的电感电流值。

（2）稳态条件下电容电压在一个开关周期内的平均值为零。这一原理与前一个原理互为对偶，也可以采用类似的方法证明。

推导电路的输出电压U_o与输入电压U_i的关系时，可以利用稳态条件下电感两端电压在一个开关周期内平均值为零的基本原理。

3.1.3 斩波电路的控制方法

DC/DC变换电路通过控制全控型电力电子器件的高频通断，调节输出电压和电流的大小。与整流电路相比，由于器件开关频率大幅提高，采用较小的电感滤波即可得到纹波很小的直流输出电压。晶闸管整流电路主要采用相位控制，而斩波电路控制输出电压的方式主要有如下三种。

（1）定频调宽控制方式。定频指保持开关工作频率不变，即$T=t_{on}+t_{off}$恒定，调宽指改变开关导通时间t_{on}来改变占空比D，从而改变输出直流电压平均值。所以也称为脉宽调制型（PWM型）。这种方式T固定，输出电压的频率也固定，因此滤波器比较容易实现，是一种最常用的控制方式。

（2）定宽调频控制方式。定宽指保持开关导通时间t_{on}不变，调频指调节开关工作时间T来改变占空比D，从而改变输出直流电压平均值。所以也称为频率调制型（PFM）。由于电路输出电压的频率变化，所以滤波器的设计比较困难。

（3）调频调宽混合控制方式。此种方式是前两种方式的综合，开关导通时间t_{on}与开关工作频率f均可变，控制比较复杂。通常用于需大幅度改变输出电压数值的场合。

3.2　非隔离型DC/DC变换电路

3.2.1　降压（Buck）斩波电路

输出直流电压低于输入直流电压的变换电路称为降压斩波变换电路，主要用于直流稳压电源和直流电机调速。降压斩波器的电路结构如图3-1（a）所示，图中规定了电压和电流的正方向。主开关器件以S表示，实际装置中为IGBT或MOSFET等全控型器件，通过对其进行PWM控制来调节输出电压，本书以IGBT为例进行分析。二极管VD在S关断时为负载续流，斩波后得到的高频脉冲电压经过LC低通滤波器后变为平稳的直流电压输出。由于在工作过程中主开关S和二极管VD始终是轮流导通，在等效电路中可看作单刀双掷开关，如图3-1（b）所示。如果对输出电压纹波要求不高或负载中含有反电动势，也可省去滤波电容，但需要采用较大的滤波电感。采用LC滤波和大电感滤波两种情况，对负载可分别等效于电压源和电流源。本章主要分析电压型的DC/DC变换电路，因此采用LC滤波。若忽略输入电压和输出电压的波动，则电感上的电流线性变化，但该电路存在电感电流连续和电感电流断续两种工作模式，下面分别介绍。

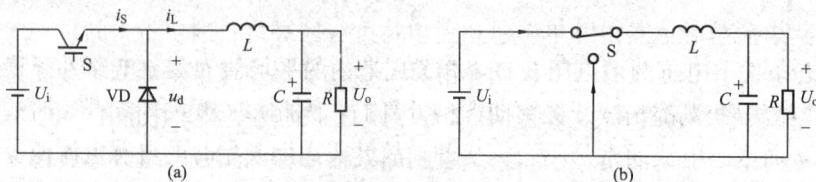

图3-1　降压斩波电路的结构及其等效电路

(a) 电路结构；(b) 等效电路

（1）电感电流连续工作模式。

当电感电流连续时，主开关和二极管轮流导通，电路在一个开关周期 T 内相继经历 2 个开关状态，电路的工作波形如图 3-2（a）所示，主开关 S 的通态和断态分别用 1 和 0 来表示，U_i 和 U_o 分别为输入和输出电压的平均值，u_S 和 i_S 分别为主开关 S 的电压、电流，u_L 和 i_L 分别为电感 L 的电压、电流，u_d 为滤波前的脉冲直流电压。

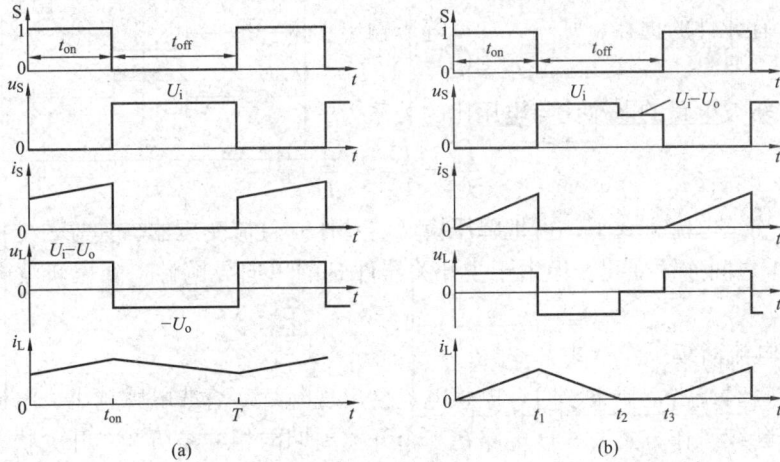

图 3-2　降压斩波电路的工作波形
（a）电感电流连续模式；（b）电感电流断续模式

$t=0$ 时，驱动 S 导通，在 $0\sim t_{on}$ 区间，二极管 VD 反偏截止，电源能量加到电感、电容及负载上。电感两端所加的正向电压为 $u_L=U_i-U_o$，在该电压作用下电感储能，电感电流线性上升。

$t=t_{on}$ 时，关断 S，在 $t_{on}\sim T$ 区间，由于电感电流不能突变，通过二极管进行续流，电感储存的能量经 VD 传给负载，电感两端电压呈现负电压 $u_L=-U_o$。在该电压作用下电感电流线性衰减。

在整个工作过程中，电容电流 i_C 为电感电流与负载电流之差，其平均值 $I_C=0$，从而电感电流的平均值与负载电流平均值相等，即 $I_L=I_o$。电容电压与负载电压 u_o 相同，有脉动。

选择低通滤波器的参数，使截止频率远小于开关频率，即 $\dfrac{1}{2\pi\sqrt{LC}}\ll\dfrac{1}{T}$，可基本消除输出电压中的脉动。增加开关频率可减小滤波电感值，从而减小装置体积。图 3-3 所示为一实际降压斩波器经 LC 低通滤波器滤波前后的电压波形。由于 LC 低通滤波器的作用，输出电流的谐波含量比输入电流的谐波含量小得多，为减小换流器对电源的谐波干扰，可

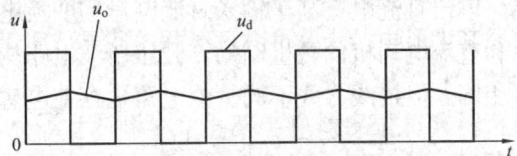

图 3-3　降压斩波器滤波前后的电压波形

采用输入滤波器。可以看出，二极管 VD 为续流二极管，为释放电感中的能量提供通道。

推导电路的输出电压 U_o 与输入电压 U_i 的关系，可以利用稳态条件下电感两端电压在一个开关周期内平均值为零的基本原理。由图 3-2（a）可知，在稳态工况下，u_L 波形不断重复，且在一个周期内的积分等于零，即正负波形面积相等

$$(U_i - U_o)t_{on} = U_o(T - t_{on}) \tag{3-1}$$

因而，降压型电路输出电压为

$$U_o = \frac{t_{on}}{T}U_i = DU_i \tag{3-2}$$

式中：D 为占空比，定义为主开关导通时间 t_{on} 与开关周期 T 的比，即 $D = t_{on}/T$。由于 $0 < D < 1$，因此降压型电路的输出电压不可能高于其输入电压，且与输入电压极性相同。

若忽略所有元件的损耗，则输入功率等于输出功率，即

$$P_i = P_o, \quad U_i I_i = U_o I_o$$

由此可得降压斩波电路的电流比与电压比的关系为

$$\frac{I_o}{I_i} = \frac{U_i}{U_o} = \frac{1}{D} \tag{3-3}$$

因此，在连续电流方式下，可把降压换流器看作一直流变压器，其等效变比可通过调节占空比在 0~1 之间连续变化。但由于主开关器件 S 的单向导电性，降压斩波电路的功率只能单向传输。

（2）电感电流断续工作模式。

当负载较轻时或占空比很小时，电感电流会出现断续。滤波电感越小，电流断续的范围越大。当处于断续工作方式时，该电路在 1 个开关周期内相继经历 3 个开关状态，即主开关导通、二极管导通，以及主开关和二极管均关断。此时，输出电压仍可调节，但不再满足式（3-2），在相同占空比时，输出电压会有所增加，电路工作时的波形如图 3-2（b）所示。

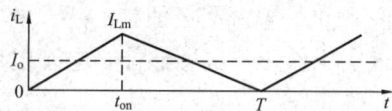

图3-4　电感电流连续与断续的临界波形

在设计斩波电路参数时，一般在额定负载附近应确保电路工作在电感电路连续模式，而在负载很轻或者占空比很小的时候才会出现电感电流断续情况。图 3-4 所示为电感电流刚好处于连续和断续的临界情况，在 0~t_{on} 区间，电感上电压和电流关系为

$$U_i - U_o = L\frac{di}{dt} = L\frac{I_{Lm}}{t_{on}} = L\frac{2I_o}{t_{on}} = L\frac{2U_o}{Rt_{on}} \tag{3-4}$$

由式（3-2）和式（3-4）可得电感电流连续的条件为

$$\frac{L}{RT} \geqslant \frac{1-D}{2} \tag{3-5}$$

3.2.2　升压 (Boost) 斩波电路

输出直流电压高于输入直流电压的变换电路称为升压型斩波电路，主要用于直流稳压电源和直流电动机的再生制动。升压斩波电路构成如图 3-5 所示，与降压斩波电路的构成元件相同，但接线方式不同。该电路也存在电感电流连续和电感电流断续两种工作过程。

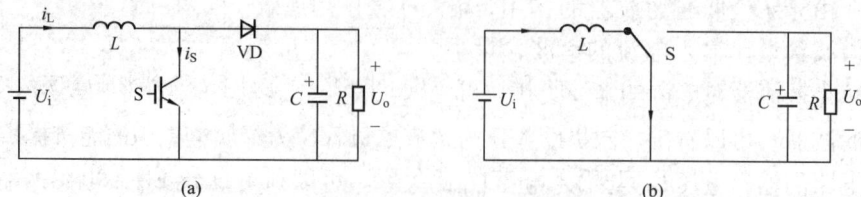

图3-5　升压斩波电路的结构及其等效电路

（a）电路结构；（b）等效电路

（1）电感电流连续工作模式。

工作于电流连续模式时，电路在一个开关周期内相继经历 2 个开关状态，电路工作时的波形如图 3-6（a）所示。

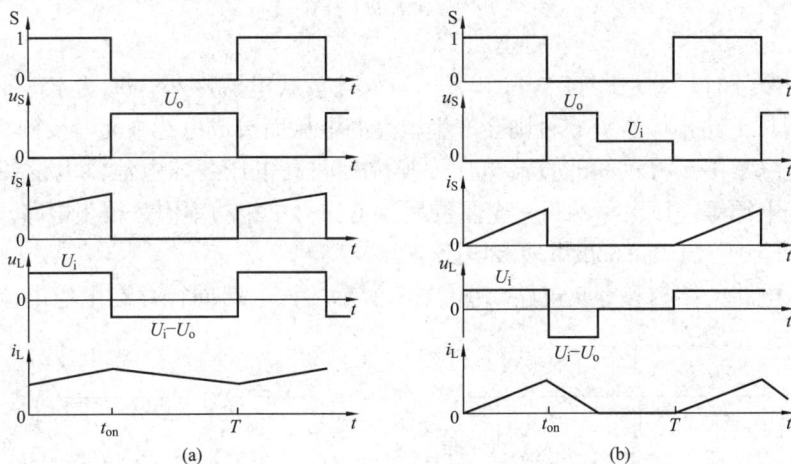

图 3-6 升压斩波电路的工作波形
（a）电感电流连续模式；（b）电感电流断续模式

$t=0$ 时，驱动 S 导通，在 $0\sim t_{on}$ 区间，二极管 VD 反偏截止使输入输出隔离，输入的能量储存在电感中不能输出，电感电流线性上升，其两端呈现正向电压 $u_L=U_i$。

$t=t_{on}$ 时，关断 S，在 $t_{on}\sim T$ 区间，输入侧电源的能量与电感储存的能量一起传给负载，电感两端电压 $u_L=U_i-U_o$，电感释放能量，电感电流线性衰减。

u_L 在一个周期内的积分等于零，由图 3-6（a）中电感电压波形可得

$$U_i t_{on} + (U_i - U_o)t_{off} = 0 \tag{3-6}$$

由此可得输出电压为

$$U_o = \frac{1}{1-D}U_i \tag{3-7}$$

由于 $0<D<1$，因此升压型电路的输出电压不可能低于其输入电压，且与输入电压极性相同。该电路能够实现升压的原因在于电感储能产生泵升电压作用，而电容可以维持住这一电压。应注意，当 $D\to1$ 时，$U_o\to\infty$，故应避免 D 过于接近 1，以免造成电路损坏。

若忽略所有元件的损耗，则输入功率等于输出功率，即 $P_i=P_o$，$U_i I_i=U_o I_o$，得平均输出电流与占空比的关系为

$$\frac{I_o}{I_i} = 1-D \tag{3-8}$$

在连续电流方式下，升压换流器也可等效于直流变压器，只是等效电压比始终大于 1，且可通过控制开关的占空比来连续控制。

（2）电感电流断续工作模式。

当处于断续工作方式时，升压型电路在一个开关周期内相继经历 3 个开关状态，电路工作时的波形如图 3-6（b）所示。由图 3-4 所示的电感电流临界连续时的二极管电流波形可知，在 $t_{on}\sim T$ 区间，电感的电压方程为

$$U_i - U_o = L\frac{di}{dt} = -L\frac{I_{Lm}}{t_{off}} = -L\frac{2I_o\frac{T}{t_{off}}}{t_{off}} = -\frac{2L}{RT}U_o\left(\frac{T}{t_{off}}\right)^2 \tag{3-9}$$

由式（3-7）和式（3-9）可得升压型电路中电感电流连续的条件如下

$$\frac{L}{RT} \geqslant \frac{D(1-D)^2}{2} \tag{3-10}$$

电感电流断续时，总是有 $U_o > U_i/(1-D)$，且负载电流越小，U_o 越高。输出空载时，$U_o \to \infty$，故升压电路不应空载，否则会产生很高的电压而造成电路中元器件的损坏。

升压型电路常用于将较低的直流电压变换成为较高电压，如电池供电设备中的升压电路、液晶背光电源等。该电路的另一个重要用途是作为单相功率因数校正电路。

3.2.3　升降压（Buck—Boost）斩波电路

升降压型电路的结构和等效电路如图 3-7 所示。该电路同样存在电感电流连续和电感电流断续两种工作模式。

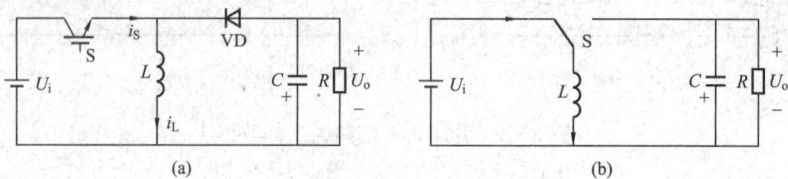

图 3-7　升降压斩波电路的结构及其等效电路
(a) 电路结构；(b) 等效电路

（1）电感电流连续工作模式。

升降压型电路工作于电感电流连续模式时，电路在一个开关周期内相继经历两个开关状态，此时电路的工作波形如图 3-8（a）所示。

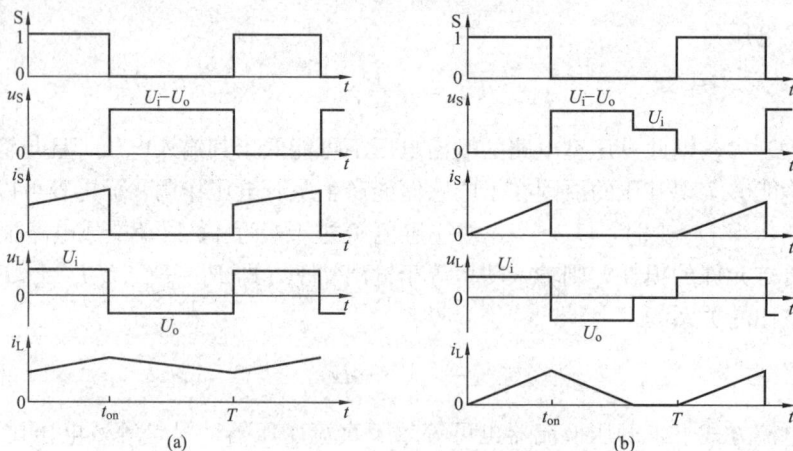

图 3-8　升降压斩波电路的工作波形
(a) 电感电流连续模式；(b) 电感电流断续模式

$t=0$ 时，驱动 S 导通，在 $0 \sim t_{on}$ 区间，二极管反偏截止，使输入输出隔离，输入的能量储存在电感中不能输出，电感电流线性上升，两端呈现正向电压 $u_L = U_i$。

$t=t_{on}$时，关断 S，在 $t_{on}\sim T$ 区间，二极管正偏导通，电感储存的能量传给负载，能量不能从输入端提供，$u_L=U_o$，u_L 在一个周期内的积分等于零，由图 3-9 中电感电压波形可得

$$U_i DT + U_o(1-D)T = 0 \qquad (3-11)$$

因此，输出电压比同开关通断的占空比间的关系为

$$U_o = -\frac{D}{1-D}U_i \qquad (3-12)$$

式（3-12）中等式右边的负号表示升降压电路的输出电压极性与输入电压极性相反，其输出电压既可以高于其输入电压，也可以低于输入电压。

（2）电感电流断续工作模式。

当电路处于断续工作方式时，升降压型电路在一个开关周期内相继经历 3 个开关状态，电路的工作波形图如图 3-8（b）所示。

当电感电流临界连续时，在 $t_{on}\sim T$ 区间，电感的电压方程为

$$U_o = L\frac{di}{dt} = -L\frac{I_{Lm}}{t_{off}} = -L\frac{2I_o\dfrac{T}{t_{off}}}{t_{off}} = \frac{2L}{RT}U_o\left(\frac{T}{t_{off}}\right)^2 \qquad (3-13)$$

由式（3-13）可得电感电流连续的临界条件如下

$$\frac{L}{RT} \geqslant \frac{(1-D)^2}{2} \qquad (3-14)$$

升降压型电路可以灵活地改变电压的高低，还能改变电压极性，因此常用于电池供电设备中产生负电源的电路，还用于各种开关稳压器中。

3.2.4 Cuk 斩波电路

Cuk 斩波电路的结构如图 3-9（a）所示。从图 3-11 可以看出，Cuk 斩波电路可以看成是由升压型电路和降压型电路级联而成的。该电路在电感 L 和 L_1 的电流都连续的情况下，电路在一个开关周期内相继经历两个开关状态。图 3-9 中，电容 C_1 的电压极性为左正右负。

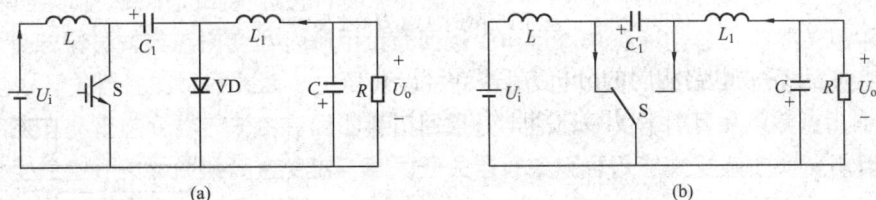

图 3-9 Cuk 斩波电路的结构及其等效电路

(a) 电路结构；(b) 等效电路

对于斩波电路的分析，电感的电压波形是推导输出、输入电压关系的关键。Cuk 斩波电路的电感 L 和 L_1 的电压波形如图 3-10 所示。设两个电感电流都连续，分别计算电感 L 和 L_1 一个开关周期内的平均值为

$$U_L = U_i D + (U_i - U_{C1})(1-D)$$

$$U_{L1} = (U_{C1} + U_o)D + U_o(1-D)$$

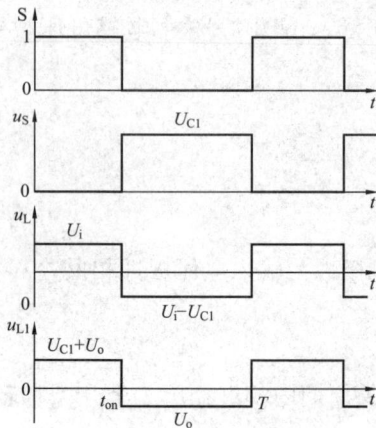

图 3-10　Cuk 斩波电路的工作波形

令 $U_L = 0$，$U_{L1} = 0$，然后联立方程，消去 U_{C1}，可得 Cuk 斩波电路输出电压比与开关通断的占空比间的关系为

$$U_o = -\frac{D}{1-D}U_i \qquad (3-15)$$

同样，式（3-15）中等式右边的负号表示输出电压与输入电压极性相反，其输出电压可以高于其输入电压，也可以低于输入电压。

Cuk 斩波电路的特点与升降压电路相似，因此也常用于相同的用途，但 Cuk 斩波电路较为复杂，因此使用不甚广泛。该电路一个突出的优点是输入和输出回路中都有电感，因此输出电压纹波较小、从输入电源吸取的电流纹波也较小，在某些对这些问题有特殊要求的场合使用比较合适。

3.2.5　Sepic 斩波电路

Sepic 斩波电路的结构如图 3-11 所示。从图 3-11 可以看出，Sepic 斩波电路可以看成是由升压型电路和升降压型电路前后级联而成的。该电路在电感 L 和 L_1 的电流都连续的情况下，电路在一个开关周期内相继经历两个开关状态，其工作波形如图 3-12 所示。

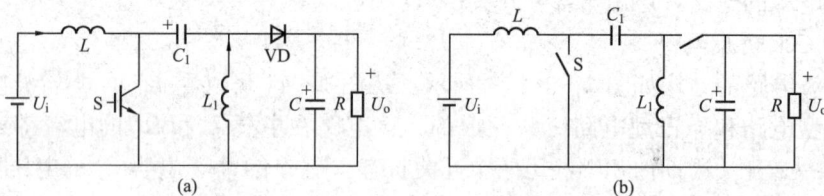

图 3-11　Sepic 斩波电路的结构及其等效电路

(a) 电路结构；(b) 等效电路

按照与 Cuk 斩波电路相同的分析方法，可得 Sepic 斩波电路输出、输入电压比同开关通断的占空比间的关系为

$$U_o = \frac{D}{1-D}U_i \qquad (3-16)$$

其电压比与 Cuk 斩波电路相同，差别仅在于 Sepic 斩波电路输出电压与输入电压极性相同。

Sepic 斩波电路也较复杂，限制了其使用的范围。由于有其输出电压比输入电压可高可低的特点，它可以用于要求输出电压较低的单相功率因数校正电路。

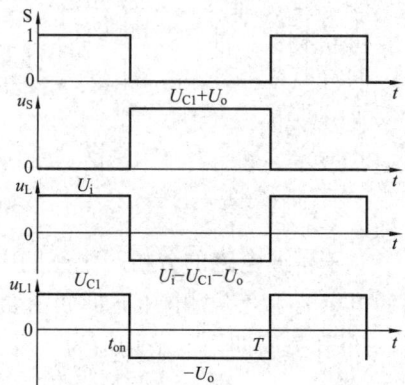

图 3-12　Sepic 斩波电路的工作波形

3.2.6 Zeta 斩波电路

Zeta 斩波电路的结构如图 3-13 所示，电容 C_1 的电压极性为左负右正。从图 3-13 可以看出，Zeta 斩波电路可以看成是由升降压型电路和降压型电路前后级联而成的。该电路在电感 L 和 L_1 的电流不连续的情况下，电路在一个开关周期内相继经历两个开关状态，其工作波形如图 3-14 所示。

按照与 Cuk 斩波电路相同的分析方法，可得 Zeta 斩波电路输出、输入电压比同开关通断的占空比间的关系为

$$U_o = \frac{D}{1-D}U_i \tag{3-17}$$

Zeta 斩波电路也较复杂，限制了其使用的范围。

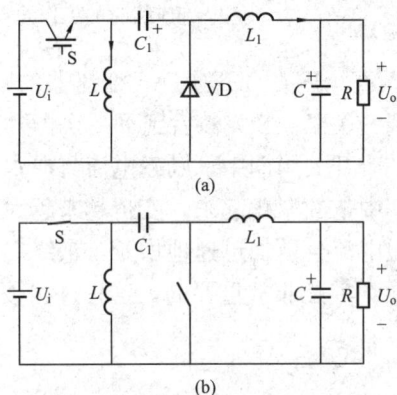

图 3-13 Zeta 斩波电路的结构及其等效电路
(a) 电路结构；(b) 等效电路

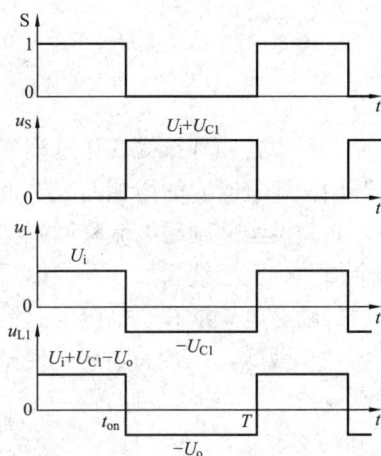

图 3-14 Sepic 斩波电路的工作波形

3.3 隔离型 DC/DC 变换电路

采用电力电子器件构成的开关电源，由于在体积、效率方面的明显优势，已经取代了传统的线性电源。作为给电子电路供电的直流电源，要求输入和输出在电气上进行隔离，以确保电子电路免受强电的干扰。为减小隔离变压器的体积，通常将其设置在高频侧。下面分析几种典型的高频变压器隔离的 DC/DC 变换电路。

3.3.1 正激型电路

典型单开关正激型电路的结构如图 3-15 所示。与前面介绍的各种斩波电路一样，该电路也有电感电流连续和电流断续两种工作模式。

单开关正激型电路工作于电感电流连续状态时电路的波形如图 3-16 所示。正激型电路工作于电感电流连续状态时，1 个开关周期内会经历 2 个开关状态。

S 关断后变压器的励磁电流经绕组 W3 和 VD3 流回电源，所以 S 关断后承受的电压为

$$u_S = \left(1 + \frac{N_1}{N_3}\right)U_i \tag{3-18}$$

式中：N_1、N_3 为绕组 W1、W3 的匝数。

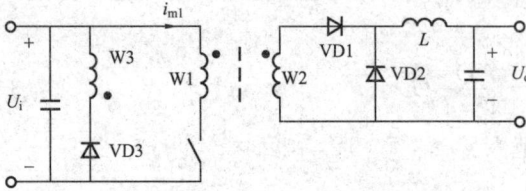

图 3-15　典型单开关正激型电路的结构

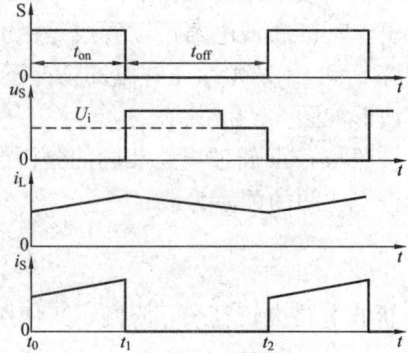

图 3-16　单开关正激型电路工作于电
感电流连续时的工作波形

变压器中各物理量的变化过程如图 3-17 所示，开关 S 开通后，变压器的励磁电流 i_{m1} 由零开始，随着时间的增加而线性地增长，直到 S 关断。S 关断后到下一次再开通的一段时间内，必须设法使励磁电流降回到零，否则下一个开关周期中，励磁电流将在本周期结束时的剩余值基础上继续增加，并在以后的开关周期中依次累积起来，变得越来越大，从而导致变压器的励磁电感饱和。励磁电感饱和后，励磁电流会更加迅速地增长，最终损坏电路中的开关器件。因此，在 S 关断后，使励磁电流降回到零是非常重要的，这一过程被称为变压器的磁心复位。

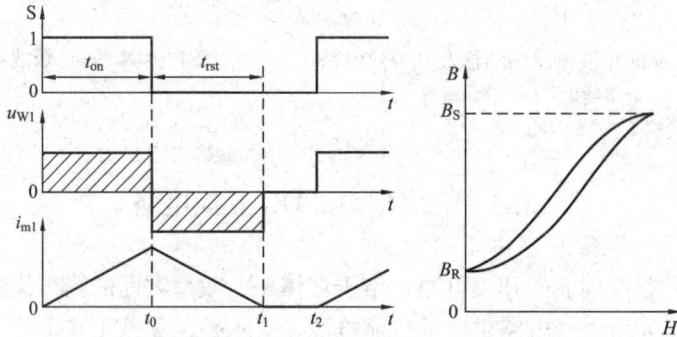

图 3-17　变压器中各物理量的变化过程

在正激型电路中，变压器的绕组 W3 和二极管 VD3 组成复位电路。现简单分析其工作原理。开关 S 关断，变压器励磁电流通过绕组 W3 和 VD3 流回电源，并逐渐线性地下降为零。从 S 关断到绕组 W3 的电流下降到零所需的时间 t_{rst}，如图 3-17 所示。S 处于断态的时间必须大于 t_{rst}，以保证 S 下次开通前励磁电流能够降为零，使变压器磁心可靠复位，则

$$t_{rst} = \frac{N_1}{N_3} t_{on} \qquad (3-19)$$

在输出滤波电感电流连续的情况下，即 S 开通时，电感 L 的电流不为零，输出电压与输入电压的比为

$$\frac{U_o}{U_i} = \frac{N_2}{N_1} \cdot \frac{t_{on}}{T} = \frac{N_2}{N_1}D \qquad (3-20)$$

从以上分析可知，正激型电路的电压比关系和降压型电路非常相似，仅有的差别在于变压器的电压比，因此正激型电路的电压比可以看成是将输入电压 U_i 按电压比折算至变压器二次侧后根据降压型电路得到的。不仅正激型电路是这样，后面将要提到的半桥型、全桥型和推挽型电路也是这样。

正激型电路还有其他一些电路形式，图 3-18 所示为双开关正激型电路。双开关正激型电路的工作原理与单开关正激型电路基本相同，不再叙述。值得注意的是，双开关正激型电路中，每个开关承受的断态电压均为 U_i，比相同条件下的单开关正激型电路低，故双开关正激型电路适合用于高压输入电源中使用。

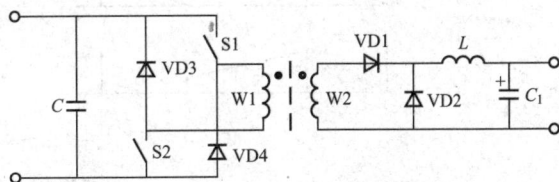

图 3-18　双开关正激型电路

正激型电路简单可靠，广泛用于功率为数百瓦至数千瓦的开关电源中。但该电路变压器的工作点仅处于磁化曲线平面的第Ⅰ象限，没有得到充分利用，因此同样的功率，其变压器体积、重量和损耗都大于下面将要介绍的全桥型、半桥型和推挽型电路。因此，在电源和负载条件恶劣、干扰很强的环境下使用的开关电源，又对体积、质量及效率要求不太高时，采用正激型电路较合适。而工作条件较好，对体积、质量及效率要求严格的开关电源，应采用全桥型、半桥型和推挽型电路。

3.3.2　反激型电路

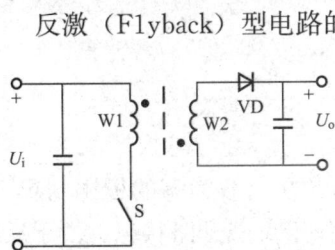

反激（Flyback）型电路的结构如图 3-19 所示。该电路可以看成是将升降压型电路中的电感换成变压器绕组 W1 和 W2 相互耦合的电感而得到的。因此反激型电路中的变压器在工作中总是经历着储能—放电的过程，这一点与正激型电路以及后面要介绍的几种隔离型电路不同。

图 3-19　反激型电路的结构

反激型电路也存在电流连续和电流断续两种工作模式。值得注意的是，反激型电路工作于电流连续模式时，其变压器磁心的利用率会显著下降，因此实际使用中，通常避免该电路工作于电流连续模式。为了保持电路原理阐述的完整性，这里还是首先介绍电流连续工作模式。

（1）电流连续工作模式。

反激型电路工作于电流连续模式时，一个开关周期经历 2 个开关状态，电路中的波形如图 3-20 所示。与前面介绍的正激型电路不同，反激型电路中的变压器起着储能元件的作用，可以看作是一对相互耦合的电感。

S 关断后的电压为

$$u_S = \left(U_i + \frac{N_1}{N_2}\right)U_o \qquad (3-21)$$

当工作于电流连续模式时输出、输入间的电压比为

$$\frac{U_o}{U_i} = \frac{N_2}{N_1} \times \frac{t_{on}}{t_{off}} = \frac{N_2}{N_1} \times \frac{D}{1-D} \qquad (3-22)$$

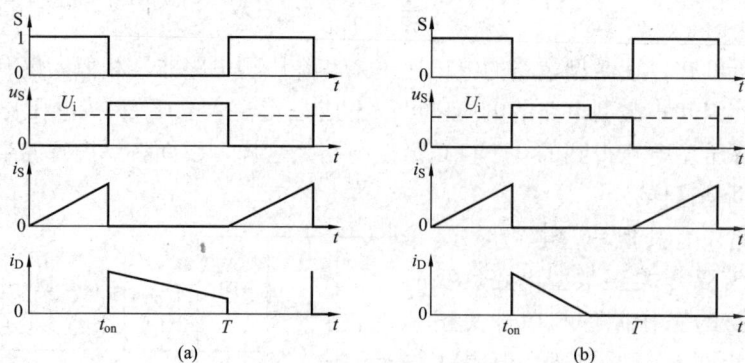

图 3-20　反激型电路的工作波形

(a) 电流连续模式；(b) 电流断续模式时的波形

(2) 电流断续工作模式。

此时电路在一个开关周期内相继经历 3 个开关状态，电路中的波形如图 3-20 (b) 所示。经过与前面升降压型电路相似的推导过程，反激型电路的电流连续临界条件为

$$\frac{L}{RT} \geqslant \frac{(1-D)^2}{2} \qquad (3-23)$$

式中：L 为从变压器二次侧测得的电感量。

反激型电路电流断续时的电压比为

$$\frac{U_o}{U_i} = \frac{N_2}{N_1} \sqrt{\frac{1}{K}} \qquad (3-24)$$

其中

$$K = \frac{2L}{D^2 TR} \qquad (3-25)$$

当电路工作在断续模式时，输出电压随负载减小而升高，在负载为零的极限情况下，$U_o \rightarrow \infty$，这将损坏电路中的元器件，因此反激型电路不应工作于负载开路状态。由于反激型电路变压器的绕组 W1 和 W2 在工作中不会同时有电流流过，不存在磁动势相互抵消的可能，因此变压器磁心的磁通密度取决于绕组中电流的大小。这与正激型以及后面介绍的几种隔离型电路是不同的。图 3-21 给出了反激型电路电流连续和断续时变压器磁通密度与绕组电流的关系。

从图 3-21 中可以看出，在最大磁通密度相同的条件下，连续工作时，磁通密度的变化范围 ΔB 小于断续方式。在反激型电路中，ΔB 正比于一次绕组每匝承受的电压乘以开关处于通态的时间 t_{on}，在电路的输入电压和 t_{on} 相同的条件下，较大的 ΔB 意味着变压器需要较少的匝数，或较小尺寸的磁心。从这个角度来说，反激型电路工作于电流断续模式时，变压器磁心的利用率较高、较合理，故通常在设计反激型电路时应保证其工作于电流断续方式。反激型电路的结构较为简单，元器件数少，因此成本较低，广泛适用于数瓦至数十瓦的小功率开关电源中，在各种家电、计算机设备、工业设备中广泛使用的小功率开关电源中，基本上都采用反激型电路。但该电路变压器的工作点也仅处于磁化曲线平面的第Ⅰ象限，利用率低，而且开关器件承受的电流峰值很大，不适合用于较大功率的开关电源。

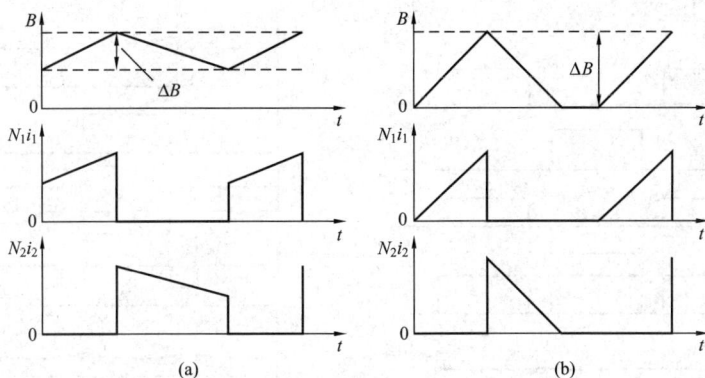

图3-21　反激型电路电流连续和断续时变压器磁通密度与绕组电流的关系
(a) 电流连续模式；(b) 电流断续模式

3.3.3　半桥型电路

半桥型电路的原理如图3-22所示。半桥型电路也存在电流连续和电流断续两种工作模式。

(1) 电流连续工作模式。

半桥型电路工作于电流连续模式时，在一个开关周期内电路经历4个开关状态，电路的工作波形如图3-23 (a) 所示。在半桥型电路中，变压器一次侧两端分别连接在电容C_1、C_2的连接点和开关S1、S2的连接点。电容C_1、C_2的电压分别为$U_i/2$。S1与S2交替导通，使变压器

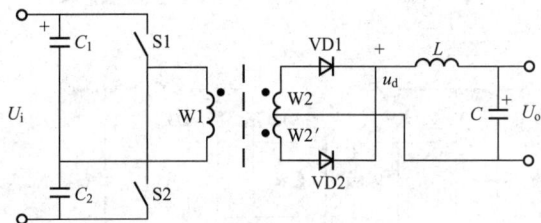

图3-22　半桥型电路原理图

一次侧形成幅值为$U_i/2$的交流电压。改变开关的占空比，就可改变二次整流电压u_d的平均值，也就改变了输出电压U_o。S1和S2断态时承受的峰值电压均为U_i。

由于电容的隔直作用，半桥型电路对由于两个开关导通时间不对称而造成的变压器一次电压的直流分量有自动平衡作用，因此该电路不容易发生变压器偏磁和直流磁饱和的问题。为了避免上下两开关在换相过程中发生短暂的同时导通而造成短路损坏开关，每个开关各自的占空比不能超过50%，并应留有裕量。

当滤波电感L的电流连续时，有

$$\frac{U_o}{U_i} = \frac{1}{2} \frac{N_2}{N_1} \times \frac{t_{on}}{T/2} = \frac{1}{2} \frac{N_2}{N_1} D \tag{3-26}$$

值得注意的是，在半桥型电路中占空比定义为

$$D = \frac{t_{on}}{T/2} \tag{3-27}$$

(2) 电流断续模式。

此时电路在一个周期内经历6个开关状态，电路中的波形如图3-23 (b) 所示。

半桥型电路变压器的利用率高，且没有偏磁的问题，可以广泛用于数百瓦至数千瓦的开关电源中。与下面将要介绍的全桥型电路相比，半桥型电路开关器件数量少（但电流等级要大些），同样的功率成本要低一些，故可以用于对成本要求较苛刻的场合。

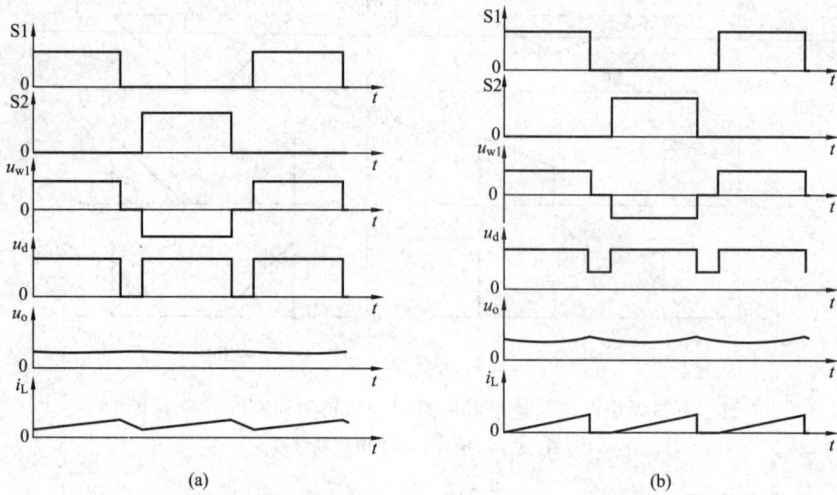

图 3-23　半桥型电路电流连续模式和断续模式波形图

（a）电流连续模式；（b）电流断续模式

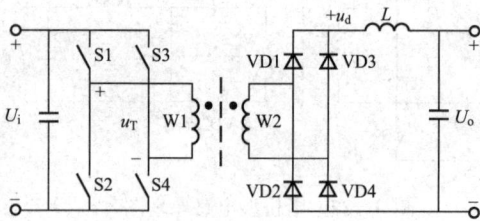

图 3-24　全桥型电路原理图

3.3.4　全桥型电路

全桥型电路的原理如图 3-24 所示。全桥型电路也存在电流连续和电流断续两种工作模式。

（1）电流连续工作模式。

全桥型电路工作于电流连续模式时，在一个周期内电路经历 4 个开关状态，电路中的波形如图 3-25（a）所示。

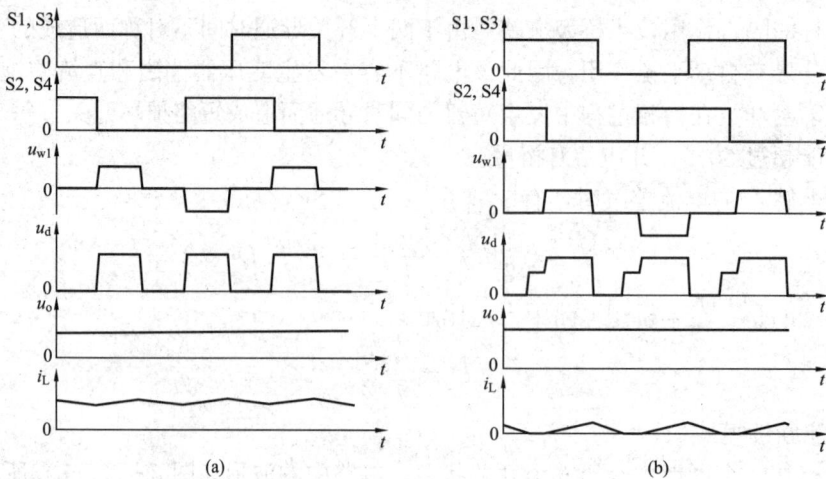

图 3-25　全桥型电路电流连续、断续模式波形图

（a）电流连续模式；（b）电流断续模式

全桥型电路中的逆变电路由 4 个开关组成，互为对角的两个开关同时导通，而同一侧半桥上下两开关交替导通，将直流电压逆变成幅值为 U_i 的交流电压，加在变压器一次侧。改变开关的占空比，就可以改变整流电压的平均值，也就改变了输出电压 U_o。每个开关断态时承受的峰值电压均为 U_i。

若 S1、S4 与 S2、S3 的导通时间不对称，则交流电压 u_T 中将含有直流分量，会在变压器一次电流中产生很大的直流分量，并可能造成磁路饱和，故全桥型电路应注意避免电压直流分量的产生，也可以在一次回路中串联一个电容，以阻断直流电流。

为了避免上下两开关在换相过程中发生短暂的同时导通而造成短路损坏开关，每个开关各自的占空比不能超过 50%，并应留有裕量。

当滤波电感 L 的电流连续时有

$$\frac{U_o}{U_i} = \frac{N_2}{N_1} \times \frac{t_{on}}{T/2} = \frac{N_2}{N_1}D \tag{3-28}$$

在全桥型电路中，占空比定义为

$$D = \frac{t_{on}}{T/2} \tag{3-29}$$

（2）电流断续模式。

此时电路在一个周期内经历 6 个开关状态，电路的波形如图 3-25（b）所示。

所有隔离型开关电路中，采用相同电压和电流容量的开关器件时，全桥型电路可以达到最大的功率，因此该电路常用于中大功率的电源中。目前，全桥型电路被用于数百瓦至数十千瓦的各种工业用开关电源中。

3.3.5 推挽型电路

推挽型电路的原理如图 3-26 所示。推挽型电路也存在电流连续和电流断续两种工作模式。

（1）电流连续工作模式。

推挽型电路工作于电流连续模式时，在一个周期内电路经历 4 个开关状态，电路中的波形如图 3-27（a）所示。

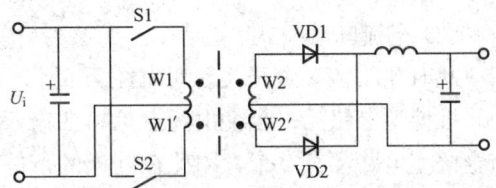

图 3-26 推挽型电路的原理图

推挽型电路中，两个开关 S1 和 S2 交替导通，在绕组 W1 和 W2 两端分别形成相位相反的交流电压。S1 导通时，二极管 VD1 处于通态，S2 导通时，二极管 VD2 处于通态，当两个开关都关断时，二极管 VD1 和 VD2 都处于通态，各分担电感电流的一半。S1 或 S2 导通时，电感 L 的电流逐渐上升；两个开关都关断时，电感 L 的电流逐渐下降。S1 和 S2 断态时承受的峰值电压均为 2 倍 U_i。

若 S1 与 S2 的导通时间不对称，则交流电压中将含有直流分量，会在变压器一次电流中产生很大的直流分量，并可能造成磁路饱和。与全桥型电路不同的是，推挽型电路无法在变压器一次侧串联隔直电容，因此只能靠精确的控制信号和电路元器件参数的匹配来避免电压直流分量的产生。

如果 S1 和 S2 同时处于通态，就相当于变压器一次绕组短路。因此，必须避免两个开关

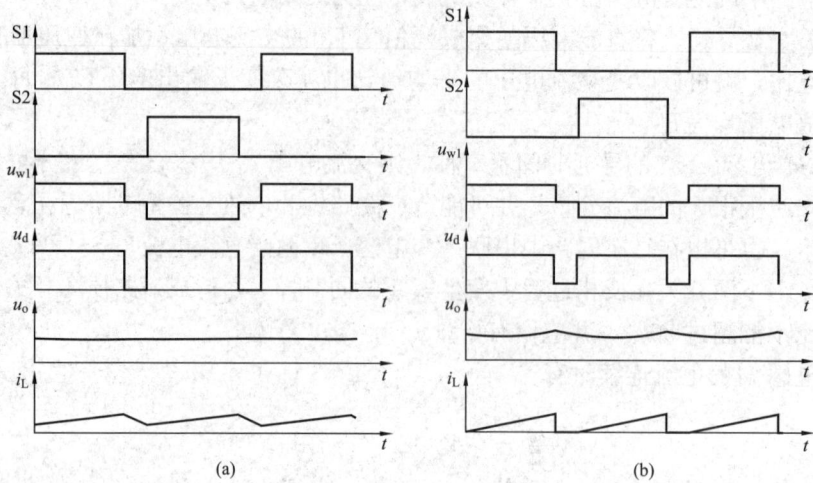

图 3－27　推挽型电路电流连续、断续模式波形
(a) 电流连续模式；(b) 电流断续模式

同时导通，每个开关各自的占空比不能超过 50％，并且要留有死区。

　　电流连续时电路的电压比为

$$\frac{U_{\mathrm{o}}}{U_{\mathrm{i}}} = \frac{N_2}{N_1} \times \frac{t_{\mathrm{on}}}{T/2} = \frac{N_2}{N_1}D \qquad (3-30)$$

　　在推挽型电路中，占空比定义为

$$D = \frac{t_{\mathrm{on}}}{T/2} \qquad (3-31)$$

　　(2) 电流断续模式。

　　此时电路在 1 个开关周期内经历 6 个开关状态，电路中的波形如图 3－27 (b) 所示。

　　推挽型电路的一个突出优点是，在输入回路中仅有 1 个开关的通态压降，而半桥型电路和全桥型电路都有 2 个，因此在同样的条件下，产生的通态损耗较小，这对很多输入电压较低的电源十分有利，因此这类电源应用推挽型电路比较合适。

3.4　交流电力控制器

　　交流电力控制器是交流调压器、交流调功器和交流无触点开关的统称。交流电力控制器在电力系统中主要用于交流电压的调节（如变压器分接开关的控制）、有功及无功（如静止无功补偿装置 SVC）功率的调节，以及负载短路时的电流遮断控制（在故障电流增长过程中迅速遮断短路电流以阻止电源供给能量）等。它也广泛用于电路温控、灯光调节、异步电动机软启动和调速等。

　　交流电力控制器最常见的基本电路是将一对晶闸管反并联或用一个双向晶闸管与负载串联，然后接到交流电源上，通过对晶闸管的控制可实现对负载的交流电压和功率的控制。根据用途不同选择相位控制、通断周期控制（周波控制）和过零点通断控制（通断控制）的三种不同控制方式，便构成了三种不同的交流电力控制器。

3.4.1　交流调压电路

接在交流电源与负载之间的晶闸管，以相位控制方式来调节负载上的电压，就构成了交流调压器，其工作情况与负载性质有关。三相交流调压器接线形式不同，技术性能也不同。

1. 单相交流调压器

（1）电阻性负载。

单相交流调压器是交流电力控制器中最基本的电路，图 3 - 28 所示为带电阻性负载的电路及波形。

在交流电压的正半周，控制角为 α 时，V1 导通，把交流正电压的一部分加在负载 R 上。交流电压由正过零变负时，回路电流下降到零，V1 自然关断，负载上电压电流为零。$\omega t = \pi + \alpha$ 时，触发 V2 导通，把交流负电压的一部分加在负载 R 上。交流电压由负过零变正时（称正向过零点），V2 自然关断。改变 α 角的大小，就改变了负载上的电压波形，从而改变了负载电压的有效值，达到了调压的目的。这种控制方式为相位控制方式。负载电压的有效值为

$$U_{\mathrm{o}} = \sqrt{\frac{1}{\pi}\int_{\alpha}^{\pi}(\sqrt{2}U_1\sin\omega t)^2\mathrm{d}\omega t} = U_1\sqrt{\frac{1}{2\pi}\sin2\alpha + \frac{\pi - \alpha}{\pi}} \quad (3-32)$$

电阻性负载上的电流与电压波形同相，其有效值为

$$I_{\mathrm{o}} = U_{\mathrm{o}}/R \quad (3-33)$$

图 3 - 28　电阻性负载单相交流调压电路及其波形

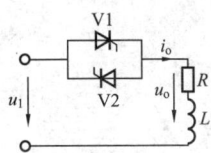

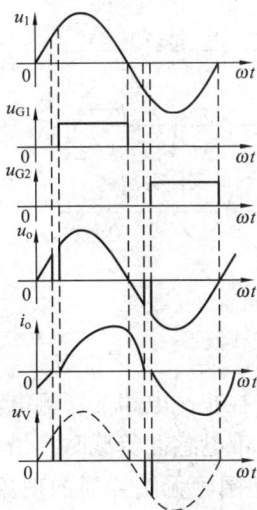

交流调压器功率因数为

$$\lambda = \frac{P}{S} = \frac{U_{\mathrm{o}}I_{\mathrm{o}}}{U_1 I_{\mathrm{o}}} = \sqrt{\frac{1}{2\pi}\sin2\alpha + \frac{\pi - \alpha}{\pi}} \quad (3-34)$$

可见 α 角越大，输出电压越低，功率因数也越低。另外输出电压为有缺口的正弦波，含有高次谐波是它的缺点。

（2）阻感性负载。

交流调压电路工作在电感性负载时，由于控制角 α 和负载阻抗角 φ 的关系不同，晶闸管每半周导通时，会产生不同的过渡过程。单相交流调压电路工作在阻感性负载时的电路和 $\alpha > \varphi$ 时的工作波形如图 3 - 29 所示。

在 $\omega t = \alpha$ 时刻开通 V1，负载电流满足

$$L\frac{\mathrm{d}i}{\mathrm{d}t} + Ri_{\mathrm{o}} = \sqrt{2}U_1\sin\omega t \quad (3-35)$$

$$i_{\mathrm{o}}\big|_{\omega t = \alpha} = 0$$

解此微分方程得

$$i_{\mathrm{o}} = \frac{\sqrt{2}U_1}{Z}\left[\sin(\omega t - \varphi) - \sin(\alpha - \varphi)\mathrm{e}^{\frac{\alpha - \omega t}{\tan\varphi}}\right] \quad \alpha \leqslant \omega t \leqslant \alpha + \theta$$

$$(3-36)$$

图 3 - 29　阻感性负载单相交流调压电路及其波形

$$Z = \sqrt{R^2 + (\omega L)^2}$$

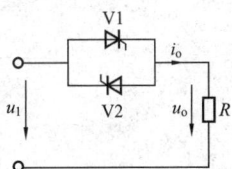

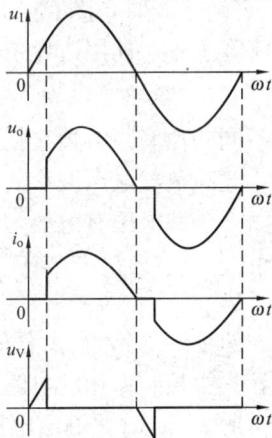

式中：θ 为晶闸管导通角。

输出电流中含有两个分量，即正弦稳态分量 i_B 与按指数规律衰减的自由分量 i_S，其值分别为

$$i_B = \frac{\sqrt{2}U_1}{Z}\sin(\omega t - \varphi) \tag{3-37}$$

$$i_s = -\frac{\sqrt{2}U_1}{Z}\sin(\alpha - \varphi)e^{-\frac{\alpha}{\tan\varphi}} \tag{3-38}$$

1）$\alpha > \varphi$ 时，随着电源电压下降过零进入负半周，电路中的电感储藏的能量释放完毕，电流降为零。利用边界条件 $\omega t = \alpha + \theta$ 时，$i_o = 0$，可求得

$$\sin(\alpha + \theta - \varphi) = \sin(\alpha - \varphi)e^{-\frac{\theta}{\tan\varphi}} \tag{3-39}$$

取不同的功率因数角 φ 代入式（3-39）可求得 $\theta = f(\alpha)$ 的关系曲线，如图 3-30 所示。

此时负载电压波形断续，但交流电压可调。因此，阻感性负载时 α 的移相范围应为 $\varphi \leqslant \alpha \leqslant \pi$。负载电压有效值为

$$U_o = \sqrt{\frac{1}{\pi}\int_\alpha^{\alpha+\theta}(\sqrt{2}U_1\sin\omega t)^2 d(\omega t)} = U_1\sqrt{\frac{\theta}{\pi} + \frac{1}{\pi}\left[\sin 2\alpha - \sin(2\alpha + 2\theta)\right]} \tag{3-40}$$

2）$\alpha = \varphi$ 时，自由分量 $i_S = 0$，导通角 $\theta = 180°$，正负半周电流处于临界状态，相当于晶闸管失去控制作用，电路失去调压作用。

3）$\alpha < \varphi$ 时，输出电流波形如图 3-31 所示。虽然在刚开始触发晶闸管的几个周期内，两只晶闸管的电流波形是不对称的，但当负载电流中的自由分量衰减后，负载电流即能得到完全对称连续的波形，电流滞后电源电压角度为 φ。

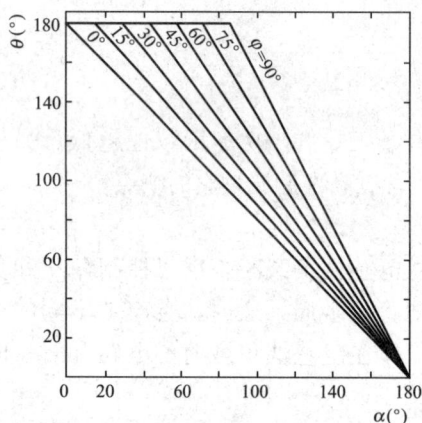

图 3-30 单相交流调压电路以 α 为参
变量的 θ 和 α 关系曲线

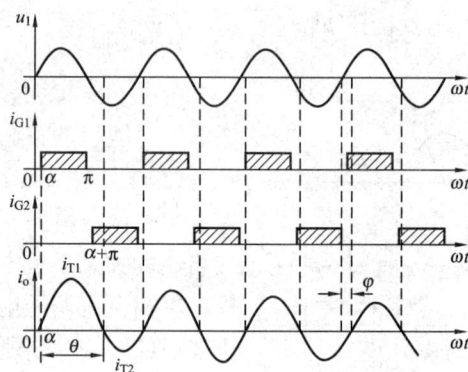

图 3-31 $\alpha < \varphi$ 时阻感性负载交
流调压电路工作波形

由上述分析可知，带电阻性负载时，负载电流波形与单相桥式可控整流电路交流侧电流波形一致，改变 α 可以改变负载电压有效值，移相范围为 $0° \sim 180°$。带电感性负载时，最小控制角 $\alpha = \varphi$，同时不能用窄脉冲触发，否则当 $\alpha < \varphi$ 时会发生一个晶闸管无法导通的现象，电流出现很大的直流分量，会烧毁熔断器或晶闸管。

2. 三相交流调压器

根据三相连接形式的不同，三相交流调压电路具有多种形式。图 3-32（a）是星形连

接；图 3 - 32（b）是线路控制三角形连接，也称为外三角控制；图 3 - 32（c）是支路控制三角形连接，也称为内三角控制；图 3 - 32（d）是中点控制三角形连接。其中（a）和（c）两种电路最为常用。

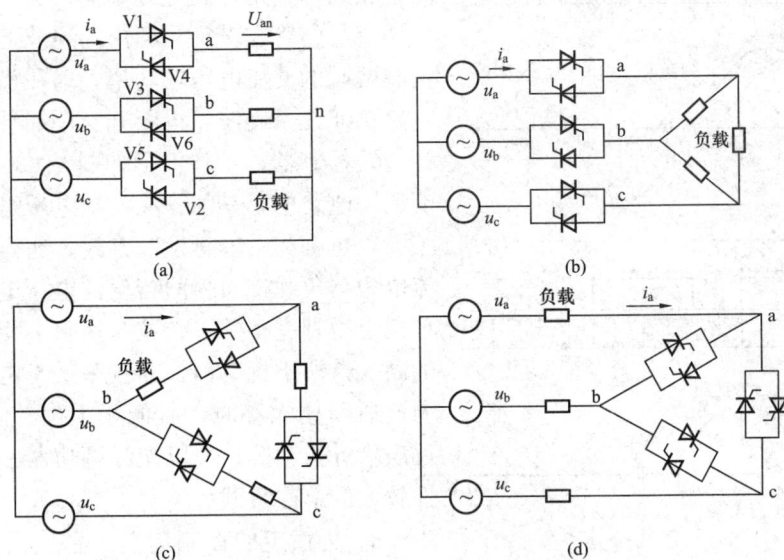

图 3 - 32　三相交流调压电路
（a）星形连接；（b）线路控制三角形连接；（c）支路控制三角形连接；（d）中点控制三角形连接

　　三相三线交流调压器接纯电阻Y形负载电路如图 3 - 32（a）所示，由于无零线，每相电流必须与另一相构成通路，即一相的正向晶闸管与另一相的反向晶闸管同时导通。为此，如同三相全控桥式整流电路一样，触发脉冲也是每隔 60°触发一组晶闸管，脉冲宽度必须大于 60°或采用双窄脉冲触发。三相全控桥式整流电路的触发脉冲方式也可用于三相三线交流调压器。

　　在一般情况下，晶闸管控制角 α 的起始点应为各相晶闸管开关的自然换相点。在三相整流电路中，α 的起点位于相邻两相电压的交点处，即相电压的 30°位置。而在三相交流调压电路中，α 的起点位于相邻相电压的零点处。

　　$\alpha=0°$ 时，任意时刻三相各有一只晶闸管导通，负载上得到全电压。当 α 为其他角度时，有时会出现三相均有晶闸管导通，有时只有两相有晶闸管导通。对于前一种情况，三相负载中性点与三相电源中性点等电位；对于后一种情况，导通的两相每相负载上的电压为其线电压的一半，不导通相的负载电压为零。

　　不同 α 角时负载相电压波形如图 3 - 33 所示。对不同 α 角电路工作情况进行分析可得出：$\alpha=0°$ 时，三相电流为完整的正弦波；$0°<\alpha<60°$ 时，三只晶闸管导通与两只晶闸管导通两种模式交替工作；$60°<\alpha<90°$ 时，任意时刻只有两只晶闸管导通，这时负载电压不为零的区间总是导通两相线电压的一半；$\alpha>90°$ 后，电流断续，有一区段内三相晶闸管均不导通；$\alpha=150°$ 时，输出电压电流均为零。所以三相三线交流调压器带电阻性负载时 α 角的移相范围是 $0°\sim150°$。

　　由以上分析可以看出，交流调压所得的负载电压和电流波形都不是正弦波，且随着 α 角增

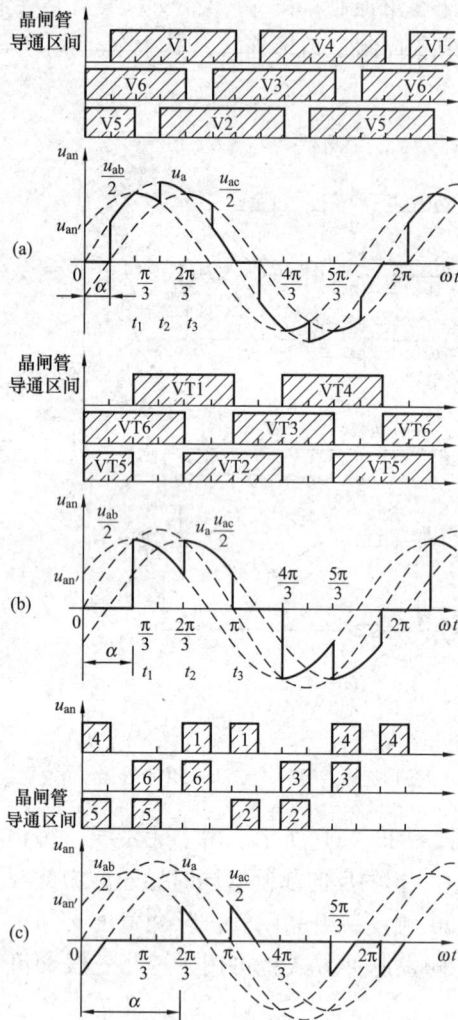

图 3-33　不同 α 角时负载相电压波形

（a）$\alpha=30°$；（b）$\alpha=60°$；（c）$\alpha=120°$

功率。

3.4.3　交流无触点开关

交流电力电子开关是利用反并联晶闸管或双向晶闸管与交流负载串联而构成的一种交流电力控制电路，已广泛应用于电力系统和传动系统中。采用交流电力电子开关的主要目的是根据负载需要使电路接通和断开，从而代替传统的机械开关。它具有响应快、无火花、无噪声和寿命长等优点，可频繁控制通断。

交流电力电子开关在电路形式上与

大，负载电压相应变小，负载电流开始出现断续。

3.4.2　交流调功电路

交流调功电路和交流调压电路在电路形式上完全相同，只是控制方式不同。交流调功电路通过调节晶闸管在设定周期内的周波通断比来调节负载两端的交流电压或功率，即在设定周期内将电路接通几个周波，再断开几个周波，所以也称为周波控制器，工作波形如图 3-34 所示。在交流调功电路中，晶闸管在电源电压过零点导通或关断，也称为"零触发"方式。这样可以减小交流电源与负载接通瞬间产生的电压电流冲击，使负载上得到完整的正弦波，消除了相位控制带来的高次谐波干扰。但通断频率低于电源频率，当周波通断比太小时，有低频干扰，使灯光闪烁、仪表指针抖动等，所以交流调功器一般用于热惯性较大的电热负载。

T_C 为设定的控制周期，它是工频周期的 M 倍，N 为控制周期内导通周波数，则调功器的输出电压有效值和输出功率分别为

$$U_o = \sqrt{\frac{1}{T_C}\int_0^{NT} u^2 \, dt} = \sqrt{\frac{NT}{T_C}}U_i = \sqrt{\frac{N}{M}}U_i$$

$$（3-41）$$

$$P_o = \frac{U_o^2}{R} = \frac{N}{M} \cdot \frac{U_i^2}{R} = \frac{N}{M}P_{max} \quad （3-42）$$

式中：P_{max}、U_i 分别为在设定周期 T_C 内全部周波导通时，装置输出功率和电压有效值。

因此改变导通周波数 N 即可改变输出电压和功率。

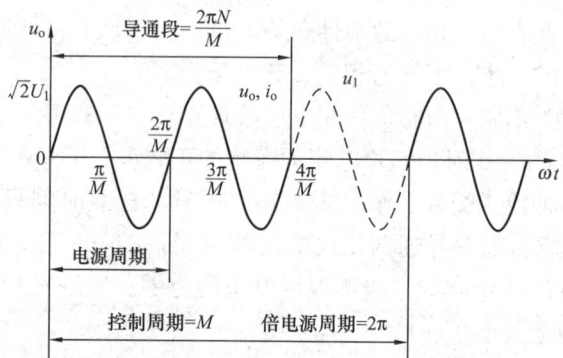

图 3-34　交流调功电路的工作波形

交流调功电路类似，但控制方式或控制目的有所不同。交流调功电路也是控制电路的接通和断开，但它是以控制电路的平均输出功率为目的，其控制方式是改变晶闸管开关的导通周期数和控制周期数的比值。而交流电力电子开关并不去控制电路的平均输出功率，而只是根据负载需要控制电路的接通和断开，从而使负载实现其相应的功能或目的。交流电力电子开关通常没有明确的控制周期，启动之方式也随负载的不同而有所变化，另外其开关频率通常也比交流调功电路低得多。

　　在公用电网中，交流电力电容器的投入与切断是控制无功功率的重要手段。通过对无功功率的控制，可以提高功率因数，稳定电网电压，改善供电质量。与用机械开关投切电容器的方式相比，晶闸管投切电容器（TSC）是一种性能优良的无功补偿方式，其原理将在第 7 章中介绍。交流无触点开关带电阻性负载的应用也很多，主要应用在各种电加热负载上，例如干燥箱、加热炉等，还有就是应用在易燃易爆等有危险的场合，例如煤矿井下和制氢车间。

习　题　三

　　1. 某升压换流器由理想元件构成，输入 U_d 在 $8 \sim 16V$ 之间变化，通过调整占空比使输出 $U_o = 24V$ 固定不变，最大输出功率为 5W，开关频率 20kHz，输出端电容足够大，求使换流器工作在连续电流方式的最小电感。

　　2. 一台运行在 20kHz 开关频率下的升降压换流器由理想元件构成，其中 $L = 0.05mH$，输入电压 $U_d = 15V$，输出电压 $U_o = 10V$，可提供 10W 的输出功率，并且输出端电容足够大，试求其占空比 D。

　　3. 在图 3-1 所示的降压斩波电路中，已知 $E = 100V$，$R = 0.5\Omega$，$L = 1mH$，采用脉宽调制控制方式，$T = 20\mu s$，当 $t_{on} = 5\mu s$ 时，试求：①输出电压平均值 U_o、输出电流的平均值 I_o；②输出电流的最大和最小瞬时值并判断负载电流是否断续；③当 $t_{on} = 3\mu s$ 时，重新进行上述计算。

　　4. 在图 3-35 所示降压斩波电路中，已知 $E = 600V$，$R = 0.1\Omega$，$L = \infty$，$E_M = 350V$，采用脉宽调制控制方式，$T = 1800\mu s$，若输出电流 $I_o = 100A$，试求：①输出电压平均值 U_o 和所需的 t_{on} 值；②作出 u_o、i_o 以及 i_G、i_D 的波形。

　　5. 升压斩波电路为什么能使输出电压高于电源电压？

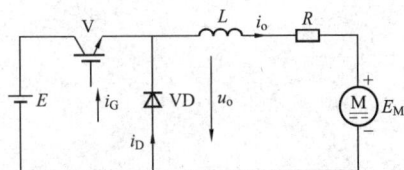

图 3-35　电流型降压斩波电路

　　6. 在图 3-4 所示的升压斩波电路中，已知 $E = 50V$，L 值和 C 值极大，$R = 20\Omega$，采用脉宽调制控制方式，当 $T = 40\mu s$，$t_{on} = 25\mu s$ 时，计算输出电压平均值 U_o 和输出电流的平均值 I_o。

　　7. 说明降压斩波电路、升压斩波电路、升降压斩波电路的输出电压范围。

　　8. 在图 3-7 所示升降压斩波电路中，已知 $E = 100V$，$R = 0.5\Omega$，L 和 C 极大，试求：①当占空比 $\alpha = 0.2$ 时的输出电压和输出电流的平均值；②当占空比 $\alpha = 0.2$ 时的输出电压和输出电流的平均值，并计算此时的输入功率。

9. 试说明升降压斩波电路（Boost‐Cuck Chooper）和 Cuk 斩波电路的异同点。

10. 在单相交流调压器中，电源电压 $U_1＝120V$，电阻性负载 $R＝10\Omega$，触发角 $\alpha＝90°$，试计算：负载电压有效值 U_o、负载电流有效值 I_o、负载功率 P_o 和输入功率因数 λ。

11. 一电阻性负载加热炉有单相交流调压电路供电，如 $\alpha＝0°$ 时位输出功率最大值，试求功率为 80%，50% 时的触发角 α。

12. 一晶闸管单相交流调压器带阻感性负载，电源电压为 220V 的交流电源，负载 $R＝10\Omega$，$L＝1mH$，试求：①触发角 α 的移相范围；②负载电流的最大有效值；③最大输出功率及此时电源侧的功率因数；④当 $\alpha＝90°$ 时，晶闸管电流的有效值、晶闸管导通角和电源侧功率因数。

13. 某单相反并联调功电路，采用过零触发。电源电压 $U_1＝220V$，电阻性负载 $R＝1\Omega$，控制的设定周期 T_c 内，使晶闸管导通 0.3s，断开 0.2s，计算送到电阻负载上的功率与假定晶闸管一直导通时所送出的功率。

14. 交流调压电路和交流调功电路有什么区别？二者各运用于什么样的负载？为什么？

15. 用一对反并联的晶闸管和使用一只双向晶闸管进行交流调压时，它们的主要差别是什么？

4 无源逆变电路

　　无源逆变电路是将直流电转换为频率、幅值固定或可变的交流电并直接供给负载的逆变电路。所谓无源是指逆变电路输出与电网的交流电无关。在不加说明时，逆变电路一般多指无源逆变电路。

　　逆变电路经常和变频的概念联系在一起，变频电路是指改变交流电频率的电路。变频电路有交—交变频和交—直—交变频电路两种形式。其中，交—直—交变频电路由交—直变换电路和直—交变换电路两部分组成，后一部分属于无源逆变电路，是交—直—交变频电路的核心。

　　逆变技术在科研、国防、生产和生活领域中应用广泛，如交流传动的变频调速、感应加热、功率超声应用、列车照明、脉冲电镀电源、高频直流焊机、高频电子镇流器、快速充电机等。本章将介绍几种基本类型的无源逆变电路的工作原理。

4.1 概　　述

4.1.1 逆变器的分类

　　逆变器按照相数分为单相逆变器和三相逆变器，单相逆变器适用于小功率领域，三相逆变器适用于中大功率领域。这两大类逆变器又可根据输入直流电源的特点进行分类：①输入电源为恒压源，即直流电源端有大容量滤波电容器，在逆变器工作过程中，直流侧电压基本不变，这样的逆变器称为电压型逆变器；②输入电源为恒流源，即直流电源端有大容量滤波电抗器，在逆变器工作过程中，直流侧电流基本不变，这样的逆变器称为电流型逆变器。逆变器也可根据电路结构特点进行分类，如分为半桥式，全桥式和推挽式等。逆变器还可根据使用器件的换流方式不同的特点进行如下分类。

　　(1) 负载谐振式换流逆变器：利用负载回路中电阻、电感和电容所形成的谐振电路特性来保证电力开关器件的可靠关断，主要分为并联谐振式和串联谐振式换流方式逆变器。

　　(2) 强迫换流逆变器：采用专门的换流回路使半控型开关器件可靠地换流。

　　(3) 全控型开关器件换流逆变器：利用开关器件换流可以省去复杂的换流电路，从而使电路简化，装置的体积小、质量轻。

　　如果不经过调制，逆变器的输出电压或者输出电流一般是方波或矩形波，只有经过PWM控制，才能输出等效于正弦波的PWM脉冲波形。本章只分析逆变电路工作于方波情况下的工作原理。

4.1.2 换流方式

　　在电力电子变换电路中，电流从一个支路向另一个支路转移的过程称为换流，换流方式可以分为以下四种。

　　1. 器件换流

　　利用全控型器件的自关断能力进行换流称为器件换流。采用 IGBT、MOSFET、GTO、

GTR 等全控型器件的逆变电路中，换流方式一般为器件换流。换流时，利用全控型器件的自关断能力进行换流，称为硬开关换流。如果利用电容或电抗器造成电压或电流的谐振条件，在电压或电流的过零时刻关断器件，可以极大的减少器件的开关换流，这种方式称为软开关换流方式。

2. 电网换流

由电网提供换流电压称为电网换流。这种换流方式不需要器件具有门极可关断能力，也不需要附加任何换流元件，只要对欲关断的元件施加一定时间的负极性电网电压即可。对于相控整流电路，无论其工作在整流状态还是有源逆变状态，都是借助电网电压实现，都属于电网换流。在变频器中，交—交变频属于电网换流方式。

3. 负载换流

由负载谐振提供换流电压称为负载换流。当负载电流的相位超前于负载电压，即负载为容性负载时，可以实现半控器件的负载换流。

基本的负载换流逆变电路如图 4-1（a）所示，图中，四个桥臂均由晶闸管组成，其负载是电阻电感串联后再和电容并联，附加电容的目的是使整个负载电路工作在接近并联谐振而略呈容性的状态，并改善负载功率因数。电路工作波形如图 4-1（b）所示。

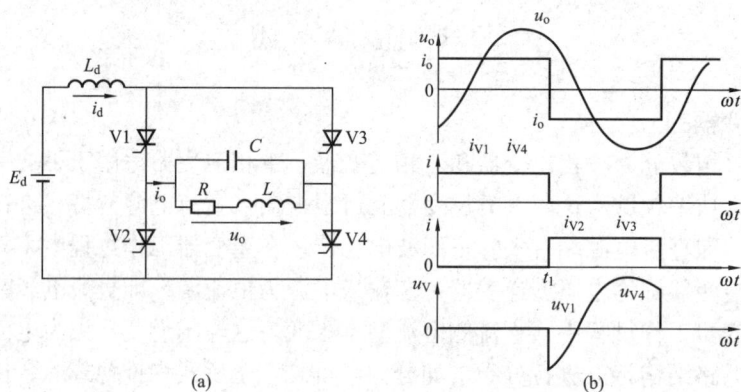

图 4-1　负载换流逆变电路及其工作波形
(a) 电路；(b) 波形

由于直流侧串入了一个很大的电感 L_d，因而认为电流 i_d 基本没有脉动，四个桥臂开关的切换仅使电流流通路径改变，所以负载电流基本呈矩形波。因为负载工作在对基波电流接近并联谐振状态，故对基波阻抗很大而对谐波阻抗很小，因此负载电压波形 u_o 接近于正弦波。

设在时刻 t_1 前 V1、V4 为通态，V2、V3 为断态，u_o、i_o 均为正，在 t_1 时刻触发 V2、V3，使其开通，负载电压 u_o 就通过 V2、V3 分别加到 V1、V4 上，使其承受反向电压而关断，电流从 V1、V4 转移到 V2、V3。触发 V2、V3 的时刻必须在 u_o 过零前，并留有足够的裕量，才能使应阻断的元件被施加足够的反压时间，使其可靠关断。

4. 强迫换流

设置附加的换流电路，给欲关断的晶闸管强迫施加反向电压或电流的换流方式称为强迫换流。强迫换流常利用附加电容上所储存的能量来实现，因此也称为电容换流。

在强迫换流方式中，由换流电路内电容直接提供换流电压的方式称为直接耦合式强迫换流；通过换流电路内的电容和电感的耦合来提供换流电压的方式称为电感耦合强迫换流。如图 4-2 所示，其中图 4-2（a）为直接耦合强迫换流，图 4-2（b）、（c）为电感耦合强迫换流。

对于图 4-2（a），在晶闸管 V 处于通态时，预先给电容器充电（极性如图 4-2 所示），当闭合开关 S 时，就可以使晶闸管施加反向电压而关断，这种给晶闸管加上反向电压而使其关断的换流又称为电压换流。对于图 4-2（b），晶闸管在 LC 振荡第一个半周期内关断，接通开关 S 后，LC 振荡电流将反向流过晶闸管 V，与 V 的负

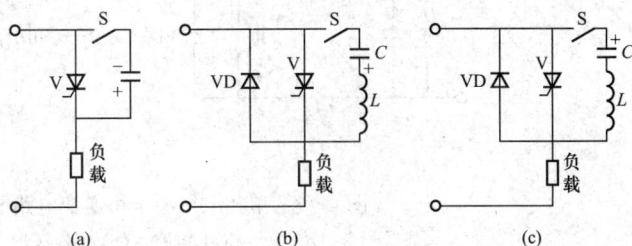

图 4-2 强迫换流
(a) 直接耦合强迫换流；(b)、(c) 电感耦合强迫换流

载电流相抵减，直到流过 V 的合成正向电流减至零后，再经过二极管 VD 流通，二极管的压降给晶闸管加上反压，使其关断；对于图 4-2（c），晶闸管在 LC 振荡第二个半周期内关断，接通开关 S 后，LC 振荡电流先正向流过 V 并和 V 中原有负荷电流叠加，经半个振荡周期后，振荡电流将反向流过晶闸管 V，直到 V 的合成正向电流减至零后再流过二极管 VD。在图 4-2（b）、（c）情况下，晶闸管都是在先使晶闸管电流减至零，然后通过反并联二极管压降施加反向电压的换流方式又称为电流换流。

4.2 电压型逆变电路

电压型逆变电路有以下主要特点。

(1) 直流侧为电压源，一般并联有大电容，相当于电压源。直流侧电压基本无脉动，直流回路呈现低阻抗。

(2) 由于直流电压源的钳位作用，交流侧输出电压波形为矩形波，并且与负载阻抗角无关。而交流侧输出电流波形和相位因负载阻抗情况的不同而不同。

(3) 由于生产实践中大多数负载为阻感性负载，因此需要提供无功功率，直流侧电容起缓冲无功能量的作用。为了给交流侧向直流侧反馈的无功能量提供通道，逆变桥各桥臂都并联了反馈二极管。电压型逆变器主要有单相半桥、单相全桥、三相半桥、三相全桥几种。

4.2.1 单相电压型半桥逆变电路

图 4-3（a）所示单相电压型半桥逆变电路。开关器件 V1、V2 与两个足够大的输入电容 C 构成半桥式逆变电路，负载连接在相互串联大电容的中点和两个桥臂连接点之间。由于电容 C 相对于逆变频率足够大，所以电容上的电压基本维持不变，两个电容的电压维持在 $U_d/2$。

开关器件 V1、V2 的栅极控制信号在一个周期内各有半周期正偏和半周期反偏，且两者互补。输出电压 u_o 为矩形波，其幅值 U_m 为 $U_m = U_d/2$。输出电流 i_o 波形随负载变化而变化，当负载为感性时，工作波形如图 4-3（b）所示。

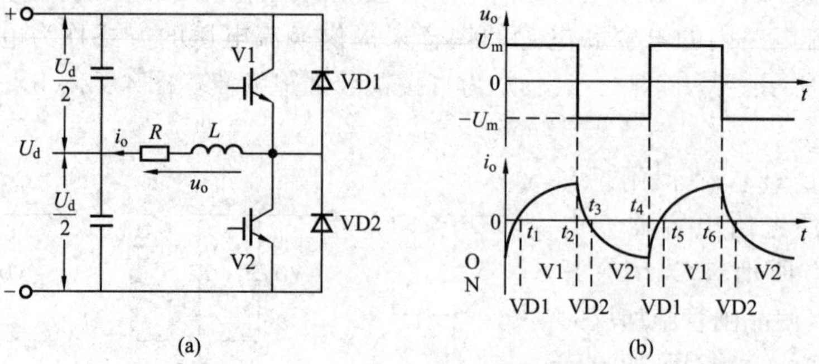

图 4-3　单相电压型半桥逆变电路及其工作波形
(a) 电路；(b) 工作波形

对于图 4-3 (b)，t_2 时刻以前，V1 为通态，V2 为断态。t_2 时刻给 V1 关断信号，给 V2 开通信号，此时 V1 关断，但 V2 中并不会立即有电流流过。由于 i_o 不能立即改变方向，所以只能通过 $L—R—C$（图示中下方的电容）—VD2 所组成的回路导通续流。在 t_3 时刻，i_o 降为零，此时 VD2 截止，V2 导通，i_o 改变方向。t_3 至 t_4 段 i_o 反方向逐渐增加，并在 t_4 时刻达到最大值。在 t_4 时刻给 V2 关断信号，给 V1 开通信号后，V2 关断并形成 $R—L—$ VD1$—C$（图示中上方的电容）所组成的回路导通续流，至 t_5 时刻 V1 开通。各时间段内导通器件的名称如图 4-3 (b) 所示。

图 4-3 (a) 中，VD1、VD2 称为续流二极管或反馈二极管，它们有两个作用：①为感性负载滞后的负载电流 i_o 提供反馈到直流电源的通路；②防止电感产生的反压损坏开关器件。

图 4-3 中所用到的 V1、V2 均为全控型器件，当可控器件为半控型时，由于不具备门极可关断能力，所以，必须附加强迫换流电路才能正常工作。

半桥逆变电路的优点是简单，使用器件少。缺点是输出电压小且需要控制两个电容器电压的均衡。因此，半桥逆变电路常用于小功率的逆变电路。

4.2.2　单相电压型全桥逆变电路

单相电压型全桥逆变电路如图 4-4 所示，其中桥臂 V1 和 V4 作为一对，桥臂 V2 和 V3 作为一对，成对的两个桥臂同时导通，两对交替各导通 180°。

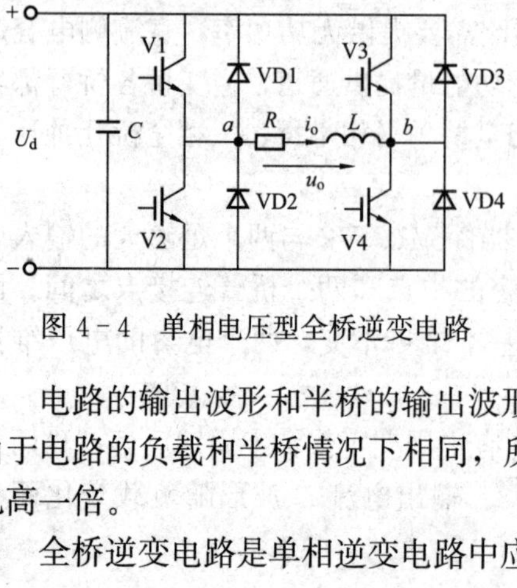

图 4-4　单相电压型全桥逆变电路

开关对 V1、V4 导通时，a 点电位为 $U_a=U_d$，b 点电位为 $U_b=0$，输出电压为 U_d，负载电流 i_o 由 a 流向 b；开关对 V2、V3 导通时，a 点电位为 $U_a=0$，b 点电位为 $U_b=U_d$，输出电压为 $-U_d$，负载电流 i_o 由 b 流向 a。VD1、VD2、VD3、VD4 均为续流二极管，作用与半桥逆变电路中续流二极管相同。

电路的输出波形和半桥的输出波形相同，也是矩形波，但其幅值比半桥情况下高一倍。由于电路的负载和半桥情况下相同，所以 i_o 的波形也和半桥时相同，其幅值比半桥情况下也高一倍。

全桥逆变电路是单相逆变电路中应用最多的，因此下面对其作定量分析。

将输出的矩形波电压展开成傅里叶级数得

$$u_o = \frac{4U_d}{\pi}\left(\sin\omega t + \frac{1}{3}\sin3\omega t + \frac{1}{5}\sin5\omega t + \cdots\right) \tag{4-1}$$

其中，基波分量的幅值和有效值分别为

$$U_{o1m} = \frac{4U_d}{\pi} = 1.27U_d \tag{4-2}$$

$$U_{o1} = \frac{2\sqrt{2}U_d}{\pi} \approx 0.9U_d \tag{4-3}$$

上述公式同样适用于半桥逆变电路，但式中的 U_d 要换成 $U_d/2$，即半桥逆变器的电压低一半。

上述输出的交流电压 u_o 为正负电压各为 180° 的脉冲波形，改变输出交流电压的有效值只能通过改变直流电压 U_d 来实现。

当负载为阻感负载时，可以通过移相调压的方法来调节逆变电路的输出电压。移相调压的实质是调节输出电压脉冲的宽度。在图 4-4 中，各 IGBT 的栅极信号仍为正负半波各为 180° 的方波，并且 V1、V2 栅极信号互补，V3、V4 栅极信号互补，但 V3 的信号比 V1 落后 θ（0°$<\theta<$180°）。各 IGBT 的栅极控制信号 $u_{G1} \sim u_{G4}$ 及输出电压 u_o 和输出电流 i_o 的波形如图 4-5 所示。

设在 t_1 时刻前 V1 和 V4 导通，输出电压为 U_d，t_1 时刻 V3 和 V4 栅极控制信号相反，V4 截止，由于 i_o 不能突变，V3 不能立刻导通，所以通过 VD3 导通续流。在回路 R—L—VD3—V1 中由基尔霍夫电压定律可知输出电压为零。t_2 时刻，V1 和 V2 栅极控制信号反向，V1 截止，而 V2 不能立即导通，VD2 和 VD3 一起构成电流通道，输出电压为 $-U_d$。至负载电流过零并开始反向时，VD2 和 VD3 截止，同时 V2 和 V3 开通，输出电压仍为 $-U_d$。t_3 时刻 V3 和 V4 栅极控制信号再次反向，V3 截止，V4 不能立刻导通，电路通过 VD4 导通续流。同理，输出电压为零。以后的过程和前面的类似。所以，改变 θ 就可以调节输出电压。

4.2.3 三相电压型逆变电路

三相电压型逆变电路如图 4-6 所示，电路的直流侧通常有一个大电容，为了理解方便，本图画作串联的两个电容器，并标出了假想的中点 N′。开关元件每隔 60° 按标号 1，2，3，4，5，6 的次序赋予导通信号，导电角度为 180°。

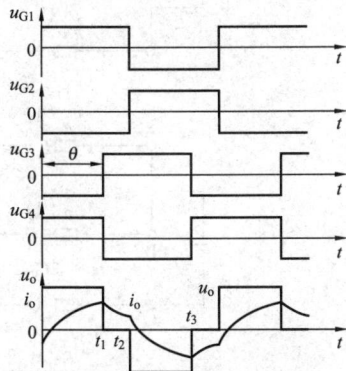

图 4-5 各 IGBT 的栅极控制信号、输出电压、输出电流的波形

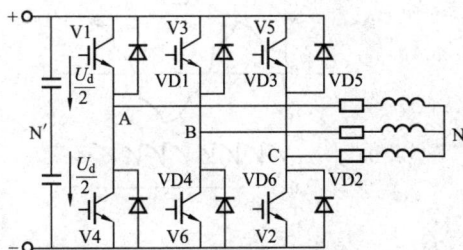

图 4-6 三相电压型逆变电路

当桥臂 1 导通（V1 或 VD1 导通）时，$u_{AN'} = U_d/2$，当桥臂 4 导通（V4 或 VD4 导通）时，$u_{AN'} = -U_d/2$。所以，$u_{AN'}$ 的波形是幅值为 $U_d/2$ 的矩形波。同理可知 $u_{BN'}$、$u_{CN'}$ 的波形也为幅值 $U_d/2$ 的矩形波，相位依次差 120°。$u_{AN'}$、$u_{BN'}$、$u_{CN'}$ 的波形如图 4-7（a）、（b）、（c）所示。

所以负载的线电压 u_{AB}、u_{BC}、u_{CA} 为

$$\begin{cases} u_{AB} = u_{AN'} - u_{BN'} \\ u_{BC} = u_{BN'} - u_{CN'} \\ u_{CA} = u_{CN'} - u_{AN'} \end{cases} \tag{4-4}$$

图 4-7（d）为线电压 u_{AB} 波形，u_{AB}、u_{BC}、u_{CA} 彼此差 120°。（图中未画出另两相）

由于 $u_{NN'} = u_{AN} - u_{AN'} = u_{BN} - u_{BN'} = u_{CN} - u_{CN'}$，因此

$$u_{NN'} = \frac{(u_{AN} + u_{BN} + u_{CN}) - (u_{AN'} + u_{BN'} + u_{CN'})}{3} = \frac{u_{AN} + u_{BN} + u_{CN}}{3}$$

根据图 4-7（a）、（b）、（c）可得 $u_{NN'}$ 波形。再根据 $u_{NN'} = u_{AN} - u_{AN'}$ 可得负载相电压 u_{AN} 的波形，同理可得到另外两相负载电压 u_{BN}、u_{CN} 的波形（图中未画出）。

负载的相电压也可由下面的方法求出。

（1）当桥臂 1、桥臂 5、桥臂 6 导通时，电路的等效图如图 4-8（a）所示，根据基尔霍

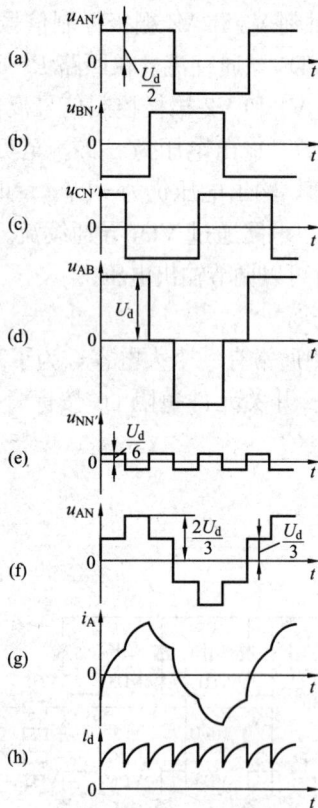

图 4-7 电压型三相桥式逆变电路的工作波形
（a）$u_{AN'}$ 波形；（b）$u_{BN'}$ 波形；（c）$u_{CN'}$ 波形；（d）u_{AB} 波形；
（e）$u_{NN'}$ 波形；（f）u_{AN} 波形；（g）i_A 波形；（h）i_d 波形

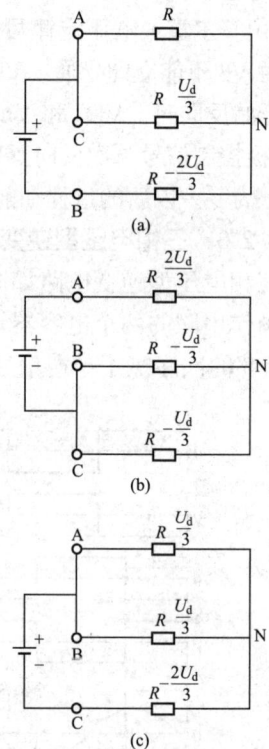

图 4-8 工作在不同情况下三相
电压型逆变电路的等效图
（a）桥臂 1、5、6 导通时；（b）桥臂
6、1、2 导通时；（c）桥臂 1、2、3 导通时

夫定律可知，$u_{AN}=U_d/3$，$u_{BN}=-2U_d/3$，$u_{CN}=U_d/3$。

（2）当桥臂6、桥臂1、桥臂2导通时，电路的等效图如图4-8（b）所示，根据基尔霍夫定律可知，$u_{AN}=2U_d/3$，$u_{BN}=-U_d/3$，$u_{CN}=-U_d/3$。

（3）当桥臂1、桥臂2、桥臂3导通时，电路的等效图如图4-8（c）所示，根据基尔霍夫定律可知，$u_{AN}=U_d/3$，$u_{BN}=U_d/3$，$u_{CN}=-2U_d/3$。

在以下的三个过程中，只要把 U_d 的极性反向，等效关系仍成立。所以可得 u_{AN} 的波形如图4-7（e）所示，u_{BN}、u_{CN} 的波形与 u_{AN} 相同，仅相位相差 120°。

A 相电流 i_A 的波形随负载的阻抗角 φ 不同而有所不同，图4-7（f）给出了阻感性负载下 $\varphi<\pi/3$ 时 i_A 的波形。桥臂1和桥臂4之间的换流过程和半桥电路相似。V1 从通态转为断态时，由于负载电感中电流不能突变，VD4 导通续流，直至负载电流降至零，桥臂4电流反向时，V4 开始导通。i_B、i_C 的波形和 i_A 相同，相位依次相差 120°。叠加电流 i_A、i_B、i_C，可以得到直流侧电流 i_d 的波形，如图4-7（g）所示。可以看出，电流 i_d 每隔 60° 脉动一次，由于直流电压基本没有脉动，因此逆变器从交流侧向直流侧传送的功率是脉动的，且脉动的情况和 i_d 脉动的情况基本一致。

下面对三相电压型逆变电路电压波形作定量分析。把输出线电压 u_{AB} 展开成傅里叶级数可得

$$u_{AB}=\frac{2\sqrt{3}U_d}{\pi}\left[\sin\omega t+\sum_n\frac{1}{n}(-1)^k\sin n\omega t\right] \tag{4-5}$$

式中：$n=6k\pm1$；k 为自然数。

输出线电压的有效值为

$$U_{AB}=\sqrt{\frac{1}{2\pi}\int_0^{2\pi}u_{AB}^2\mathrm{d}(\omega t)}=0.816U_d \tag{4-6}$$

其中，输出线电压基波分量的幅值为

$$U_{AB1m}=\frac{2\sqrt{3}U_d}{\pi}\approx1.1U_d \tag{4-7}$$

输出线电压基波分量的有效值为

$$U_{AB1}=\frac{\sqrt{6}U_d}{\pi}\approx0.78U_d \tag{4-8}$$

将相电压 u_{AN} 展开成傅里叶级数可得

$$u_{AN}=\frac{2U_d}{\pi}\left(\sin\omega t+\sum_n\frac{1}{n}\sin n\omega t\right) \tag{4-9}$$

式中：$n=6k\pm1$；k 为自然数。

负载相电压有效值 U_{AN} 为

$$U_{AN}=\sqrt{\frac{1}{2\pi}\int_0^{2\pi}u_{AN}^2\mathrm{d}(\omega t)}=0.471U_d \tag{4-10}$$

其中，基波幅值和基波有效值分别为

$$U_{\mathrm{AN1m}} = \frac{2U_{\mathrm{d}}}{\pi} = 0.637U_{\mathrm{d}} \tag{4-11}$$

$$U_{\mathrm{AN1}} = \frac{U_{\mathrm{AN1m}}}{\sqrt{2}} = \frac{\sqrt{2}U_{\mathrm{d}}}{\pi} \approx 0.45U_{\mathrm{d}} \tag{4-12}$$

4.3　电流型逆变电路

直流侧电源为电流源的逆变电路称为电流型逆变电路。电流型逆变电路的主要特点如下。

（1）直流侧为电流源（一般情况下直流供电回路串联一个大电感，相当于电流源），直流侧电流基本无脉动，直流回路呈现高阻态。

（2）电路中开关器件的作用是改变直流电流的流通路径，因此交流侧输出电流为矩形波，并且与负载阻抗角无关。而交流侧输出电压波形和相位则因为负载阻抗情况的不同而不同。

（3）当交流侧为阻感性负载的时候需要提供无功功率时，直流侧电感起缓冲无功能量的作用，由于反馈无功能量时直流电流并不反向，因此不必像电压型逆变电路那样给开关器件反并联一个续流二极管。

在电流型逆变电路中，采用半控型器件的电路较多应用在晶闸管中频逆变电源中，就其换流方式而言，一般采用负载换流方式，要求负载电流略超前于负载电压，即负载略呈容性。由于实际负载一般为电感性负载，因此需要并联一个补偿电容器 C。补偿电容器的容量选择应使负载过补偿。这种逆变电路在 4.4 节作介绍，本节只介绍器件换流的电流型三相逆变器。

4.3.1　三相电流型逆变电路

采用反向阻断型 GTO 的三相电流型桥式逆变电路如图 4-9 所示，若使用反向导电型 GTO，必须给每个 GTO 串联二极管以承受反向电压，图中的交流侧电容器是为了吸收换流时负载电感中储存的能量而设置的。

与三相电压型逆变电路基本工作方式不同，三相电流型桥式逆变电路采用 120°导电方式，即每个臂一周期内导电 120°，按 V1～V6 的顺序每隔 60°依次导通。这样，每个时刻上下桥臂各有一个臂导通，换流时，在上桥臂组或下桥臂组的组内依次换流，称为横向换流。

电流型逆变电路电流波形和负载性质无关，是正负脉冲宽度各为 120°的矩形波。图 4-10 给出了逆变电路的三相输出交流电流波形及线电压 u_{AB} 的波形。从图 4-10 中可以看出，输出电流波形和三相桥式可控整流电路在阻感负载下交流输入电流波形形状相同。因此，它们的谐波分析表达式也相同。输出线电压波形和负载性质有关，图 4-10 给出的波形大体为正弦波，但叠加了一些脉冲，这是由于逆变器中的换流过程而引起的。

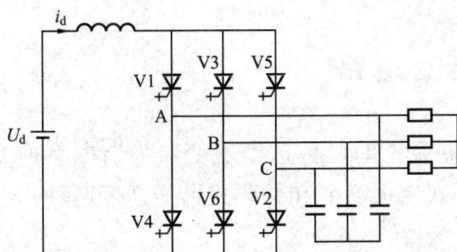

图 4-9 三相电流型桥式逆变电路

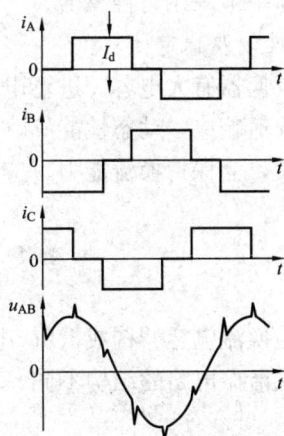

图 4-10 三相电流型桥式逆变电路工作波形

输出交流电流的基波有效值 I_{A1} 和直流电流 I_d 的关系为

$$I_{A1} = \frac{\sqrt{6}}{\pi} I_d = 0.78 I_d$$

4.3.2 电压型变换器与电流型变换器的比较

1. 滤波环节

电压型变换器其直流环节滤波，主要应用大电容，因此电源阻抗小，相当于电压源；而电流型变换器其直流环节滤波，主要应用大电感，相当于电流源。

2. 输出波形

电压型变换器输出电压是矩形波或阶梯波，输出电流波形含有高次谐波并对负载变化反应迅速；电流型变换器输出电流是矩形波或阶梯波，输出电压波形取决于负载，对于电动机负载，其波形接近于正弦波。

3. 四象限运行

电压型变换器不容易进行四象限运行，原因是四象限运行时要求逆变桥运行在整流状态，而整流桥运行在逆变状态，由于直流环节接有大电容，因此改变极性很困难。为了使电压型变换器进行四象限运行，就要再设置一个全控整流桥与原来的整流桥反并联，反向的全控整流桥的作用主要是回馈电机的制动功率。制动运行回馈功率不大时，可通过逆变器续流二极管送到直流环节被滤波电容吸收，或接有电阻将回馈功率消耗掉。

电流型逆变电路因直流环节串有大电感，在维持电流方向不变的情况下，逆变桥和整流桥可以很方便地改变极性，从而回馈电机的制动功率。所以电流型逆变电路容易实现四象限运行。

4. 负载

电压型变换器适于带多台电机齐速运行；电流型变换器适于单机拖动，尤其适于加减速频繁、需经常反转的场合。

5. 功率因数

电压型变换器如果采用可控整流，其功率因数与电流型变换器差不多。如果采用不可控整流，其功率因数比电流型变换器要好。由于采用不可控整流时会失去四象限运行的功能，电流型变换器一般采用可控整流。

6. 动态性能及稳定性

电压型变换器有大电容，进行电流控制和进行电流保护较难，电流型变换器可以用电流内环控制，快速响应，动态性能好，但低频时有转矩脉动现象，换流电容的充电电压与负载电流大小有关，为保持换流能力，应保持有一定的负载运行。

4.4　谐振型逆变电路

当负载与换流电容器构成 RLC 电路且满足谐振条件时，称这类逆变器为谐振型逆变电路。根据构成谐振电路的结构不同，可以分为串联式谐振逆变和并联式谐振逆变两种。其主要特点如下。

（1）逆变电路输出波形为方波电压或方波电流。

（2）将逆变频率调谐在负载谐振频率附近，可获得正弦的输出电流或电压，无需通过低通滤波器来消除低次谐波。

（3）因为利用负载的谐振特点，电路中的元件要承受较大的峰值电流和电压。由于可以利用负载谐振特性换流，可以实现软开关换流，这是谐振式逆变器的一大特点。

4.4.1　电压型串联谐振式逆变电路

通常对功率因数较低的感性负载都采用串联电容的方式进行功率因数补偿，从而构成了

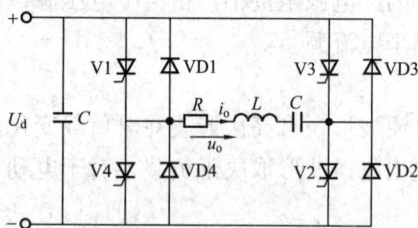

图 4-11　电压型串联式谐振逆变电路

负载换流串联式谐振逆变器，其单相桥式主电路如图 4-11 所示。图中，R、L 为负载等效电阻与电感，C 为补偿电容，VD1～VD4 为续流二极管。

由电路分析可知，谐振时，电流谐振角频率 $\omega_g = \omega_0 = 1/\sqrt{LC}$，电感和电容阻抗互相抵消，即电路阻抗为纯阻性质。依据逆变器的触发频率 ω_g 与谐振频率 ω_0 的关系，负载电流可以有断续、临界和连续三种情况，讨论如下。

（1）$\omega < 0.5\omega_0$，此时谐振过程电流断续，这时各管的导通情况和电路内电流、电压，负载电流 i_o 的主要波形如图 4-12 所示。当 $t=0$ 时，触发 V1、V2，电流会从电源正端—VT1、R、L、C、VT2 电源负端流通。负载电路由于 $R \leqslant L$，总是工作在振荡状态，因而电流 i_o 按正弦规律变化，到 t_1 时刻电流降到零，但在电容器 C 上已充有极性为左正右负的电压，而且由于电感 L 足够大，因而电容器上的电压 u_C 必定高于电源电压 U_d。从而致使电流在 $t_1 \sim t_2$ 区间经电容器 C 的左端—L—R—VD1—电源正端—C_d—电源负端—VD2—电容器 C 的右端流通，形成 i_o 的负半波。$t_2 \sim t_3$ 期间，V1～V4 都不导通，负载电流断续；在 t_3 时刻触发 V3、V4，重复另一个周期的振荡过程，电流方向与上述相反。

晶闸管及负载两端的电压如图 4-12 所示。$t_0 \sim t_1$ 期间，V1、V2 流通，其上仅为管压降，负载两端电压 u_o 为直流端电压与两个管压降之差；$t_1 \sim t_2$ 期间，VD1、VD2 流通，负载两端电压为直流端电压与两个管压降之和；$t_2 \sim t_3$ 期间，所有晶闸管和二极管都截止，V1～V4 上的电压由各元件的漏电流及装置的绝缘电阻决定，它是大于零、小于直流端电压

的某一值。u_o 由电容器 C 上原有的电压所决定。另一谐振周期：$t_3 \sim t_4$ 期间，V3、V4 流通，其上电压为管压降 V1、V2 两端电压略低于直流端电压，两者之差便是 V3、V4 的管压降；$t_4 \sim t_5$ 期间，VD3、VD4 流通，V3、V4 承受反压，V1、V2 两端电压略高于直流端电压，两者之差为 VD3、VD4 的正向压降；$t_5 \sim t_6$ 期间，所有两端的电压又变为一个浮动值。

逆变器的传输功率可由图 4-12 得出，只有在 $t_0 \sim t_1$ 和 $t_3 \sim t_4$ 两段时间内，负载电流和负载电压同向，能量从电源送至负载；而在 $t_1 \sim t_2$ 和 $t_4 \sim t_5$ 两段时间内，负载电流和负载电压反向，负载将能量返回电源；在 $t_2 \sim t_3$ 和 $t_5 \sim t_6$ 两段时间内，电流截止，电源和负载间无能量传输。在一个周期内，电源向负载传输的能量为三部分的代数和，其值不太大。负载功率小的原因是这种工作状态是断续工作，就像钟摆的运动，向左推动一下，停下来，再向右推一下，又停下来，振幅是很小的。要想增大功率输出，必须提高频率，使电流连续。

（2）$\omega > 0.5\omega_0$，为了提高输出功率，必须充分利用电力半导体器件的能力，消灭电流断续区间，尽量缩减能量回馈电源的时间，换言之，提高晶闸管的触发频率，使它的触发频率高于负载电路的固有振荡频率，即 $f_g > 0.5f_0$。这种情况下，前一谐振周期尚未结束，后一谐振周期就已经开始，如图 4-13 所示。电流连续时，由于从负载把能量送回直流电源的时间（$t_1 \sim t_3$）减小了（在晶闸管关断时间允许的情况下尽量短），每一个周期内负载得到能量将增加，逆变器输出功率和电流都上升很快。这就像连续给钟摆施加顺方向的推动力，它的振幅就会越来越大。直到负载电阻上功率消耗增加到与直流电源输入的功率相等，达到平衡。

由以上分析可以看出，随着触发频率的增加，逆变器的输出功率增加，因此，可以通过改变逆变器触发频率的办法来调节输出功率。

需要强调指出的是，当采用晶闸管作为开关器件时，虽然触发频率 ω_g 可以大于 $0.5\omega_0$，但是逆变器的输出频率 ω_g 必须低于谐振频率 ω_0，负载才能呈容性，才能具备换流条件。串联逆变器中的补偿电容实质上起换流电容的作用。

如果选用诸如 IGBT、SIT、VMOS、SITH 等具有自关断能力的电力半导体器件，作逆变开关，则 φ 角便可能随意，而且逆变器既可工作在输出电流超前电压的状态，也可工作在输出电流滞后输出电压的状态。只是当电流超前电压时，换流瞬间逆变开关器件将承受浪涌电流冲击；而当电流滞后于电压时，换流瞬间逆变开关器件则可能承受浪涌电压冲击。电流与电压的相位差越大，这两种冲击也越大。只有当逆变器的输出电流和电压同相时，逆变开关器件在换流瞬间才不会受浪涌冲击。因此，一般在选用具有自关断能力的电力半导体器作逆变开关的装置中，都设法使逆变器工作在功率因数为 1，即电流、电压同相位状态。严格的同相在工程上是做不到的，但是 φ 角尽可能小是必要的。功率的调节通常采用可控整流电路，通过调节直流电压来调整功率。在设计这种装置的逆变控制电路时，必须注意下列几点。

（1）逆变器上、下桥壁开关器件驱动波形，必须遵守先关断、后开通的原则，导通脉冲窄，关断脉冲宽。换言之，上、下桥臂开关器件的导通脉冲之间，必须有一死区时间，该时间的长短，决定于所选器件的关断时间，死区时间一般应比器件所需的关断时间长 1.5～2倍。

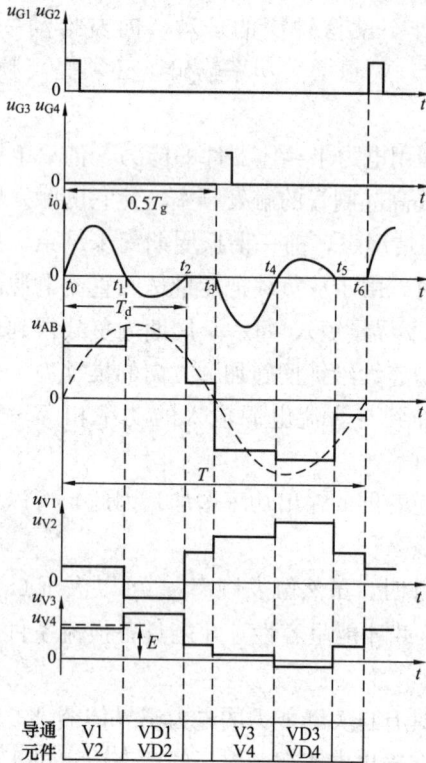

图 4-12　$\omega_g < 0.5\omega_0$ 时的各管的导通情况和电路内电流、电压的主要波形

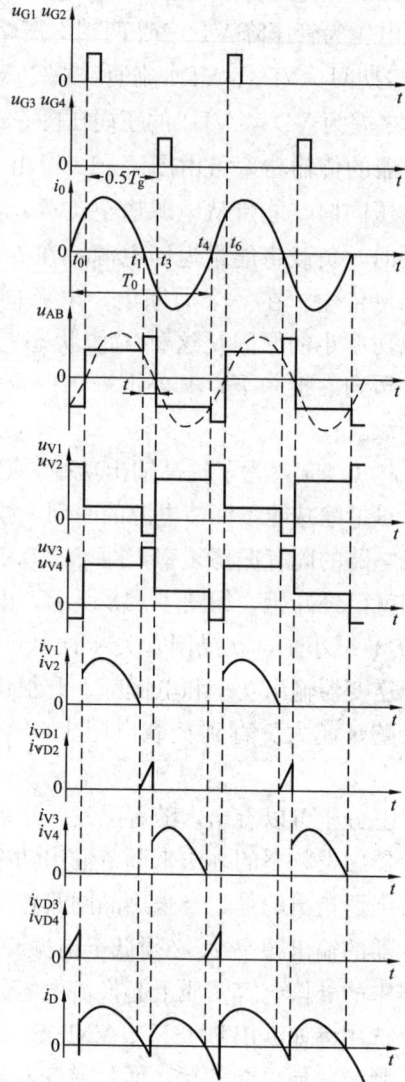

图 4-13　$\omega_g > 0.5\omega_0$ 时的各管的导通情况和电路内电流、电压的主要波形

（2）允许他激工作，可以通过调节他激频率调节功率。但要使换流瞬间的浪涌电流或电压冲击被抑制在器件允许的范围。

（3）采用自激工作方式时，反馈信号可以选用 $-U_C$、$-I_H$ 或逆变桥信号。当工作频率高时，逆变控制电路中的元件的信号传输延迟时间不容忽略，一般都要采取时间补偿措施。如果选择相位超前于 U_{ab} 的信号作反馈，能较易实现时间补偿，因而不用 U_C、I_H，而用它们的倒相信号作反馈。至于对抗干扰能力、电位隔离、驱动功率等要求，与对并联逆变控制电路的要求一样，在此从略。

串联逆变器的负载电路就是串联谐振电路，由电容器 C、电感 L 和电阻 R 串联组成。谐振时，串联电路各参数关系如下：

谐振频率为

$$f_0 = \frac{1}{2\pi \sqrt{LC}} \qquad (4-13)$$

谐振时等效阻抗为

$$R_D = Z_{(x=0)} = R \qquad (4-14)$$

串联电路电流为

$$I_{H0} = I_{H(\omega = \omega_0)} = \frac{U_{ab}}{R} \qquad (4-15)$$

电感 L 上电压为

$$U_{L_0} = j\omega_0 L I_{H_0} = j\omega_0 L \frac{U_{ab}}{R} = jQU_{ab} \qquad (4-16)$$

电容器 C 上电压为

$$U_{C_0} = \frac{1}{j\omega_0 C} \times \frac{U_{ab}}{R} = -jQU_{ab} \qquad (4-17)$$

特征阻抗为

$$XT = X_{C(\omega_0)} = \omega_0 L = \frac{1}{\sqrt{LC}} L = \sqrt{\frac{L}{C}} \qquad (4-18)$$

负载有功功率为

$$P_0 = I_{H_0}^2 R = \frac{U_{ab}^2}{R} \qquad (4-19)$$

电容器的无功功率为

$$Q_C = I_{H_0} U_C = Q \frac{U_{ab}^2}{R} = QP_0 \qquad (4-20)$$

电感的无功功率为

$$Q_L = I_{H_0} U_L = QP_0 \qquad (4-21)$$

$$Q = \frac{\omega_0 L}{R} = \frac{1}{\omega_0 CR}$$

式中：Q 为串联电路的品质因数。

　　这和并联谐振电路中是一样的。Q 值愈大，说明感抗和容抗相对于负载等效电阻 R 的差值愈大，电路阻抗随频率的变化也愈大，电路选择信号的性能就愈好。换言之，谐振电路对谐振频率的基波电压的阻抗极小，能形成大电流；而对偏离谐振频率的谐波电压则呈现高阻抗，几乎不产生电流。从感抗和容抗的表达式可看出，谐振时电感和电容上的电压相量方向相反，量值相等，都是逆变器输出电压的 Q 倍。所以称串联谐振为电压谐振，相应地称串联逆变器为电压谐振式逆变器。

4.4.2 电流型并联谐振式逆变电路

图 4-14 给出了一种单相电流型桥式逆变电路的原理图。电路由 4 个桥臂构成，每个桥臂的晶闸管各串联一个电抗器 L_T。L_T 用来限制晶闸管开通时的 di/dt，各桥臂的 L_T 之间不存在互感。一般情况下负载以中频交流电（1000～2500Hz）的形式输出，所以晶闸管的类型一般为快速晶闸管。

该电路采用负载换相方式工作，由于负载为阻感性负载，所以并联补偿电容 C。本电路是电流型逆变电路，所以其交流输出电流波形接近矩形波，其中包括基波和各奇次谐波，且谐波的幅值远小于基波。一般情况下，该电路输出电压的基波频率接近负载电路的谐振频率，故负载电路对基波呈现高阻态，而对高次谐波呈现低阻态，谐波在负载电路上产生的压降很小，因此负载电压接近正弦波，如图 4-15 所示。

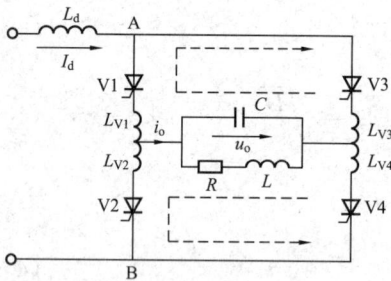

图 4-14　单相电流型桥式逆变电路

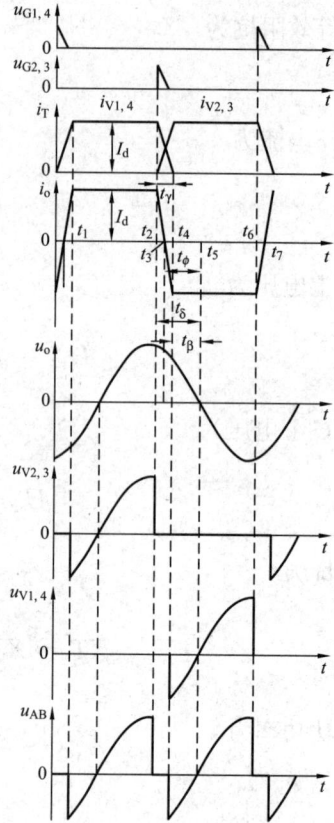

图 4-15　单相电流型逆变电路工作波形

在交流电流的一个周期内，有两个稳定导通阶段和两个换流阶段。$t_1 \sim t_2$ 之间为晶闸管 V1 和 V4 稳定导通阶段，负载电流 $i_o = i_d$，近似为恒值，t_2 时刻之前在电容 C 上建立了左正右负的电压。在 t_2 时刻触发晶闸管 V2 和 V3，由于 t_2 时刻之前 V2 和 V3 的电压均为 u_o，而 t_2 时刻的 u_o 为正值，所以 V2 和 V3 开通。由于存在换流电抗器 L_V，故 V1 和 V4 在 t_2 时刻不会立即关断，V1 和 V4 的电流有一个减小的过程，V2 和 V3 的电流有一个增大的过程。t_2 时刻后，4 个晶闸管全部导通，负载电压经过两个并联的放电回路（$C—L_{V1}—V1—V3—L_{V1}$ 和 $C—L_{V2}—V2—V4—L_{V4}$，如图 4-15 中虚线所示）放电。在放电过程中，V1 和 V4 电流逐渐减小，V2 和 V3 电流逐渐增大。当 $t = t_4$ 时，V1 和 V4 电流减至零而关断，换流结束。称 $t_\gamma = t_4 - t_2$ 为换流时间，i_o 在 t_3 时刻过零，t_3 时刻大致位于 t_2 和 t_4 的中点。

由晶闸管的性质可知，晶闸管在电流减小到零后，需要一段时间才能恢复其正相阻断能力。因此，在 t_4 时刻换流结束后，还要使 V1 和 V4 承受一段反向电压时间 t_β 才能保证晶闸管可靠关断。$t_\beta = t_5 - t_4$ 应大于晶闸管的关断时间 t_q。为了保证可靠换流，应在负载电压 u_o 过零前 $t_\delta = t_5 - t_2$ 时刻触发 V2 和 V3，t_δ 称为触发引前时间。

从图 4-15 可以看出，负载电流超前于负载电压的电角度 φ 为

$$\varphi = \omega\left(\frac{t_\gamma}{2} + t_\beta\right) = \frac{\gamma}{2} + \beta \tag{4-22}$$

式中：ω 为电路工作的角频率，γ 和 β 分别为 t_γ 和 t_β 对应的电角度；φ 为负载的功率因数角。

之后的分析过程和前面类似，$t_4 \sim t_6$ 之间为 V2 和 V3 稳定导通的阶段，t_6 后又进入从 V2 和 V3 导通向 V1 和 V4 导通的换流阶段。

下面分析一个周期内 A、B 之间的电压 u_{AB}。忽略晶闸管的导通压降，则在稳定导通阶段 $t_1 \sim t_2$，u_{AB} 即负载的输出电压；在稳定导通阶段 $t_4 \sim t_6$，u_{AB} 和负载的输出电压大小相等，方向相反；在换流过程中，上下桥臂的 L_T 极性相反，所以 $u_{AB}=0$。所以 u_{AB} 的波形如图 4-15 所示，从图 4-15 中可以看出，当 u_{AB} 为负值时，逆变侧需要把能量反馈给直流侧，即通过补偿电容器 C 来反馈，这实际上反映了负载和直流电源之间无功能量的交换。在直流侧，L_d 起缓冲这种无功能量的作用。

如果忽略换流过程，输出电流 i_o 可近似的看作矩形波，展开成傅里叶级数可得

$$i_o = \frac{4I_d}{\pi}\left(\sin\omega t + \frac{1}{3}\sin3\omega t + \frac{1}{5}\sin5\omega t + \cdots\right) \tag{4-23}$$

其基波电流有效值 I_{o1} 为

$$I_{o1} = \frac{4I_d}{\sqrt{2}\pi} = 0.9I_d \tag{4-24}$$

忽略电抗器 L_d 的损耗，则直流电压 U_d 为

$$U_d = \frac{1}{\pi}\int_{-\beta}^{\pi-(\gamma+\beta)} u_{AB}\mathrm{d}\omega t = \frac{1}{\pi}\int_{-\beta}^{\pi-(\gamma+\beta)} \sqrt{2}U_o\sin\omega t\,\mathrm{d}\omega t = \frac{2\sqrt{2}U_o}{\pi}\cos\left(\beta+\frac{\gamma}{2}\right)\cos\frac{\gamma}{2} \tag{4-25}$$

由于一般情况下 γ 值较小，因此可近似的认为

$$U_d = \frac{2\sqrt{2}}{\pi}U_o\cos\varphi \tag{4-26}$$

在上述分析中，认为负载参数不变，逆变电路的工作频率也是固定的，在实际系统（如感应加热系统）中，负载的参数一般随时间或工况变化，固定的工作频率无法保证晶闸管的反向时间大于关断时间，可能导致逆变失败。为了保证电路正常工作，必须使工作频率能适应负载的变化而自动调整，这种控制方式称为自励方式，即逆变电路的触发信号取自负载端。与自励方式相对应，固定工作频率的控制方式称为他励方式。自励方式存在着启动问题，因为系统未投入时负载没有输入信号，解决这一问题的方法，一种是先用他励方式，系统工作后再转入自励方式。另一种方法是附加预充电启动电路，即预先给电容器充电，启动时将电容能量释放到负载上，形成衰减振荡，然后系统检测出振荡信号实现自励。

如果补偿电容与负载并联，则可构成并联式谐振逆变器。应用较多的场合是用于熔炼、透热和淬火的感应加热电源。

习　题　四

1. 无源逆变电路和有源逆变电路有什么区别？
2. 器件的换流方式有哪些？各有什么特点？试举例说明。

3. 什么是电压型逆变电路和电流型逆变电路？二者各有什么特点？

4. 电压型逆变电路中二极管的作用是什么？如果没有将出现什么现象？为什么电流型逆变电路中没有这样的二极管？

5. 请说明整流电路、逆变电路、变频电路三个概念的区别。

6. 并联谐振式逆变器利用负载电压进行换相，为保证换相应满足什么条件？

7. 三相桥式电压型逆变电路，180°导电方式，$U_d = 100V$。试求输出相电压的基波幅值 U_{AN1m} 和有效值 U_{AN1}，输出线电压的基波幅值 U_{AB1m} 和有效值 U_{AB1}、输出 5 次谐波的有效值 U_{AB5}。

5 PWM 控制技术

PWM（Pulse Width Modulation）控制指对脉冲的宽度进行调制的技术，即通过对一系列脉冲的宽度进行调制，来等效地获得所需的波形（含形状和幅值）。由于它可以有效地进行谐波抑制，而且动态响应好，在功率因数、谐波、效率等诸方面都有着明显的优势，已成为电力电子变换器最主要的开关控制技术，并仍在不断发展完善之中。

PWM 控制技术在全控型器件构成 DC/DC 和 DC/AC 变换电路均有应用，而本章仅介绍为获得正弦化交流输出波形的正弦脉宽调制（SPWM）的基本原理、实现方法、谐波特点等，并着重阐述基于 PWM 控制技术的 DC↔AC 变换电路——PWM 变流器的工作原理。

5.1 概　述

5.1.1 PWM 控制的基本原理

由于方波输出的逆变电路含有大量低次谐波，因而很少应用在电机调速等实际变流装置中。为了减小交流输出电压的谐波含量和便于控制其幅值、频率，PWM 控制技术被引入到逆变电路的开关控制之中。所有 PWM 调制方法的基本目标在于等效前后的脉冲波形对时间的积分相等，其理论基础源于采样控制理论中的一个重要结论，即大小、波形不相同的窄脉冲变量作用于惯性系统时，只要它们的冲量即变量对时间的积分相等，其作用效果基本相同。该原理被称为冲量（面积）等效原理。根据该原理可知，大小、波形不相同的两个窄脉冲电压作用于阻感负载时，只要两个窄脉冲电压的面积（冲量）相等，则它们形成的电流响应就相同。如图 5-1 所示，图 5-1 中（a）、（b）、（c）、（d）分别为矩形脉冲、三角形脉冲、正弦波脉冲和位脉冲函数，它们的冲量都等于 1，那么，它们分别加在具有惯性的同一环节上时，其输出电流响应基本相同；虽然输出电流响应的上升阶段随脉冲形状不同略有不同，但其下降段则几乎完全相同；而其频域特性的低频段非常接近，仅在高频段略有差异。

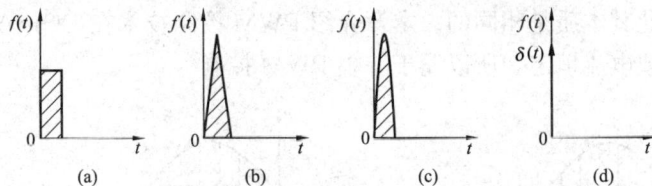

图 5-1　形状不同而冲量相同的各种电压窄脉冲
（a）矩形脉冲；（b）三角形脉冲；（c）正弦波脉冲；（d）单位脉冲函数 $\delta(t)$

1964 年，德国人 A. Schonung 等人率先提出了脉宽调制变频的思想。他们把通信系统中的调制技术推广应用于交流变频器。图 5-2 绘出了交—直—交变压变频器的原理框图，整流器 UR 整流后的整流电压经电容滤波后形成稳定幅值的直流电压，加在逆变器 UI 上，逆变器的功率开关器件采用全控式器件，按一定规律控制其导通或关断，使输出端获得一系列宽度不等的矩形脉冲电压波形。通过改变脉冲的宽度可以控制逆变器输出交流基波电压的幅值，通过改变调制周期可以控制其输出频率，从而同时实现变压和变频。20 世纪 70 年代，变频器的主电路采用 GTO 和 GTR，调速控制策略采用 V/F 控制。80 年代之后，变频器的主电路采用 IGBT，调速控制策略采用矢量控制和直接转矩控制。90 年代至今，变频器在工业领域应用已非常普及，并且促进新的 PWM 控制技术不断涌现。

由于期望逆变器可以变压、变频，而且逆变器的输出电压是正弦的，为此可以把一个正弦半波波形分成 N 等份［见图 5-3（a）］，把正弦半波看成由 N 个彼此相连的脉冲组成的波形。这些脉冲宽度相等，都等于 π/N；但幅值不等，且脉冲顶部都不是水平直线，各脉冲的幅值按正弦规律变化。如果把上述脉冲序列用同样数量的等幅而不等宽的矩形脉冲序列代替，矩形脉冲和相应正弦部分的面积（冲量）相等，就得到图 5-3（b）所示的脉冲序列，这就是 PWM 波形。可以看出，各脉冲的
宽度是按正弦规律变化的。对于正弦波的负半周，也可以用同样的方法得到 PWM 波形。像这种脉冲的宽度按正弦规律变化并和正弦波形等效的 PWM 波形，被称为 SPWM（Sinusoidal PWM）波形。为与方波输出电路相区别，采用 PWM 控制的变流器被称为 PWM 变流器。

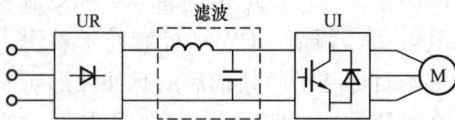

图 5-2　交—直—交变压变频器原理框图

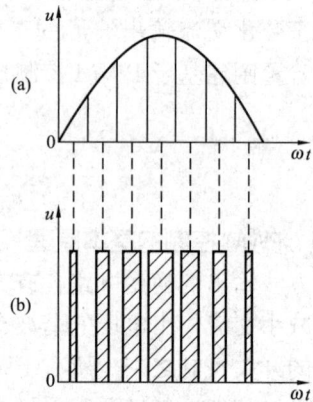

图 5-3　与正弦波等效的等幅矩形脉冲序列波
（a）正弦波；（b）脉冲序列

5.1.2　PWM 控制的基本类型

经过 30 多年的发展，PWM 控制已形成多种多样的调制方法，在电力电子技术的各个领域获得广泛应用，下面介绍其不同的分类方法和基本类型。

根据 PWM 脉冲序列幅值是否相等，可分为等幅 PWM 波和不等幅 PWM 波两种，如图 5-4 所示。不管是等幅 PWM 波还是不等幅 PWM 波，都是基于面积（冲量）等效原理来进行控制的，因此其本质是相同的。本章介绍 PWM 控制技术在 DC↔AC 变换中的应用，通常其直流侧电压或电流恒定，所以属于等幅 PWM 控制。

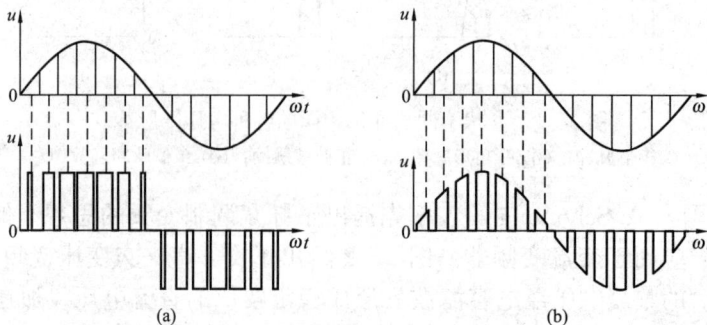

图 5-4　等幅和不等幅 PWM 波形
（a）等幅；（b）不等幅

与逆变电路相同，根据直流侧电源性质，PWM 变流器也分为电压型和电流型。电压型电路的 PWM 控制易于实现，并且应用更为广泛，本章仅介绍电压型 PWM 变流器的工作原理。

PWM 脉冲的宽度可以通过计算法和调制法来得到。根据 PWM 控制的基本原理，在给出了正弦波频率、幅值和半个周期内的脉冲数后，就可以准确计算出 PWM 波形各脉冲的宽度和间隔。按照计算结果，控制电路中各开关器件的通断，就可以得到所需要的 PWM 波形。这种方法称为计算法。可以看出，这种计算非常繁琐，当正弦波的频率、幅值等变化时，结果都要变化。

与计算法相对应的较为实用的方法是调制法，又分为载波调制（Carrier-based PWM）和空间矢量调制（Space Vector Modulation，SVM），本章将对这两种方法重点阐述。载波调制的 SPWM 方法是通过正弦参考波与高频三角载波相比较，得到各 PWM 脉冲的宽度。空间矢量调制方法的思想源于交流电机调速的矢量控制，通过实际存在的电压矢量切换来等效所需的任意电压矢量。

根据电路结构和输出相电压的电平数，可以分为两电平 PWM 电路和多电平 PWM 电路。三相桥式电路每相有两个开关器件，只能输出两种电平，其高次谐波和 du/dt 较大，用于中小功率场合。而在高压大功率领域，需采用多重化或多电平电路来提高电压和功率等级、减小高次谐波产生的电磁干扰和 du/dt 对设备绝缘的损害。图 5-5 为两电平和七电平 PWM 变流器输出线电压的波形及其频谱的对比，可以看出，随着电平数的增加，输出电压更加接近正弦波，其高次谐波含量显著减少。

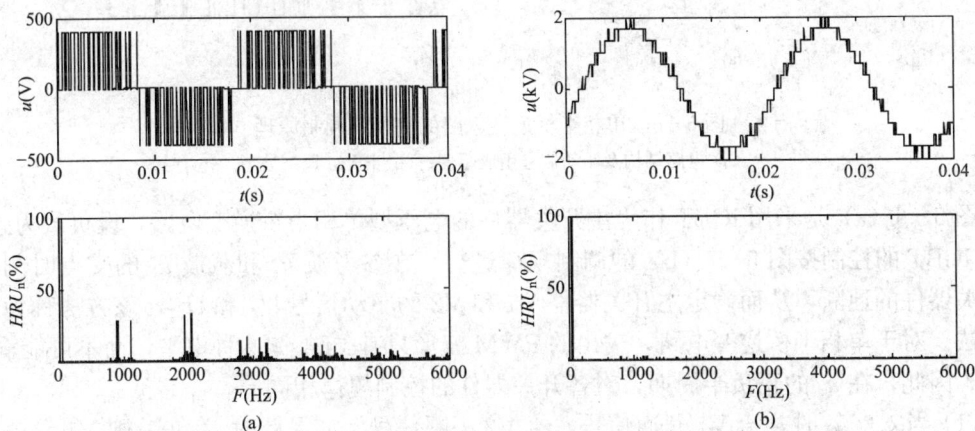

图 5-5　两电平及七电平 PWM 变流器输出线电压波形及其频谱对比
(a) 两电平 PWM 变流器；(b) 七电平 PWM 变流器

5.2　载波调制的 PWM 控制方法

基于载波调制的 SPWM 控制，即把希望输出的波形按比例缩小作为参考信号（Reference Signal），把接受调制的信号作为载波（Carrier Signal），通过对载波的调制得到所希望的 PWM 波形。通常采用等腰三角形或锯齿波来作为载波，其中等腰三角波应用最多。因为等腰三角波上任一点的水平宽度和高度成线性关系而且左右对称，当它与任何一个平缓变化的参考信号波相交时，如在交点时刻控制电路中开关器件的通断，就可以得到宽度正比于信号波幅值的脉冲，这正好符合 PWM 控制的要求。当参考信号是正弦波时，所得到的就是SPWM 波形，这种情况应用最广，本节主要介绍这种控制方法。当调制信号不是正弦波，而是其他所需要的波形时，也能得到与之等效的 PWM 波形。下面结合具体逆变电路分析基于载波调制的 SPWM 控制方法。

5.2.1　单相半桥逆变电路的 SPWM 控制原理

　　单相半桥是构成单相全桥和三相全桥的基本单元，因此首先介绍单相半桥逆变电路的SPWM 控制原理，再将其扩展到单相全桥和三相全桥逆变电路。

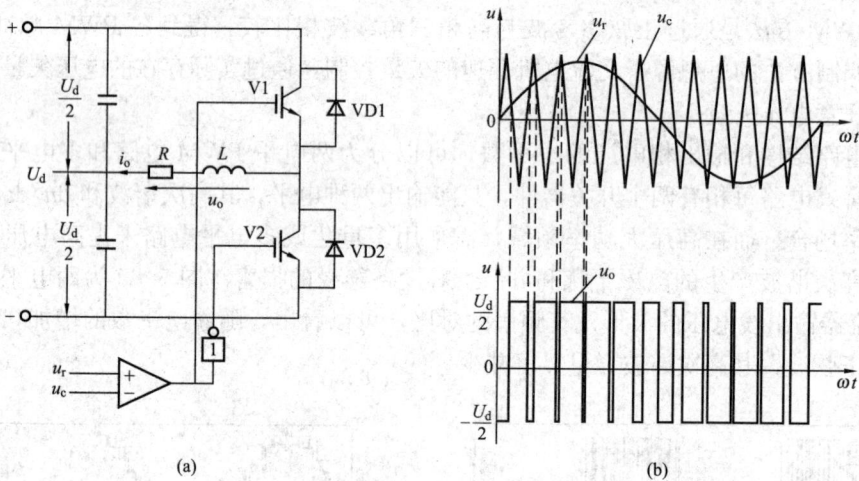

图 5-6　单相半桥逆变电路的 PWM 调制原理
(a) 电路结构及驱动信号生成原理；(b) PWM 调制波形

　　图 5-6（a）是采用 IGBT 作为主开关器件的电压型单相半桥逆变电路，设负载为感性，对各 IGBT 的控制按图 5-7（b）的调制规律进行。在参考波 u_r 和载波 u_c 的交点时刻控制各开关器件的通断，从而确定主开关器件 V1 和 V2 的驱动信号 U_{g1} 和 U_{g2}，该方法称为自然采样法。对于单相半桥逆变电路，输出的 PWM 波形只有 $\pm U_d/2$ 两种电平，而不可能输出 0电平。因此，在 u_r 的正负半周期，对各开关器件的控制规律相同。

　　(1) 当 $u_r > u_c$ 时，给 V1 开通信号，给 V2 关断信号，如果此时 $i_o > 0$，则 V1 导通，如果 $i_o < 0$，则 VD1 导通，但无论哪种情况下输出电压 $u_o = U_d/2$。

　　(2) 当 $u_r < u_c$ 时，给 V2 开通信号，给 V1 关断信号，如果此时 $i_o < 0$，则 V2 导通，如果 $i_o > 0$，则 VD2 导通，但无论哪种情况下输出电压 $u_o = -U_d/2$。

　　在载波幅值和频率固定的情况下，改变参考波的幅值和频率，即可改变输出交流电压的幅值和频率。

5.2.2　单相全桥逆变电路的 SPWM 控制原理

　　单相全桥逆变电路结构如图 5-7（a）所示，可看作由两个半桥电路组成。而输出电压 u_o 可看作是这两个半桥电路输出电压 u_{AN} 和 u_{BN} 之差，含有 $\pm U_d$ 和 0 共 3 个电平。

　　(1) 当 $u_{r1} > u_c$、$u_{r2} < u_c$ 时，V1 和 V4 导通（或 VD1 和 VD4 导通），$u_o = U_d$。

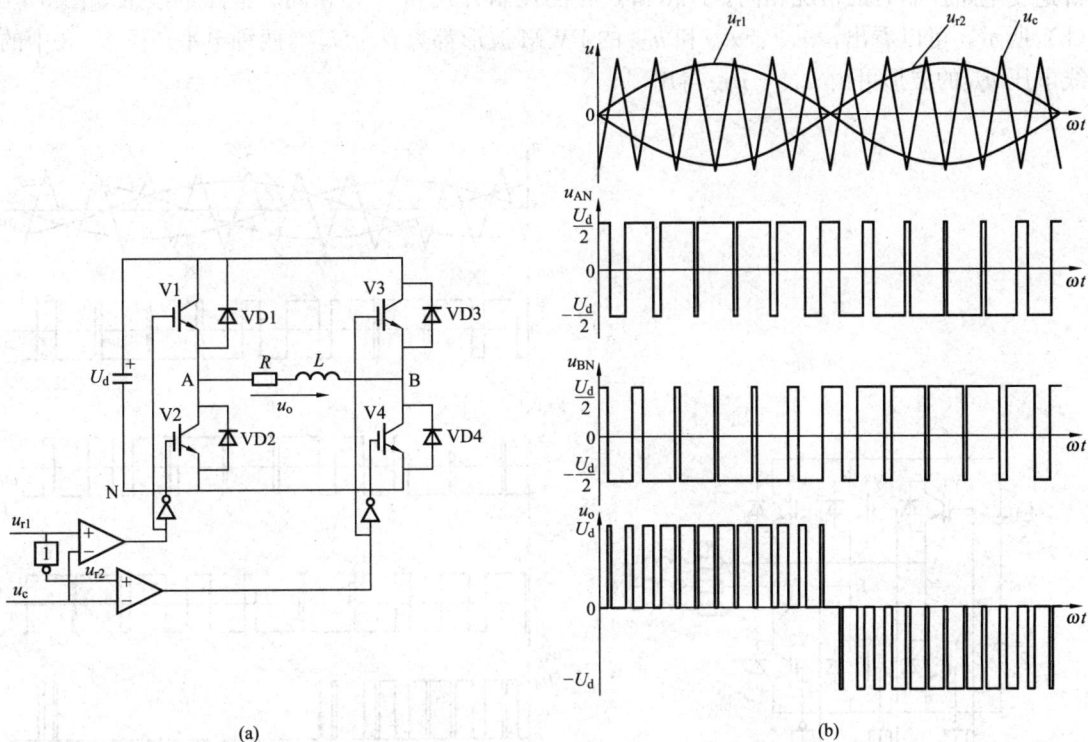

图 5-7 单相桥式逆变电路的 PWM 调制原理

(a) 电路结构及驱动信号生成原理；(b) PWM 调制波形

(2) 当 $u_{r1} > u_c$、$u_{r2} > u_c$ 时，V1 和 VD3 导通（或 VD1 和 V3 导通），$u_o = 0$。

(3) 当 $u_{r1} < u_c$、$u_{r2} > u_c$ 时，V2 和 V3 导通（或 VD2 和 VD3 导通），$u_o = -U_d$。

(4) 当 $u_{r1} < u_c$、$u_{r2} < u_c$ 时，V2 和 VD4 导通（或 VD2 和 V4 导通），$u_o = 0$。

两个半桥的调制方法相同，只是采用的参考波相位相反，如图 5-7（b）所示。工作时，V1 和 V2 的通断状态互补，V3 和 V4 的通断状态也互补，而 V1 和 V3 的驱动信号可分别由两个反相的正弦参考波和三角载波比较得到。从输出电压波形可以看出，与单相半桥电路的 U_d 和 $-U_d$ 交替出现不同，在正半周期，负载上的输出电压 u_o 就可以得到 0 和 U_d 交替的两种电平；在负半周期，负载电压可以得到 0 和 $-U_d$ 交替的两种电平。

5.2.3 三相桥式逆变电路的 SPWM 控制原理

三相逆变电路的 SPWM 的控制方式也可以看作由三个半桥电路的分别调制而得到。如图 5-8（a）所示，A、B 和 C 三相的三个半桥的 PWM 控制通常公用一个三角波载波 u_c，而三相的调制信号 u_{rA}、u_{rB} 和 u_{rC} 依次相差 120°。A、B 和 C 各相功率开关器件的控制规律相同，现以 A 相为例进行说明。为便于分析，将直流侧电压 U_d 等分，并设其中点为 N′。当 $u_{rA} > u_c$ 时，给上桥臂 V1 以导通信号，给下桥臂 V4 以关断信号，则 A 相相对于直流电源假象中点 N′ 的输出电压 $u_{AN'} = U_d/2$。当 $u_{rA} < u_c$ 时，给上桥臂 V4 以导通信号，给下桥臂 V1 以关断信号，则 A 相相对于直流电源中点 N′ 的输出电压 $u_{AN'} = -U_d/2$。V1 和 V4 的驱动信号始终是互补的。当给 V1（V4）加导通信号时，可能是 V1（V4）导通，也可能是二极管 VD1（VD4）导通续流，这要由感性负载中原来电流的方向和大小来决定，和单相半

桥逆变电路控制时的情况相同。B 相和 C 相的控制方式和 A 相相同。电路的波形如图 5-8
（b）所示，可以看出，$u_{AN'}$、$u_{BN'}$ 和 $u_{CN'}$ 的 PWM 波形都只有 $\pm U_d/2$ 两种电平。图 5-8 中的
线电压 u_{AB} 的波形可由 $u_{AN'}-u_{BN'}$ 得出。

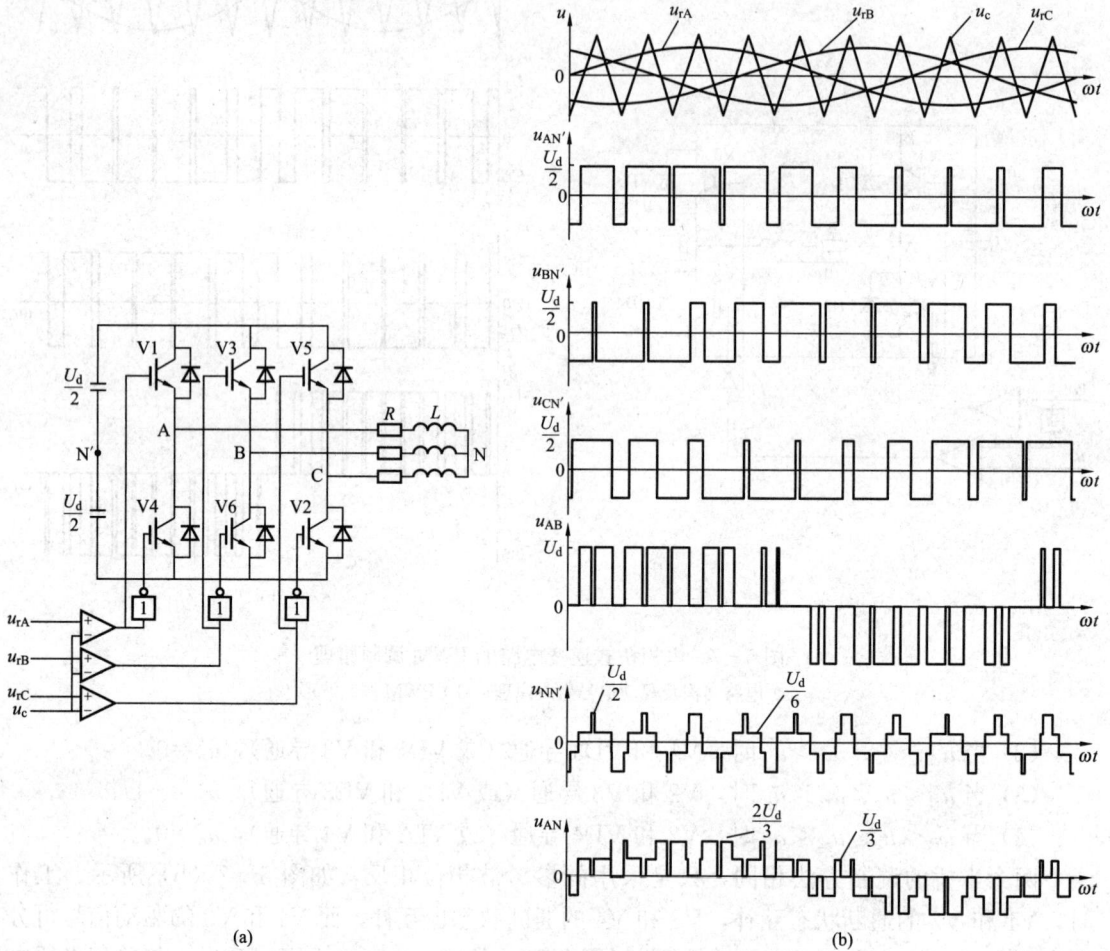

图 5-8　三相 PWM 逆变电路及波形
（a）电路结构及驱动信号生成原理；（b）PWM 调制波形

（1）当桥臂 1 和桥臂 6 导通时，$u_{AB}=U_d$。

（2）当桥臂 3 和桥臂 4 导通时，$u_{AB}=-U_d$。

（3）当桥臂 1 和桥臂 3 或桥臂 4 和桥臂 6 导通时，$u_{AB}=0$。

因此，逆变器的输出线电压 PWM 波由 $\pm U_d$ 和 0 三种电平构成。由于负载相电压有

$$u_{AN}=u_{AN'}-\frac{u_{AN'}+u_{BN'}+u_{CN'}}{3}$$

从图 5-8 的波形上可以看出，负载相电压的 PWM 波由 $(\pm 2/3)U_d$、$(\pm 1/3)U_d$ 和 0 五种
电平组成。

理论上，电压型逆变电路的 PWM 控制中，同一相上下两个桥臂的驱动信号是互补的。
但实际上，为了防止上下两个桥臂直通而造成的短路，在上下两臂通断切换时要留一小段上

下臂都施加关断信号的死区时间。死区时间长短主要由功率开关器件的关断时间来决定。这个死区时间将会给输出的 PWM 波形带来一定的影响，使其稍稍偏离正弦波。

5.2.4 SPWM 的基波电压

对于 SPWM 波形，为了找出基波电压，需将 SPWM 脉冲序列 $u(t)$ 展开成傅里叶级数。由于各相电压正、负半波及其左、右均对称，因而它是一个奇次正弦周期函数，其一次表达式为

$$u(t) = \sum_{k=1}^{\infty} U_{km} \sin k\omega_1 t \quad (k = 1, 3, 5, \cdots) \tag{5-1}$$

其中

$$U_{km} = \frac{2}{\pi} \int_0^{\pi} u(t) \sin k\omega_1 t \, d\omega_1 t \tag{5-2}$$

要把包含 n 个矩形脉冲的 $u(t)$ 代入式（5-1），必须先求得每个脉冲的起始相位和终了相位。就图 5-8 所示的 SPWM 波形来说，SPWM 脉冲序列的幅值为 U_d，各脉冲不等宽，但中心距相同，都等于 π/n，n 为正弦波半个周期内的脉冲数。令第 i 个矩形脉冲的宽度为 δ_i，其中心点相位角为 θ_i，由于在原点处的三角载波只有半个波形，第 i 个脉冲中心点的相位为

$$\theta_i = \frac{\pi}{n} i - \frac{1}{2} \cdot \frac{\pi}{n} = \frac{2i-1}{2n} \pi \tag{5-3}$$

于是，第 i 个脉冲的起始相位为

$$\theta_i - \frac{1}{2} \delta_i = \frac{2i-1}{2n} \pi - \frac{1}{2} \delta_i$$

其终止相位为

$$\theta_i + \frac{1}{2} \delta_i = \frac{2i-1}{2n} \pi + \frac{1}{2} \delta_i$$

代入式（5-2）可得

$$
\begin{aligned}
U_{km} &= \frac{2}{\pi} \sum_{i=1}^{n} \int_{\theta_i - \frac{1}{2}\delta_i}^{\theta_i + \frac{1}{2}\delta_i} U_{dc} \sin k\omega_1 t \, d\omega_1 t \\
&= \frac{2}{\pi} \sum_{i=1}^{n} \frac{U_{dc}}{k} \left[\cos k\left(\theta_i - \frac{1}{2}\delta_i\right) - \cos k\left(\theta_i + \frac{1}{2}\delta_i\right) \right] \\
&= \frac{4U_{dc}}{k\pi} \sum_{i=1}^{n} \left(\sin k\theta_i \sin \frac{k\delta_i}{2} \right) = \frac{4U_{dc}}{k\pi} \sum_{i=1}^{n} \left[\sin \frac{(2i-1)k\pi}{2n} \sin \frac{k\delta_i}{2} \right]
\end{aligned} \tag{5-4}
$$

故
$$u(t) = \sum_{k=1}^{\infty} \frac{4U_{dc}}{k\pi} \sum_{i=1}^{n} \left[\sin \frac{(2i-1)k\pi}{2n} \sin \frac{k\delta_i}{2} \right] \sin k\omega_1 t \tag{5-5}$$

以 $k=1$ 代入式（5-4）中，可得输出电压的基波幅值。当半个周期内的脉冲数 n 不太少时，各脉冲的宽度 δ_i 都不大，可以近似的认为 $\sin\delta_i/2 \approx \delta_i/2$，因此

$$U_{1m} = \frac{4U_{dc}}{\pi} \sum_{i=1}^{n} \left[\sin \frac{(2i-1)\pi}{2n} \right] \frac{\delta_i}{2} \tag{5-6}$$

　　可见输出基波电压幅值 U_{1m} 与各段脉宽 δ_i 有着直接的关系，它说明如何调节参考信号的幅值。当改变各个脉冲的宽度时，就实现了对逆变器输出电压基波幅值的平滑调节。

　　对于 SPWM 波形，其等效正弦波为 $U_m\sin\omega_1 t$，根据面积相等的等效原理，可写成

$$\delta_i U_D = U_m\int_{\theta_i-\frac{\pi}{2n}}^{\theta_i+\frac{\pi}{2n}}\sin\omega_1 t\,\mathrm{d}\omega_1 t = U_m\left[\cos\left(\theta_i-\frac{\pi}{2n}\right)-\cos\left(\theta_i+\frac{\pi}{2n}\right)\right]$$

$$= 2U_m\sin\frac{\pi}{2n}\sin\theta_i$$

有

$$\delta_i \approx \frac{\pi U_m}{n U_{dc}}\sin\theta_i \tag{5-7}$$

这就是说，第 i 个脉冲宽度与该处正弦值近似成正比。因此，与半个周期正弦波等效的 SPWM 波是两侧窄、中间宽、脉宽按正弦规律逐渐变化的序列脉冲波形。

　　将式（5-3）、式（5-7）代入式（5-6），得

$$U_{1m} = \frac{4U_d}{\pi}\sum_{i=1}^{n}\left[\sin\frac{(2i-1)\pi}{2n}\right]\frac{\pi U_m}{2n U_{dc}}\sin\frac{(2i-1)\pi}{2n}$$

$$= \frac{2U_m}{n}\sum_{i=1}^{n}\sin^2\left[\frac{(2i-1)\pi}{2n}\right]$$

$$= \frac{2U_m}{n}\sum_{i=1}^{n}\frac{1}{2}\left[1-\cos\frac{(2i-1)\pi}{n}\right]$$

$$= U_m\left[1-\frac{1}{n}\sum_{i=1}^{n}\cos\frac{(2i-1)\pi}{n}\right] \tag{5-8}$$

可以证明，除 $n=1$ 外，有限项三角级数为

$$\sum_{i=1}^{n}\cos\frac{(2i-1)\pi}{n} = 0$$

而 $n=1$ 是没有意义的，因此由式（5-8）可得

$$U_{1m} = U_m$$

也就是说，SPWM 逆变器输出脉冲序列的基波电压正是调制时所要求的等效正弦波。当然，这个结论是在做出前述的近似条件下得出的，即 n 不太少，$\sin\pi/2n\approx\pi/2n$，且 $\sin\delta_i/2\approx\delta_i/2$。

　　对于如图 5-6 所示单相半波电路的 SPWM 波形，输出电压的基波有效值的最大值为 $U_{1max}=\dfrac{U_{dc}}{2\sqrt{2}}$；对于图 5-7 所示的单相全桥逆变电路，$U_{1max}=\dfrac{U_{dc}}{\sqrt{2}}$；对于图 5-8 所示的三相全桥逆变电路，输出线电压的基波有效值的最大值为 $U_{1max}=\dfrac{\sqrt{3}U_{dc}}{2\sqrt{2}}$。

　　设参考波的幅值和频率分别为 U_m 和 f_r，载波的幅值和频率分别为 U_{cm} 和 f_c，定义 U_m 与 U_{cm} 之比为幅值调制比（调制度）M，即

$$M = \frac{U_m}{U_{cm}}$$

定义载波频率 f_c 与参考调制波频率 f_r 之比为频率调制比（载波比）N，即

$$N = \frac{f_c}{f_r}$$

则 PWM 逆变电路输电电压的基波为 f_r，而其有效值为

$$U_1 = MU_{1\max}$$

5.2.5 对脉宽调制的制约条件

根据脉宽调制的特点，两电平逆变器主电路的功率开关器件的开关频率与载波频率 f_c 相同，在其输出电压的一个周期内要开关 N 次，N 越大，脉冲序列波的脉宽 δ_i 越小，上述分析结论的准确性就越高，SPWM 波的基波更接近期望的正弦波。但是，功率开关器件本身的开关能力是有限的，因此在应用脉宽调制技术时必然要受到一定条件的制约，这主要表现在以下两个方面。

（1）功率开关器件的频率。各种电力电子器件的开关频率受到其固有开关时间和开关损耗的限制，普通晶闸管用于无源逆变时需采用强迫换流电路，其开关频率一般不超过 $300\sim500\mathrm{Hz}$，在 PWM 逆变器中已很少应用。取而代之的是全控型器件，目前市场上的变频器产品主要采用 IGBT，其开关频率通常在 $2\mathrm{k}\sim20\mathrm{kHz}$。为了使逆变器的输出波形尽量接近正弦波，应尽可能增大载波比；但从功率开关器件本身的允许开关频率和开关损耗来看，载波比又不能太大。

（2）最小间歇时间与幅值调制比。为了保证主电路开关器件的安全工作，必须使调制成的脉冲波有最小脉宽与最小间歇的限制，以保证最小脉冲宽度大于开关器件的导通时间 t_{on}，而最小脉冲间歇大于器件的关断时间 t_{off}。在脉宽调制时，若 $N/2$ 为偶数，调制信号的峰值 U_{rm} 与三角载波相交的地方恰好是一个脉冲的间歇。为了保证最小间歇时间大于 t_{off}，必须使 U_{rm} 低于三角波的峰值 U_{cm}。为此，虽然在理想情况下，M 值可在 $0\sim1$ 之间变化，以调节逆变器输出电压的大小，但在实际应用时，M 有最大值和最小值的限制。

5.2.6 异步调制和同步调制

在 PWM 控制电路中，根据载波和信号波是否同步及载波比 N 的变化情况，PWM 控制可分为异步调制和同步调制。

（1）异步调制。

载波和信号波不保持同步的调制方式称为异步调制。在异步调制方式中，通常保持载波频率 f_c 固定不变，因而当调制波频率 f_r 变化时，载波比 N 是变化的。同时，在信号波的半个周期内，PWM 的脉冲个数不固定，相位也不固定，正负半周期的脉冲不对称，半周期内前后 1/4 周期的脉冲也不对称。

当信号波频率较低时，载波比 N 较大，一周内的脉冲数较多，正负半周期脉冲不对称和半周期内前后 1/4 周期脉冲不对称产生的不利影响都较小，PWM 接近正弦波。当信号频率增高时，载波比 N 减小，一周内的脉冲数减少，PWM 脉冲不对称的影响就变大，有时信号波的微小变化还会产生 PWM 脉冲的跳动。这就使得输出 PWM 波和正弦波的差异变大。对于三相 PWM 型逆变电路来说，三相输出的对称性也较差。因此，在采用异步调制方式时，希望采用较高的载波频率，以使在信号波频率较高时仍能保持较大的载波比。

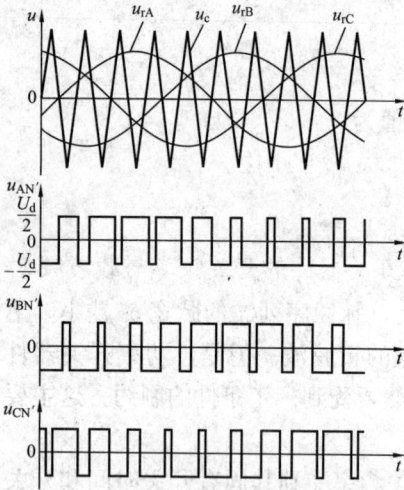

图 5 - 9　N＝9 时的同步调制
的三相 PWM 波形

（2）同步调制。

载波比 N 等于常数，并在变频时使载波和信号波保持同步的方式称为同步调制。在基本同步调制方式中，信号波频率变化时载波比 N 不变，信号波一个周期内输出的脉冲数是固定的，脉冲相位也是固定的。在三相 PWM 逆变电路中，通常公用一个三角载波，且取载波比 N 为 3 的整数倍，以使三相输出波形严格对称，为了保证双极性调制时每相波形的正、负半波对称，N 应取奇数。图 5 - 9 的例子是 N＝9 时的同步调制的三相 PWM 波形。在调制波频率 f_r 改变时，为保持 N＝9 不变，则载波频率即器件的开关频率要随之而改变。因而，f_r＝50Hz 时，f_c＝450Hz；f_r＝40Hz 时，f_c＝360Hz。

同步调制的优点是在开关频率较低时可以保证输出波形的对称性。同步调制的缺点是当逆变电路输出频率很低时，由于相邻两脉冲间的间距增大，谐波会显著增加，使负载电机产生较大的脉动转矩和较强的噪声；当逆变电路输出频率很高时，载波频率会过高，使开关器件难以承受。

（3）分段同步调制。

为了扬长避短，可以将异步调制和同步调制结合起来，称为分段同步调制方式，使用 SPWM 的逆变器多采用此方式。

在一定频率范围内采用同步调制，以保持输出波形对称的优点。当频率降低较多时，如果仍保持载波比 N 不变的同步调制，输出电压谐波将会增大。为了避免这个缺点，可使载波比分段有级地加大，以采纳异步调制的长处，这就是分段同步调制方式。具体地说，把整个变频范围划分成若干个频段，在每个频段内都维持载波比 N 恒定，而对不同的频段取不同的 N 值。在输出频率的高频段采用较低的载波比，以使载波频率不致过高，并控制在功率开关器件所允许的频率范围之内。在输出频率的低频段采用较高的载波比，以使载波频率不致过低而对负载产生不利的影响。各频段的载波比应该都取 3 的整数倍且为奇次。

图 5 - 10 给出了分段同步调制的一个例子，各频段的载波比标在图中。为了防止频率在切换点附近时载波比来回地跳动，在各频率切换点采用滞环切换的方法。图 5 - 10 中切换点处的实线表示输出频率增高时的切换频率，虚线表示输出频率降低时的切换频率，前者略高于后者而形成滞后切换。在不同的频率段内，载波频率的变化范围基本一致，f_c 大约在 1.4～2.0kHz 之间。提高载波频率可以使输出波形更接近正弦波，但载波频率的提高受到功率开关器件允许最高频率的限制。另外在采用微机控制时，载波频率还受到微

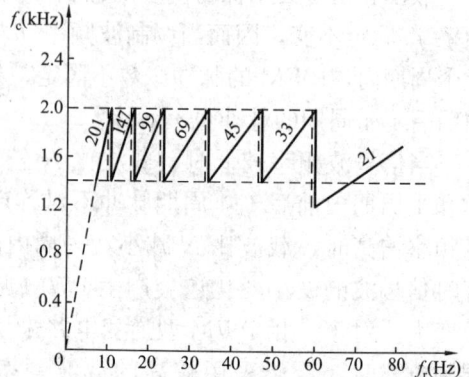

图 5 - 10　分段同步调制方式

机计算速度和控制算法计算量的限制。

5.2.7 SPWM 控制的实现方法

1. SPWM 的模拟控制

最初的 SPWM 是由模拟控制来实现的。图 5-11 是 SPWM 逆变器的模拟控制电路原理框图。三相对称的参考正弦电压调制信号 u_{ra}、u_{rb}、u_{rc} 由参考信号发生器提供,其频率和幅值都是可调的。三角载波信号 u_c 由三角波发生器提供,各相共用。它分别与每相调制信号在比较器上进行比较,给出"正"或"零"的输出,产生 SPWM 脉冲序列波 u_{da}、u_{db}、u_{dc} 作为逆变器功率开关器件的驱动信号。

2. SPWM 的数字控制

数字控制是 SPWM 目前最常用的控制方式。可以采用微机储存预先计算的 SPWM 数据表格,控制时根据指令调出,或者通过软件实时生成 SPWM 波形,也可采用大规模集成电路专用芯片产生 SPWM 信号。下面介绍几种常用的方法。

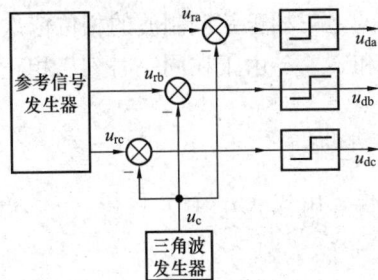

图 5-11 SPWM 逆变器的模拟控制电路原理框图

(1) 等效面积算法。前面已经详细讲述,此处不再累赘,这是一种最简单的算法。

(2) 自然采样法。依照模拟控制的方法,计算正弦调制波与三角载波的交点,从而求出相应的脉宽和脉冲间歇时间,生成 SPWM 波形,叫做自然采样法。自然采样法是最基本的方法,所得到的 SPWM 波很接近正弦波。但这种方法要求解复杂的超越方程,在采用微机控制技术时需花费大量的计算时间,难以在实时控制中在线计算,因而在工程上实际应用不多。

(3) 规则采样法。规则采样法是一种应用较广泛的工程实用方法,其效果接近自然采样法,但计算量却比自然采样法小得多。图 5-12 为规则采样法说明图。取三角波两个正峰值之间为一个采样周期 T_c。在自然采样法中,每个脉冲的中点并不和三角波一周期的中点(即负峰点)重合。而规则采样法使两者重合,也就是使每个脉冲的中点都以相应的三角波中点为对称,这样就使计算大为简化。如图 5-12 所示,在三角波的负峰时刻 t_D 对正弦信号波采样而得到 D 点,过 D 点作一水平直线和三角波分别交于 A 点和 B 点,在 A 点时刻 t_A 和 B 点时刻 t_B 控制功率开关器件的通断。可以看出,用这种规则采样得到的脉冲宽度 δ 和自然采样法得到的脉冲宽度非常接近。

设正弦调制信号波为

$$u_r = a\sin\omega_r t$$

式中:a 为调制度,$0 \leqslant a < 1$;ω_r 为正弦信号波角频率。

从图 5-12 中可得如下关系式

$$\frac{1 + a\sin\omega_r t_D}{\delta/2} = \frac{2}{T_c/2}$$

因此可得

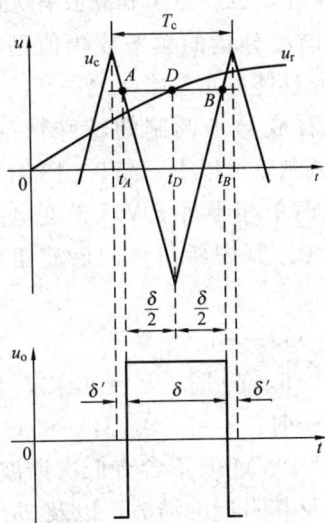

图 5-12 规则采样法说明

$$\delta = \frac{T_c}{2}(1 + a\sin\omega_r t_D) \qquad (5-9)$$

在三角波的一个周期内，脉冲两边的间隙宽度 δ' 为

$$\delta' = \frac{1}{2}(T_c - \delta) = \frac{T_c}{4}(1 - a\sin\omega_r t_D) \qquad (5-10)$$

对于三相桥式逆变电路来说，应该形成三相 SPWM 波形。通常三相的三角波载波是公用的，三相正弦调制波的相位依次相差 120°。设在同一三角波周期内三相的脉冲宽度分别为 δ'_A 和 δ'_B，δ'_C 由于在同一时刻三相正弦调制波电压之和为零，故由式（5-9）可得

$$\delta_A + \delta_B + \delta_C = \frac{3T_c}{2} \qquad (5-11)$$

同样，由式（5-10）可得

$$\delta'_A + \delta'_B + \delta'_C = \frac{3T_c}{4} \qquad (5-12)$$

数字控制中用计算机实时产生 SPWM 波行正是基于上述的采样原理和计算公式。所讨论的 SPWM 生成方法可用单片机实现。

（4）SPWM 专用集成电路芯片。应用微机产生 SPWM 波，其效果受到指令功能、运算速度、储存容量和兼顾其他算法功能的限制，有时难以有很好的实时性，特别是在高频电力电子器件被广泛应用后，完全依靠软件生成 SPWM 波的方法实际上很难适应高开关频率的要求。

随着微电子技术的发展，开发出一些专门用于发生 SPWM 控制信号的集成电路芯片，应用这些集成电路芯片比微机生成 SPWM 信号要方便得多。已投入市场的专用 PWM 芯片有 Mullard 公司的 HEF4752，Philips 公司的 MKII，Siemens 公司的 SLE4520，Sanken 公司的 MB63H110 等。

5.2.8　PWM 逆变电路的谐波分析

PWM 逆变电路由于载波对正弦信号的调制，除产生了基波外，也产生了和载波有关的谐波分量。这些谐波分量的频率或幅值是衡量 PWM 逆变电路性能的重要指标之一。

同步调制可看成异步调制的特殊情况，因此只分析异步调制就可以了。图 5-13 给出了不同调制度 M 时单相半桥 PWM 逆变电路输出电压的频谱图。其中所包含的谐波角频率为

$$n\omega_c \pm k\omega_r$$

其中，$n=1$，3，5，…时，$k=0$，2，4，6…；$n=2$，4，6…时，$k=1$，3，5，…。

可以看出，其 PWM 波不含有低次谐波，只含有角频率 ω_c 及其附近的谐波，以及 $2\omega_c$、$3\omega_c$ 等及其附近的谐波。上述谐波中，影响最

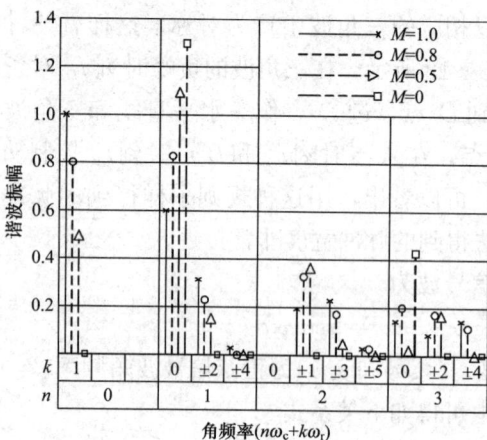

图 5-13　不同调制度时的单相半桥
PWM 逆变电路输出电压频谱图

大的是角频率为 ω_c 的谐波分量。

三相桥式 PWM 逆变电路可以每相各有一个载波信号，也可以三相公用一个载波信号。在公用一个载波信号的情况下，所包含的谐波角频率为

$$n\omega_c \pm k\omega_r$$

其中，$n=1$，3，5，$\cdots$时，$k=3(2m-1)\pm 1\cdots$，$m=1$，2，$\cdots$；$n=2$，4，6 $\cdots$时，

$$k = \begin{cases} 6m-1(m=0,1,\cdots) \\ 6m+1(m=0,1,\cdots) \end{cases}$$

图 5-14 给出了不同调制度下的三相桥式 PWM 逆变电路输出线电压的频谱图，与图 5-13 比较可知，共同点是不含低次谐波，区别是 ω_c 整数倍谐波没有了。

上述分析是在理想条件下进行的。实际电路中，由于采样时刻的误差以及为避免同一相上下桥臂直通而设置的死区的影响，谐波的分布情况将更复杂。

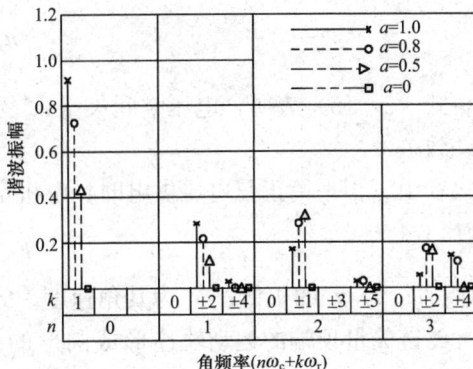

图 5-14 不同调制度的三相桥式 PWM 逆变电路输出线电压频谱图

5.3 空间矢量调制的 PWM 控制方法

在 20 世纪 80 年代中期提出了空间矢量调制（Space Vector Modulation，SVM）的 PWM 方法，基于空间矢量合成的思想选择逆变器的开关状态并计算其作用时间，可以得到更理想的正弦化电流和磁链波形。相对于载波调制的 PWM 方法，其直流电压利用高、动态性能好、易于数字化实现，已广泛应用于变频调速等三相 PWM 变流器领域。

空间矢量调制的思想源于交流异步电机的矢量控制，三相的电压、电流和磁链都可以用空间矢量来表示。对于异步电机而言，其输入三相正弦电流的最终目的是在空间产生圆形旋转磁场，从而产生恒定的电磁转矩。因此，可以把逆变器和异步电机视为一体，按照跟踪圆形旋转磁场来控制 PWM 电压，这样的方法叫做"磁链跟踪控制"。磁链的轨迹是靠电压空间矢量相加得到的，所以又称"电压空间矢量控制"。

所谓电压空间矢量是按照电压所加绕组的空间位置来定义的。在图 5-15 中，A、B、C 分别表示在空间静止不动的电机定子三相绕组的轴线，它们在空间互差120°，三相定子相电压 u_{AO}、u_{BO}、u_{CO} 分别加在三相绕组上，它们的方向始终在各相的轴线上，而大小则随时间按正弦规律作脉动式变化，时间相位互差120°。与电机原理中三相脉动磁动势相加产生合成的旋转磁动势相仿，可以证明，三相电压空间矢量相加的合成空间矢量 u_s 是一个旋转的空间矢量，它的幅值不变，旋转频率为 ω_1。其用公式表示为

$$u_s = u_{AO} + u_{BO} + u_{CO} \tag{5-13}$$

同理，可以定义电流和磁链的空间矢量 i_s 和 ψ_s。

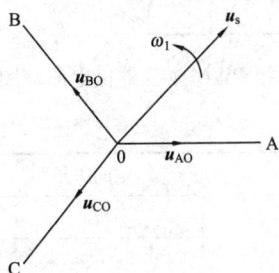

图 5-15 电压空间矢量

异步电机定子电压空间矢量方程式为

$$\boldsymbol{u}_\text{s} = R_\text{s}\boldsymbol{i}_\text{s} + \frac{\text{d}\boldsymbol{\psi}_\text{s}}{\text{d}t} \qquad (5-14)$$

当转速不是很低时，定子电阻压将较小，可忽略不计，则定子电压与磁链的近似关系为

$$\boldsymbol{u}_\text{s} \approx \frac{\text{d}\boldsymbol{\psi}_\text{s}}{\text{d}t} \qquad (5-15)$$

式（5-15）表明，电压空间矢量 $\boldsymbol{u}_\text{s}$ 的大小等于 $\boldsymbol{\psi}_\text{s}$ 的变化率，其方向则与 $\boldsymbol{\psi}_\text{s}$ 的运动方向一致。

在由三相平衡正弦电压供电时，电机定子磁链空间为

$$\boldsymbol{\psi}_\text{s} = \psi_\text{sm}\text{e}^{\text{j}\omega_1 t} \qquad (5-16)$$

式中：ψ_sm 为 $\boldsymbol{\psi}_\text{s}$ 的幅值；ω_1 为其角速度。

磁链矢量顶端的运动轨迹形成圆形的空间旋转磁。将式（5-16）代入式（5-15）可得

$$\boldsymbol{u}_\text{s} = \frac{\text{d}}{\text{d}t}(\psi_\text{sm}\text{e}^{\text{j}\omega_1 t}) = \omega_1\psi_\text{sm}\text{e}^{\text{j}\left(\omega_1 t + \frac{\pi}{2}\right)} \qquad (5-17)$$

由式（5-17）可见，当磁链幅值一定时，$\boldsymbol{u}_\text{s}$ 的大小与 ω_1 成正比，其方向为磁链圆形轨迹的切线方向。如图5-16所示，这样，电机旋转磁场的形状问题就可转化为电压空间矢量运动轨迹的形状问题。

在变频调速系统中，异步电机由三相PWM逆变器供电，这时供电电压和三相平衡正弦电压有所不同。图5-17给出了三相PWM逆变器供电的原理图，为了简单起见，6个功率开关器件都用开关表示。为使电机工作，必须三相同时供电，即在任意时刻一定有处于不同桥臂的三个器件同时导通，而相应桥臂的另3个功率器件则处于关断状态。当用（S_A、S_B、S_C）表示三相开关的状态时（0表示下桥臂导通，1表示上桥臂导通），整个三相逆变器有8种开关状态，见表5-1，其中前六个工作状态是有效的，后两个工作状态无意义。

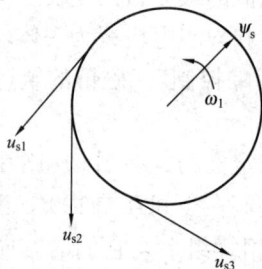

图5-16　旋转磁场与电压空间矢量运动轨迹的关系　　　图5-17　三相PWM逆变器供电原理图

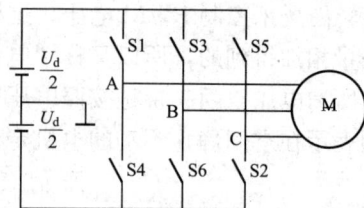

表5-1　　　　　　　　　　　逆变器的8种开关状态

逆变器状态	S_A	S_B	S_C	空间矢量
4	1	0	0	u_s1
6	1	1	0	u_s2
2	0	1	0	u_s3

逆变器状态	S_A	S_B	S_C	空间矢量
3	0	1	1	u_{s4}
1	0	0	1	u_{s5}
5	1	0	1	u_{s6}
7	1	1	1	u_{s7}
0	0	0	0	u_{s0}

对于每一个有效的工作状态，相电压都可以用一个合成的空间矢量表示，其幅值相等，只是相位不同而已。见表 5-1 以 u_{s1}、u_{s2}、…、u_{s6} 依次表示 100、110、…、101 六个有效工作状态的电压空间矢量，它们的相互关系如图 5-18 所示。设逆变器的工作周期从 100 状态开始，电机的电压空间矢量为 u_{s1}，经 $\pi/3$ 的时间后，工作状态转为 110，电机的电压空间矢量为 u_{s2}，随着逆变器工作状态的不断切换，电机电压空间矢量的相位也作相应的变化。在一个周期结束后，u_{s6} 顶端恰好与 u_{s1} 的尾端衔接。至于 111 和 000，称之为零矢量，它们的幅值为零，也无相位，可认为它们坐落在六边形的中心点上。

设在逆变器工作的第一个 $\pi/3$ 期间，电机的空间电压矢量为图 5-18 中的 u_{s1}，此时定子磁链为 ψ_{s1}。逆变器进入第二个 $\pi/3$ 期间，电压空间矢量变为 u_{s2}，由式（5-15）可得

$$u_s \Delta t = \Delta \psi_s \tag{5-18}$$

就第二个工作周期而言，式（5-18）表明在 $\Delta t = \pi/3$ 期间内，在 u_{s2} 的作用下，ψ_{s1} 产生增量 $\Delta\psi_{s1}$，其幅值为 $|u_{s2}|\Delta t$，方向与 u_{s2} 一致。最终形成如图 5-19 所示的新的磁链矢量 $\psi_{s2} = \psi_{s1} + \Delta\psi_{s1}$。依此类推，可知磁矢量的顶端运动轨迹也是一个正六边形。这说明异步电机在六拍阶梯波逆变器供电时所产生是正六边形旋转磁场，而不是圆形磁场。

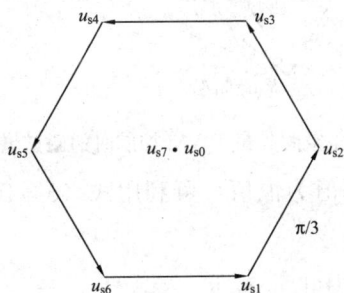

图 5-18 由 PWM 逆变器供电时三相电机的电压空间矢量

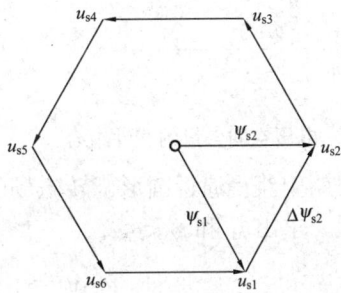

图 5-19 六拍逆变器供电时电机电压空间矢量与磁链矢量的关系

常规六拍逆变器供电的异步电机只产生正六边形的旋转磁场，显然这不利于电机的匀速旋转。其所以如此，是由于在一个周期内只有 6 次开关切换，切换后所形成的 6 个电压空间矢量都是恒定不动的。如果想获得更多多边形或逼近圆形的旋转磁场，就必须有更多的逆变器控制模式进行改造，PWM 控制显然可以适应这个要求。

逆变器的电压空间矢量虽然只有 $u_{s0} \sim u_{s7}$ 8 个，但可以利用它们的线性组合，以获得更多的与 $u_{s0} \sim u_{s7}$ 相位不同的新的电压空间矢量，最终构成一组等幅不同相的电压空间矢量，从而形成尽可能逼近圆形的旋转磁场。这样，在一个周期内逆变器的开关状态就要超过 6

个，而有些开关状态会多次出现。所以逆变器的输出电压将不是六拍阶梯波，而是一系列等幅不等宽的脉冲波，这就形成了电压空间矢量控制的 PWM 逆变器。由于它间接控制了电机的旋转磁场，所以也可称为磁链跟踪（或磁链轨迹）控制的 PWM 逆变器。

下面以在 $u_{s1} \sim u_{s2}$ 作用区间插入若干个线性组合的电压空间矢量为例来说明 PWM 控制的实现。

图 5-20 表示了由 u_{s1}、u_{s2} 构成新的电压空间矢量 u_{r1} 的线性组合。设在原 u_{s1} 状态终了后，期望在时间 T_z 内（图 5-20 以相应的电角度 θ_z 表示），起作用的是电压空间矢量 u_{r1}，按照要求应有 $|u_{r1}| = |u_{s1}|$。图 5-20 中采用了部分 u_{s1} 与 u_{s2} 的矢量和得到 u_{r1}。从物理意义上讲，"部分 u_{s1}"表示 u_{s1} 的作用时间短于常规六拍逆变器的作用时间 $\pi/3$，它虽然与 u_{s1} 相位相同，但幅值却较小。图 5-20 中，$t_1 u_{s1}/T_z$ 与 $t_2 u_{s2}/T_z$ 分别表示部分 u_{s1} 与部分 u_{s2} 矢量，它们合成矢量 u_{r1}。

新的电压空间矢量 u_{r1} 的作用时间为 T_z，因而产生的磁链增量 $\Delta\psi_{s11} = u_{r1} T_z$，如图 5-21 所示，显然由 $\Delta\psi_{s11}$ 形成的磁链轨迹比图 5-21 中的 $\Delta\psi_{s1}$ 更接近于圆形。在下一个 T_z 期间，仍用 u_{s1}、u_{s2} 的线性组合，但作用时间与前一区不同，这样可以获得 u_{r2}，并相应的求出第二个小区间的磁链增量 $\Delta\psi_{s12}$（如图 5-21 所示）。由若干个不同相位的 $\Delta\psi_{s1i}$（$i=1$，2，3，$\cdots$）组成的磁链矢量顶端轨迹呈一新的多边形，比正六边形更逼近圆形。进一步分析可以知道，为了使在 ψ_{s1}、ψ_{s2} 所构成的这一扇区区间内磁链增量轨迹最终能连接上 ψ_{s2} 矢量的顶端，不能只用 u_{s1}、u_{s2} 的线性组合，还必须使用 u_{s2}、u_{s3} 的线性组合才行。

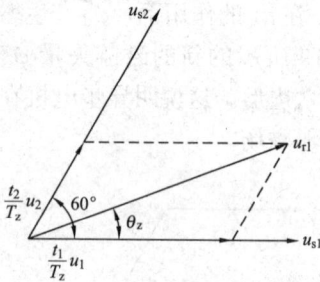

图 5-20 电压空间矢量的线性组合 　　 图 5-21 电压空间矢量 PWM 控制时的磁链增量轨迹

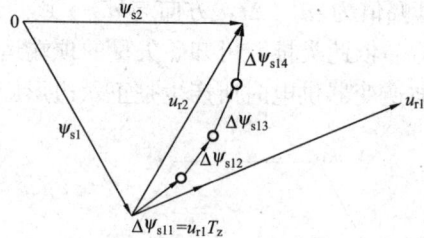

根据期望获得逼近圆形旋转磁场的要求，即磁链幅值为恒值，可利用式（5-16）写出下列方程，求出 t_1 和 t_2。

$$\int_0^{T_z} u_{r1} \, dt = \int_0^{t_1} u_{s1} \, dt + \int_{t_1}^{t_1+t_2} u_{s2} \, dt + \int_{t_1+t_2}^{T_z} u_0 \, dt \qquad (5-19)$$

其中，u_0 代表零矢量 u_{s0} 或 u_{s7}。

式（5-19）表明，u_{s1} 只作用 t_1 时间，u_{s2} 作用 t_2 时间，按圆形旋转磁场的要求，u_{r1} 应作用 T_z 时间。但 T_z 不一定恰好等于 $t_1 + t_2$，所不足的时间就由零矢量所代表的工作状态来补充，实际上就是等待。

由式（5-19）可得 　　　　 $u_{s1} t_1 + u_{s2} t_2 = u_{r1} T_z$ 　　　　　　　　　　（5-20）

变换到直角坐标系可得

$$t_1 U_d \begin{bmatrix} 1 \\ 0 \end{bmatrix} + t_2 U_d \begin{bmatrix} \cos\dfrac{\pi}{3} \\ \sin\dfrac{\pi}{3} \end{bmatrix} = T_z A \begin{bmatrix} \cos\theta_z \\ \sin\theta_z \end{bmatrix} \qquad (5-21)$$

其中，$A=|u_{r1}|$，并令 $A=(\sqrt{3}/2)U_dM$，在这里，M 为调制度，求解式（5-21）可得 u_{s1} 的作用时间为

$$t_1 = T_zM\sin\left(\frac{\pi}{3}-\theta_z\right) \tag{5-22}$$

u_{s2} 的作用时间为

$$t_2 = T_zM\sin\theta_z \quad \left(0<\theta_z<\frac{\pi}{3}\right) \tag{5-23}$$

零矢量的作用时间 $t_0+t_7=T_z-t_1-t_2$

一般取

$$t_0 = t_7 = \frac{1}{2}(T_z-t_1-t_2)$$

由于各工作区间都是对称的，分析一个状态区间的情况就可以推广到其他状态。为了讨论方便，将图 5-18 的正六边形电压空间矢量改画成图 5-22 的放射形式，把逆变器的一个工作周期用 6 个电压空间矢量画成 6 个扇区如图中的 I，II，…，VI，每个扇区对应的时间各为 $\pi/3$。在常规六拍逆变器中一个扇区仅由一个开关工作状态构成，实现 PWM 控制的做法就是把每一个扇区再分成若干个对应于时间 T_z 的小区间，按照上述方法插入若干个线性组合的电压空间矢量 u_r，以获得优于正六边形的多边形旋转磁场。

每一个 u_r 实际上相当于 PWM 电压波形中的一个脉冲波。例如，式（5-19）所构成的 u_{r1} 包含 u_{s1}、u_{s2} 和 u_0 三种状态，为使波形对称，把每个状态的作用时间都一分为二，同时把 u_0 再分配给 u_{s0} 和 u_{s7}；因而形成的电压空间矢量的作用序列为 01277210，其中 0 表示 u_{s0} 的作用，1 表示 u_{s1} 的作用，其余的也以此类推。这样，在这一小区间 T_z 时间内，逆变器三相的开关状态序列为 000、100、110、111、111、110、100、000，如图 5-23 所示，图 5-23（a）同时表示了在这一小区间内逆变器输出的三相相电压波形，每一小段只代表了电压的工作状态，其时间长短可以不同。

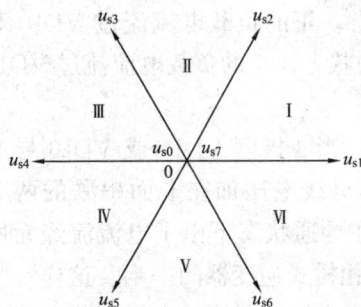

图 5-22　电压空间矢量的放射
形式及 6 个扇区

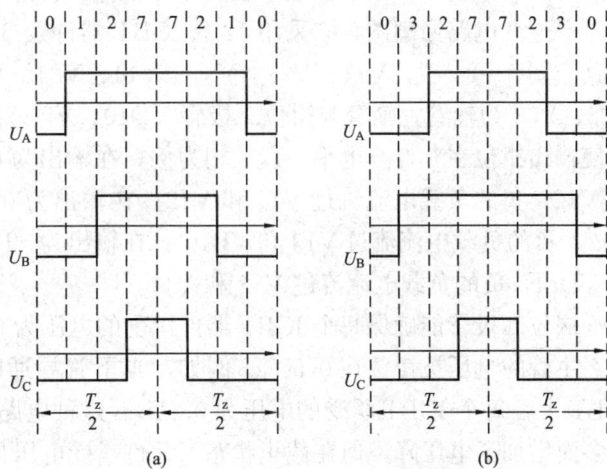

图 5-23　第 I 扇区内电压空间矢量序列
及逆变器三相电压 PWM 波形
(a) 第一、二小区内；(b) 第三、四小区内

在一个脉冲波中，不同状态的顺序不是随便安排的，必须遵守的原则是每次工作状态切换时，只有一个功率器件作开关切换，这样可以尽量减少开关损耗。

一个扇区内所分的小区间越多，就越接近圆形旋转磁场。图 5-23 给出了对第 I 扇区分成 4 个小区间的电压空间矢量序列与逆变器三相输出电压 PWM 波形。图 5-23 （a）为第一、第二两个小区间的工作状态，但两个小区间的时间 t_1、t_2 不相同；图 5-23 （b）为第三、第四两个小区间的工作状态，同样，它们的 t_1、t_2 也不相同。

总结起来，电压空间矢量控制的 PWM 模式有以下特点。

（1）每个小区间均以零电压矢量开始和结束。

（2）在每个小区间内虽然有多次开关状态的切换，但每次切换都只牵涉到一个功率开关器件，因而开关损耗小。

（3）利用电压空间矢量直接生成三相 PWM 波，计算方便。

（4）电机旋转磁场逼近圆形的程度决定于小区间 T_z 时间的长短，T_z 越小，越逼近圆形，但 T_z 的减小受到所有功率器件允许开关频率的制约。

（5）采用电压空间矢量控制时，逆变器输出线电压基波最大幅值为直流侧电压，这比一般的 SPWM 逆变器输出电压高 15%。

最后应该指出，上述方法并不是唯一的，还有三段逼近式方法、比较判断式方法等。每种方法都有其特点，而且新的控制方法还在不断问世。

5.4　三电平逆变器的 PWM 控制

5.4.1　三电平逆变电路电路原理

在上一章所讨论的三相逆变器电路中，以电压型三相桥式逆变电路为例，其相电压输出只有两种电平，图 5-24 则不同，逆变器的输出电压有 0，$\pm U_d/2$ 三种电平，称为三电平逆变器。

为了简单明了，本节多电平逆变器介绍二极管箝位型的三电平逆变器。图 5-24 是三相三电平逆变电路原理图，它采用 12 只 IGBT 器件及 6 只钳位二极管组成的带中性点钳位的电路。图 5-24 中，V11、V21、V31、V14、V24、V34 为主管，V12、V22、V32、V13、V23、V33 为辅管，辅管与钳位二极管 VD10、VD20、VD30、VD10′、VD20′、VD30′ 结合可使输出钳位在 0 点 0 电平。以 a 相为例，在输出为 $U_d/2$ 的状态，正的负载电流流过 V11 和 V12，负的负载电流流过 V11 和 V12；在输出为 0 的状态，正的负载电流流过 VD10 和 V12，负的负载电流流过 V13 和 VD10′；在输出为 $-U_d/2$ 的状态，正的负载电流流过 VD13 和 VD14，负的负载电流流过 V13 和 V14。

嵌位二极管能确保每个 IGBT 器件承受的电压为 $0.5U_d$，当二极管 VD10 或 VD10′ 导通时，主管的电压被钳位在 $0.5U_d$。例如，当下管导通时，其母线电压加在上面串联的两个 IGBT 上，每个 IGBT 承受的电压为 $0.5U_d$。这种电路虽然在导通状态下由于电流流经元件增多而增加了电压降，但在截止状态下元件承受电压只有三相桥式逆变器的一半。这样一方面可降低对 IGBT 元件的耐压要求；另一方面三电平逆变器由于增加了第三个电压值，可以使输出波形更接近于正弦波。

5.4.2　三电平逆变器的 PWM 控制

三电平逆变器和两电平逆变器一样，可以按方波方式工作，也可以按 PWM 方式工作，这里讨论 PWM 方式。图 5-25 为三相三电平逆变器按 PWM 控制时 A 相电压 PWM 载波调制方法及输出波形。对于两电平电路，由于每相桥臂只有两个输出状态（1、-1），因此只需对一个三角载波进行调制。而三电平的每相桥臂有三个输出状态（1、0、-1），因此需对两个三角载 u_{c1}、u_{c2} 波进行调制，这两个载波对称分布于时间轴两侧，分别与正弦波的正负半轴进行调制。由于该调制方法在正弦波的正半轴电平 1 与 0 交替出现，而在负半周是 -1 与 0 交替出现，因此成为单极性调制方式；而两电平电路中，每相始终是电平 1 和 -1 交替，因此称为双极性调制。根据调制结果可生成各器件的驱动信号，原理如图 5-24 所示。以 A 相为例，参考波 u_{rA} 与载波 u_{c1}、u_{c2} 的比较结果分别作为开关器件 V11 和 V12 的驱动信号，而 V13 的驱动信号与 V11 互补、V14 的驱动信号与 V12 互补。

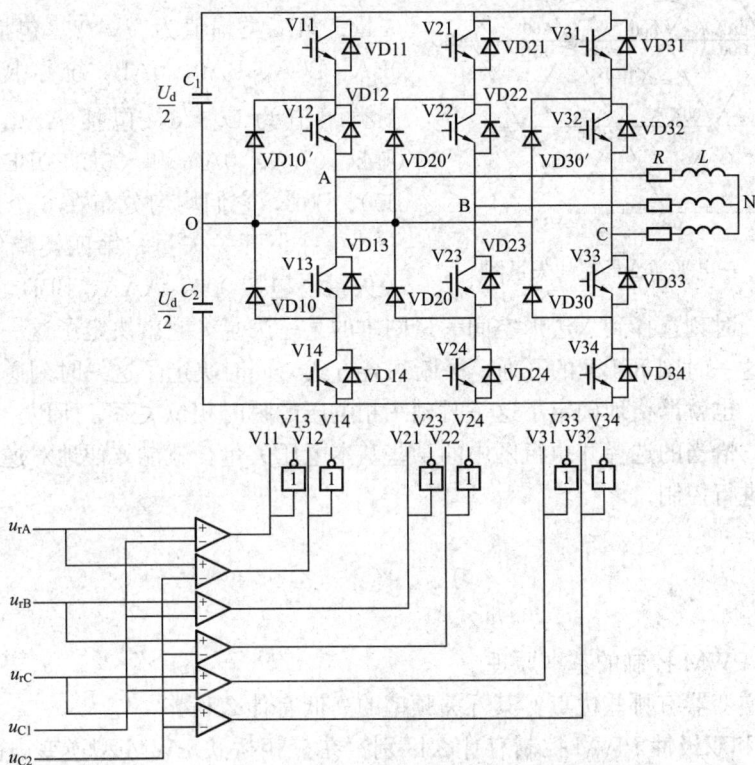

图 5-24 三相三电平逆变电路原理图

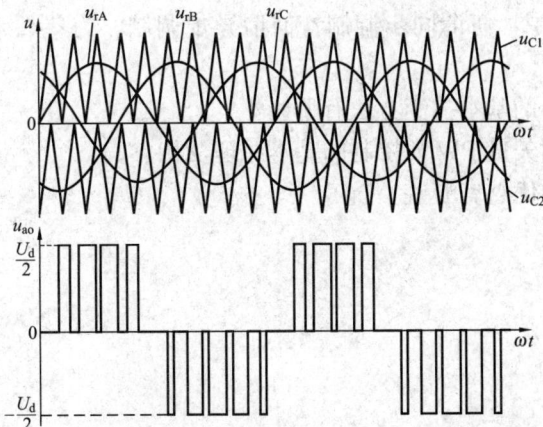

图 5-25 三相三电平逆变电路 PWM 控制时 A 相电压 PWM 载波调制方法及输出波形图

三电平逆变电路也可采用空间矢量调制方式，但由于开关状态增多，因而计算较为复杂。每个半桥逆变器都有下面三种开关状态：状态 A 为上管导通，输出电平为 1；状态 B 为下管导通，输出电平为 -1；状态 C 为辅管导通，输出电平为 0。因此，三相三电平逆变器

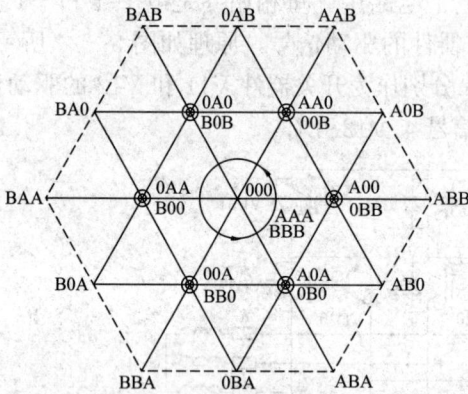

图 5-26　三电平逆变器空间矢量图

有 $3^3=27$ 种开关状态，所有开关状态如图 5-26 所示。从图中可以看出，开关矢量分为四类，第一类幅值最大，为 $\sqrt{2/3}\,U_d$，包括 AAB、ABB、ABA、BBA、BAA、BAB，统称大开关矢量；第二类幅值为 $U_d/\sqrt{2}$，包括 A0B、AB0、0BA、B0A、BA0、0AB，统称中开关矢量；第三类幅值为 $U_d/\sqrt{6}$，包括 AA0、A00、A0A、00A、0AA、0A0 和 00B、0BB、0B0、BB0、B00、B0B，它们均匀分布在 6 个扇区的边界线上，统称小开关矢量；第四类幅值为零的零开关矢量，包括 000、AAA、BBB。

系统在某一时刻选择到六边形空间矢量图中的某一矢量，它就决定了这一时刻逆变器的输出状态，即这一时刻 IGBT 的开通、关断组合方式，同时决定了这一时刻逆变器三相输出电压的瞬时值，也就严格地确定了这一时刻三相电压的瞬时相位关系。所以，直接利用六边形空间矢量图，恰当的选择并执行图中的某些基本电压矢量，就能方便地对逆变器的输出电压幅值和频率进行控制。

习　题　五

1. 试说明 PWM 控制的基本原理。

2. PWM 逆变器有哪些优点？其开关频率的高低有什么利弊？

3. 单极性和双极性 PWM 控制有什么区别？在三相桥式 PWM 型逆变电路中，输出相电压（输出端相对于中性点的电压）和线电压 SPWM 波形各有几种电平？

4. 对脉宽调制的制约条件主要表现在哪些方面？

5. 在 SPWM 调制中，何谓同步调制？何谓异步调制？为什么常采用分段同步调制的方法？

6. 脉宽调制逆变器的基本控制方法有哪些？

7. 试简要说明空间矢量 PWM 控制的基本原理及特点。

8. 多电平逆变器的优点有哪些？

6 高压直流输电

高压直流输电（HVDC）是电力电子技术的一个重要应用领域，与其他应用技术相比，其实用化较早、电压与功率等级最高。高压直流输电是指将发电厂发出的交流电通过换流器转变为直流电（即整流），然后通过输电线路把直流电送入受电端，再把直流电转变为交流电供用户使用（即逆变）。因此，第 2 章所讲述的相控整流及有源逆变是其理论基础与核心技术。高压直流输电具有传输功率大、线路造价低、控制性能好等优点，是目前解决高电压大容量、长距离输电和异步联网的重要手段。本章将介绍高压直流输电的发展概况、应用现状、基本组成、换流器及控制系统的基本原理。

6.1 高压直流输电概述

6.1.1 高压直流输电的发展

高压直流输电是指以直流电的方式实现电能传输，在输电技术发展初期曾发挥了重要作用。1882 年，法国物理学家德普勒用 $1500\sim2000V$ 的直流发电机经 57km 的线路，把电力由米斯巴赫煤矿传送到在慕尼黑举办的国际展览会上，标志着直流输电技术的诞生。但由于直流输电技术不能进行电压幅值的变换，再加上同时期交流发电机、变压器、感应电动机的出现，直流输电技术逐步被交流输电技术取代。20 世纪 50 年代以后，随着电力系统的迅速发展，随之带来的是远距离输电同步稳定性等一系列问题，故提出了新的直流输电的观点，即交流发电，整流转换为直流并将电能送到远方，再逆变为交流。但由于器件容量的限制，一直处于试验性阶段。大容量可控电子阀问世之后，这种想法才得以实现。

1954 年建成的瑞典通过海底电缆向果特兰岛供电的 $\pm100kV$、90km、20MW、采用汞弧阀变流的直流输电工程，是高压直流输电技术的第一次商业性应用，从此高压直流输电得到了稳步发展。由于汞弧阀的逆弧、复杂的温度控制、启动时间长等缺点，使高压直流输电的发展受到限制。20 世纪 70 年代晶闸管阀的出现，标志着直流输电进入了一个新的时期。第一个采用晶闸管阀的大规模高压直流输电系统是于 1972 年建立的依尔河系统，它是连接加拿大新不伦威克省和魁北克省的一个 $\pm80kV/320MW$ 背靠背高压直流输电系统。

高压直流输电自 20 世纪 50 年代兴起至今，全世界有 100 多项高压直流输电系统投入运行，已投运的直流输电工程容量如图 6-1 所示。在国外高压直流输电工程中，架空线路最高电压（$\pm600kV$）和最大输送容量（6300MW）的是巴西伊泰普直流输电工程；最长架空直流线路传送距离（1700km）是南非英加—沙巴直流输电工程；电缆线路的最大输送容量（2000MW）是英法海峡直流输电工程；电缆线路的最高电压（$\pm450kV$）

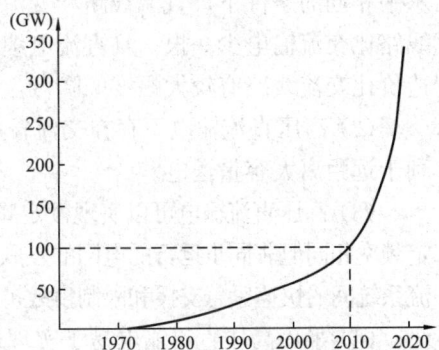

图 6-1 全世界投运的 HVDC 工程容量

和最长距离（250km）是瑞典—德国的波罗的海高压直流输电工程；背靠背换流站的最大容量（1065MW）是俄罗斯—芬兰之间的维堡高压直流输电工程。今后在大容量、高电压和长距离送电及电网的弹性互联方面，高压直流输电（简称 HVDC）工程将发挥越来越重要的作用。

我国对高压直流输电的研究起步较晚，1977 年在上海建设成并投运了我国第一条 ±31kV、4650kW，长 8.6km 的直流输电试验线路。1987 年，我国投产了第一项高压直流输电工程浙江大陆—舟山群岛的跨海输电（50MW，100kV）工程，填补了我国高压直流输电工程的空白，为今后发展和建设高压直流输电工程提供了宝贵的建设和运行经验。1989 年葛洲坝—上海高压直流输电工程的投入运行，标志我国高压直流输电工程已迈入世界先进行列。该直流系统采用 500kV 双极联络线，额定容量为 1200MW，输电距离为 1045km，它的建成把华东、华中这两个装机容量超过 14GW 的大电网连接起来，形成了我国第一个大电网联合系统，使长江葛洲坝水电站的电能源源不断送往上海。我国第一个交直流并联运行系统天生桥—广州直流输电工程于 2001 年 6 月全面建成投运，该工程线路长度约 980km，送电容量为 1800MW，电压为 ±500kV。嵊泗高压直流输电工程是我国自行设计和建造的海底电缆高压直流工程，除控制保护装置由许继电气股份有限公司提供外，其余全部设备由西安电力机械股份有限公司承包，工程于 2002 年全部建成。

三峡工程的兴建、全国联网和西电东送步伐的进一步加快，为扩大高压直流输电技术的应用创造了良好的条件。至 2004 年底，又有三项 ±500kV、3000A、3000MW 的高压直流输电工程投运，分别是三峡—常州、三峡—广东、贵州—广东高压直流输电工程。2010 年投运的四川向家坝—上海奉贤以及云广直流输电工程标志着我国的高压直流输电技术已跨入世界先进行列。近期的规划中我国将先后建设 6 回 ±800kV 特高压直流输电工程，将金沙江下游乌东德、白鹤滩、溪洛渡、向家坝 4 个巨型水电站的电力输送到华东和华中负荷中心。随着全国联网、西电东送的步伐加快，可再生能源的开发利用，为直流输电技术的广泛应用创造了有利的环境；而电力电子技术的进步和直流输电设备价格的下降，使 HVDC 输电在未来的电力系统中将会更具竞争力。

6.1.2　高压直流输电的特点

与交流输电相比，高压直流输电的优缺点如下。

1. 高压直流输电的优点

（1）直流输电架空线路的造价低、损耗小。直流架空线路一般采用双级中性点接地方式，因此仅需 2 根导线，而三相交流架空线路则需 3 根导线。在导线截面、电流密度及绝缘水平相同的条件下，直流线路和交流线路传送的有功功率基本相同。由于高压直流输电架空线路比交流输电少一根，且直流电缆的造价远低于交流电缆，因此直流输电线路的单位长度造价比交流线路有较大幅度的降低，并且有功损耗较小、线路占地面积也较小。

（2）高压直流输电不存在交流输电的稳定性问题，直流电缆中不存在电容电流，因此有利于远距离大容量送电。

（3）高压直流输电可以实现额定频率不同（如 50Hz、60Hz）的电网的互联，也可以实现额定频率相同但非同步运行的电网的互联。用直流输电联网，便于分区调度管理，有利于故障时交流系统间的快速紧急支援和限制事故扩大，系统的短路电流水平也不会由于系统互联而明显升高。

（4）采用高压直流输电易于实现地下或海底电缆输电。高压电缆直流耐压远高于交流耐压，采用高压直流输电，同样绝缘的电缆可以比交流输电输送更大的容量。高压电缆具有很大的分布电容，因此需要很大的充电功率。虽然可以采用在线路中间并联电抗器的办法进行补偿，但对于海底电缆是无法实现的。而直流线路基本上没有电容电流，不存在上述问题。

（5）高压直流输电容易进行潮流控制，并且响应速度快、调节精确、操作方便。而交流线路的潮流控制比较困难。

（6）高压直流输电工程便于分级分期建设和增容扩建，有利于及早发挥投资效益。

2. 高压直流输电的缺点

（1）直流输电的换流站比交流变电站设备多、造价高、结构复杂、运行费用高。

（2）换流器工作时需要消耗较多的无功，需要进行无功补偿。

（3）换流器工作时，在直流侧和交流侧均产生谐波，必须装设滤波装置，使换流站的造价、占地面积和运行费用大幅度提高。

（4）直流电流没有电流的过零点，灭弧较难，因此高压直流断路器制造困难，不能形成直流电网。

（5）直流输电利用大地（或海水）为回路会产生一系列技术性问题。如接地极附近直流电对金属构件的电腐蚀问题、对通信系统的干扰等、单极运行时变压器的直流偏磁而引起的噪声等问题。

6.1.3　高压直流输电的结构类型

高压直流输电工程的系统结构可分为两端直流输电工程和多端直流输电工程两大类。两端直流输电系统与交流系统只有两个连接端口，一个整流站和一个逆变站，即只有一个送端和一个受端。多端直流输电系统与交流系统有三个或三个以上的连接端口。例如，三端直流输电系统有两个整流站和一个逆变站或两个逆变站和一个整流站。目前世界上已运行的直流输电工程大多为两端直流输电系统。

直流输电工程按照直流联络线可分以下几类。

（1）单极联络线。

单极联络线的基本结构如图6-2所示。直流输电系统中换流站出线端对地电位为正的称为正极，对地电位为负的称为负极。在单级系统中，一般采用正极接地，相当于输电系统中只有一个负极，称为单级系统的负极运行。采用负极运行的优点是直流架空线路受雷击的概率，以及电晕引起的无线电干扰都比正极运行时少。单级系统的构成方式可分为大地（海水）回流和金属导线回流。

（2）双极联络线。

双极联络线结构如图6-3所示。双极联络线有两根导线，一正一负，每端有两个额定电压的换流器串联在直流侧，两个换流器间的连接点接地。正常时，两极电流相等，无接地电流。若因一条线路故障而导致一极隔离，另一极可通过大地运行，承担一半的额定负荷，或利用换流器及线路的过载能力，承担更多的负荷。

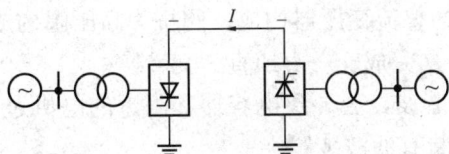

图6-2　单极联络线的基本结构　　　　图6-3　双极联络线结构

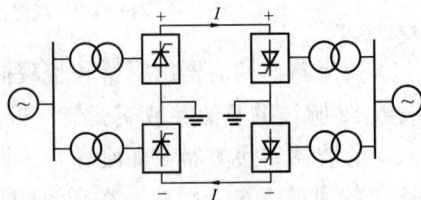

（3）同极联络线。

同极联络线结构如图 6-4 所示。同极联络线导线数不少于两根，所有导线同极性。通常导线为负极性，因为这样由电晕引起的无线电干扰较小。系统采用大地作为回路，当一条线路发生故障时，换流器可为余下的线路供电。这些导线有一定的过载能力，能承受比正常情况更大的功率。在考虑连续的接地电流是可接受的情况下，同极联络线具有突出的优点。

（4）背靠背直流输电系统。

背靠背直流输电系统如图 6-5 所示，它是输电线路长度为零（即无直流联络线）的两端直流输电系统，主要用于两个非同步运行的交流系统的联网，其整流站和逆变站的设备通常装设在一个站内。由于背靠背直流输电系统无直流输电线路，直流侧损耗较小，所以直流侧电压等级不必很高。直流侧可选用低压大电流的晶闸管，充分利用其通流能力，同时换流变压器、平波电抗器等也因直流电压降低而造价降低。

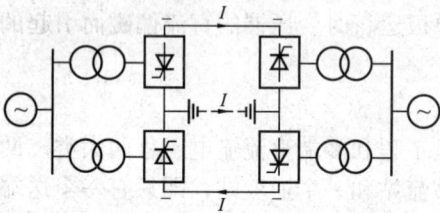

图 6-4　同极联络线结构　　　　　　　　图 6-5　背靠背直流输电系统结构

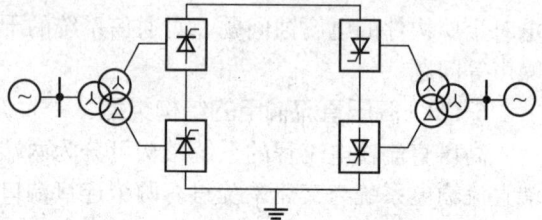

6.1.4　高压直流输电系统的结构和元件

以双极高压直流输电系统为例，高压直流输电系统的主要元件如图 6-6 所示。

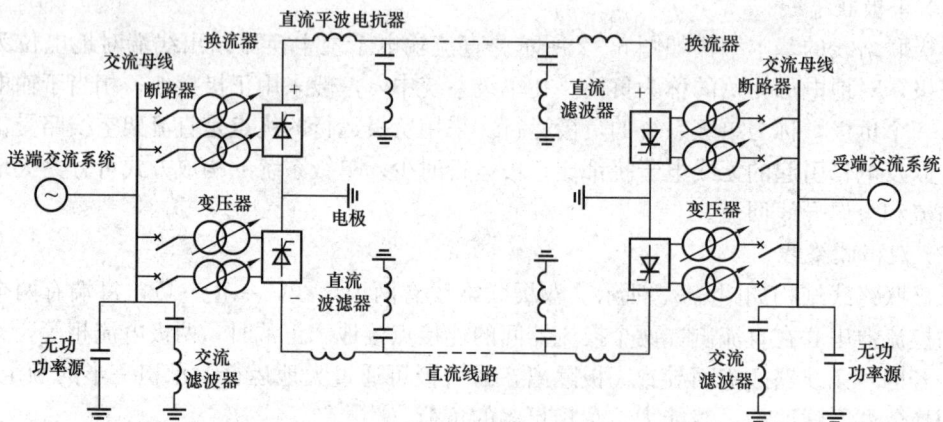

图 6-6　双极高压直流输电系统的主要元件

（1）换流器。换流器由阀桥和带载抽头切换器的整流变压器构成。阀桥为高压阀构成的 6 脉波或 12 脉波的整流器或逆变器。换流器的任务是完成交—直或直—交转换。

（2）滤波器。换流器在交流和直流两侧均产生谐波，会导致电容器和附近的电机过热，并且会干扰通信系统。因此，在交流侧和直流侧都装有滤波装置。

（3）平波电抗器。平波电抗器电感值很大，在直流输电中有以下非常重要的作用。

1）降低直流线路中的谐波电压和电流。

2）限制直流线路短路期间的峰值电流。

3）防止逆变器换相失败。

4）防止负荷电流不连续。

（4）无功功率源。稳态条件下，换流器所消耗的无功功率是传输功率的50%左右，在暂态情况下，无功功率的消耗更大。因此，必须在换流器附近提供无功电源。

（5）直流输电线。直流输电线既可以是架空线，也可以是电缆。

（6）电极。大多数的直流联络线设计采用大地作为中性导线，与大地相连接的导体（即电极）需要有较大的表面积，以便使电流密度和表面电压梯度较小。

（7）交流断路器。为了排除变压器故障和使直流联络线停运，在交流侧装有断路器。

6.2 换流器的工作原理

换流器的功能是实现交流—直流或直流—交流的变换，是直流输电系统的关键设备。换流器的主要元件是阀桥和换流变压器。

6.2.1 换流阀

在直流输电系统中，为实现换流所需的三相桥式换流器的桥臂，称为换流阀，它是换流器的基本单元设备。换流阀除了具有整流和逆变功能外，还具有开关的功能，可利用其快速可控性对直流输电的启动和停运进行快速操作。阀可分为汞弧阀和半导体阀，20世纪80年代以来，半导体阀逐步取代了汞弧阀。半导体阀可分为晶闸管阀（或可控硅阀）、低频门极关断晶闸管阀（GTO阀）、高频绝缘栅双级晶体管阀（IGBT阀）三类。目前绝大多数直流输电工程采用晶闸管阀，这里主要讨论晶闸管阀。

晶闸管阀是由晶闸管元件及其相应的电子电路、阻尼回路、阳极电抗器、均压元件等通过某种形式的电气连接后组装而成的换流桥的桥臂。由于晶闸管电流额定值已能满足工程要求，现代高压直流输电换流阀主要由晶闸管元件串联组成。图6-7为阀的电气连接示意图。由图可知，晶闸管级（单元）由晶闸管元件及其所需的触发、保护及监视用的电子回路、阻尼回路构成；阀组件由串联连接的若干个晶闸管级和阳极电抗器串联后再与均压元件并联构成；单阀由若干个阀组件串联组成，由于单阀可构成6脉动换流器的一个臂，故单阀又称为阀臂；二重阀由6脉动换流器一相中的2个垂直组装的单阀组成；四重阀由12脉动换流器垂直安装在一起的4个单阀构成。

晶闸管是组成晶闸管阀的关键元件，阀的电气特性通过晶闸管元件的特性来体现。目前直流输电工程上所采用的换流器有6脉动和12脉动两种。为了简化滤波装置、减小换流站占地面积、降低换流站造价，绝大多数直流输电工程采用12脉动换流器。由于12脉动换流器是由两个6脉动换流器串联而成，因而可用6脉动换流器进行原理分析。晶闸管的基本电气特性已在第1章中介绍，6脉动换流器的整流和有源逆变工作原理已在第2章中介绍，下面介绍12脉动换流器的工作原理。

6.2.2 12脉动换流器

在大功率、远距离直流输电工程中，为了减小谐波影响，常把两个或两个以上换流桥的直流端串联起来，组成多桥换流器。多桥换流器一般由偶数桥组成，其中每两个桥布置成为

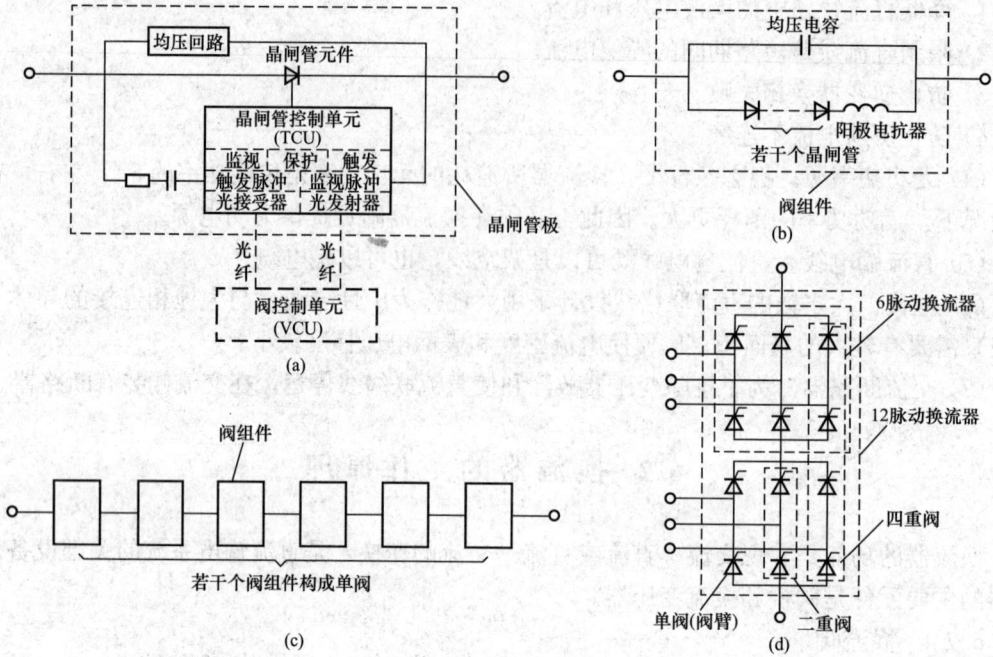

图 6-7　阀的电气连接示意图

(a) 晶闸管级；(b) 阀组件；(c) 单阀（桥臂）；(d) 换流桥

一个双桥。每一个双桥中的两个桥由相位差为 30°的两组三相交流电源供电，可以通过接线方式分别为 Y—Y 和 Y—△的两台换流变压器得到。

如果换流器只有一对换流桥串联组成，则称这样的换流器为双桥换流器，如图 6-8 所示。它共有 12 个阀臂，正常运行时阀臂开通的顺序为 11—12—21—22—31—32—41—42—51—52—61—62，各个臂开通的时间间隔为交流侧周期的十二分之一（即在相位上间隔 30°）。由于整流输出电压在每个交流电源周期中脉动 12 次，故该换流桥也称为 12 脉动换流桥。

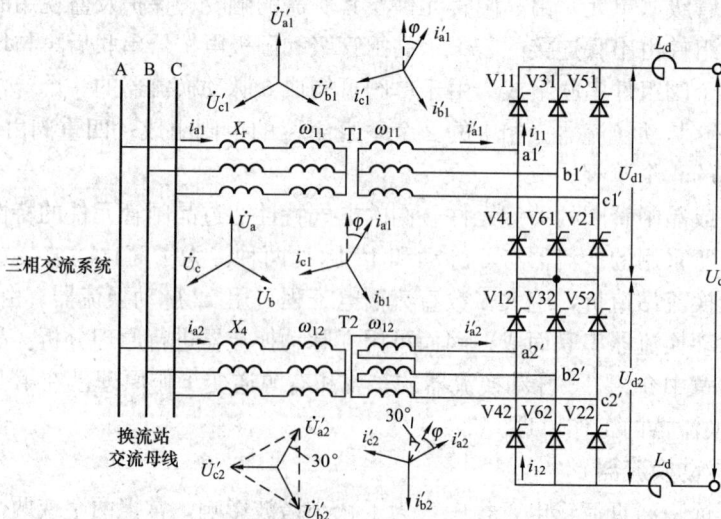

图 6-8　12 脉动换流桥

交流系统流向变压器一次侧总电流的基波分量为两个桥电流的基波分量之和，不考虑换流重叠角时，其波形如图 6-9 所示。可以看出，交流系统流向变压器一次侧的总电流比单桥换流器的电流更接近于正弦波。在双桥换流器中，其交流侧的 $6k \pm 1$ 次（k 为奇数）谐波分量被有效地消除，这显著地减少了滤波器的投资。此外，采用双桥换流器时，直流电压的纹波也将显著减小。

当换流器由两个以上的换流桥串联组成时，更多的脉波数是可能的。例如可以构成三桥 18 脉冲换流器和四桥 24 脉冲换流器等。但是为了得到有适当相位差的三相

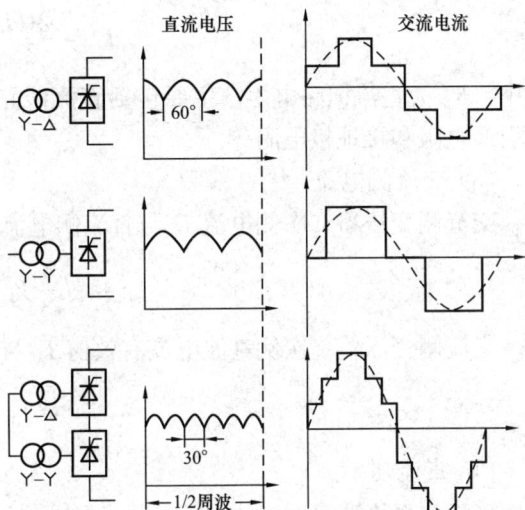

图 6-9　直流电压和交流电流波形（忽略换流过程）

交流电压，换流变压器的接法要比双桥 12 脉动换流器的变压器复杂得多。因此，目前采用 12 脉冲换流器是更切合实际的。

6.2.3　高压直流输电的稳态计算

直流输电的稳态计算主要是换流器的交直流侧电压、电流、有功、无功以及各种角度之间的关系。采用多桥换流器时，交流和直流量之间的关系讨论如下。

（1）直流侧电压。

整流器直流电压 U_{dr} 为

$$U_{dr} = N_r \left(1.35 U_{2r} \cos\alpha - \frac{3}{\pi} X_{Br} I_d \right) = N_r (U_{dr0} \cos\alpha - R_{Br} I_d) \tag{6-1}$$

逆变器直流电压 U_{dri} 为

$$U_{di} = N_i \left(1.35 U_{2i} \cos\beta + \frac{3}{\pi} X_{Bi} I_d \right) = N_i (U_{di0} \cos\beta + R_{Bi} I_d) \tag{6-2}$$

$$U_{di} = N_i \left(1.35 U_{2i} \cos\delta - \frac{3}{\pi} X_{Bi} I_d \right) = N_i (U_{di0} \cos\delta - R_{Bi} I_d) \tag{6-3}$$

式中：N_r、N_i 为整流器和逆变器的换流桥的数目；U_{2r}、U_{2i} 为整流器和逆变器的变压器二次侧电压，kV；α 为整流器的触发延迟角，°；β、δ 为逆变器的触发超前角和关断超前角，°；X_{Br}、X_{Bi} 为整流器和逆变器每相的换相电抗，Ω，当换流站交流母线为交流滤波器接入点时，可取换流变压器的漏抗与阀的阳极电抗之和；U_{dr0}、U_{di0} 为整流器和逆变器的单桥理想空载电压，kV；R_{Br}、R_{Bi} 为整流器和逆变器的单桥换相压降等效电阻，Ω；I_d 为直流电流平均值，A。

（2）直流侧电流。

单极方式为

$$I_d = \frac{U_{dr} - U_{di}}{R_d} \tag{6-4}$$

双极方式为

$$I_d = \frac{2(U_{dr} - U_{di})}{R_d} \qquad (6-5)$$

式中：R_d 为直流回路电阻，主要包括直流线路电阻、平波电抗器电阻、单极方式包括接地极引线电阻和接地极电阻等。

（3）交流侧电流。

交流侧变压器二次侧电流 I_a 与直流侧电流 I_d 的关系为

$$I_a = \sqrt{\frac{2}{3}} I_d = 0.816 I_d \qquad (6-6)$$

交流侧变压器二次侧基波电流有效值 I_{a1} 与直流侧电流 I_d 的关系为

$$I_{a1} = \frac{\sqrt{6}}{\pi} I_d = 0.78 I_d \qquad (6-7)$$

（4）直流功率。

整流站直流功率为

单极方式 $\qquad\qquad\qquad\qquad P_{dr} = U_{dr} I_d \qquad (6-8)$

双极方式 $\qquad\qquad\qquad\qquad P_{dr} = 2 U_{dr} I_d \qquad (6-9)$

逆变站直流功率为

单极方式 $\qquad\qquad\qquad\qquad P_{di} = U_{di} I_d \qquad (6-10)$

双极方式 $\qquad\qquad\qquad\qquad P_{di} = 2 U_{di} I_d \qquad (6-11)$

直流线路损耗为

$$\Delta P_d = P_{dr} - P_{di} = R_d I_d^2 \qquad (6-12)$$

6.3 高压直流输电系统的谐波抑制及无功补偿

任何形式的换流器在换流的同时都会产生谐波，高压直流输电系统也不例外。谐波不仅影响着电能质量，而且对电网本身、电网中的电力设备、计量装置、保护装置、通信系统都会产生严重的干扰。因此，对谐波进行准确分析计算并合理地配置滤波装置，对于高压直流输电系统具有十分重要的意义。由于滤波器在工频下呈容性，因此滤波器除了有抑制谐波的作用外，还有功率因数补偿的作用。

目前高压直流输电采用的是晶闸管相控技术，换流器在运行中要从交流系统吸收无功功率。在额定工况时，吸收的无功功率一般为所交换的有功功率的 40%～60%。如果换流站与交流系统有大量无功交换时，将会使损耗增加，同时换流站的交流电压将会大幅变化。所以在换流站中根据无功功率特性装设合适的无功补偿装置，是保证高压直流系统安全稳定运行的重要条件之一。

6.3.1 高压直流输电系统的谐波特点

直流输电系统的平波电抗器电抗值通常比换相电抗值要大得多，所以对于与换流器连接的交流系统来说，换流器及其直流端所连接的直流系统可以看做一个高内阻抗的谐波电流源。同理，从换流器直流端来看，换流器及其交流侧的全部系统的等值电抗远远小于它的外部（包括平波电抗器在内的直流系统部分）的等值电抗，所以从换流器的直流端看过去可以认为是一个向直流系统输出的低内阻抗的谐波电压源。

为了正确估计谐波所引起的不良影响、正确设计和选择滤波装置，必须对直流输电系统中的谐波进行分析。在分析谐波时，通常先采用一些理想化的假设条件，这样不但可以使分析得到简化，而且对谐波中的主要成分可以得出具有一定精确度的结果，这些简化假设如下。

（1）交流电压是三相对称、平衡的正弦电压，除了基波以外，没有任何谐波分量。

（2）换流变压器的三相结构对称，各相参数相同。

（3）换流器的直流侧接有无限大电感的平波电抗器，直流电流是没有谐波分量的恒定电流。

（4）在同一换流站中，各换流阀以等时间间隔的触发脉冲依次触发，且触发角保持恒定。

根据这些假设条件，得出有关特征谐波的结论。然后，对某些假定条件加以修正，使分析计算接近于直流输电系统实际的运行和控制情况。实际上，用于计算特征谐波的理想条件是不存在的，总是存在比较小量的非特征谐波。这里所提到的特征谐波和非特征谐波的定义为：一个脉动数为 p 的换流器，在它的直流侧将主要产生 $n=kp$ 次的电压谐波，而在它的交流侧将主要产生 $n=kp\pm1$ 次的电流谐波，其中 k 为任意的整数。这些单纯由于换流器接线方式而产生的谐波称为特征谐波，除此之外由于换流器参数和控制参数各种不对称等原因而产生的谐波称为非特征谐波。非特征谐波一般远小于特征谐波。

（1）换流站交流侧特征谐波。

在上述简化假设下，交流线电流的波形如图 6-10 所示。

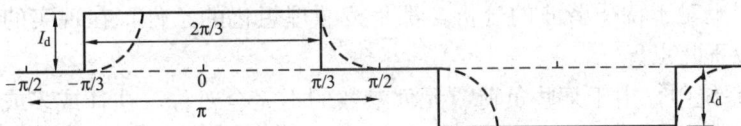

图 6-10　交流线电流的波形

在忽略换相过程影响的情况下，交流线电流波形由正、负相间的矩形波组成，波形如图 6-10 中实线所示。矩形波的宽度为 $2\pi/3$，正、负脉冲间的相位差为 π。

对于Y-Y变压器连接的 6 脉波换流桥，交流电流的傅里叶展开式如下

$$i_{YY} = \frac{2\sqrt{3}}{\pi}I_d\left(\sin\alpha t - \frac{1}{5}\sin5\alpha t + \frac{1}{7}\sin7\alpha t - \frac{1}{11}\sin11\alpha t + \frac{1}{13}\sin13\alpha t - \cdots\right) \quad (6-13)$$

对于Y-△变压器连接的 6 脉波换流桥，交流电流的傅里叶展开式为

$$i_{Y\triangle} = \frac{2\sqrt{3}}{\pi}I_d\left(\sin\alpha t + \frac{1}{5}\sin5\alpha t - \frac{1}{7}\sin7\alpha t - \frac{1}{11}\sin11\alpha t + \frac{1}{13}\sin13\alpha t + \cdots\right) \quad (6-14)$$

对于 12 脉波换流桥，交流线电流是式（6-13）与式（6-14）的电流之和。所以总线电流为

$$i = \frac{4\sqrt{3}}{\pi}I_d\left(\sin\alpha t - \frac{1}{11}\sin11\alpha t + \frac{1}{13}\sin13\alpha t - \frac{1}{23}\sin23\alpha t + \frac{1}{25}\sin25\alpha t + \cdots\right) \quad (6-15)$$

所以，电网侧电流只含有 $12k\pm1$ 次的谐波，5 次，7 次，17 次，19 次，…谐波将在两台变压器的电网侧绕组中环流，而不进入交流电网。这些 $12k\pm1$ 次谐波幅值随着谐波次数的增加而衰减，第 h 次谐波的幅值是基波的 $1/h$。

当考虑换相电抗的影响时，换相重叠角圆滑了线电流波形的矩形边缘，如图 6-10 中的虚线所示，从图 6-10 可知，由于阀电流的波形更接近于正弦半波，谐波电流比忽略换相电抗时有所减少。

（2）换流站直流侧特征谐波。

对于 6 脉波桥式换流器，u_d 的波形是一个以 $\pi/3$ 为周期的周期性函数，即它的谐波频率为交流电压频率的 6 倍。所以，u_d 中只含有直流和 6 倍次谐波分量，即含有 $6n$ 次（6 次、12 次、18 次…）谐波。电压谐波分量（第 h 次谐波）的衰减因子为

$$\frac{V_h}{V_{d0}} = \frac{1}{\sqrt{2}} \sqrt{C^2 + D^2 - 2CD\cos(2\alpha + \gamma)} \tag{6-16}$$

其中
$$C = \frac{\cos(h+1)\gamma/2}{h+1} \qquad D = \frac{\cos(h-1)\gamma/2}{h-1}$$

从式（6-16）可以看出，对于某次谐波，它的幅值随着 α 的增大而增大，α 运行于约 90° 时，将比 α 运行于较小值时产生较高幅值的谐波。此外，换流重叠角 γ 也对谐波的幅值有一定的影响。与交流侧的特征谐波电流不同，直流侧的特征谐波电压与重叠角 γ 和 α 都有关，即使当 $\gamma=0$ 时，谐波的大小仍与 α 有关。

对于 12 脉波换流器，在两个桥中，6 次、18 次、30 次…谐波的相位相反，而 12 次、24 次、36 次…谐波的相位相同。因此由直流端产生的谐波电压主要是 12 次及其整倍次分量。

（3）非特征谐波。

实际上，以上对于特征谐波的分析，都是按照理想化的条件，在现实的系统中并不成立。其原因有以下几点。

1）在交流系统中，由于某些负荷或元件参数的不完全对称，往往或多或少地存在着基波的负序和零序电压分量，而且由于换流站的谐波电流流入交流系统，以及在交流系统中可能存在其他非线性元件或负荷，它们也产生谐波电流，结果在系统中产生谐波电压分布。

2）由于换流变压器结构上的原因或其他因素，它的三相参数不完全相同。

3）由于直流控制系统的控制精确度或调节作用，使换流阀的触发脉冲时间间隔不完全相等。

由于上述原因，将使换流器交流侧的三相电流和直流侧的电压中，除了各次特征谐波分量以外，还产生其他次数的非特征谐波分量。

在采用现代的等间隔触发脉冲的直流输电工程中，非特征谐波的最大来源是母线电压不对称、变压器阻抗不对称以及变压器的励磁电流。

6.3.2 滤波装置

迄今为止，对高压直流输电所产生的谐波进行抑制的惟一实用方法是采用滤波装置。在换流站的交流侧，滤波装置大都并联在换流变压器交流侧的母线上。滤波装置由若干个无源滤波器并联而成，每个滤波器在一个或两个谐波频率附近或者在某个频带内呈现低阻抗，从而吸收相应的谐波电流。由于所有滤波器在工频频率下都呈容性，因此，滤波装置除了具有抑制谐波的作用外，还有无功功率补偿的作用。在换流站的直流侧，平波电抗器本身可以起抑制谐波的作用，但是由于平波电抗器的电感量通常根据直流线路发生故障或者逆变器发生颠覆时限制电流上升率以及保证在小电流下直流系统能正常运行等要求来确定，当单靠平波

电抗器还不足以满足抑制谐波的要求时，便需要装设滤波装置。直流侧滤波装置的原理和结构和交流侧滤波装置基本相同，一般并联在电抗器和直流线路之间。必须指出，由于电缆的铅包和钢铠对电磁场起屏蔽作用，因此当直流线路采用电缆时，无需采用直流滤波装置。

（1）交流侧滤波装置。

1）调谐滤波器。

调谐滤波器分为单调谐滤波器、双调谐滤波器等。

单调谐滤波器由电容元件 C、电感元件 L、电阻元件 R 串联而成，如图 6-11（a）所示，其阻抗 Z_f 与频率 ω 之间的关系为

$$Z_f = R + j\left(\omega L - \frac{1}{\omega C}\right) \tag{6-17}$$

所以得出其幅频特性曲线如图 6-11（b）所示。

在谐振频率下，相应的电抗值为

$$X_0 = \omega_r L = 1/\omega_r C = \sqrt{L/C} \tag{6-18}$$

其品质因数 Q 表示为

$$Q = \frac{X_0}{R} = \frac{\sqrt{L/C}}{R} \tag{6-19}$$

品质因数越大，滤波器在调谐频率下的阻抗越小，滤波效果越好，但对频率的偏移也更为敏感。为了克服这一缺点，常在设计滤波器电感时有意降低其品质因数。

在 6 脉波桥的情况下，单调谐滤波器一般调谐在 5、7、11、13 次特征谐波频率上。这种滤波器的优点是结构简单，对单一重要谐波的滤除能力强，损耗低，且维护要求低；主要缺点是低负荷时的适应性差，抗失谐能力低。由于 12 脉动换流器的广泛应用，消除了 5 次和 7 次的特征谐波，因此在最新的直流工程中一般不再考虑装设单调谐滤波器。

双调谐滤波器的电路如图 6-12 所示，它有两个谐振频率，同时吸收两个邻近频率的谐波，其作用等效于两个并联的单调谐滤波器。从电路结构分析，双调谐滤波器是由串联谐振电路与并联谐振电路串联而成。

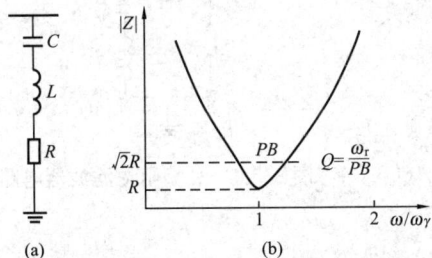

图 6-11　单调谐滤波器电路及幅频特性
（a）单调谐滤波器电路；（b）单调谐滤波器的幅频特性

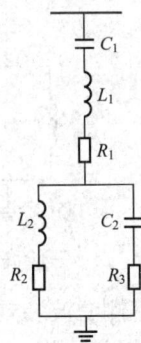

图 6-12　双调谐滤波器电路

双调谐滤波器与两组单调谐滤波器相比，在基波频率下的损耗较小，只有一个处于高电位的电容器，便于解决低输送功率时的滤波问题。但是双调谐滤波器对失谐较为敏感，由于谐振的作用，低压元件的暂态额定值可能较高，元件数较多，且常常需要两组避雷器。

双调谐滤波器是目前采用的最普遍的滤波器形式。通过调整电阻值可以在很大频率范围内产生高频阻抗滤波作用。

2）阻尼滤波器。

阻尼滤波器分为二阶高通阻尼滤波器、三阶高通阻尼滤波器、C 型阻尼滤波器等。

二阶高通阻尼滤波器的电路如图 6-13 所示，它的阻抗与频率之间的关系为

$$Z_f = \frac{1}{j\omega C} + \left(\frac{1}{R} + \frac{1}{j\omega L}\right)^{-1} = \frac{R\omega^2 L^2}{R^2 + \omega^2 L^2} + j\left(\frac{R^2 \omega L}{R^2 + \omega^2 L^2} - \frac{1}{\omega C}\right) \qquad (6-20)$$

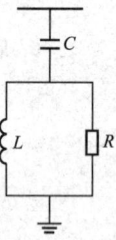

所以，当 $R \to \infty$ 时，二阶高通滤波器转变成为了单调谐滤波器；当 $\omega \to \infty$ 时，$Z_f = R$。实际上，滤波器在高于某一频率后，在很宽的频带范围内具有低阻抗特性，从而实现了高通滤波。这种滤波器是早期的直流输电工程中常用的一种阻尼滤波器，目前已基本不再采用。

对于高通滤波器，Q 值的定义为 $Q = R/X_0$。注意，高通滤波器中的 Q 值与调谐滤波器的 Q 值定义不同，但是用 Q 值来反映滤波器的调谐锐度是一致的。例如，在单调谐滤波器中，串联电阻越小，则其调谐曲线越尖锐，而在高通滤波器中，由于电阻是与电感并联连接的，因此电阻越大，曲线就越尖锐。高通阻尼滤波器典型的 Q 值在 $0.5 \sim 5$ 之间。

图 6-13 二阶高通阻尼滤波器电路

三阶高通阻尼滤波器电路如图 6-14 所示，这种滤波器的基波损耗比二阶高通阻尼滤波器的损耗要低一些，但滤波器的组成要复杂，滤波效果也略低于二阶高通阻尼滤波器。因此在工程中应用不太多。

C 型阻尼滤波器电路如图 6-15 所示，是一种改进型的高通滤波器，用于抑制较低次的谐波并兼有高通滤波的性能。C_2 和 L 构成的回路谐振于工频，基波电流几乎全部流经这一回路，进一步降低了基波损耗。由于在指定的频率范围内增加足够的阻尼而损耗减少，目前这种滤波器在低次谐波滤波器中应用最为广泛。

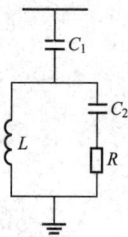

图 6-14 三阶高通阻尼滤波器电路

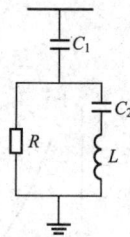

图 6-15 C 型阻尼滤波器电路

（2）直流侧滤波装置。

直流侧滤波器装置的设计方法原则上与交流滤波器的设计方法相同，但对直流侧滤波器的技术要求主要限于抑制对邻近通信线路的干扰，所考虑的频率范围通常从 50Hz 到 5000Hz。

直流侧滤波器装置一般除平波电抗器外，还包括一个或数个特征谐波频率的滤波器和一个高通滤波器。这些调谐支路或高通滤波器都接在直流线路的每一个极与大地之间或接在每一个极与接地电极引线之间。由于直流侧没有无功功率补偿问题，因此直流滤波器电容器的

额定参数（最大直流电压和电容值）不是根据总的无功功率而确定的，而是按照线路电压、滤波要求和经济性来决定的。各调谐支路中电感器的 Q 值一般都取 100 左右。

6.3.3 功率因数补偿

目前世界上已有换流站的无功补偿设备主要有三大类。

第一类，机械操作式开关投切的电容器和电抗器。在工频下，滤波器都呈容性，所以，滤波器在滤波的同时还能提供相当容量的无功功率，以满足换流器的需要。

第二类，静止无功补偿装置。当换流站所在电网较薄弱时，电压稳定性控制困难，有时甚至可能发生电压稳定问题，可以考虑装设静止无功补偿装置。

第三类，调相机。当换流站所连接的交流电网相对于直流输电系统的容量太小时，则需要在换流站装设调相机。近年来，随着现代直流输电工程设计和控制保护水平的提高，一般在电网短路容量与直流输电传送容量之比大于 3 时不需采用动态的无功补偿设备。

直流输电线中的功率潮流大小可通过调节电流 I_d 加以控制，而换流器所需的无功功率也会随着输送功率的增加而增大。设计滤波器时，滤波电容除按调谐因素考虑外，还需按其所提供的无功功率来计算和选择。如果滤波电容供应的允许功率超过换流器所需的无功功率时，往往会引起轻载情况下的系统过电压问题。为了补偿输送功率大时换流器取用的无功功率，可采用投入备用功率因数校正电容的方法。

6.4 高压直流输电的基本控制原理

高压直流输电与交流输电相比，其显著特点是可以通过对两端换流器的快速调节，控制直流输电线路输送功率的大小和方向。所以，直流输电系统的性能，很大程度上依赖于它的控制系统。高压直流输电系统采用各种分层控制方式，可以提供高效稳定的运行和功率控制的最大灵活性，同时保证设备的安全。

高压直流输电的控制系统，要完成以下基本的控制功能。

（1）直流输电的启停控制。

（2）直流输送功率的大小和方向的控制。

（3）抑制换流器不正常运行及所连接交流系统的干扰。

（4）发生故障时，保护换流站设备。

（5）对换流站、直流线路的各种参数进行监视。

（6）与交流变电所设备接口及运行人员联系。

6.4.1 高压直流输电的基本调节原理

高压直流输电系统可以通过以下两方面来调节输送的直流电流和直流功率。

（1）调节整流器的触发角 α 或逆变器的逆变角 β，即调节加到换流阀控制极或栅极的触发脉冲的相位，简称控制极调节。

（2）调节换流器的交流电压，一般靠改变换流变压器的分接头来实现。

控制极调节方式利用控制相位进行调节，不但调节范围大，而且非常迅速，是高压直流输电系统的主要调节手段。调节换流变压器分接头则速度缓慢且范围有限，所以只作为控制调节的补充手段。

整流器和逆变器可分别按定 α 和定 β 运行。有时为了保证逆变器的安全运行，减小发生换相失败的几率，要求逆变器的关断超前角 δ 不小于关断余裕角 δ_0（包括可控硅正向阻断能力恢复时间所对应的角度和一定的安全裕度），逆变器按定 δ 运行。当整流器和逆变器都没有装设自动调节装置并分别按定 α 和定 β 运行时，系统的运行状态可由图 6-16 决定，图中直线 1 是整流器定 α 伏安特性，直线 2 是逆变器定 β 伏安特性，两条支线的交点 N 即系统的运行点。从图中可以看出，当整流器交流电动势上升时，定 α 特性曲线平移至 1′ 位置，同样，当整流器交流电动势下降时，定 α 特性曲线平移至 1″ 位置。由于伏安特性的斜率一般比较小（图中的斜率是夸大了的），所以交流电压不大的变动，就会引起直流电流和功率的很大的波动。同理，逆变侧交流电动势的微小变动，也会发生类似的结果，所以其运行特性不是很好。同理，如果整流器按定 α 运行，逆变器按定 δ 运行，情况同样不好。

由于上述原因，一般在整流器上装设定电流调节装置。定电流调节装置不但可以确保直流输电的运行性能，同时也可以限制过电流和防止换流器过载，是直流输电的基本的调节方式。定电流调节的基本原理是，把系统实际电流和电流整定值进行比较，当出现偏差时，通过改变换流的触发角而使差值消失或减小。

通常，整流侧和逆变侧都装有电流调节器。图 6-17 表示高压直流输电系统的基本调节稳态特性，整流侧由定电流特性和定 α_0 特性两段组成，逆变侧由定 δ_0 特性和定电流特性（通常比整流侧的电流整定值小 ΔI_{d0}）两段组成。正常时由整流器定电流特性决定运行电流，逆变器定 δ_0 决定运行电压（A 点）；两侧交流电压有较大变动时（例如整流侧交流电压大幅下降），则由逆变侧决定运行电流，整流侧决定运行电压（B 点或 C 点）。必须注意的是，逆变侧的两个调节器不允许同时工作，应根据运行情况由切换装置自动转换。

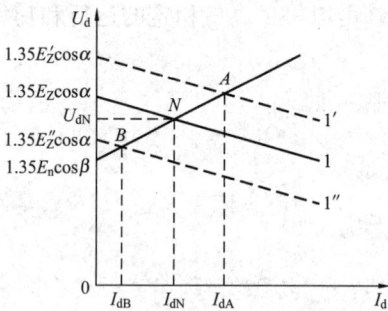

图 6-16　直流输电系统的运行状态

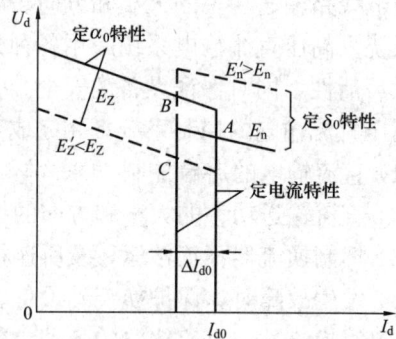

图 6-17　高压直流输电系统的基本调节稳态特性

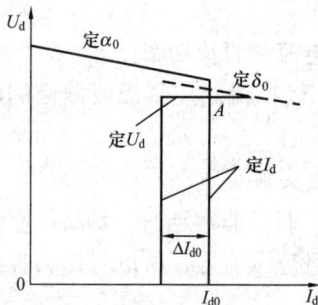

图 6-18　定电流定电压伏安特性

除了上述的调节方式外，也有采用定电流和定电压作为基本的调节方式。在这种方式中整流器仍按定电流调节，逆变器则按直流线路末端（或始端）电压保持一定的方式调节。定电压调节的原理和定电流调节相似，仅反馈量或被调量改为相应的直流电压。图 6-18 为这种调节的伏安特性。为了防止换相失败，逆变器仍需装设 δ 调节器，但只在 $\delta < \delta_0$ 时才进行调节，在图 6-18 中其调节特性如虚线所示。这种调节方式适用于受端交流系统等值（短路）阻抗较大（即弱系统）的场合，有利于提高换流站交流电压的稳

定性。

定电压调节的优点有以下两点。

（1）由于某种扰动使逆变站交流母线的电压下降时，为了保持直流电压的恒定，逆变器电压调节器将自动的减小 β 角，因此，逆变器的功率因数提高，消耗的无功功率减小，有利于防止交流电压进一步下降或阻尼电压的震荡。

（2）在轻负载（直流电流小于额定值）运行时，由于逆变器的 δ 角比满载运行时大，对防止换相失败更为有利。

定电压调节的缺点有：在额定条件时为了保证直流电压有一定的调节范围，逆变器的 δ 角要略大于 δ_0，也就是系统运行点要在 δ_0 特性之下，如图 6-18 中 A 点所示，因此逆变器的额定功率因数和直流电压要比定关断余裕角调节方式的要低一些，所以消耗的无功功率多一些。

在已经讨论的直流输电基本调节特性中，其中除了定 α 特性外其他调节方式均需要依靠自动调节装置来实现。此外，还可以附加一些调节设备，进一步改善运行性能或满足特定的要求。

6.4.2 控制系统分层结构

所谓直流输电控制系统分层结构，是将直流输电换流站和直流输电线路的全部控制功能按等级分为若干层次而形成的控制系统结构。复杂的控制系统采用分层结构，可以提高运行的可靠性，使任一控制环节故障所造成的影响和危害程度最小，同时还可以提高运行、操作、维护的方便性和灵活性。其主要特征有如下几点。

（1）各层次在结构上分开，层次等级高的控制功能可以作用于其所属的低等级层次，且作用方向是单向的。

（2）层次等级相同的各控制功能及其相应的硬、软件在结构上尽量分开，以减小相互影响。

（3）直接面向被控设备的控制功能设置在最低层次等级，控制系统中有关的执行环节也属于这一层次等级，它们一般就近设置在被控设备近旁。

（4）系统的主要控制功能尽可能地分散到较低的层次等级，以提高系统可用率。

（5）当高层次控制发生故障时，各下层次控制能按照故障前的指令继续工作，并保留尽可能多的控制功能。

现代直流输电控制系统一般设有 6 个层次等级，从高层次到低层次等级分为系统控制级、双极控制级、极控制级、换流器控制级、单独控制级和换流阀控制级。当每极只有一个换流单元时，为简化结构，极控制和换流器控制可以合并为一个级；当只有一回双极线路时，通常系统控制和极控制合并为一级。在直流系统各换流站中，需要指定其中的一个为主控制站，它通过通信系统发出控制指令，协调各换流站的运行。

6.4.3 直流输电系统的启停和功率反转控制

（1）直流输电系统的启停控制。

直流输电的启停包括正常启动、正常停运、故障紧急停运和自动再启动。

直流输电的正常启动是通过控制两端换流器的触发相位，使直流电压和电流从零开始按指数曲线或直线平稳的上升来实现的。这种启动方法又称为软启动，它能够防止电流和电压在启动过程中的快速变化所引起的过电压，同时也可避免两侧交流系统受到功率快速变化的冲击。启动过程持续时间由几秒钟至几十分钟，由两端交流系统承受功率变化的能力决定。

直流系统正常停运采用慢速的软停运，它相当于正常启动的逆过程。整流侧的电流调节器按停运过程中对电流变化规律的要求，逐步减小到允许运行的最小值。在此过程中交流滤波器组随直流功率减小而逐组切除，以满足无功平衡的要求。

直流输电系统发生故障时，保护装置动作后的停运称为紧急停运。直流系统的紧急停运采用快速移相控制，快速移相后，直流线路两端换流器都处于逆变状态，将直流系统内储存的能量迅速送回两端交流系统。当直流电流下降到零时，分别闭锁两端换流器的触发脉冲，继而跳开两侧换流变压器交流系统的断路器，达到紧急停运的目的。除了保护启动的紧急停运外，还可以手动启动紧急停运。

自动再启动用于在直流输电架空线路瞬时故障后，迅速恢复供电而采取的措施。当直流保护系统检测到直流线路接地故障后，改变整流器触发角使其变为逆变器运行。在两端均为逆变器的情况下，储存的直流系统中的电磁能量迅速送回到两端交流系统，再经过预先整定的弧道去游离时间后，按一定速度自动减小整流器的触发角，使其恢复为整流运行，并快速将直流电压和电流升到故障前的运行值（或某设定值）。自动再启动时间一般比交流系统的自动重合闸时间要短，因而对两端交流系统的冲击较小。

（2）直流输电系统的潮流反转控制。

潮流反转是利用直流输电系统的快速可控性，改变直流电压的极性，将直流功率传输方向在运行中自动反转的一种控制功能。

直流功率的反转过程是在整流站和逆变站的直流控制系统的协同作用下进行的。通常，直流控制系统接到潮流反转命令后，先由整流站的直流电流调节器将直流电流按预先整定的速度降至最小容许值（通常为额定电流的10%），然后由逆变站的直流电压调节器把直流线路电压按预先整定的速率降至零。与此同时，为保持直流电流恒定，整流侧的直流电压也相应降低（略高于逆变侧），此时由功率方向控制回路将两换流站控制回路中的功率传送方向标志反转。于是，原来的整流器变为逆变状态，原来的逆变器变为整流器。在此之后，再由现在的逆变站的直流电压调节器把直流线路电压按预先整定的速率升至反向后的预定值，最后由现在的整流站的直流电流调节器将直流电流按预先整定的速率升至反向后的预定值，从而完成整个潮流的反转。

直流输电系统潮流反转过程可以在控制系统的作用下迅速完成（约几百毫秒）。潮流反转的速度主要取决于两端交流系统对直流功率变化速度的要求，以及直流输电系统主回路的限制。正常运行中潮流反转过程的时间一般在几秒钟甚至几十秒以上，太快的电压极性反转会损坏直流输电系统的绝缘性能。

习　题　六

1. 试说明高压直流输电的优缺点。
2. 试说明高压直流输电系统的结构及各主要元件的作用。
3. 换流器的整流和逆变工作状态有哪些异同点？
4. 换流器的外特性是什么？

5. 试画出 12 脉波换流器的电路结构，并说明其优点。

6. 高压直流输电系统的谐波特点是什么？

7. 高压直流输电系统的滤波器如何设置？

8. 试说明高压直流输电系统的无功补偿方法。

9. 高压直流输电系统控制的基本原则和理想控制特性是什么？

7 静止无功补偿装置

采用电力电子器件控制的静止型动态无功补偿装置具有响应速度快和可连续调节的优点，已广泛应用于提高输电系统的稳定性、改善电能质量、对冲击性负荷的无功补偿和闪变抑制等领域。采用晶闸管控制的静止无功补偿器（SVC）成为继高压直流输电之后，电力电子技术在电力系统高电压大功率领域的又一成熟应用技术；采用全控型器件的静止同步补偿器（STATCOM）已成为柔性交流输电系统（FACTS）技术中发展最快的控制器之一。本章首先介绍 FACTS 的概念和静止无功补偿的基本原理，然后具体阐述晶闸管控制电抗器（TCR）、晶闸管投切电容器（TSC）和静止同步补偿器（STATCOM）的工作原理。

7.1 概　　述

7.1.1 灵活交流输电系统简介

1. FACTS 的概念

由于电力电子技术对电力系统的深刻影响，美国科学家 N. G. Hingorani 博士于 1986 年提出了著名的 FACTS 概念。柔性交流输电系统或灵活交流输电系统（Flexible AC Transmission Systems，FACTS），就是在输电系统的重要部位，采用具有单独或综合功能的电力电子装置，对输电系统的主要参数（如电压、相位差、电抗等）进行调整控制，使输电系统更加可靠，具有更大的可控性和传输能力。FACTS 控制器是可提供一个或多个控制交流输电系统参数的静止型设备，其特点是把现代电力电子技术、现代控制技术和微处理器技术等引入交流输电系统，使输电系统的母线电压、输电线路阻抗和相位角可以快速灵活地调整。FACTS 技术从根本上改变了交流电网过去基本上只依靠缓慢、间断以及不精确设备进行机械控制的局面，对提高输电系统的输送功率和潮流控制能力以及改善电力系统稳定性，控制系统振荡等具有明显的作用。

FACTS 作为一项电力系统的新技术，不仅仅指单独的控制器，而是指以分阶段方式、可单一或组合用于控制有内在联系的参数控制器的组合体，目前正处在蓬勃发展的初级阶段，所包含的控制器种类不断增加。目前已有的 FACTS 装置多达几十种，包括静止无功补偿器（SVC）、静止同步补偿器（STATCOM）、可控串联补偿器（TCSC）、晶闸管控制移相器（TCPST）、统一潮流控制器（UPFC）、动态电压调节器（DVR）、超导储能系统（SMES）、不间断电源（UPS）、统一电能质量控制器（UPQC）等。应该指出，在输电系统中最早的电力电子技术应用是高压直流输电（HVDC），著名电力专家 J. Zaborszky 认为 HVDC 实际上应属于第一代 FACTS 装置。还应指出，由 N. G. Hingorani 博士首先提出的柔性交流输电技术和用户电力技术（Custom Power）均是以电力电子技术、微处理器技术、控制技术等高新技术为基础的，均是用以提高电力系统的可靠性、可控性、运行性能及电能质量，并可获得大量节电效益的新型综合技术。FACTS 侧重应用于高压输电系统，而用户电力技术侧重应用于中、低压配电系统。但有时两者又是统一的，如 SVC 和 STATCOM 等既可用于高压输电网又可用于配电网中。尽管用户电力技术与 FACTS 有不同的使用目的和经济评价标准，但是用户电力技术使配电网高度柔性化，其结果无疑会对输电网中的 FACTS 技术产生相互配合和支持的效果，也会对输电网的控制及运行产生影响。

2. FACTS 的发展

近年来，FACTS 技术正以其独特的优越性引起了世界范围内许多电力公司、电力科研机构、高等院校、电气设备制造厂家和电力用户的密切关注及广泛兴趣。FACTS 技术作为现代电力电子应用技术的最新成果，将成为十分重要的控制工具。鉴于 FACTS 的广泛发展前景以及它对未来输电技术发展、电力建设和运行可能产生的重大影响，美国、日本及欧洲一些发达国家已投入大量资金和人力对此进行研究和开发，包括对现行电网的评估、硬件设备开发及 FACTS 装置在各电力公司的协调配置等，并且已经多次召开专门的国际性学术会议。

随着我国经济的快速发展，电力需求日益增加，尽快实现全国电网互联、加强电网建设，从而使电力资源在全国范围内优化配置是非常必要的。但大电网一旦出现事故，会导致大面积停电，对国民经济造成巨大损失。如美国在 2003 年 8 月 14 日的大停电造成的损失高达 300 亿美元。为了提高电网的安全运行水平和电能质量，除了电网结构要合理外，还必须有先进的调节控制手段。因此，FACTS 技术也引起了我国有关部门和专家的关注。我国的国情虽与发达国家有差别，修建新线路的矛盾目前还没有那么尖锐，但我国电网的控制手段缺乏，电网稳定性问题很突出。利用最新的电力电子技术和计算机控制及通信技术提高输电系统的可靠性、可控性和效率是极为重要的，也是输电技术的发展方向，对今后全国联合电网的建设和运行，具有特别重要的意义。

对于电力系统，一项新技术能否被广泛采用，是否具有生命力，很大程度上取决它与现有系统的兼容程度，而 FACTS 与现行的交流输电系统并行发展，可以完全兼容。由于 FACTS 技术具有与现有系统完全兼容的优点，可以在现有设备不做重大改动的条件下，充分发挥现有电网的潜力，以渐进的方式改变电力系统的面貌，这点特别适合现阶段我国发展资金比较紧张的状况。目前在国内，中国电力科学研究院、部分高等院校、电力生产和设计部门及一些电气设备制造厂家已开始 FACTS 技术方面的规划和研究试制工作。对静止无功补偿器（SVC）已积累了较为丰富的制造和运行经验。河南省电力工业局和清华大学合作，已成功研制出具有工业实用价值的 ±20Mvar 的 SVG，并已投入电网运行；清华大学和上海电力公司合作研制容量为 ±50Mvar 的 STATCOM 的项目正在进行；中国电力科学研究院对综合潮流控制器（UPFC）和可控串联补偿器（TCSC）均开展了研究工作，甘肃碧成 220kV 可控串补国产化示范工程于 2004 年 12 月 22 日投运成功，标志着国产可控串补技术水平已经达到了工程实用化，为提高我国电网输送能力提供了强有力的技术支撑。

柔性交流输电技术已在多个输电工程中得到应用，但其推广却不是很快，其原因有：①工程造价比常规的解决方案高；②目前 FACTS 技术的应用还局限于个别工程，如果大规模应用，还需要解决一些全局性的问题，例如：多个 FACTS 装置控制系统的协调问题；FACTS 装置与已有的常规控制、继电保护的衔接问题；FACTS 控制纳入现有的电网调度控制系统问题等。但是，随着半导体技术的发展，作为其核心的半导体器件的价格以每年大约 10% 的速度下降，以及大功率电力电子装置的性能不断提高、新的控制手段的不断出现，FACTS 技术必将会被广泛地应用起来。

7.1.2　静止无功补偿装置的发展

1. 无功补偿的作用

无功功率补偿是保持电网高质量运行的主要手段之一，也是当今电气自动化技术及电力系统研究领域所面临的一项重大课题，正在受到越来越多的关注。电网中无功功率不平衡主要有两个方面的原因：一方面是供电部门传送的电力质量不高；另一方面是用户的电气性能不够好。这两方面的综合原因导致无功的大量存在。显然，这些无功功率如果都要由发电机提供并经过长距离传送是不合理的，通常也是不可能的。合理的方法应是在需要消耗无功功率的地方产生无功功率即无功功率就地补偿。无功补偿的作用主要有以下几点。

（1）提高供用电系统及负载的功率因数，降低设备容量，减少功率损耗。

（2）稳定受电端及电网的电压，提高供电质量。因为电网电压的波动主要是由无功功率的波动引起的，电弧炉、轧钢机等大型设备会产生频繁的无功功率冲击，严重影响电网供电质量。在长距离输电线合适的地点设置动态无功补偿装置，还可以改善输电系统的稳定性，提高输电能力。

（3）在电气化铁道等三相负载不平衡的场合，通过适当的无功补偿可以平衡三相的有功及无功负载。

2. 静止无功补偿装置的发展

早期无功补偿装置有同步调相机（Synchronous Condenser，SC）和并联电容器。同步调相机是专门用来产生无功功率的同步电动机，在过励磁或欠励磁的情况下，分别能够发出容性或感性无功功率。同步调相机在电力系统无功功率控制中一度发挥着主要作用。然而，由于同步调相机是旋转电动机，因此其在运行中的损耗和噪声都比较大，运行维护也比较复杂，而且响应速度慢，在很多情况下无法满足快速动态补偿的要求。并联电容器补偿无功功率具有结构简单、经济方便等优点，但其阻抗是固定的，故不能跟踪负荷无功功率需求的变化，即不能实现对无功功率的动态补偿。在系统中有谐波时，电容器还有可能与系统阻抗发生并联谐振，使谐波放大，从而造成烧毁电容器的事故。

20 世纪 70 年代以来，同步调相机和并联电容器逐渐被静止型无功补偿装置所取代。静止无功补偿装置与调相机相比，没有旋转部件，是一种利用电容器和可控类型的电抗器进行无功补偿（可提供可变的容性或感性无功）的装置，简称静补装置。早期的静止无功补偿装置是饱和电抗器（Saturated Reactor，SR）。1967 年，英国 GEC 公司推出了世界上第一批饱和电抗器型静止无功补偿装置。此后，各国厂家纷纷推出各自的产品。饱和电抗器比之同步调相机具有静止、响应速度快等优点，但其铁芯需磁化到饱和状态，因而损耗和噪声还是很大，并且其还存在非线性电路的一些特殊问题，又不能分相调节以补偿负荷的不平衡，所以未能占据静止无功补偿装置的主流。

电力电子技术的发展及其在电力系统中的应用，将使用晶闸管的静止无功补偿装置推上了无功补偿的舞台，并逐渐占据了静止无功补偿的主导地位。1977 年美国 GE 公司首次在实际电力系统中演示运行了使用晶闸管的静止无功补偿装置。1978 年，在美国电力研究院（EPRI）的支持下，西屋电气公司（Westing-house Electric Corp）制造的使用晶闸管的静止无功补偿装置投入实际运行。随后，世界各大电气公司都竞相推出了具备各自特点的系列产品。我国也先后引进了数套此类装置。

由于使用晶闸管的静止无功补偿装置具有优良的性能，所以，近十多年来，在世界范围内其市场一直在迅速而稳定地增长，已占据了静止无功补偿装置的主导地位。因此静止无功补偿装置（SVC）这个词往往是专指使用晶闸管控制的静止无功补偿装置。SVC包括晶闸管控制电抗器（Thyristor Controlled Reactor，TCR）和晶闸管投切电容器（Thyristor Switching Capacitor，TSC），以及这两者的混合装置（TCR＋TSC），或者晶闸管控制电抗器与固定电容器（Fixed Capacitor，FC）或机械式动作投切的电容器（Mechanically Switched Capacitor，MSC）混合使用的装置（如TCR＋FC、TCR＋MSC等）。

SVC的基本作用是连续而迅速地控制无功功率，即以快速的响应，通过发出或吸收无功功率来控制它所连接的输电系统的节点电压或功率潮流。所以，SVC可以达到下述的目的。

（1）提高电力系统的电压调整能力。

（2）支撑电网中枢点的母线电压，减小电压波动，提高电压质量。

（3）改善系统的静态、暂态稳定。

（4）降低暂时过电压（包括工频过电压和谐振过电压）。

（5）校正电压和电流不平衡（即非对称控制）。

（6）降低线损，增加输电线路的输送能力。

（7）控制电力系统的功率振荡。

（8）阻尼电力系统的次同步谐振。

SVC当作为系统补偿时，其作用主要有：维持输电线路上节点的电压，减小线路上因为功率流动变化造成的电压波动，并提高输电线路有功功率的传输容量和电网的静态稳定性；在网络故障情况下，快速稳定电压，维持线路输电能力，提高电网的暂态稳定性；增加系统的阻尼，抑制电网的功率振荡；在输电线路末端进行无功功率补偿和电压支持，提高电压稳定性等。

SVC当作为负荷补偿时，其作用有：抑制负荷变化造成的电压波动和闪变；补偿负荷所需要的无功电流，改善功率因数，优化电网的能量流动；补偿有功和无功负荷的不平衡，提高电能的使用效率。

基于以上作用，SVC除了应用于互联电网的高压输电线路外，还广泛地应用于高压直流输电换流站的无功补偿和抑制电弧炉等大型冲击负荷造成的电压闪变和电压波动。经过30多年的发展，SVC已经成为相当成熟的技术，在输配电系统和工业部门已有大量应用。工业应用中常常将TCR和TSC支路接在负荷母线，但对输电系统应用常常还要通过降压变压器在10～35kV电压等级接入SVC。为了达到足够的电压耐受能力，SVC的控制阀，每相有适当数量的晶闸管对串联组成。SVC的容量，对于工业用户来说常为10～50Mvar，对主要用于输电系统的无功支持，则一般要有100～300Mvar。我国对SVC的研究应用始于20世纪70年代末，至今已积累了较多的运行经验，其制造技术也已相当成熟。目前国内已基本具备设计和制造100Mvar左右用于输变配电系统SVC的能力。我国在500kV系统中运行的SVC已有十多套，在钢铁企业中应用得更多并且还在逐渐增多。

随着电力电子技术的进一步发展，20世纪80年代以来，出现了一种更为先进的静止型无功补偿装置，这就是采用自换相变流电路的静止无功补偿装置——静止同步补偿器（Static Synchronous Compensator，STATCOM），也有人称之为新型静止无功发生器（Advanced Static Var Generator，ASVG），或者轻型SVC（SVC-Light）。其最基本的电路仍是三相桥式电压型或电流型变流电路，目前使用的主要是电压型逆变器，因为它的损耗小，效率高。STATCOM和SVC不同，SVC需要大容量的电抗器、电容器等储能元件，电力电子器件只是用来对这些电容器或电抗器的阻抗进行控制。而STATCOM或SVG则是用逆变器等换流电路在三相电路之间转移电量，达到调节功率因数，改变电流波形的目的。因此在STATCOM或SVG的直流侧只需要较小容量的电容器来滤波。STATCOM一般采用多重化或PWM控制来改进谐波特性，它既可发出无功功率也可吸收无功功率。

7.2　晶闸管控制电抗器（TCR）

7.2.1　TCR 基本原理

TCR的基本原理如图7-1所示。其单相基本结构是两个反并联的晶闸管与一个电抗器相串联。由于目前晶闸管的关断能力通常在3～9kV、3～6kA，实际应用中，往往采用10～20个晶闸管串联使用，串联的晶闸管要求同时触发导通。这样的电路并联到电网上，相当于电感负载的交流调压电路的结构。

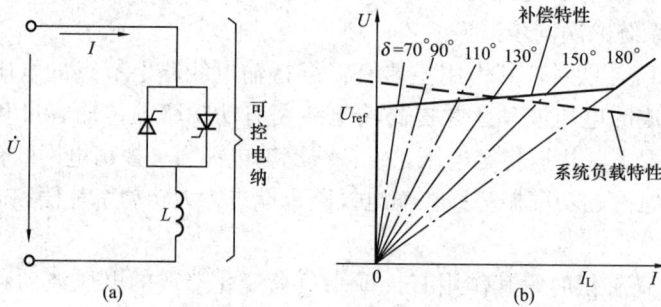

图7-1　TCR的基本原理
(a) 单相等效电路；(b) 基频伏安特性

通过改变晶闸管的触发延迟角α，可以改变电抗器电流的大小，即可以达到连续调整电抗器的基波无功功率的目的。由于电感的存在，在α<90°时触发晶闸管会产生含直流分量的不对称电流。因此，TCR型晶闸管阀的触发延迟角的有效范围在90°～180°。α=90°时，晶闸管完全导通，与晶闸管串联的电抗相当于直接接到电网上，这时其吸收的基波电流和无功功率最大。当触发延迟角在90°～180°之间时，晶闸管为部分区间导通。增大触发延迟角的效果就是减少电流中的基波分量，相当于增大补偿器的等效感抗，或者说减小其等效电纳，因而减少了其吸收的无功功率。当触发延迟角为180°时，TCR不吸收无功功率，其对电力系统不起任何作用。

对于TCR，电抗器电流的表达式为

$$i_L = \sqrt{2}u(\cos\alpha - \cos\omega t)/X_L \quad （当 \alpha < \omega t < \alpha + \delta 时）$$

$$i_L = 0 \quad (当\ \alpha+\delta < \omega t < \alpha+\pi\ 时)$$

式中：u 为电网电压有效值；X_L 为电抗器的电抗，$X_L = \omega L = 2\pi f L$；$\delta$ 为导通角，与 α 的关系为 $2\alpha + \delta = 2\pi$。

i_L 的基波电流有效值为

$$I_1 = \frac{\delta - \sin\delta}{\pi X_L} u \qquad (7-1)$$

TCR 的基频伏安特性 [见图 7-1(b)] 可表示为

$$u = u_{ref} + jX_S I_1$$

式中：X_S 为系统等效阻抗；u_{ref} 为电网电压参考值。

可以看出，TCR 的基频伏安特性实际上是一种稳态特性，特性上的每一点都是 TCR 在导通角 δ 为某一角度时的等效感抗的伏安特性上的一点。TCR 之所以能从其基频伏安特性上的某一稳态工作点转移到另一稳态工作点，都是控制系统不断调节触发延迟角 α，从而不断调节导通角 δ 的结果。

7.2.2 TCR 的主要接线形式

TCR 的三相接线形式大都采用三角形联结，也就是所谓的支路控制三角形联结三相交流调压电路的形式，如图 7-2 所示。这种接线形式的优点是比其他接线形式的线电流中谐波含量要小。工程实际中常常将每一相的电抗分成如图 7-2 所示的两部分，分别接在晶闸管对的两端。这样可以使晶闸管在电抗器损坏时能得到有效的保护。

这种每相只有一个晶闸管对的接线形式被称为 6 脉波 TCR。对其输出电流波形进行傅里叶分析可知，其线电流中所含谐波为 $6k \pm 1$ 次（k 为正整数）。

实际系统中，电抗器不会完全相同，电压也可能不平衡，尤其当电抗器正负半周投切不对称时，电抗器电流将包含包括直流分量在内的所有频谱的谐波，直流分量可能使变压器饱和，增大谐波含量和损耗。

12 脉波 TCR 由供电电压相差 30°相角的两个 6 脉波 TCR 构成，如图 7-3 所示，它可以有效的减小线电流中的谐波。如图 7-3 所示，12 脉波 TCR 通过降压变压器连接到系统母线上，降压变压器二次侧设有两个绕组，一个为Y联结，另一个为△联结，从而形成了 30°的相差。这两个绕组分别连接一个 6 脉波 TCR，即可构成 12 脉波 TCR。其一次侧线电流中将仅含 $12k \pm 1$ 次（k 为正整数）。12 脉波 TCR 的一个很重要的优点是，当组成它的一个 6 脉波 TCR 出现故障时，另一个仍可正常工作。

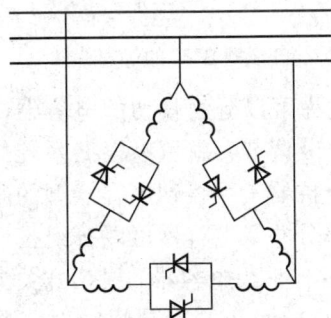

图 7-2 TCR 的三相接线形式

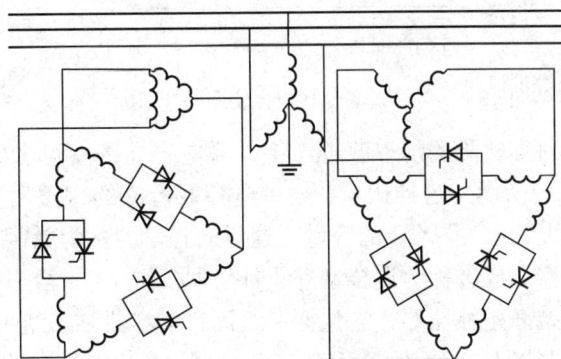

图 7-3 12 脉波 TCR 的接线形式

　　理论上，可以将三个甚至更多的三角形联结 TCR 通过变压器绕组耦合，在适当的移相条件下，消去更多次的谐波分量。但是，这样成本会大大增加，并且增加了系统控制的复杂性。在实际应用中，由于 TCR 的高次谐波并不大，超过 12 脉波的 TCR 一般不用。

7.2.3　TCR 的主要配置类型

　　单独的 TCR 由于只能吸收感性的无功功率，因此往往与并联电容器配合使用，其单相连接图如图 7-4 所示。并联上电容器后，总的无功功率为 TCR 与并联电容器无功功率抵消后的净无功功率。另外，并联电容器串联上小的调谐电抗器还可兼作滤波器，以吸收 TCR 产生的谐波电流。

　　当 TCR 与固定电容器配合使用时，被称为 TCR+FC 型 SVC，有时也简称为 TCR，其伏安特性如图 7-5 所示。可以看出，与单独的 TCR 的伏安特性相比，相当于在坐标原点逆时针旋转了一定的角度，这个角度的大小和并联电容器的参数等有关。当改变控制系统的参考电压时，可以改变特性在纵轴上的截距，因而可以使特性的水平段上下移动。作为其特性左边界的斜线，就是晶闸管导通角为零，即 $\alpha=180°$ 时的伏安特性，此时相当于仅有固定电容器并联在母线上时电容器的伏安特性；而作为右边界的斜线段，就是晶闸管完全导通，即 $\alpha=90°$ 时的伏安特性，此时相当于串联电抗器直接的接在母线上，与并联电容器并联产生的总等效阻抗的伏安特性，而它所对应的无功功率是电容器与电抗器无功功率抵消后的净无功功率。因此，如果要求这种补偿器既能补偿感性无功又能补偿容性无功，则电抗器的容量必须大于电容器的容量。这种类型补偿器的缺陷是当补偿器工作在吸收很小的容性或感性无功功率的状态时，其电抗器和电容器实际上都已吸收了很大的无功功率，因此都有很大的电流流过，只是相互抵消而已，这显然降低了 TCR 的使用效率。

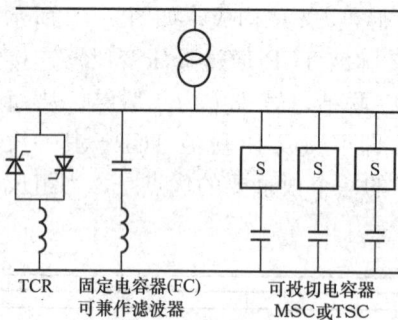

图7-4　与并联电容器配合使用的 TCR　　　　图7-5　TCR+FC 型 SVC 的伏安特性

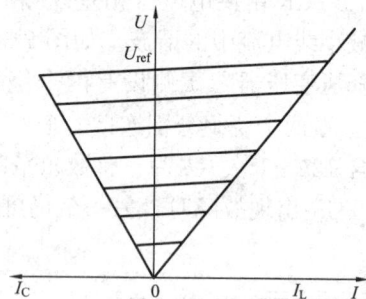

　　对上述配置加以改进，将并联电容器的一部分或全部改为可以分组投切的电容器，如图 7-4 所示。这样伏安特性中电容器造成的偏置度就可以分级调节，就可以根据系统的实际情况而改变 TCR 的容量。这样的补偿器称为晶闸管控制电抗器+可投切电容器型的静止补偿器，或者称为混合型静止补偿器。图 7-4 给出的即为部分并联电容器可以分组投切的混合型静止补偿器，它包括一组固定电容器和三组可投切电容器。当电容器的投切开关为机械断路器时，称为 TCR+MSC 型静止补偿器；当电容器的投切开关为晶闸管时，称为 TCR+TSC 型静止补偿器。

　　混合型静止补偿器的伏安特性如图 7-6 所示。图中的特性 0—(1)—(1′)、0—(2)—(2′)、0—(3)—(3′)和 0—(4)—(4′)分别是图 7-4 中的 TCR 并联一组、两组、三组和四组电容器时的伏安特性。故形成总的伏安特性是 0—(4)—(1′)。为了在切换时保持伏安特性连续而不出现跳跃，在 TCR 的控制器中应有代表当前并联电容器组数的信号，当一组并联电容器投入或切除时，该信号使 TCR 的导通角立即调整，以使所增减的容性无功功率刚好被 TCR 的感性无功功率变化所平衡。

　　从图 7-6 可以看出，混合型静止补偿器中 TCR 的容量只须在对消那组固定电容的容性无功后能满足对感性无功的要求即可，而不必像 TCR＋FC 型补偿器那样要能在对消全部并联电容器的容性无功后满足对感性无功的要求。另外，混合型补偿器 TCR 的容量还应略大于每次电容切换时容性无功的变化，否则也会造成伏安特性在切换处断续。混合型补偿器的主要问题是在控制中应避免过于频繁地投入或切除电容器组，对于使用机械断路器投切电容的混合型补偿器更是如此。

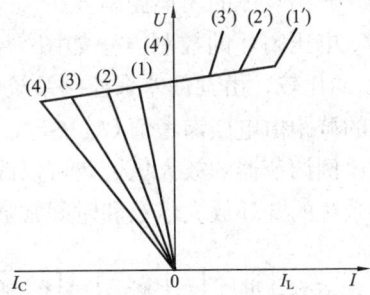

图 7-6　混合型静止补偿器的伏安特性

7.2.4　TCR 控制系统

1. 基本控制类型

　　TCR 的基本控制型式有两大类：一种是开环控制，另一种是闭环控制。开环控制指的是无反馈的控制，特点是响应迅速；闭环控制是有反馈的控制，特点是精确。不论是开环控制还是闭环控制，控制电路输出的控制信号一般是期望补偿器所具有的等效电纳，也就是补偿器等效电纳参考值 B_{ref}，也有某些设计，其控制算法直接得出晶闸管控制触发脉冲的相位角 α。

　　TCR 的控制系统应能检测系统的有关变量，并根据检测量的大小以及给定（参考）输入量的大小，产生相应的晶闸管触发延迟角，以调节补偿器吸收的无功功率。因此，其控制系统一般应包括检测电路、控制电路和触发电路。

　　(1) 信号检测。

　　为了获得合适的控制特性，实现不同的补偿目的和指标，需要对系统不同的变量进行检测。被检测的信号应包含下列物理量中的一个或几个。

　　1) 系统电压。

　　2) 负载或传输线的无功功率及有功功率。

　　3) 负载或传输线的无功功率及有功功率的变化率。

　　4) 补偿装置的无功功率。

　　5) 系统频率及其导数。

　　应当注意的是，控制当中需要的信号是反映以上这些量有效值或幅度大小的信号，因此往往需要对传感器所得的信号作进一步的处理。例如，对系统电压，实际需要的是能反映系统电压有效值大小的直流信号。所以，对从电压互感器检测出来的三相电压信号常采用的进一步处理方法有整流、取平均值、取方均根值、取正序分量、从整流信号中滤去特征谐波、滤去可能产生系统谐振的频率等。

随着理论研究的不断深入，新的方法也不断地应用于信号检测中，例如根据瞬时无功功率理论进行信号检测的方法已应用于 SVC 的控制系统中。

（2）控制方法。

开环控制的策略相对较简单，多用于负载补偿。这种控制方式已经成功地应用在减少电弧炉引起的电压闪烁方面。

闭环控制的方法较为复杂，实际系统中应用也较多，下面以改善电压质量调整的功能为例，介绍具体的闭环控制方法。

电压闭环的控制方法如图 7-7 所示，它通过检测到的系统电压 U 与系统电压参考值 U_{ref} 的比较，由其偏差来控制系统的运行。从图 7-7 中可以看出，TCR 伏安特性在电压轴上的截距由电压参考值 U_{ref} 决定，而该特性的斜率由闭环系统的开环放大倍数决定，因而改变比例调节器的放大倍数就可以改变伏安特性的斜率。而补偿器的动态特性和稳定性则由闭环系统的开环放大倍数和时间常数共同来决定。

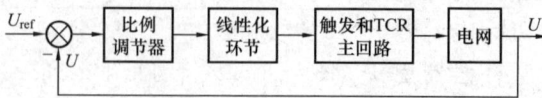

图 7-7　电压闭环的控制方法示意图

为了改善控制性能，可以在此基础上再引入补偿电流 I_{svc} 的反馈，如图 7-8 所示。通过在电压反馈构成的外闭环之内再引入电流环的负反馈控制，以提高控制精确度。这样，控制系统中就有两个调节器——电压调节器和电流调节器。如果电流调节器的放大倍数足够高，或者采用有积分作用的调节器，则电流偏差就可以忽略，甚至基本为零。因此补偿电流将完全由电压调节器的输出信号决定，而与其他因素无关。补偿器伏安特性的斜率则仍由电压调节器的放大倍数决定。

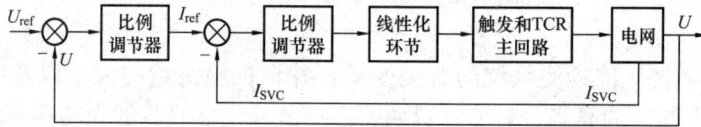

图 7-8　带电流内环的电压反馈控制方法示意图

图 7-9 给出了另一种引入补偿器电流反馈的方法。在这种情况下，调节器一般设计成积分调节器，可实现对电压的精确控制。而引入的补偿器电流反馈实际上相当于根据补偿器无功电流的大小对电压参考值的修正。因此，补偿器伏安特性斜率是由电流反馈通道的增益来的。而整个补偿器的动态性能是由调节器的积分增益以及系统的时间常数决定的。图 7-10 给出了采用这种电流反馈形式的一个 TCR 控制系统原理框图。

在实际的控制中，可以将上述的电压反馈控制的方法稍加修改或补充，使静止补偿器的功能扩展到无功功率动态补偿所能实现的其他一些功能范围。例如，要加入阻尼功率振荡，维持电力系统的稳定功能，可以将传输线输送的有

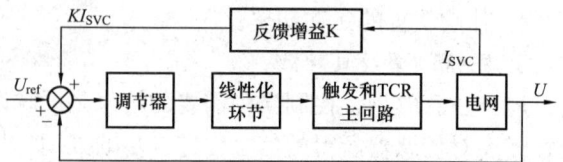

图 7-9　具有附加电流反馈的电压反馈控制示意图

功功率及其变化量，或者系统频率及其导数作为检测量并与参考量作比较；要增加对输电线

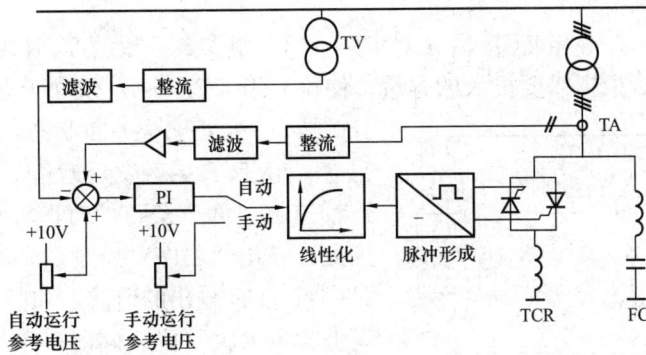

图 7-10　TCR 控制系统原理框图

传输的无功功率的控制功能，则要检测传输的无功功率大小与参考量比较。

（3）脉冲的产生。

从控制器来的电纳参考量进入到脉冲发生控制环节后，触发电路根据其大小产生相应触发延迟角的晶闸管触发脉冲，使补偿器输出所需要的无功功率。

由式（7-1）可知，TCR 的等效电纳为

$$B_L = \frac{\delta - \sin\delta}{\pi X_L} = B_{Lmax}\frac{\delta - \sin\delta}{\pi}$$

其中，等效电纳的最大值为 $B_{Lmax} = 1/X_L$。可见，导通角 δ 与 TCR 等效电纳之间是非线性的关系，将其绘成曲线，如图 7-11 所示。

为了实现系统的平稳运行，等效电纳的参考值 B_{ref} 与实际值 B_L 之间应为线性关系。由于 δ 与 TCR 等效电纳之间的非线性的影响，通常在触发电路的输入端与触发脉冲形成环节之间插入一个非线性环节，以补偿导通角与实际等效电纳之间的非线性，如图 7-12 所示。由于这个插入的非线性环节的作用是调节 δ 以实现参考值 B_{ref} 与实际值 B_L 之间的线性化，所以其被称为线性化环节。

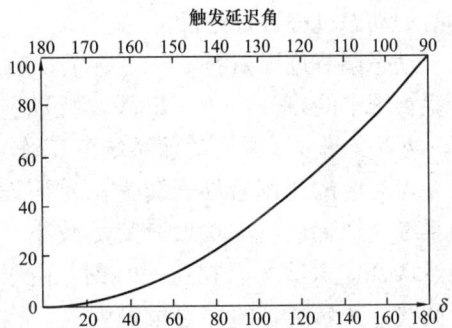

图 7-11　导通角 δ 与 TCR 等效电纳之间的非线性关系

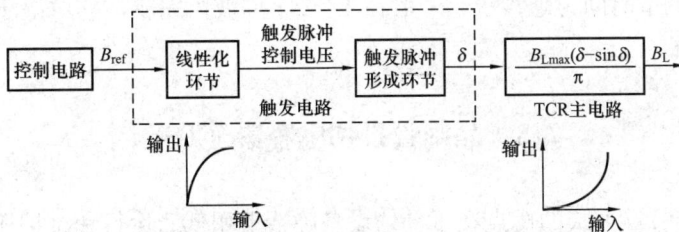

图 7-12　触发电路前端的线性化环节及其功能示意图

2. 并联 TCR 的"顺序"控制

如图 7-13 所示，各相 TCR 由 n（图中 $n=4$）组参数一致的 TCR 电路并联构成。"顺序"控制的原则是：根据需要投入的容量，使得 n 组 TCR 中 n_1 组处于全导通状态（即 $\delta=$

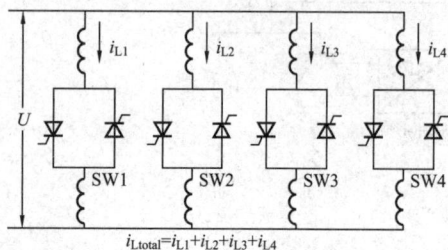

图 7-13　并联 TCR 的"顺序"控制
电路图

180°），n_2 组处于全关断状态，且 $n_1+n_2=n-1$，只有一组 TCR 的触发延迟角 α 在（90°～180°）内连续控制。由于 $\alpha=90°$ 时谐波成分最小（为零），因此，采用"顺序"控制后，装置各相的谐波只是一组 TCR 输出的谐波，和同容量的 TCR 相比，谐波含量大大下降。同时，采取"顺序"控制将减少开关损耗，从而降低整个装置的损耗。这种方式需要多组并联 TCR，只适合很大容量的 TCR 装置，目前尚无应用。

7.2.5　动态性能和动态过程分析

补偿器功能不同，其动态性能所包含的具体内容也不尽相同，但这些内容大多是指补偿器针对某种参考量的突变、突加的小扰动、使补偿器超出正常运行范围的大扰动、故障的时域响应性能。补偿器动态性能的好坏，对补偿器能否真正实现其预定功能具有极其重要的意义。

下面以用于改善电压调整 TCR＋FC 型补偿器（以下简称为 TCR）为例，对其受到扰动时的动态过程进行分析。

动态调节过程如图 7-14 所示，TCR 补偿器的伏安特性为图中的 $0-A-B-D$ 段。扰动前系统负载特性为 l_1，两者交于 a（即扰动前系统的工作点），补偿器特性上 a 点对应的晶闸管导通角为 δ_a。假设在某一时刻，电力系统受到扰动后无功负荷突然减小，造成系统负荷线突然从 l_1 上升到 l_2。在这一时刻，由于补偿器还未来得及调整，其晶闸管的导通角仍为 δ_a，因此系统的工作点从 a 移至 b，也就是导通角为 δ_a 时补偿器等效感抗的伏安特性与系统负载线 l_2 的交点。随后由于补偿器控制系统的检测与调节作用，使晶闸管的导通角增大至 δ_c，最终使系统稳定在 c 点。

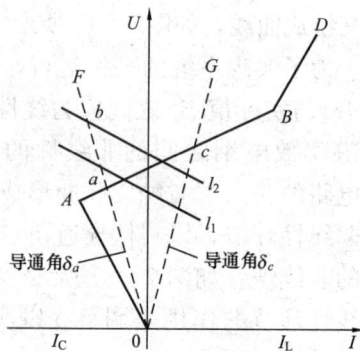

图 7-14　TCR 补偿器对扰动的
动态调节过程

TCR 的动态调节时间为毫秒级，一般在 1～2 个周波内完成，它取决于电力系统的阻抗和控制系统的增益。

7.3　晶闸管投切电容器（TSC）

固定并联电容补偿方式的优点在于补偿设备建造费用低、运行和维护简单，但是，这种补偿方式无法解决无功功率的过补偿和欠补偿问题。与固定电容器相比，TSC 具有无机械磨损、响应速度快、平滑投切及良好的综合补偿效果等优点。

7.3.1 TSC 的基本原理

TSC 的基本原理如图 7-15 所示。其中 7-15（a）是其单相电路图，其中的两个反并联晶闸管将电容器并入电网或从电网断开，串联的小电感是用来抑制电容器投入电网时可能造成的冲击电流，在很多情况下，这个电感往往不画出来。对于 TSC，晶闸管只作为投切电容器的开关，而不像 TCR 中的晶闸管起相控的作用，因此 TSC 不能连续调节无功功率，TSC 实际上就是断续可调的吸收容性无功功率的动态无功补偿器。当电容器投入时，TSC 的伏安特性就是该电容的伏安特性，如图 7-15（c）中 0A 所示。在工程实际中，一般将电容器分成几组 [见图 7-15(b)]，每组都可由晶闸管投切。这样，可根据电网的无功需求投切这些电容器。按照投入电容器组数的不同，TSC 的伏安特性可以是图 7-15（c）中的 0A、0B 或 0C。当 TSC 用于三相电路时，可以是三角形联结，也可以是星形联结。每一相都设计成如图 7-15（b）所示的那样分组投切。

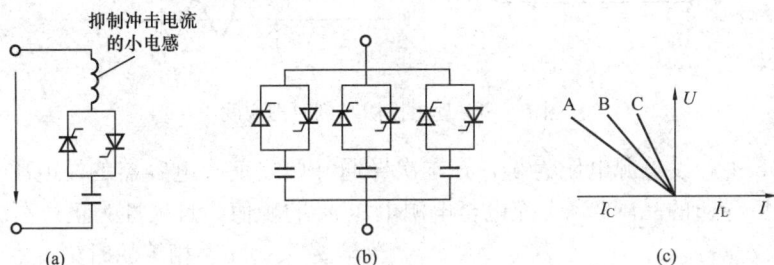

图 7-15 TSC 的基本原理示意图
(a) 单相电路简图；(b) 分组投切的 TSC 单相简图；(c) 伏安特性

对于电容器的分组，一般希望能组合产生的电容值级数越多越好，这样可以增加系统调节的灵活性。但是在实际的电力系统补偿器中，通常都不过分追求这种调节的灵活性，因为如果这样控制系统就会过于复杂；另一方面，使大多数导纳相等，一般来说要经济得多。综合这些问题可以采用二进制的方案，在这个方案中，采用 $k-1$ 个电容值均为 C 的电容器和一个电容值为 $C/2$ 的电容器，这样的分组法可使组合成的电容值有 $2k-1$ 级。

与 TCR 相比，TSC 虽然不能连续调节无功功率，但具有运行时不产生谐波而且损耗较小的优点。因此，TSC 已在电力系统，尤其是低电压等级的电网中，获得了较广泛的应用，而且有许多是与 TCR 配合使用构成 TCR+TSC 混合型补偿器。

TSC 系统应用形式非常灵活，可分别按电压等级和补偿对象进行划分。按电压等级划分为：①低压补偿，即 1kV 及其以下的补偿；②高压补偿，即 6～35kV 的补偿。按补偿对象可划分为：①面向系统的补偿，该补偿方式是维持系统电压在一定的范围内变化，一般为高压补偿方式；②面向负荷补偿，该补偿方式直接针对某一负荷进行补偿，消除其对电网的无功冲击。

7.3.2 投入时刻的选取

选取投入时刻总的原则是，TSC 投入电容的时刻，必须是电源电压与电容器预先充电电压相等的时刻。因为根据电容器的特性，当加在电容上的电压有阶跃变化时，将产生一个冲击电流，可能破坏晶闸管或给电源带来高频振荡等不利影响。

对于电容器，其预先充电电压为电源电压峰值；对于晶闸管，其触发相位固定在电源电

压的峰值点。根据电容器的特性方程有

$$i_C = C \frac{\mathrm{d}u_C}{\mathrm{d}t}$$

在投入电容时，由于在这一点电源电压的变化率（时间导数）为零，因此，电流 i_C 即为零，随后电源电压（也即电容电压）的变化率按正弦规律上升，电流也按正弦规律上升。这样，整个投入过程不但不会产生冲击电流，而且电流也没有阶跃变化。这就是所谓的理想投入时刻。图 7-16 以简单的电路原理图和投切时的波形对此作了说明。

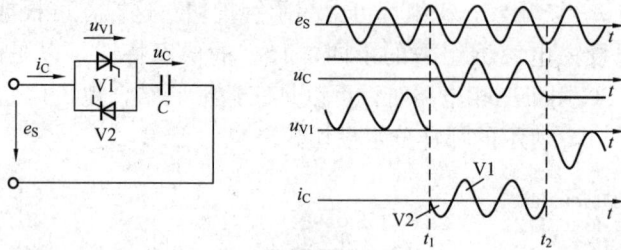

图 7-16 理想投切时刻原理说明

在图 7-16 中，设电源电压为 e_S，在本次导通开始之前，电容器的端电压 U_C 已通过上次导通时段最后导通的晶闸管 V1 充电至电源电压 e_S 的峰值，且极性为正。本次导通开始时刻取为 e_S 和 U_C 相等的时刻 t_1。此时给 V2 以触发脉冲而使之开通，则电容电流 i_C 开始流通，实际电流的方向与规定的方向相反。以后每半个周波发出触发脉冲轮流给 V1 和 V2。直到需要切除这条电容支路。在 t_2 时刻，停止触发脉冲，i_C 为零，V2 由导通变为关断，V1 因未获触发而不导通，电容器电压保持为 V2 导通结束时的电源电压负峰值，为下次投入电容器做了准备。

实际上，存在下述两个问题：一是如果没有预充电装置，则第一次投入或切除时间较长后再次投入时，由于放电的原因，此时电容电压通常为零，故会发生电流冲击；二是由于电容自身放电的原因，即便切除时间较短，电容电压也会下降。所以通常采用的峰值切除方法实际不能满足零电压切换条件，这就需要找出在电容充电电压在各种情况下的最佳投入时刻。图 7-17 给出了各种情况下使暂态现象最小的投入时刻。图中，虚线表示电源电压，实线分别表示电容器电压 U_C 和电容器电流 i_C。其中 U_{C0} 是电容器的初始电压，静止无

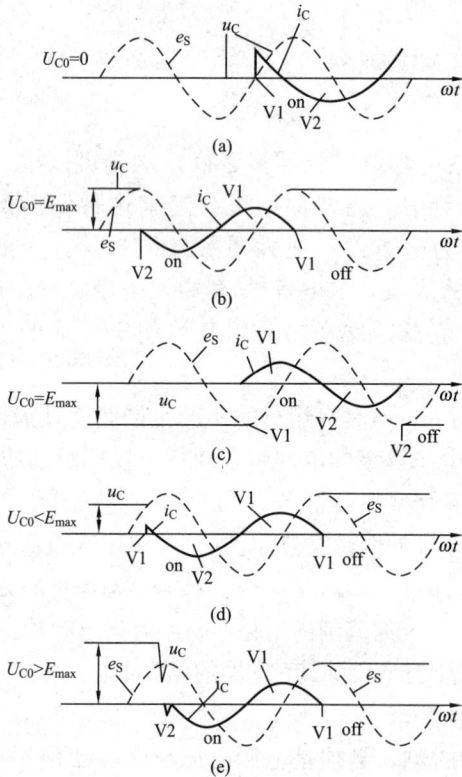

图 7-17 各种情况下使暂态现象最小的投入时刻
(a) $U_{C0}=0$；(b)、(c) $U_{C0}=E_{max}$；
(d) $U_{C0}<E_{max}$；(e) $U_{C0}>E_{max}$

功功率补偿装置的调节系统必须检测 U_{C0} 值，然后在电源电压瞬时值与之相当的时刻触发使晶闸管导通。

图 7-17 (a) 中，当电容充电电压 U_{C0} 为零时（TSC 装置启动时为此情况），投入时刻应取电压零点，此时给正向晶闸管 V1 发出最初的触发脉冲。

图 7-17 (b) 和图 7-17 (c) 是前述的理想工作状态。

图 7-17 (d) 中，当电容充电电压 U_{C0} 比电源 e_S 的峰值电压 E_{max} 低时，应在 e_S 与 U_{C0} 相等的时刻投入，此时给正向晶闸管 V1 最初触发脉冲。

图 7-17 (e) 中，当电容充电电压 U_{C0} 比电源 e_S 的峰值电压 E_{max} 高时，应在 e_S 达到峰值的时刻投入，此时给反向晶闸管 V2 最初触发脉冲，这种情况下会有冲击电流产生，但由于在 TSC 中串联有小电感，冲击电流将受到一定程度的抑制。

在实际的 TSC 设计中，可以采用晶闸管和二极管反并联的方式代替两个反并联的晶闸管，这样可以使导通前电容充电电压维持在电源电压的峰值。如图 7-18 所示，一旦电容电压比电源电压峰值有所降低，二极管会将其充电至峰值电压，因此不会发生两晶闸管反并联的方式中电容器充电电压下降的现象。但是，由于二极管是不可控的。当要切除此电容支路时，最大的时间滞后为一个周波，因此其响应速度比两晶闸管反并联的方式稍慢，但成本上要低一些。

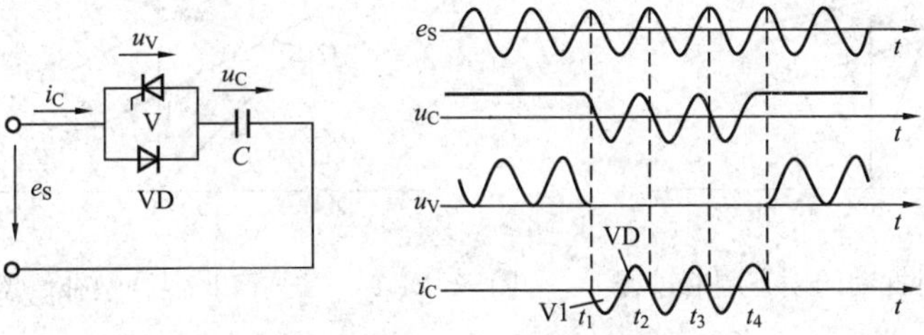

图 7-18　晶闸管和二极管反并联方式的 TSC

7.3.3　控制系统

TSC 控制系统思路与 TCR 相似，只不过其中的控制电路部分是以决定哪组电容投入或切除的逻辑功能为中心的。当 TSC 用于对波动负载进行无功补偿时，其控制系统的一种示意图如图 7-19 所示。

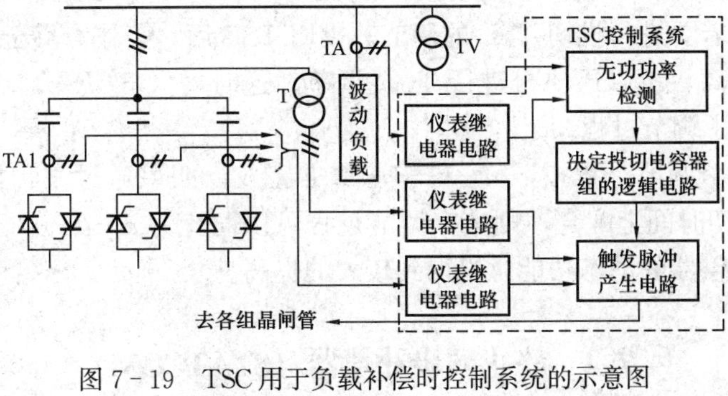

图 7-19　TSC 用于负载补偿时控制系统的示意图

在 TSC 控制系统中，必须引入一定的滞环非线性环节，这可以避免在切换点处电容器组在短时间内反复地投入与切除。例如，当补偿器以稳定电压为目标时，在控制系统中引入滞环非线性环节对使得 TSC 的电容器在系统电压低于某一较低阈值时接入系统，而在系统电压高于某一阈值时切除，而不是在相等的阈值下投入和切除，以防止在切换电压附近振荡不定。

7.3.4　动态过程分析

同 TCR 补偿器一样，当 TSC 有不同的补偿功能时，其动态性能所包含的内容也不一样。当 TSC 以改善电压调整为目的时，其受到扰动后动态调节过程如图 7-20 所示。

对于图 7-20，在系统受到扰动之前，系统的负荷线为 l_1，TSC 有一组电容器投入运行，其伏安特性为 $0-A$，因此系统的工作点稳定在 l_1 与 $0-A$ 的交点 a。当系统受到干扰，负载线突然由 l_1 降低至 l_2，则工作点会突然降至 l_2 与 $0-A$ 的交点 b，系统电压降低。当这个电压下降被 TSC 控制系统检测到后，由其逻辑电路决定投入第二组电容，补偿器的伏安特性因此变为 $0-B$，系统工作点移至 $0-B$ 与 l_2 的交点 c，从而将电压恢复到稍低于原来 A 点的水平。

对于 TSC 与 TCR 配合使用的混合型补偿器作为改善电压调整使用时，其受到扰动后的动态调节过程如图 7-21 所示。

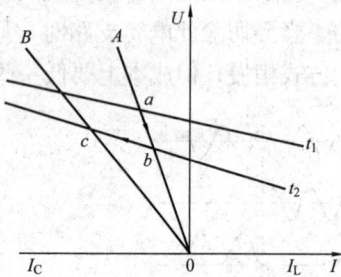

图 7-20　TSC 对扰动的动态调节过程　　　图 7-21　TSC+TCR 混合型补偿器的动态调节过程

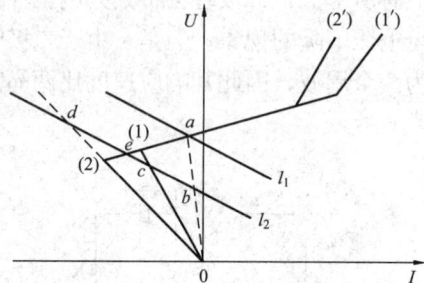

对于图 7-21，$0-(1)-(1')$ 是 TCR 与一组固定电容器并联后的伏安特性，$0-(2)-(2')$ 是再由 TSC 投入一组电容器后的伏安特性。受扰动前系统的负荷线为 l_1，与 $0-(1)-(1')$ 的交点是 a 点，其对应 TCR 的导通角为 δ_a。即 a 点是 TCR 加上固定电容器在导通角为 δ_a 时总等效阻抗的伏安特性 $0-A$ 与 l_1 的交点。设系统受到干扰后其负荷线突然降至 l_2，则工作点将移到 l_2 与 TCR 加固定电容器在导通角 δ_a 下等效阻抗伏安特性 $0-A$ 的交点 b，系统电压降至 b 点对应的电压。补偿器检测到电压下降时，首先对 TCR 进行调节使其导通角逐步降低到 $0°$。当 TCR 导通角降低到 $0°$ 时，从图中可以看出，电压仍然比初始电压低，所以，接着要进行投切 TSC 的调节。投切 TSC 后，工作点移至 d 点，这点电压显然要比初始电压要高，所以还要再进行 TCR 调节。这时增大 TCR 的导通角，最终使工作点移至 e 点，完成了调节过程。

可以看出，整个调节过程按照 $a-b-c-d-e$ 完成，如果通过某种控制器手段调节使 TCR 与 TSC 在投切时间上配合，则整个调节过程可以简化为 $a-b-e$，这样可以使调节时间大大地缩短，补偿器的动态功能可以得到较大的提高。

7.4　静止同步补偿器（STATCOM）

7.4.1　静止同步补偿器简介

所谓静止同步补偿器（STATCOM），一般专指由自换相的电力半导体桥式变流器来进行动态无功补偿的装置，其工作建立在一个静止的同步电压源的基础上。1972年，日本便有学者发表了用强迫换相的晶闸管桥式电路作为调相装置的研究论文；1976年，美国学者L. Gyugi在其论文中提出了用电力半导体变流器进行无功补偿的各种方案，其中使用自换相桥式变流电路的方案最受青睐。限于当时的器件水平，采用强迫换相的晶闸管器件是实现自换相桥式电路的唯一手段。

1980年，日本三菱公司推出世界上第一台20MVA采用强迫换相晶闸管桥式电路的STATCOM，并成功地投入了电网运行。随着电力半导体器件的发展，GTO门极联断晶闸管等全控型器件开始达到了可用于SVC中的电压和电流等级，并逐渐成为STATCOM中的自换相桥式电路中的主力。1987年美国西屋公司研制成1MVA采用GTO的STATCOM实验装置，并成功地进行了现场试验。1991年和1994年日本和美国分别研制成功了一套80MVA和一套100MVA的采用GTO的STATCOM装置，并且成功地投入了商业运行。此外，德国西门子公司、法国Alstom公司等也分别研制了有各自特色的STATCOM产品。

在国内，STATCOM的研究也已经开展了多年。华北电力大学利用晶闸管研制了10kVA的STATCOM装置，并进行了动模实验。东北电力大学用GTO研制出了4桥12kVA的STATCOM装置。1999年3月，由河南省电力局和清华大学共同研制的一台20MVA的STATCOM在河南省朝阳变电站并网成功。

与传统的以TCR为代表的SVC装置相比，STATCOM的调节速度更快，运行范围宽，而且在采取多重化、多电平或PWM技术等措施后可大大减少补偿电流中谐波的含量。更重要的是，STATCOM使用的电抗器和电容元件远比SVC中使用的电抗器和电容元件要小，这将大大缩小装置的体积和成本。

目前STATCOM的研究重点有以下几方面。

(1) 更大容量如100～200MVA的STATCOM主电路的研究。为了加强500kV网络的电压调节能力，对百兆级STATCOM的需求将更大。由于GTO单管容量的限制，必须采用多重化连接或其他方式来增大装置的容量和提高装置的耐压水平。

(2) 电力电子新元件的特性以及驱动电路、触发电路的研究。GTO元件是STATCOM装置的核心元件，但其价格昂贵并且容易损坏，因此每个GTO元件能否安全、可靠地运行直接关系到STATCOM能否可靠运行。GTO的可靠性主要与主电路、GTO保护电路及GTO门极驱动等因素有关。由于GTO串联的要求严格，应用起来较复杂，所以随着电力电子技术的发展，研究性能优于GTO的开关器件已经成为一种必要。

(3) STATCOM在异常状态下的行为及新的保护和监测系统的研究。由于STATCOM的最终目的是用于改善系统的稳定性，因此要求其在系统异常情况下仍能安全、可靠的运行。但是当系统电压幅值、相位发生很大的突变或系统电压存在较大的不平衡度时，STATCOM将出现过电流。目前采用的措施是当系统异常导致STATCOM发生过电流时，立即封锁脉冲，以保证装置的安全，等系统电压变化趋于缓和时再重新投入运行。因此为了加强STATCOM对系统电压变化的跟踪能力，充分发挥它的作用，需要系统的研究STATCOM在异常情况下的行为及其相应的保护对策。另外，为了保证STATCOM在系统中的可靠运行，还需加强对STATCOM的监测，尤其是遥控检测，以便及时掌握装置的安全状态。

（4）STATCOM 布点优化规划、多个 STATCOM 的协调控制、与其他控制器的综合控制研究。为了充分发挥 STATCOM 在系统中的作用，需要对 STATCOM 的装设地点进行优化，以提高系统的性能投资比；另外，由于电力系统是个统一的、元件间相互耦合的整体，当装设多个 STATCOM 时，则要求当系统发生故障时，各 STATCOM 装置以及其他装置除了要维持自身的安全、稳定外，还要尽可能地为全系统的安全和动态性能的改善做出贡献，这样就需要研究多个 STATCOM 的协调控制及与其他控制器的综合控制。

（5）STATCOM 控制方法的研究。在理论方面，STATCOM 的控制方法目前已有 PI 控制、基于微分几何法的非线性控制、神经网络控制等。对于 PI 控制，其参数很难整定，所以很难满足装置的实时性；而基于微分几何法的非线性控制虽然取得了较好的效果，但它需要复杂的坐标变换，对数学基础要求较高，不利于工程的广泛应用。基于专家系统设计具有学习功能的控制器，虽然在多目标系统上取得了重大的突破，但也存在某一运行点控制效果难以选择最恰当的期望接入点电压及无法实现控制误差的实时反馈的不足。

7.4.2　基本原理

STATCOM 的基本原理是将自换相桥式电路通过电抗器并联在电网上，适当地调节桥式电路交流侧输出电压的相位和幅值，或者直接控制其交流侧电流，使该电路吸收或者发出满足要求的无功电流，实现动态无功补偿。

STATCOM 的主电路分为电压型桥式电路和电流型桥式电路两种类型。其电路基本结构分别如图 7-22（a）和图 7-22（b）所示，直流侧分别采用的是电容和电感这两种不同的储能元件，触发元件采用 GTO、IGBT、IGCT 等全控型器件。对于电压型桥式电路，还需再串联上连接电抗器才能并入电网，电感的作用是滤除 STATCOM 投入时产生的谐波给电网带来的过电压；对于电流型桥式电路，还需在交流侧并联上电容器，吸收换相产生的过电压。由于运行效率的原因，迄今投入使用的 STATCOM 大都采用电压型桥式电路，因此 STATCOM 往往专指采用自换相的电压型桥式电路的装置。对于电压型逆变电路来说，输出电压是矩形波，含有较多的谐波，对电网和负载都会产生不利的影响。为了减少谐波，目前所研究设计的 STATCOM 常常采用多重逆变电路，即把几个矩形波组合起来，使之输出成为接近正弦波的波形。也可以改变电路结构，构成多电平逆变电路，它能够输出较多的电平，从而使输出电压向正弦波靠近。在以下的内容中，将以采用自换相电压型桥式电路的 STATCOM 为对象做详细介绍，并简称之为 STATCOM。

STATCOM 正常工作时是通过电力半导体开关的通断将直流侧电压转换成与交流侧电网同频率的输出电压。此时，STATCOM 类似于电压型逆变器，只不过其交流侧输出接的不是无源负载，而是电网。其工作原理示意图如图 7-23 所示。其中直流侧为储能电容，为 STATCOM 提供直流电压支撑；逆变器通常为 GTO 逆变器，由多个逆变器单元串联或并联而成，其主要功能是将直流电压转变为交流电压；连接变压器的漏抗可以用于限制电流，防止逆变器故障或系统故障时产生过大的电流。

因此，当仅考虑基波频率时，STATCOM 可以等效地被视为幅值和相位均可以控制的一个与电网同频率的交流电压源，通过交流电抗器连接到电网上。所以，STATCOM 的工

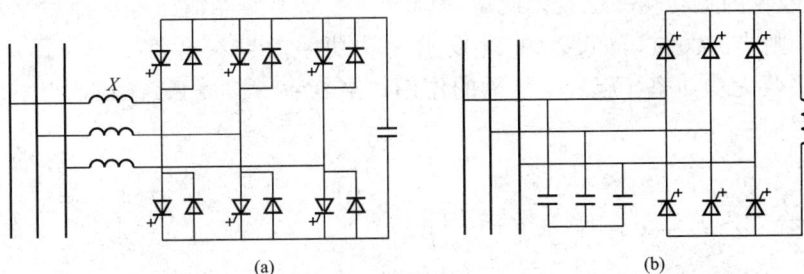

图 7-22 STATCOM 的电路基本结构

(a) 电压型桥式电路;(b) 电流型桥式电路

作原理就可以用如图 7-24 (a) 所示的单相等效电路图来说明。设电网电压和 STATCOM 输出的交流电压分别用相量 U_a 和 U_I 表示,则连接电抗 X 上的电压 U_L 即为 U_a 和 U_I 的相量差,而连接电抗的电流是可以由其电压来控制的。这个电流就是 STATCOM 从电网吸收的电流 I。因此,改变 STATCOM 交流侧输出电压的 U_I 幅值及其相对于

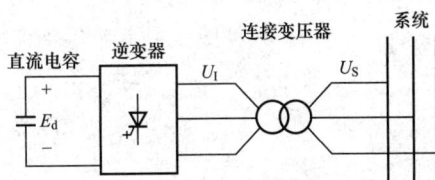

图 7-23 STATCOM 工作原理示意图

U_a 的相位,就可以改变连接电抗上的电压,从而控制 STATCOM 从电网吸收电流的相位和幅值,也就控制了 STATCOM 吸收无功功率的性质和大小。

在图 7-24 (a) 的单相等效电路中,将连接电抗器视为纯电感,忽略其损耗及变流器的损耗。在这种情况下,只需使 U_I 和 U_a 同相,仅改变 U_I 的幅值大小即可以控制 STAT-COM 从电网吸收的电流 I 是超前还是滞后 $90°$,并且能控制该电流的大小。如图 7-24 (b) 所示,当 U_I 大于 U_a 时,电流超前电压 $90°$,STATCOM 吸收容性的无功功率;当 U_I 小于 U_a 时,电流滞后电压 $90°$,STATCOM 吸收感性的无功功率。

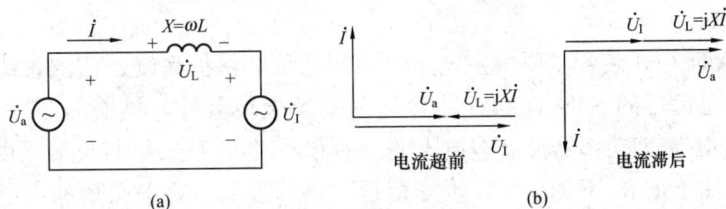

图 7-24 STATCOM 等效电路及工作相量图(不考虑损耗)

(a) 单相等效电路;(b) 相量图

当考虑连接电抗器的损耗和变流器本身的损耗(如管压降、线路电阻等)时,把总的损耗集中作为连接电抗器的电阻考虑,则 STATCOM 的实际单相等效电路如图 7-25 (a) 所示,其电流超前和滞后工作的相量图如图 7-25 (b) 所示。在这种情况下,由于考虑了有功功率损耗,电网电压 U_a 与电流 I 的相差则不再是 $90°$,而是比 $90°$ 小了 δ 角,因此电网提供了有功功率来补充电路中的损耗,也就是说相对于电网电压来讲,电流 I 中有一定量的有功分量。这个 δ 角也就是变流器电压 U_I 与电网电压 U_a 的相位差。改变这个相位差,也就改了装置从交流系统吸收的有功功率,这一有功功率在直流电容器上可积累电荷,改变电压,改变逆变器的电压,则产生的电流 I 的相位和大小也就随之改变,STAT-

COM 从电网吸收的无功功率也就因此得到调节。若以逆变器输出电压滞后于系统电压一个角度为正，则当 $\delta>0$ 时，STATCOM 发出无功功率，起着电容器的作用；当 $\delta<0$ 时 STATCOM 吸收无功功率，起着电抗器的作用；当 $\delta=0$ 时，STATCOM 与系统之间没有无功交换。

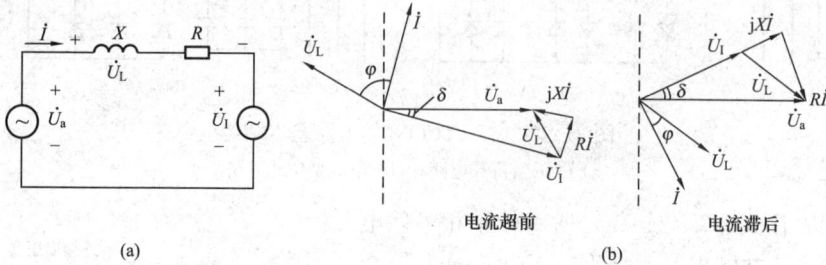

图 7-25　STATCOM 等效电路及工作原理（计及损耗）
（a）单相等效电路；（b）相量图

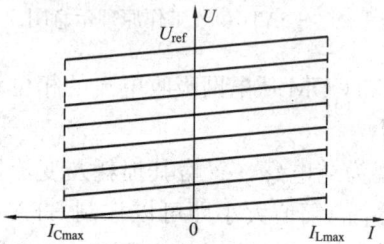

图 7-26　STATCOM 的伏安特性

所以，STATCOM 的伏安特性如图 7-26 所示。改变电网电压的参考值 U_{ref} 可以使伏安特性上下移动。当电网电压下降，补偿器的伏安特性向下调整时，STATCOM 可以调整其变流器交流侧电压的幅值和相位，以使其所能提供的最大无功电流 I_{Lmax} 和 I_{Cmax} 维持不变，仅受其电力半导体器件的电流容量限制。而对传统的 SVC，由于其所能提供的最大电流分别受其并联电抗器和并联电容器的阻抗特性限制，因而随着电压的降低而减小。因此 STATCOM 的运行范围比传统 SVC 大，SVC 的运行范围呈向下收缩的三角形区域，而 STATCOM 的运行范围是上下等宽的近似矩形的区域。

　　实际的 STATCOM 装置主要由主电路、控制系统、保护系统、监测系统和冷却系统构成。目前世界上已运行的 STATCOM 装置均是基于全控器件，早期的 STATCOM 主要采用 GTO，近年来随着大功率器件制造技术的发展和对 STATCOM 性能要求的提高，基于其他可关断器件（如 IGCT、IGBT 等）也开始得到迅速发展。目前采用的主电路的基本单元结构为如图 7-27 所示的单相桥三相桥和三单相桥电路。

　　对于以输电补偿为目的的 STATCOM，如果直流侧采用较大的储能电容或者其他直流电源（如蓄电池组、采用电流型变流器时直流侧用超导储能装置等），则 STATCOM 还可以在必要时短时间内向电网提供一定量的有功功率，这对传统的 SVC 装置是无法达到的。此外，如果对 STATCOM 补偿的无功电流或无功功率进行反馈控制，则其响应速度也将超过传统 SVC。特别的，如果将电流跟踪型 PWM 技术应用于 STATCOM 中，则可以实现对 STATCOM 电流的瞬时控制，其动态性能将更加优越。

7.4.3　控制方法

　　STATCOM 的控制方法是 STATCOM 及其相关技术的重点研究课题之一。对 STAT-COM 装置的控制系统要求有：控制速度快，一般要求控制系统本身的反应时间在 1ms 以

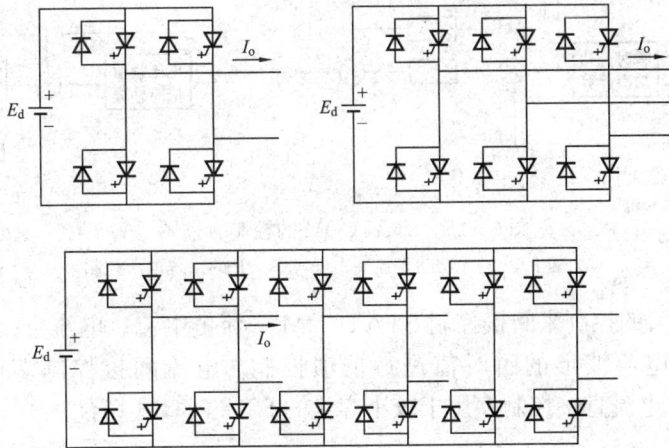

图 7-27   基本逆变桥——单相桥、三相桥和三单相桥示意图

下；控制精度高，通常要求 STATCOM 装置的驱动脉冲误差小于 0.1°电角度；多功能、多目标控制，如调节无功功率、稳定电压、改善系统的动态特性、阻尼系统振荡、提高系统暂态水平等。

　　STATCOM 控制策略的选择应根据其要实现的功能和应用的场合，以决定采用开环控制、闭环控制或者两者相结合的控制策略。在 STATCOM 控制中，外闭环调节器输出的控制信号被视为其产生的无功电流、电压或无功功率的参考值，并且根据参考值调节 STATCOM 产生所需的无功电流或无功功率。这一点与 SVC 所采用的触发角移相控制原理是完全不同的，正是在如何由无功电流（或无功功率）参考值调节 STATCOM 真正产生所需的无功电流（或无功功率）这个环节上，形成了 STATCOM 多种多样的具体控制方法。STATCOM 外闭环反馈控制量和调节器的选取由其要实现的功能决定。例如要实现改善电压调整的功能，控制系统需采用系统电压的外闭环反馈控制，设置电压调节器；如果还要附加其他补偿功能，则可以采用附加闭环和调节器来修正系统电压参考值的方法。

　　对于 STATCOM 装置的控制算法，应根据不同的要求设计不同的控制算法。主要的控制算法有基于比例积分（PI）调节器的无功功率控制方法和基于比例（P）调节器的控制系统电压的方法等。对于基于 PI 调节器的无功功率控制方法，如图 7-28（a）所示，由图可知控制系统根据系统三相电压与 STATCOM 装置的输出电流，利用瞬时无功功率理论计算瞬时无功功率 q，与给定的无功功率参考值 q_{ref} 比较，经比例积分环节调节 STATCOM 装置的控制角 δ，使 STATCOM 装置产生的无功功率与给定的无功功率相等。对于基于 P 的控制系统电压的方法如图 7-28（b）所示。由图可知，控制系统根据系统三相电压利用电压幅值快速计算方法计算电压幅值 U_t，与给定的电压幅值参考值 U_{ref} 比较，经比例环节调节 STATCOM 装置的控制角 δ，使 STATCOM 装置产生的电压与给定的电压相等。

　　根据补偿要实现的功能和应用场合，目前 STATCOM 的控制主要从控制策略和外闭环的反馈控制量的选取两方面来考虑，可以分为电流间接控制和电流直接控制。电流间接控制指将 STATCOM 当作交流电源来看待，通过对 STATCOM 装置中逆变器所产生的交流电

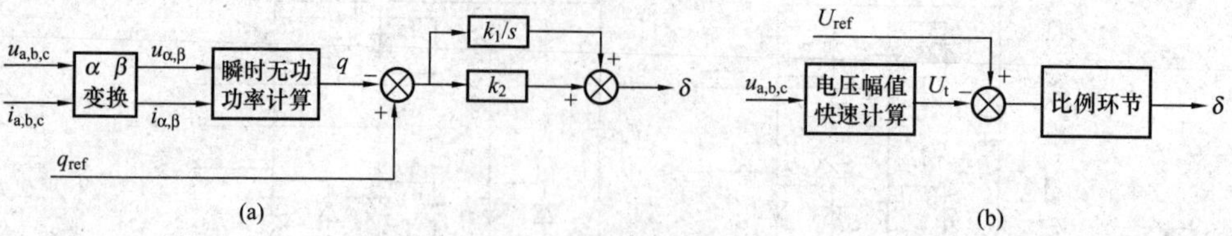

图 7-28 STATCOM 的控制方框图
(a) 基于 PI 的无功功率控制；(b) 基于 P 的系统电压控制

压基波的相位和幅值的控制来间接控制 STATCOM 交流侧电流。电流直接控制指采用跟踪 PWM 控制技术对电流波形的瞬时值进行反馈控制。电流间接控制多用于较大容量的 STATCOM 场合，电流直接控制多用于较小容量的 STATCOM 场合。

习　题　七

1. 试说明 TCR 的电路结构和基本工作原理。
2. 当 TCR 与固定电容器配合使用时，为何要将并联电容器的一部分或全部改为分组投切？
3. 试说明 TSC 的电路结构和基本工作原理。
4. TSC 投切的原则和理想投切时刻是什么？
5. 试说明电压型 SVG 的电路结构和基本原理。

8 有源电力滤波器

有源电力滤波器（Active Power Filter，APF）是一种新型的电力电子装置，从它提出以来一直受到广泛的重视。有源电力滤波器的基本思想是从补偿对象中检测出谐波电流等分量，由补偿装置产生一个与该分量大小相等而极性相反的补偿电流分量，抵消谐波电流分量从而使流入电网的电流只含基波分量。它具有动态响应快、补偿功能多样化、补偿特性不受电网阻抗影响的特点，克服了传统 LC 滤波器和无功补偿方法的缺点，是谐波抑制的一个重要发展方向。本章首先介绍有源滤波器的基本原理和结构、发展现状和应用情况、三相电路的瞬时无功功率理论及检测方法，最后着重介绍目前应用比较广泛的并联型有源电力滤波器。

8.1 有源电力滤波器概述

8.1.1 有源电力滤波器的发展

电力电子技术发展带来了许多的经济效益和用电便利，如装置体积的减小，能量转换效率的提高等，但同时也带来了一系列的问题，最主要的是对电网的谐波污染。为了抑制对电网的谐波污染，可以采取两种方法：一种是采取主动的方式，即应用先进的技术将电力电子装置产生的谐波降低至最低水平；另外一种方法是被动的方式，即装设谐波补偿装置来补偿谐波，对已经投入运行的电力电子装置，可以通过这种方式进行改造。早期使用的补偿装置是 LC 无源滤波器，其主要思想是根据 LC 的串联谐振原理，为谐波电流提供一个低阻通路，将其旁路，无源滤波器同时提供一定的基波无功补偿。LC 无源滤波器由于其构造简单，一直被广泛使用，但其只能补偿固定频率的谐波，而且补偿特性易受电网阻抗和运行状态的影响，容易与系统发生谐振。为解决无源滤波器的局限性，人们做了很多的研究和探索，其中最有代表性的是有源电力滤波技术的提出。

有源电力滤波器从提出到投入实际应用，经历了几个发展阶段。

（1）基本原理的提出和概念的形成时期。

有源电力滤波的想法最初于 1969 年出现在 B. M. Bird 和 J. F. Marsh 发表的论文中，在文章中提出了向交流电网注入三次谐波电流来减少电源电流中的谐波成分，从而改善电源电流波形的新方法。虽然这种方法还不足以使电源波形成为正弦波，但可以认为是有源电力滤波器的诞生。1971 年，日本长岗科技大学 H. Sasaki 和 T. Machida 发表的论文中首次完整地描述了有源电力滤波器的基本原理。1976 年，美国西屋电气公司的 L. Gyugyi 等人提出了用四象限 PWM 变流器构成有源电力滤波器，他们还讨论了有源电力滤波器的实现方法和相应的控制原理，确立了有源电力滤波器的基本概念，并建立了当今有源电力滤波器的基本拓扑结构，这标志着有源电力滤波器基本概念的形成。但在 20 世纪 70 年代，由于受半导体功率器件研制水平的制约，有源电力滤波器的研究没有取得突破，仅限于实验研究。

（2）快速发展时期。

进入 20 世纪 80 年代，有两大因素促进了有源电力滤波器的研究进展。一是大功率可关断器件的研制和应用，如大功率门极可关断晶闸管（GTO）和绝缘栅极双极型晶体管（IGBT）等的逐步应用，性价比不断提高，使大功率逆变器生产成为可能。二是 1983 年 H. Akagi 等人提出了"三相电路瞬时无功功率理论"，为三相系统畸变电流的实时检测提供了理论依据，该理论在有源电力滤波器中得到了成功的应用。随后，H. Akagi 等又研制出 7kVA 的有源电力滤波器，用于补偿 20kVA 的三相整流器在交流侧产生的高次谐波和无功电流，使有源电力滤波器开始进入工业应用阶段。

（3）持续发展时期。

20 世纪 80 年代末至今，有源电力滤波器一直是电力电子技术领域的研究热点之一，关于有源电力滤波器研究的论文在国际刊物和国际学术会议上不断发表，这些论文从有源电力滤波器的主电路结构、谐波电流检测、电流跟踪控制等方面进行研究和改进，这标志着该领域的研究持续发展，不断深入。为适应不同的补偿对象和实现补偿的多功能化，人们先后提出了并联型结构、串联型结构和混合型结构等。

有源电力滤波器在国外已经进入工业实用化阶段。世界上有源电力滤波器的主要生产厂家有日本三菱电机公司、美国西屋电气公司、德国西门子公司等。其中有源电力滤波器技术在日本已经成熟，自 20 世纪 80 年代以来，已有 1000 多台有源电力滤波器投入市场，其容量越来越宽，已经发展到 MVA 等级，功能也越来越丰富，除补偿谐波电流外，还补偿基波无功、平衡三相电压，抑制电压闪变等功能。1986 年，日本的 Komatsugi 和 Imura 研制了一套用于三相整流器补偿的 15kVA 两重型 APF，能够补偿 19 次以下的高次谐波电流，补偿率可以达到 90%。另外还有将 48MVA 的并联型有源滤波器安装于向列车供电的某电站，用于补偿无功电流和负序电流，抑制电压闪变和三相电压不平衡。

我国在有源电力滤波器的研究方面起步较晚，直到 20 世纪 80 年代末才有论文发表。20 世纪 90 年代以来一些高等院校和科研机构开始进行有源电力滤波器的研究，但有关研究主要以理论研究和实验为主，虽然在理论上取得了一些进展，但由于多方面条件的限制，有源电力滤波器未能在我国工业领域得到广泛应用，我国实际应用并经过鉴定的是北京电力科学研究院和冶金科学研究院共同研制成的，用于 380V 三相系统的 50kVA 电力有源滤波器。西安交通大学已研制出 120kVA 并联型有源电力滤波器的试验样机。随着电力电子及相关技术的发展以及电力市场的形成和发展，电能质量问题会越来越引起人们的关注，因此有源电力滤波器有着良好的发展前景和潜在的技术经济效益。

8.1.2　有源电力滤波器的基本原理

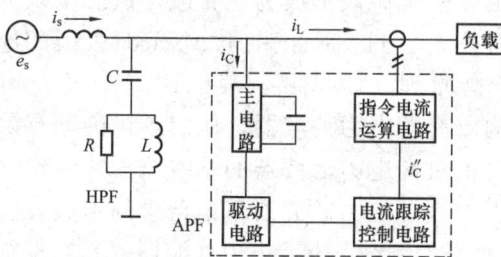

图 8-1　并联型有源电力滤波器基本原理图

并联型有源电力滤波器的基本原理如图 8-1 所示，图中，e_s 表示系统的等效电源，提供的电流为 i_s，非线性负载产生的电流为 i_L，有源电力滤波器并联在负载端，产生的电流为 i_C。根据基尔霍夫定律得

$$i_s = i_L + i_C \qquad (8-1)$$

假设负载电流含有谐波和无功分量，如式（8-2）所示，式中 i_{Lfp}、i_{Lfq} 和 i_{Lh} 分

别为负载电流的基波有功分量、基波无功分量和谐波分量。则有

$$i_\text{L} = i_\text{Lfp} + i_\text{Lfq} + i_\text{Lh} \tag{8-2}$$

当需要补偿负载电流产生的谐波电流时，只需要有源电力滤波器产生的补偿电流与负载电流的谐波分量 i_Lh 大小相等、方向相反，如式（8-3），代入式（8-1），与谐波分量相互抵消，如式（8-4），则电源电流中只含基波分量，不含谐波，这样就达到了抑制电源电流中谐波的目的。当需要在补偿谐波的同时，补偿负载的基波无功功率，则只需要在有源电力滤波器的输出中增加基波无功分量 i_Lfq 的反极性分量就可以了，这样，电源电流只提供负载电流的基波有功分量 i_Lfp，最终电源电压和电流同相位，即

$$i_\text{C} = - i_\text{Lh} \tag{8-3}$$

$$i_\text{s} = i_\text{L} + i_\text{C} = i_\text{Lfp} + i_\text{Lfq} \tag{8-4}$$

所以有源电力滤波器的基本工作原理是：根据补偿目的，检测出需要补偿的电流作为参考量，然后根据有源电力滤波器的控制电路，产生一个与参考量大小相等、方向相反的谐波或无功量注入到系统中去，使系统电流最终满足要求。从另一个角度讲，有源电力滤波器向系统注入的量是谐波分量，所以有源电力滤波器也可以看成是一个谐波源。

通过分析，有源电力滤波器应该包含两个部分：一个是指令电流运算电路，用来检测出补偿对象电流中的谐波和无功电流等分量；另一个是补偿电流发生电路，即根据检测电路所得出的补偿电流指令信号，产生实际的补偿电流。由图 8-1 所示，补偿电流发生电路包含电流跟踪控制电路、驱动电路和主电路三个部分。其中，电流跟踪控制电路是根据补偿电流的指令信号和实际补偿电流的关系产生相应的 PWM 控制信号；驱动电路是根据所得的控制信号直接驱动相应器件的开通和关断；主电路目前采用 PWM 变流器，在图中是一个电压型变流器，它的直流电容提供逆变用的直流电压。与有源电力滤波器并联的小容量二阶高通滤波器（或采用一阶高通滤波器），用于滤除有源电力滤波器所产生的补偿电流中与变流器开关频率有关的谐波。

8.1.3　有源电力滤波器的特点

与传统的无源滤波器相比，有源电力滤波器有如下特点。

（1）具有自适应能力，能自动跟踪补偿频率和大小都变化的谐波和无功分量，响应速度快，可控性能较高，补偿效果好。有源电力滤波器采用瞬时谐波检测理论，能快速检测出所要补偿的谐波和无功分量，并通过有效的控制进行补偿，它的实时性好，而且在理想的情况下可以实现完全补偿。

（2）补偿特性受电网系统参数的影响不大，不易与电网阻抗发生谐振，且能抑制由于外电路的谐振产生的谐波过电流。相比于无源滤波器在某些条件下可能与系统发生谐振，导致事故的缺点，有源滤波器从根本上解决了这个问题，这是有源电力滤波器受到重视的原因。

（3）补偿功能、补偿方式多样化。有源电力滤波器不仅可以补偿谐波、无功和负序电流，还可以抑制电压闪变，平衡三相电压等一机多能的特点，在性价比上较为合理。另外有源电力滤波器不仅可以对单独的谐波和无功源进行补偿，也可以对多个谐波和无功源进行集中补偿。

（4）装置所占的空间小，初期投资较大，电磁干扰较大。有源电力滤波器主电路中采用全控型器件，目前全控型电力电子器件的价格相对于无源滤波器中的电感、电容高，并且随着容量的增大，耐压等级的提高而增加，投资也会相应增加。但电力电子器件的体积比较

小，目前已有模块化的产品，使得有源电力滤波器装置的体积有所减小。另外通常有源电力滤波器的电力电子开关换相为硬开关，存在着较大的电磁干扰。

（5）有源电力滤波器控制快速，不存在过载问题，即当系统中谐波较大时，装置仍可以运行，无需断开。

8.1.4 有源电力滤波器的主电路形式

有源电力滤波器主电路目前均采用 PWM 变流器，根据直流侧储能元件的不同，可分为电压型和电流型两种，图 8-2 和图 8-3 分别示出了可应用于三相电压型和电流型两种 PWM 变流器主电路，图中的电力电子器件为 IGBT，实际中可在 GTO、IGBT、IGCT 等器件中选择。图 8-4 和图 8-5 分别示出了应用于单相电压型和电流型两种 PWM 变流器主电路形式。

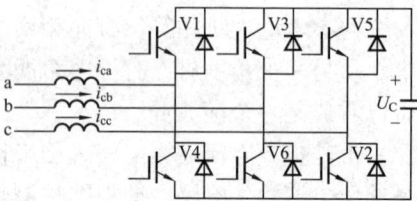

图 8-2 三相电压型 PWM 变流器主电路　　　图 8-3 三相电流型 PWM 变流器主电路

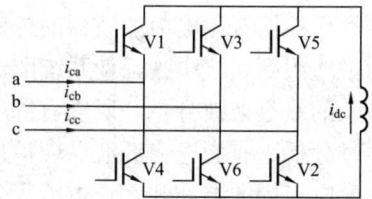

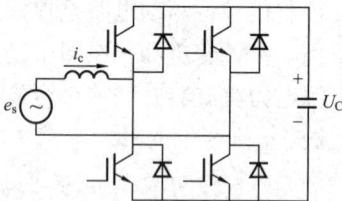

图 8-4 单相电压型 PWM 变流器主电路　　　图 8-5 单相电流型 PWM 变流器主电路

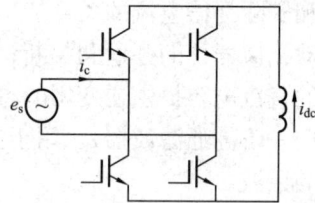

通过对图 8-2 和图 8-3 的比较分析，可得出电压型和电流型变流器的区别。电压型 PWM 变流器的直流侧接有大电容，在正常工作时，其电压基本保持不变，可看作电压源，为保持直流侧电压不变，需要对直流侧电压进行控制，交流侧输出电压为 PWM 波；电流型 PWM 变流器的直流侧接有大电感，在正常工作时，其电流基本保持不变，可看作电流源，为保持直流侧电流不变，需要对直流侧电流进行控制，交流侧输出电流为 PWM 波。

对于电压型的有源电力滤波器，它的优点是用电容器储存能量，其损耗较小，效率高，但它不能直接控制输出补偿电流，而是通过控制电压间接控制电流。而电流型的有源电力滤波器能够直接输出补偿电流，不仅可以补偿正常的谐波，还可以补偿分数次谐波和超高次谐波，并且不会由于主电路开关器件的直通而发生短路故障，因而在可靠性和保护上占有较大的优势。但是，电流型 PWM 变流器直流侧大电感上始终有电流流过，该电流将在大电感的内阻上产生较大的损耗，因此目前较少使用。根据调查，目前使用电压型的 PWM 变流器占 90% 左右。随着对超导储能磁体研究的进展，一旦超导储能磁体实用化，必可大幅度降低电感上的功耗，促使电流型 PWM 变流器的应用增多。

在实际应用中有源电力滤波器往往要求容量较大，如果采用上述普通的主电路拓扑结构，则对所使用的电力电子器件在容量方面有比较高的要求。由于电力电子器件随着容量的增大其所允许的开关频率却越来越低，而较低的开关频率又直接影响有源电力滤波器的补偿效果，所以有源电力滤波器用于大容量谐波补偿时就面临着器件开关频率与容量之间的矛盾。为解决这一矛盾，国内外学者提出了各种性能优越的有源滤波器主电路拓扑结构，如采用多电平级联方案和多重化主电路实现大容量的有源电力滤波器。目前这些结构的理论研究正在进行，在多重化技术方面已经有部分投入运行。

8.1.5 有源电力滤波器的分类

用户所使用的电源是直流电源和交流电源，所以有源电力滤波器按供电的类型可分为交流有源电力滤波器和直流有源电力滤波器。根据有源电力滤波器接入电网的方式，有源电力滤波器主要分为三大类，即并联型、串联型和串—并联型。目前，有源电力滤波器的研究主要集中在交流有源电力滤波器上，直流有源电力滤波器的研究也在逐步开展，典型的研究之一是在高压直流输电系统中的应用。图8-6给出了有源电力滤波器的基本分类图。下面对比较常用的有源电力滤波器分别介绍如下。

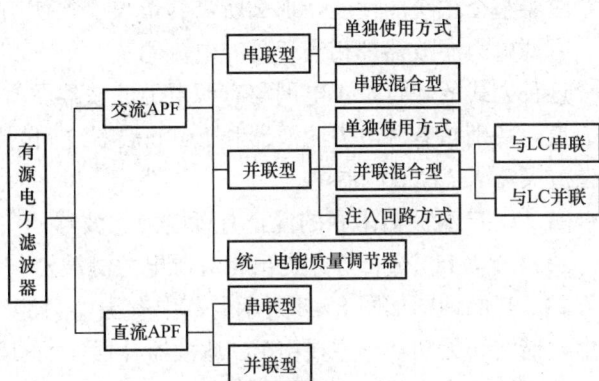

图 8-6 有源电力滤波器的基本分类

1. 交流有源电力滤波器

（1）并联型有源电力滤波器。

1）单独使用的并联型有源电力滤波器。

1986 年，H. Akagi 提出用并联有源电力滤波器消除谐波的方法，其原理图如图8-1所示。有源电力滤波器的主电路与负载并联接入电网，故称为并联型。又由于其补偿电流基本上由有源电力滤波器提供，故称之为单独使用的方式。这是有源电力滤波器中最基本的形式，也是目前应用最多的一种。在这种方式中，有源电力滤波器相当于谐波电流发生器，其电流值为所要补偿的电流值。该图和后面介绍的原理图均以单线图画出，它们均可用于单相或三相系统。

这种方式的优点是：通过不同的控制作用，可以对谐波、无功、不对称分量等进行补偿，因此补偿功能较多，且连接方便；对于电流源性质的谐波源，补偿特性不受电源阻抗的影响。

这种方式的缺点是：电源电压直接加在逆变桥上，对主电路中开关器件的电压等级要求较高。有源电力滤波器全部承担负载的谐波补偿，当负载电流谐波含量高时，要求有源电力滤波器容量较大，补偿频带宽。而 PWM 变流器的容量和动态性能成反比，很难使 APF 在保证容量的同时，还具有良好的动态特性和低开关损耗。

单独使用的并联型有源电力滤波器主要用于电流源性质的谐波源（如带感性负载的整流器）。

2）与 LC 滤波器并联的混合有源电力滤波器。

与 LC 滤波器混合使用的有源电力滤波器的基本思想是利用 LC 滤波器来分担有源电力滤波器的部分补偿任务，这主要是为了减小有源滤波器补偿容量。而且 LC 滤波器的成本低，结构简单，可降低整个装置的造价。

1987 年，M. Takeda 等人首先提出用 LC 滤波器和有源电力滤波器并联的混合型有源电力滤波器方式。其原理图如图 8-7 所示。这种方案有两种补偿方式：一种是 LC 滤波器，主要补偿较高次谐波，而大部分谐波由有源电力滤波器补偿，这对减低有源电力滤波器的容量起不到明显的作用，但因对有源电力滤波器主电路中器件的开关频率要求不高，实现大容量相对容易些；另一种方式是 LC 滤波器分担大部分谐波补偿的任务，而有源电力滤波器是为了改善整个系统的性能，那么所需容量与单独使用方式相比可大幅度降低，在这两种方式中，有源电力滤波器都相当于受控电流源。

这种方式的缺点是：电网与有源电力滤波器及有源电力滤波器与 LC 滤波器之间存在谐波通道，特别是有源电力滤波器和 LC 滤波器之间的谐波通道，可能使有源电力滤波器注入的谐波又流入 LC 滤波器中。

3）与 LC 滤波器串联的混合有源电力滤波器。

1990 年，H. Fujit 等人提出将有源电力滤波器与 LC 滤波器相串联后与电网并联的混合型方式，其原理图如图 8-8 所示，其中有源电力滤波器相当于一个电流控制电压源。该方式中，谐波和无功功率主要由 LC 滤波器补偿，而有源电力滤波器的作用是改善无源滤波器的滤波特性，克服无源滤波器易受电网阻抗的影响，易与电网发生谐振等缺点。

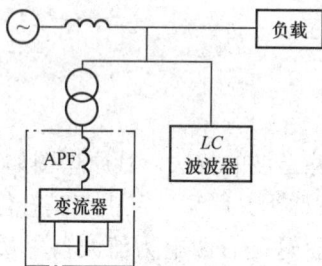

图 8-7　有源电力滤波器与 LC
滤波器并联的混合型方式

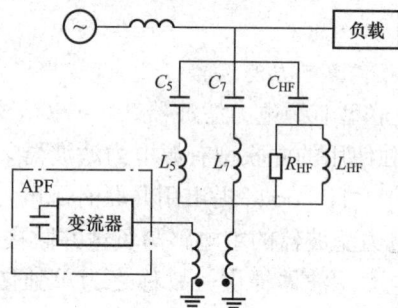

图 8-8　并联型有源电力滤波器与 LC
滤波器串联的混合型方式

这种方式的优点是：有源电力滤波器不承受交流电源的基波电压，因此装置容量小；有源电力滤波器与 LC 滤波器通过变压器连接，电压隔离和保护比较方便。有源电力滤波器发生故障不会危及电网。

这种方式的缺点：对电网中的谐波电压非常敏感。

与 LC 滤波器串联的混合有源电力滤波器适用于高压电力系统。

目前已大量使用的 LC 滤波器，均可采用图 8-7 或图 8-8 的方式进行改进和提高性能。

（2）串联型有源电力滤波器。

1）单独使用的串联型有源电力滤波器。

图 8-9 是单独使用的串联型有源电力滤波器的原理图。在这种方式中，有源电力滤波

器作为电压源串联在电源和谐波源之间。相比于并联型有源电力滤波器，串联型有源电力滤波器主要用于补偿可看作电压源的谐波源。这种谐波源的一个典型例子是电容滤波型整流电路，这种整流电路从交流侧可被看作电压源。针对这种谐波源，串联型有源电力滤波器输出补偿电压，抵消由负载产生的谐波电压，使供电点电压波形成为正弦波。因此

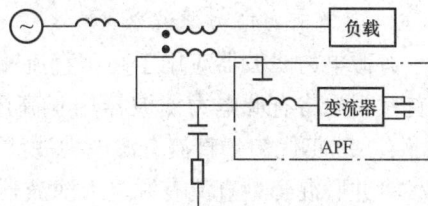

图 8-9 单独使用的串联型有源电力滤波器原理图

串联型与并联型可以看作是对偶的关系。对于电压源性质的谐波源，补偿特性不受电源阻抗的影响。

2) 与 LC 滤波器并联的混合有源电力滤波器。

1988 年，F. Z. Peng 等人首先提出了串联有源滤波器加并联 LC 滤波器的结构，其结构图如图 8-10 所示。这种方式中，有源滤波器对谐波呈现高阻抗，而对工频分量呈现低阻抗，因此有源滤波器相当于电源和负载之间的一个谐波隔离装置，电网的谐波电压不会加到负载和 LC 滤波器上，而负载的谐波电流也不会流入电网。

这种方式的优点是：运行效率高，有源滤波器的容量很小，投资少。

这种方式的缺点是：由于有源电力滤波器串联于电路中，很难把电源和有源滤波器分开，易发生短路，绝缘比较困难，而且维修也不方便；有源滤波器一旦发生故障也将危及电网；在正常工作时，耦合变压器流过所有的电流；不能抑制电源电压的闪变。

(3) 串—并联型有源电力滤波器。

为实现有源电力滤波器的多功能补偿，1994 年，H. Akagi 等人提出一种综合了串联 APF 和并联 APF 的混合型滤波器，称之为统一电能质量调节器（Unified Power Quality Conditioner，UPQC），可兼并二者之间的功能，其结构如图 8-11 所示。串联有源滤波器用于对电力系统和负载之间的谐波起隔离作用，并在电压波动时进行电压调节，同时它可以防止电力系统的内阻抗和无源滤波器之间发生谐振。并联型有源滤波器主要进行谐波和无功功率的补偿，它同时还用于调节并联型和串联型有源电力滤波器所共用的直流侧电容的电压。

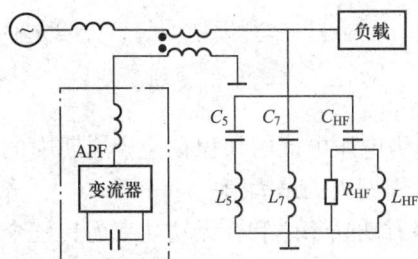

图 8-10 与 LC 滤波器混合使用方式

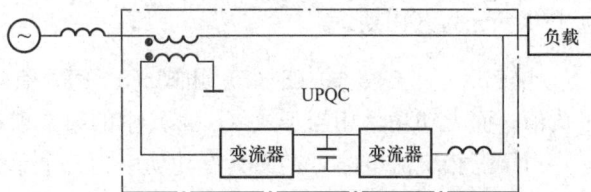

图 8-11 串—并联型有源电力滤波器原理图

这种方式的优点是：具有良好的动态性能，对电压和电流、无功功率都可补偿。

这种方式的缺点是：控制功能比较复杂，而且并联有源电力滤波器负担谐波补偿的任务，所需容量大，功耗大。具体实用性有待于进一步的研究。

串—并联型有源电力滤波器用于电力配电系统和工业电力系统。

2. 直流有源电力滤波器

有源电力滤波器应用于高压直流输电系统起步较晚，1988 年，C. Wong 和 N. Mohan 等人首次提出将有源电力滤波器用于高压直流输电系统，并于隔年进行了可行性的验证。到 20 世纪 90 年代初，直流有源电力滤波器取得实质性的进展，最有代表性的是 1991 年 12 月首次将并联混合型直流有源电力滤波器样机在瑞典—丹麦的 250kV 直流输电 Konti‐Skan2 工程中投入工业试运行，取得了满意的结果。此后直流有源滤波器受到了广泛的重视。

直流有源电力滤波器和交流有源电力滤波器类似，随着不断的发展也产生了不同的类型，以满足不同的补偿要求，主要分为并联型和串联型两大类，其特点与交流滤波器相似。

8.2　瞬时无功功率理论与谐波电流检测

三相电路瞬时无功功率理论首先于 1983 年由 H. Akagi 提出，此后该理论经过不断研究逐渐完善，在许多方面得到了成功的应用。该理论突破了传统的以平均值为基础的功率定义，系统地定义了瞬时无功功率、瞬时有功功率等瞬时功率量。以该理论为基础，可以得出用于有源电力滤波器的谐波和无功电流实时检测方法。

8.2.1　瞬时无功功率的基础理论

（1）传统功率的概念。

传统的电力系统的交流电流和电压的有效值、有功功率、无功功率的概念都是建立在工频周期的基础上的。如对于单相交流电路，设其电压和电流分别为

$$\begin{cases} u(t) = \sqrt{2}U\sin\omega t \\ i(t) = \sqrt{2}I\sin(\omega t - \varphi) \end{cases} \tag{8-5}$$

设

$$p = u(t)i(t) = UI\cos\varphi(1 - \cos2\omega t) - UI\sin\varphi\sin2\omega t \tag{8-6}$$

定义其有功功率为

$$P = \frac{1}{T}\int_0^T p\,\mathrm{d}t = UI\cos\varphi \tag{8-7}$$

定义其无功功率为

$$Q = UI\sin\varphi \tag{8-8}$$

其中 $T = \frac{2\pi}{\omega}$ 为其周期。

比较式（8-6）、式（8-7）和式（8-8），有功功率为电压电流的乘积在一个周期内的平均值，而无功功率相当于式（8-6）中的第二项在一个周期内的最大值。

对于三相交流电路，定义其有功功率为三个单相电路有功功率之和，无功功率为其三个单相电路无功功率之和。

从上述有功功率、无功功率的定义可以看出，它们只能表征一周期内功率变化的情况。而新型的基于电力电子开关的补偿装置的时间常数在毫秒以至微秒级，如有源电力滤波器的时间常数约为 1ms，远小于电力系统 20ms（对 50Hz 系统而言）的工频周期。对于此类电力电子装置，采用上述功率定义无法正确地描述装置在一小段时间内有功功率和无功功率的意义，因而发展新的能准确描述与功率、电压瞬时值相对应的瞬时有功功率、瞬时无功功率

等概念是必要的。

（2）瞬时无功功率理论。

H. Akagi 最初提出的理论亦称 pq 理论，是以瞬时实功率 p 和瞬时虚功率 q 的定义为基础，其基本思想是将 abc 三相系统电压、电流转换成 $\alpha-\beta$ 两相坐标系上的矢量，将电压、电流矢量的点积定义为瞬时实电功率，电压、电流矢量的矢量积定义为瞬时虚电功率，并由此导出相应的概念，其主要一点不足是未对有关的电流量进行定义。下面介绍以瞬时电流 i_p 和 i_q 为基础的理论体系，主要考虑三相三线制接线方式（无零序分量）。

设三相电路各相电压和电流的瞬时值分别为 e_a、e_b、e_c 和 i_a、i_b、i_c，将其变换到 $\alpha-\beta$ 两相正交的坐标系中，如图 8-12 所示。

图 8-12 $\alpha-\beta$ 两相坐标系中的电压、电流矢量

1）在 $\alpha-\beta$ 两相坐标系中的定义。

由下面的变换可得到 $\alpha-\beta$ 两相瞬时电压 e_α、e_β 和两相瞬时电流 i_α、i_β。

$$\begin{bmatrix} e_\alpha \\ e_\beta \end{bmatrix} = C_{32} \begin{bmatrix} e_a \\ e_b \\ e_c \end{bmatrix} \tag{8-9}$$

$$\begin{bmatrix} i_\alpha \\ i_\beta \end{bmatrix} = C_{32} \begin{bmatrix} i_a \\ i_b \\ i_c \end{bmatrix} \tag{8-10}$$

其中，$C_{32} = \sqrt{2/3} \begin{bmatrix} 1 & -1/2 & -1/2 \\ 0 & -\sqrt{3}/2 & \sqrt{3}/2 \end{bmatrix}$。

由矢量图可知

$$\vec{e} = \vec{e}_\alpha + \vec{e}_\beta = e\angle\varphi_e \tag{8-11}$$

$$\vec{i} = \vec{i}_\alpha + \vec{i}_\beta = i\angle\varphi_i \tag{8-12}$$

$$i_p = i\cos\varphi \tag{8-13a}$$

$$i_q = i\sin\varphi \tag{8-13b}$$

在上述公式中，其中 i_p 和 i_q 分别为三相电路瞬时有功电流和瞬时无功电流，它们为矢量 $\vec{i}$ 在矢量 $\vec{e}$ 及其法线上的投影，式中 $\varphi=\varphi_e-\varphi_i$。

定义三相电路瞬时有功功率 p（瞬时无功功率 q）为电压矢量 $\vec{e}$ 的模和三相电路瞬时有功电流 i_p（三相电路瞬时无功电流 i_q）的乘积。即

$$p = ei_p \tag{8-14a}$$

$$q = ei_q \tag{8-14b}$$

把式（8-13）及 $\varphi=\varphi_e-\varphi_i$ 代入式（8-14）中，并写成矩阵形式得出

$$\begin{bmatrix} p \\ q \end{bmatrix} = \begin{bmatrix} e_\alpha & e_\beta \\ e_\beta & -e_\alpha \end{bmatrix} \begin{bmatrix} i_\alpha \\ i_\beta \end{bmatrix} = C_{pq} \begin{bmatrix} i_\alpha \\ i_\beta \end{bmatrix} \tag{8-15}$$

其中 $C_{pq} = \begin{bmatrix} e_\alpha & e_\beta \\ e_\beta & -e_\alpha \end{bmatrix}$。 \tag{8-16}

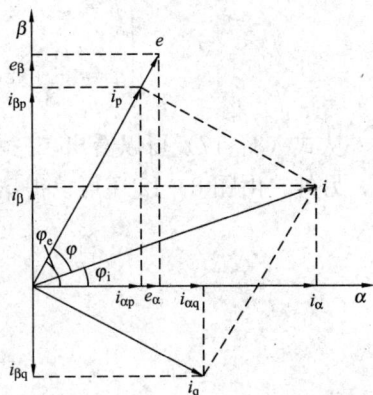

把式（8-9）、式（8-10）代入式（8-15），可得出 p、q 对于三相电压、电流的表达式

$$\begin{cases} p = e_a i_a + e_b i_b + e_c i_c \\ q = \dfrac{1}{\sqrt{3}}\left[(e_b - e_c)i_a + (e_c - e_a)i_b + (e_a - e_b)i_c\right] \end{cases} \quad (8-17)$$

从式（8-17）可以看出，三相电路瞬时有功功率就是三相电路的瞬时功率。

另外，由图 8-12 还可以得出

$$i_{\alpha p} = i_p \cos\varphi_e = \frac{e_\alpha}{e} i_p \quad (8-18a)$$

$$i_{\beta p} = i_p \sin\varphi_e = \frac{e_\beta}{e} i_p \quad (8-18b)$$

$$i_{\alpha q} = i_q \sin\varphi_e = \frac{e_\beta}{e} i_q \quad (8-18c)$$

$$i_{\beta q} = -i_q \cos\varphi_e = \frac{-e_\alpha}{e} i_q \quad (8-18d)$$

以上公式分别表示瞬时有功电流和瞬时无功电流在 α-β 坐标系上的投影。

2）在 abc 三相坐标系中的定义。

定义三相电路各相的瞬时有功电流 i_{ap}、i_{bp}、i_{cp}（瞬时无功电流 i_{aq}、i_{bq}、i_{cq}）是 α、β 两相瞬时有功电流 $i_{\alpha p}$、$i_{\beta p}$（瞬时无功电流 $i_{\alpha q}$、$i_{\beta q}$）通过两相到三相变换所得到的结果。即

$$\begin{bmatrix} i_{ap} \\ i_{bp} \\ i_{cp} \end{bmatrix} = C_{23} \begin{bmatrix} i_{\alpha p} \\ i_{\beta p} \end{bmatrix} \quad (8-19)$$

$$\begin{bmatrix} i_{aq} \\ i_{bq} \\ i_{cq} \end{bmatrix} = C_{23} \begin{bmatrix} i_{\alpha q} \\ i_{\beta q} \end{bmatrix} \quad (8-20)$$

其中 $C_{23} = C_{32}^{\mathrm{T}}$。

定义 a、b、c 各相的瞬时有功功率 p_a、p_b、p_c（瞬时无功功率 q_a、q_b、q_c）分别为该相瞬时电压和瞬时有功电流（瞬时无功电流）的乘积，即

$$\begin{cases} p_a = e_a i_{ap} = 3e_a^2 \dfrac{p}{A} \\ p_b = e_b i_{bp} = 3e_b^2 \dfrac{p}{A} \\ p_c = e_c i_{cp} = 3e_c^2 \dfrac{p}{A} \end{cases} \quad (8-21)$$

$$\begin{cases} q_a = e_a i_{aq} = e_a(e_b - e_c) \dfrac{q}{A} \\ q_b = e_b i_{bq} = e_b(e_c - e_a) \dfrac{q}{A} \\ q_c = e_c i_{cq} = e_c(e_a - e_b) \dfrac{q}{A} \end{cases} \quad (8-22)$$

其中 $A = (e_a - e_b)^2 + (e_b - e_c)^2 + (e_c - e_a)^2 = 2(e_a^2 + e_b^2 + e_c^2 - e_a e_b - e_b e_c - e_c e_a)$。

由式（8-21）、式（8-22）得到

$$\begin{cases} p_a + p_b + p_c = p \\ q_a + q_b + q_c = 0 \end{cases} \tag{8-23}$$

可以看出，传统理论中的有功功率、无功功率等都是在平均值基础或相量的意义上定义的，它们只适用于电压、电流均为正弦波时的情况。而瞬时无功功率理论中的概念，都是在瞬时值的基础上定义的，它不仅适用于正弦波，也适用于非正弦波和任何过渡过程的情况。可以看出，瞬时无功功率理论中的概念，在形式上和传统理论非常相似，可以认为是传统理论的推广和延伸。

下面分析三相电压和电流均为基波正序分量时的情况，设三相电压、电流分别为

$$\begin{cases} e_a = E_m \sin\omega t \\ e_b = E_m \sin(\omega t - 2\pi/3) \\ e_c = E_m \sin(\omega t + 2\pi/3) \end{cases} \tag{8-24}$$

$$\begin{cases} i_a = I_m (\sin\omega t - \varphi) \\ i_b = I_m (\sin\omega t - \varphi - 2\pi/3) \\ i_c = I_m (\sin\omega t - \varphi + 2\pi/3) \end{cases} \tag{8-25}$$

利用式（8-9）、式（8-10）对式（8-24）、式（8-25）进行变换，可得

$$\begin{bmatrix} e_\alpha \\ e_\beta \end{bmatrix} = E_{m2} \begin{bmatrix} \sin\omega t \\ -\cos\omega t \end{bmatrix} \tag{8-26}$$

$$\begin{bmatrix} i_\alpha \\ i_\beta \end{bmatrix} = I_{m2} \begin{bmatrix} \sin(\omega t - \varphi) \\ -\cos(\omega t - \varphi) \end{bmatrix} \tag{8-27}$$

其中，$E_{m2} = \sqrt{3/2} E_m$，$I_{m2} = \sqrt{3/2} I_m$。

把式（8-26）和式（8-27）代入式（8-15）中可得

$$\begin{cases} p = \dfrac{3}{2} E_m I_m \cos\varphi \\ q = \dfrac{3}{2} E_m I_m \sin\varphi \end{cases} \tag{8-28}$$

令 $E = E_m/\sqrt{2}$、$I = I_m/\sqrt{2}$ 分别为相电压和相电流的有效值，得

$$\begin{cases} p = 3EI\cos\varphi \\ q = 3EI\sin\varphi \end{cases} \tag{8-29}$$

可见在三相电压和电流均为基波正序分量时，p、q 均为常数（直流分量），且其值和按传统理论算出的有功功率和无功功率完全相同。值得注意的是，这里计算有功功率和无功功率只要同一时刻三相三线制系统的三相电压和电流的值，而传统的有功功率定义和无功功率定义却需要一个周期的值才能计算出来。因此采用这种计算方法可以大大节省功率的计算时间。

上述计算结果是假定电压和电流均为基波正序时得到的。若电压无畸变（仅含基波正序分量），而电流不仅存在负序分量，而且存在谐波分量。可以证明，通过上述公式的计算推导，所得瞬时功率不是直流量，而是具有直流偏置的变换量。通过傅里叶分析，其中的直流分量为基波正序电流与电压作用产生，而交流分量是负序分量和谐波分量与电压作用产生。

因此，可以看出通过瞬时无功功率理论可以较快将基波正序分量分离出来。

8.2.2　三相电路谐波和无功电流的实时检测

以瞬时无功功率理论为基础，三相电路谐波和无功电流的检测主要有 p、q 运算方式和 i_p、i_q 运算方式。

（1）p、q 运算方式。

该方法的原理图如图 8-13 所示，图中上标-1 表示矩阵的逆，$C_{23} = C_{32}^T$。根据定义计算出 p，经低通滤波器 LPF 得 p、q 的直流分量 $\bar{p}$、$\bar{q}$。电网电压无畸变时，$\bar{p}$ 为基波有功电流与电压作用所产生，$\bar{q}$ 为基波无功电流与电压作用所产生。由 $\bar{p}$、$\bar{q}$ 即可计算出被检测电流 i_a、i_b、i_c 的基波分量 i_{af}、i_{bf}、i_{cf}，将 i_{af}、i_{bf}、i_{cf} 与 i_a、i_b、i_c 相减，即可得出 i_a、i_b、i_c 的谐波分量 i_{ah}、i_{bh}、i_{ch}。

$$\begin{bmatrix} i_{af} \\ i_{bf} \\ i_{cf} \end{bmatrix} = C_{23} C_{pq}^{-1} \begin{bmatrix} \bar{p} \\ \bar{q} \end{bmatrix} = \frac{1}{e^2} C_{23} C_{pq} \begin{bmatrix} \bar{p} \\ \bar{q} \end{bmatrix} \tag{8-30}$$

当有源电力滤波器同时用于补偿谐波和无功功率时，就需要同时检测出被补偿对象中谐波和无功电流。这种情况下，只需断开图 8-13 计算 q 的通道即可。这时，由 $\bar{p}$ 即可计算被检测电流 i_a、i_b、i_c 的基波有功分量 i_{apf}、i_{bpf}、i_{cpf}。

$$\begin{bmatrix} i_{apf} \\ i_{bpf} \\ i_{cpf} \end{bmatrix} = C_{23} C_{pq}^{-1} \begin{bmatrix} \bar{p} \\ 0 \end{bmatrix} \tag{8-31}$$

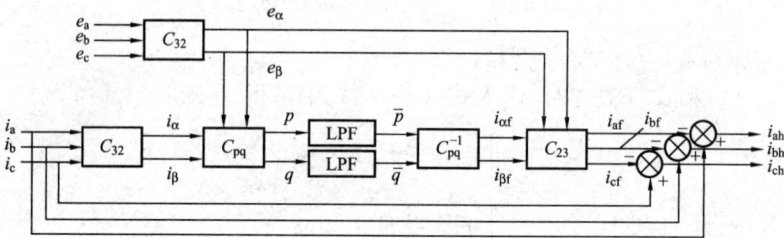

图 8-13　p、q 运算方式的原理图

将 i_{apf}、i_{bpf}、i_{cpf} 与 i_a、i_b、i_c 相减，即可得出 i_a、i_b、i_c 的谐波分量和基波无功分量之和 i_{ad}、i_{bd}、i_{cd}。下标中的 d 表示由检测电路得出的检测结果。

由于采用了低通滤波器 LPF 求取 $\bar{p}$、$\bar{q}$，故当被检测电流发生变化时，需经一定延迟时间才能得到准确的 $\bar{p}$、$\bar{q}$。从而使检测结果有一定延时。但当只检测无功电流时，则不需低通滤波器，而只需直接将 q 反变换即可得出无功电流，这样就不存在延时了，得到的无功电流为

$$\begin{bmatrix} i_{aq} \\ i_{bq} \\ i_{cq} \end{bmatrix} = \frac{1}{e^2} C_{23} C_{pq} \begin{bmatrix} 0 \\ q \end{bmatrix} \tag{8-32}$$

（2）i_p、i_q 运算方式。

该方法的原理如图 8-14 所示。该方法是根据式（8-15）、式（8-16）和式（8-26）

联立分析化简而得。图中

$$C = \begin{bmatrix} \sin\omega t & -\cos\omega t \\ -\cos\omega t & -\sin\omega t \end{bmatrix} \qquad (8-33)$$

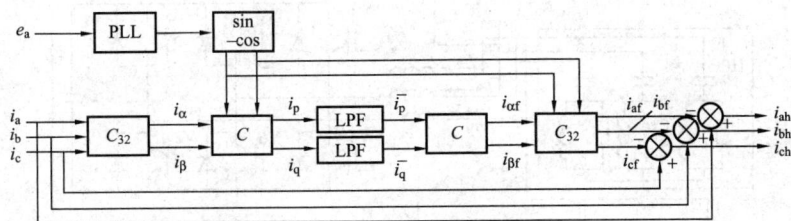

图 8-14 i_p、i_q 运算方式的原理图

或者从矩阵 CC_{32} 的乘积来看,其思想是把满足 $i_a + i_b + i_c = 0$ 的三相电流经过不含零序分量的 Park 变换得到了 i_p、i_q。该方法中,需用到与 a 相电网电压电同相位的正弦信号 $\sin\omega t$ 和对应的余弦信号 $-\cos\omega t$,它们由一个锁相环 PLL 和一个正、余弦信号发生电路得到。根据定义可以计算出 i_p、i_q,经 LPF 滤波得出 i_p、i_q 的直流分量 $\bar{i}_p$、$\bar{i}_q$。这里,$\bar{i}_p$、$\bar{i}_q$ 是由 i_{af}、i_{bf}、i_{cf} 所产生的,因此由 $\bar{i}_p$、$\bar{i}_q$ 即可计算出 i_{af}、i_{bf}、i_{cf},进而得出 i_{ah}、i_{bh}、i_{ch}。

与 p、q 运算方式相似,当要检测谐波和无功电流之和时,只需断开图 8-14 中计算 i_q 的通道即可。而如果只需检测无功电流,则只要对 i_q 进行反变换即可。

通过比较分析,p、q 运算方式需要 10 个乘法器和 2 个除法器,i_p、i_q 运算方式只需 8 个乘法器,运算比较简单。

另外,在电网电压波形有畸变的时候,i_p、i_q 运算方式比 p、q 运算方式计算的结果准确,所以,在实际应用中,i_p、i_q 运算方式应用比较多。

目前,有学者已经提出采用 d-q 检测法,其思想为根据对称分量法中不对称的任意次谐波都可以分解为相应次数的正序、负序和零序分量,因此任意三相畸变的不对称电流经过 Park 变换都可以表示成各次谐波序分量的 Park 变换之和的形式,其中 Park 变换将第 n 次正序分量变换成 d-q 坐标系中第 $n-1$ 次分量;将第 n 次负序分量变换成 d-q 坐标系中第 $n+1$ 次分量;只有基波正序分量在 d-q 坐标系中为直流量,用 LPF 即可将其分离,再通过 Park 反变换即可获得基波正序有功分量和无功分量,与负载电流相减可得负荷电流中的谐波分量。从以上分析可知,d-q 法实际上与 i_p、i_q 运算方式一样。

8.3   并联型有源电力滤波器

在各种有源电力滤波器中,单独使用的并联型有源电力滤波器是最基本的一种,也是工业实际中应用最多的一种。它集中地体现了有源电力滤波器的特点,实际应用中用于三相的占多数,故本节重点讨论适用于三相三线制的情况。图 8-15 为并联型有源电力滤波器系统的原理图。图中,负载为谐波源,这里采用了电力系统中的一种典型谐波源——三相桥式全控整流器,整流器的直流侧为阻感性负载。

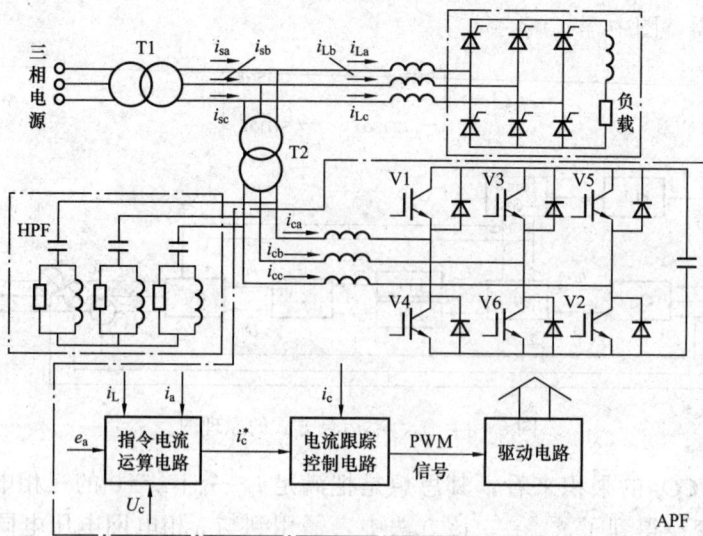

图 8-15　并联型有源电力滤波器系统的原理图

8.3.1　主电路的工作原理

设系统电压为 u_a、u_b、u_c，三相补偿电流分别为 i_{ca}、i_{cb}、i_{cc}，直流侧电容电压为 U_c，交流侧电感为 L，则有

$$i_{ca} + i_{cb} + i_{cc} = 0 \tag{8-34}$$
$$u_a + u_b + u_c = 0 \tag{8-35}$$

补偿电流 i_c 是由主电路中直流侧电容电压与交流侧电源电压的差值作用于电感上产生的，主电路的工作情况由主电路中 6 个开关器件的通断组合决定。将特定的开关组合所对应的工作情况称为工作模式，可得下列描述主电路工作情况的微分方程为

$$\begin{cases} L\dfrac{\mathrm{d}i_{ca}}{\mathrm{d}t} = u_a - K_a U_c \\[2mm] L\dfrac{\mathrm{d}i_{cb}}{\mathrm{d}t} = u_b - K_b U_c \\[2mm] L\dfrac{\mathrm{d}i_{cc}}{\mathrm{d}t} = u_c - K_c U_c \end{cases} \tag{8-36}$$

式中：$K_a U_c$、$K_b U_c$、$K_c U_c$ 分别为主电路各桥臂中点与系统电源中点之间的电压；K_a、K_b、K_c 为开关系数。

$K_a + K_b + K_c = 0$，K_a、K_b、K_c 的值与主电路工作模式之间的关系见表 8-1。

表 8-1　　　　　　　　　　　　　　　主电路工作模式和开关系数

工作模式序号	工作模式						开关系数		
	V1	V3	V5	V4	V6	V2	K_a	K_b	K_c
1	通				通	通	2/3	−1/3	−1/3
2		通		通		通	−1/3	2/3	−1/3
3	通	通				通	1/3	1/3	−2/3
4			通	通	通		−1/3	−1/3	2/3
5	通		通		通		1/3	−2/3	1/3
6		通	通	通			−2/3	1/3	1/3

由表 8-1 可知,通过开关管上下桥臂的组合,可以改变主电路各桥臂中点与系统电源中点之间的电压,且各开关系数的绝对值不是 1/3,就是 2/3,当 $K_a=1/3$ 时,若不能满足 $U_c \geq 3E_m$(E_m 为相电压的峰值),则 $L\dfrac{di_{ca}}{dt}=u_a+K_aU_c \geq 0$ 就不会成立,就不能控制补偿电流的流向了,所以直流侧电容电压应大于交流电源相电压峰值的 3 倍,才能控制电感上电流的增加或者减小,以达到较好的跟踪补偿效果。

8.3.2 指令电流运算电路

指令电流运算电路的作用是根据有源电力滤波器的补偿目的得出补偿电流的指令信号,即期望由有源电力滤波器产生的补偿电流信号。指令电流运算电路的核心是谐波和无功电流实时检测方法。谐波电流检测是决定有源电力滤波器补偿性能好坏的重要环节,自从有源电力滤波器原理提出以来,谐波电流的检测便引起了广泛的研究。

最早的谐波电流检测方法是采用模拟滤波器来实现,即采用陷波器将基波电流分量滤除,得到谐波分量。或采用带通滤波器得出基波分量,再与被检测电流相减得到谐波分量。这种方法存在许多缺点,如难设计、误差大、对电网频率波动和电路元件参数十分敏感等,因此已极少采用。

随着计算机和微电子技术的发展,开始采用傅里叶分析的方法来检测谐波和无功电流。这种方法根据采集到的一个电源周期的电流值进行计算,最终得出所需的谐波和无功电流。其缺点是需要一定时间的电流值,且需进行两次变换,计算量大,需花费较多的计算时间,从而使得检测方法具有较长时间的延迟,检测的结果实际上是较长时间前的谐波和无功电流,实时性不好。

也可根据 Fryze 的传统功率定义来构造检测方法。但这种方法积分一个周期才能得出检测结果。20 世纪 80 年代以来,Czarnecki 等人对非正弦情况下的电流进行了新的分解。这些电流的定义虽然十分严格,但据此构造的检测方法,仍然需积分一个周期才能得出检测结果,同样存在实时性不好的缺点。

基于瞬时无功功率理论的方法,在只检测无功电流时,可以完全无延时地得出检测结果。检测谐波电流时,因被检测对象电流中谐波的构成和采用滤波器的不同,会有不同的延时,但延时最多不超过一个电源周期。对于电网中最典型的谐波源——三相桥整流器,其检测的延时约为 1/6 周期。可见,该方法具有很好的实时性。

下面主要根据 8.2 节所介绍的 i_p、i_q 谐波检测方法,并介绍如何将检测方法运用到有源电力滤波器中,同时给出一些典型的波形。

既然指令电流运算电路的出发点是为了有源电力滤波器的补偿目的,那么首先必须确定补偿目的。要确定补偿目的,又必须明确补偿对象即负载的工作情况。假设此时作为负载的三相桥式全控整流器的触发延迟角 $\alpha=30°$,则此时负载电流波形如图 8-16 所示。图中同时给出电源电压的波形,以便观察负载电流与交流电源电压之间的相位关系。由波形可以看出,此时负载电流中含有谐波,同时负载还消耗无功功率。图中仅给出一相的波形,因三相对称,其他两相的波形一样,相位依次差 120°。

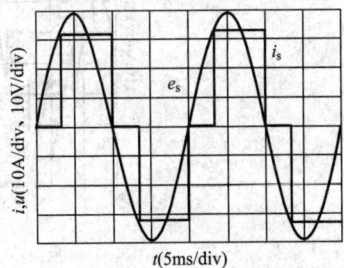

图 8-16 负载电流和电源电压波形

　　若有源电力滤波器的补偿目的只是补偿谐波，则检测出负载电流 i_L 中的谐波分量 i_{Lh}。补偿电流的指令信号 i_c^* 应与 i_{Lh} 极性相反，如图 8-17（a）所示。若有源电力滤波器产生的补偿电流 i_c 与 i_c^* 完全一致，则补偿后的电源电流 i_s 如图 8-17（b）所示，与负载电流的基波分量完全相同。若有源电力滤波器的补偿目的是同时补偿谐波和无功功率，则检测出负载电流中的无功和谐波分量如图 8-18（a）所示，补偿后的电源电流如图 8-18（b）所示，通过比较补偿后的电源电流，在图 8-18（b）中电源电流与电压同相位，为负载电流的基波有功分量，而图 8-17（b）中的电流相位滞后，仍含有基波无功。图 8-19 给出的是只补偿无功时的波形，在补偿后的电源电流中仍包含一定的谐波成分。

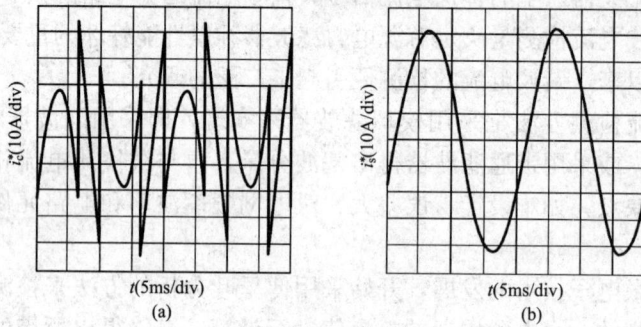

图 8-17　只补偿谐波时的情况
（a）补偿电流的指令信号；（b）补偿后的电源电流

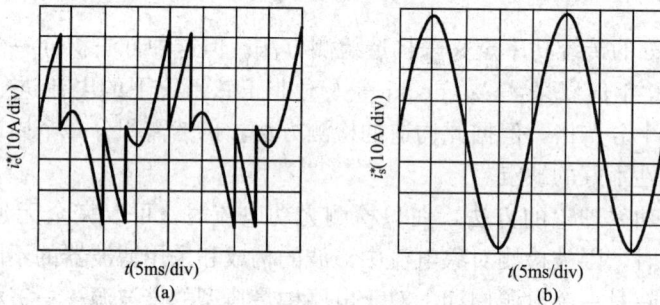

图 8-18　同时补偿谐波和无功功率时的情况
（a）补偿电流的指令信号；（b）补偿后的电源电流

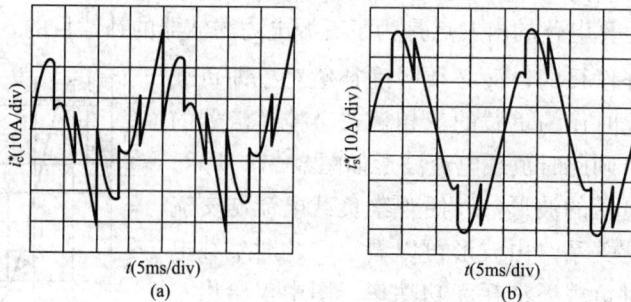

图 8-19　只补偿无功功率时的情况
（a）补偿电流的指令信号；（b）补偿后的电源电流

在以瞬时无功功率理论为基础的检测方法中，补偿电流的指令信号 i_c^* 与三相系统的瞬时有功电流 i_p、瞬时无功电流 i_q 存在着清晰的对应关系。在以上三种情况下，i_c^* 与 i_p、i_q 的对应关系见表 8-2。表中括号表示采用 p、q 运算方式时 i_c^* 与 p、q 的对应关系。

表 8-2 i_c^* 与 i_p、i_q（p、q）的对应关系

补偿目的	i_c^*	对应的 i_p、i_q（p、q）
只补偿谐波	$-i_{Lh}$	$\tilde{i}_p$，$\tilde{i}_q$（$\tilde{p}$、$\tilde{q}$）
只补偿无功功率	$-i_{Lq}$	$\bar{i}_q$，$\tilde{i}_q$（$\bar{q}$、$\tilde{q}$）
同时补偿谐波和无功功率	$-(i_{Lh}+i_{Lq})$	$\tilde{i}_p$，$\bar{i}_q$，$\tilde{i}_q$（$\tilde{p}$、$\bar{q}$、$\tilde{q}$）

根据日本电气学会对有源电力滤波器在日本应用情况的调查，在工业应用中，有源电力滤波器主要用于补偿谐波，只补偿谐波的情况占 71.7%；在补偿谐波的同时，还补偿无功功率的占 20.7%，还补偿供电点电压波动的占 5.4%；同时补偿谐波、无功功率和负序电流的占 1.1%；同时补偿谐波、无功功率及不平衡电流的占 1.1%。

8.3.3 电流跟踪控制电路

电流跟踪控制电路的作用是根据补偿电流的指令信号和实际补偿电流得出控制主电路各个器件通断的 PWM 信号，控制的结果应保证补偿电流跟踪其指令信号的变化。

由于并联型有源电力滤波器产生的补偿电流应实时跟随其指令电流信号的变化，要求补偿电流发生器有很好的实时性，因此电流控制采用跟踪型 PWM 控制方式。目前跟踪型 PWM 控制的方法主要有两种，即瞬时值比较方式和三角波比较方式。

（1）瞬时值比较方式。

如图 8-20 所示，以一相的控制为例，采用滞环比较器的瞬时值比较方式的原理图。在该方式中，把补偿电流的指令信号 i_c^* 与实际的补偿电流信号 i_c 进行比较，两者的偏差 Δi_c 作为滞环比较器的输入，通过滞环比较器产生控制主电路中开关通断的 PWM 信号，该 PWM 信号经驱动电路来控制开关的通断，从而控制补偿电流 i_c 的变化。

下面以 a 相为例进一步讨论。设 i_c 的方向如图 8-21 所示，则当 V1 器件（IGBT 或二极管）导通时，i_c 将减小；而当 V4 器件导通时，i_c 将增大。用 $2H$ 表示滞环比较器的环宽，当 $|\Delta i_c| < H$ 时，滞环比较器的输出保持不变；而当 $|\Delta i_c| > H$ 时，滞环比较器的输出将翻转，假设后面的驱动电路和主电路无延时，则补偿电流 i_c 的变化方向随之改变。这样，$|\Delta i_c|$ 就在 $-H$ 和 $+H$ 之间变化，即 i_c 就在 $i_c^* - H$ 和 $i_c^* + H$ 之间的范围内，呈锯齿波状的跟随 i_c^* 的变化。图 8-22 示出了仿真得到的 i_c 跟随 i_c^* 变化的一个例子。

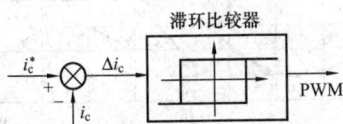

图 8-20 采用滞环比较器的
瞬时值比较方式原理图

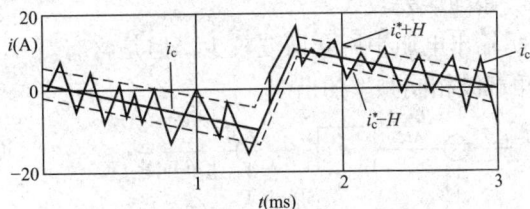

图 8-21 采用滞环比较器的瞬时值
比较方式 i_c 跟随 i_c^* 变化一例

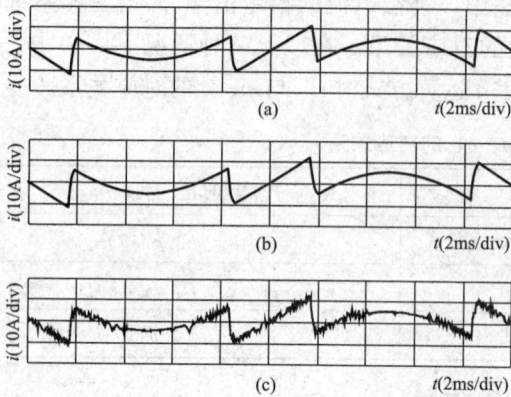

图 8-22　瞬时比较控制时的实际电流对谐波电流的跟踪
(a) 检测的参考电流；(b) 补偿的实际电流（滞环带宽＝0.2）；
(c) 补偿的实际电流（滞环带宽＝2）

从图 8-22 看出，通过瞬时比较控制，能够实现有源滤波装置输出电流对谐波电流的跟踪，且具有动态响应快的特点。图中实际输出电流含有高次谐波，这是由滞环比较的误差带宽不为零引起的，并且滞环带宽越大，所引起的误差也越大，如图 8-22 (b) 和 (c) 比较所示。另外，滞环带宽一定时，其开关频率会随着补偿电流变化而变化，如图 8-22 (c) 所示，开关频率不均匀，从而会引起较大的脉动电流和开关噪声。

根据上述原理及分析，将这种控制方式的特点总结如下。

1）硬件电路十分简单。

2）属于实时控制方式，电流响应很快。

3）不需要载波，输出电压中不含特定的谐波分量。

4）属于闭环控制方式，这是跟踪型 PWM 控制方式的共同特点。

5）若滞环的宽度固定，则电流跟随误差范围是固定的，但是电力半导体器件的开关频率是变化的。

（2）三角波比较方式。

图 8-23 所示为三角波比较方式的原理图。

这种方式与其他用三角波作为载波的 PWM 控制方式不同，它不直接将指令信号 i_c^* 与三角波比较，而是将 i_c^* 与 i_c 的偏差 Δi_c 经放大器 A 之后再与三角波比较。放大器 A 往往采用比例放大器或比例积分放大器。这样组成的一个控制系统是基于把 Δi_c 控制为最小来进行设计的。与瞬时值比较方式图 8-22 的波形相比，三角波比较方式的动态跟随性能比较差，但是其开关频率固定，且输出的波形所含的谐波分量较少。如图 8-24 所使用的开关频率周期是 4kHz，而在图 8-22 中开关频率不固定，当滞环带宽＝2 时，最高开关频率可以达到 1MHz，当滞环带宽更小时，其最高开关频率更高。这对于现代的电力电子器件的开关水平是达不到的，因此为控制其开关频率，目前常用的是定时滞环比较方式。

综上所述，三角波比较方式具有如下特点。

1）硬件较为复杂。

2）跟随误差较大。

3）输出电压中所含谐波较少，但是含有与三角载波相同频率的谐波。

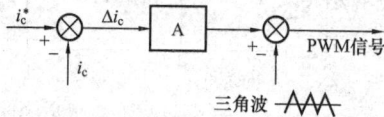

图 8-23　三角波比较方式的原理图

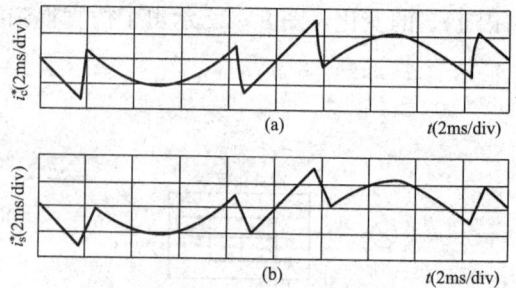

图 8-24　三角波比较时的实际电流对谐波电流的跟踪
(a) 检测的参考电流；(b) 补偿的实际电流

4）放大器的增益有限。

5）器件的开关频率固定，且等于三角载波的频率。

6）电流响应比瞬时值比较方式的慢。

由以上介绍可见，瞬时值比较方式和三角波比较方式各有优缺点，不能孤立地评价孰优孰劣，实际应用时可根据系统要求选择。日本电气学会的调查结果也表明了这一点，两种方法在实际应用中约各占一半，基本相当。

8.3.4　u_{dc}控制电路

根据瞬时无功功率理论的定义，由图 8-23 可知，各相的瞬时无功功率之和为零。虽然单独观察某一相时，其瞬时无功功率不为零，但三相的总和为零，这表明各相的瞬时无功功率只是在三相之间交换，其交换的程度由 q 表征。因此在瞬时无功功率没有损耗的理想情况下，有源电力滤波器与系统之间不进行基波有功功率的交换，有源滤波器输出的电流中将没有基波有功电流分量，也即直流侧电容电压不会发生变化。由于实际情况下有源滤波器存在开关和导通损耗，因此会导致有源滤波器直流侧电容电压的变化。直流侧电容电压变化过大会危及有源滤波器的安全，为此需要提供给有源滤波器一定的基波有功功率以补偿这部分损耗，使直流侧电容电压稳定在一定的范围之内。

为控制有源滤波器直流侧电容电压，可以控制有源滤波器输出电流中的基波有功电流分量，使有源滤波器吸收有功功率，即可使直流侧电容电压升高，反之，则可使直流侧电容电压降低。如图 8-25 所示直流电容器电压 u_{dc} 控制环节就是按这一原理工作的。当直流电容器电压低于设定值时，比例积分（PI）调节器输出值 Δi_p 增大，控制系统将会使电源电流中的基波有功电流增大，此时有源滤波器产生的与基波有功电流同相的基波电压将增大，以提高有源滤波器的有功输入，使直流电容器电压上升，如图 8-26（c）所示。反之，直流电容器电压由于某种原因高于设定值时，PI 调节器的输出值 Δi_p 将减少甚至为负，使电源中的基波有功电流减小，此时有源滤波器产生的基波电压将减少，以减少有源滤波器的输入有功功率，甚至使其为负，控制直流电容器电压下降，如图 8-26（b）所示。当系统达到稳定时，直流电容器电压将保持在设定值上，如图 8-26（a）所示，有源滤波器维持一个基波电压输出以保持一定的有功输入，补偿逆变器的开关和导通损耗。图中，因为补偿分量中包含交流分量，所以 U_c 会有波动。

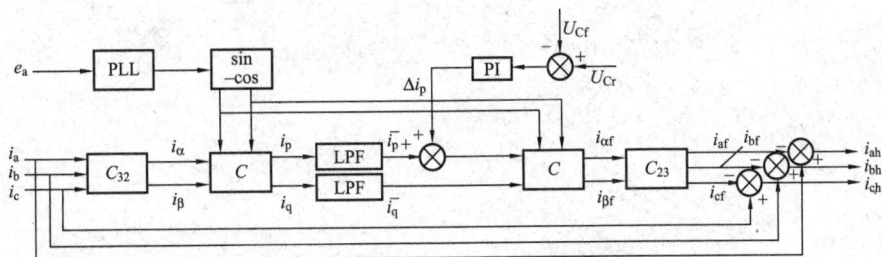

图 8-25　包括直流侧电压控制环节的指令电流运算电路

有源电力滤波器，是 20 世纪 80 年代以来电力电子技术应用于供用电系统进行谐波抑制和无功补偿的一个研究热点，随着国内对谐波问题重视程度的提高，它也将在我国逐渐得到应用。为了实用化，在容量、成本、可靠性、运行费等方面对有源电力滤波器将提出进一步的要求。

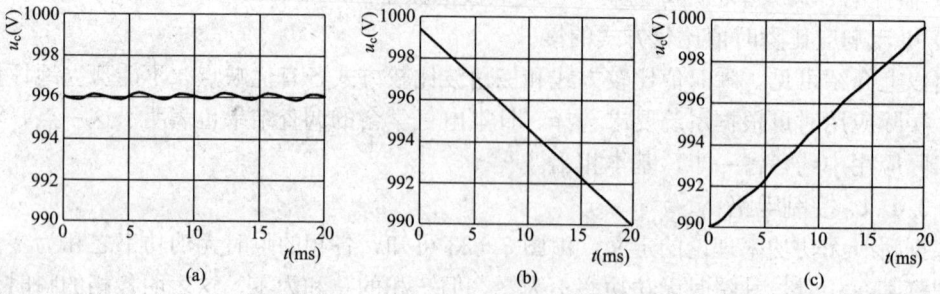

图 8-26 直流侧电压控制的仿真波形

(a) 稳定时波形；(b) Δi_p 增大时波形；(c) Δi_p 减小时波形

习 题 八

1. 有源电力滤波器的基本原理及特点是什么？
2. 有源电力滤波器基本类型有哪些？
3. 试说明基于瞬时无功理论的 p、q 运算方式的谐波与无功电流检测方法原理。
4. 电流跟踪控制的主要方法有哪些，其基本原理是什么？

9　电力电子技术在风力发电中的应用

风能是清洁、廉价的可再生能源，并且分布广泛，总量十分可观。而风力发电是目前最成熟、最具有规模化开发条件和商业化发展前景的可再生能源发电方式，已受到全球性的广泛关注和高度重视。电力电子技术在风力发电的并网控制中起着重要作用，如定速风电机组的软启动和无功补偿装置，以及变速恒频风电机组的并网变流器。采用电力电子变流器驱动的变速恒频风力发电机组已成为目前风电市场的主力机型，本章主要介绍风力发电的发展、风力发电机组的主要类型、典型风力发电机组的工作原理，以及电力电子技术在风力发电中的应用。

9.1　风力发电概述

9.1.1　风力发电的发展

随着人们对绿色环保能源的需求和对风能认识的提高，风能将成为 21 世纪的主要能源。地球表面吸收太阳能的不均匀性造成地球表面具有一定的温度差，这种温差引起空气的流动，热空气上升、冷空气下降，空气流动形成了风。空气有一定质量，因此空气流动就具有一定动能，这就是人类可以利用的风能，亦是清洁的、无污染的、取之不尽用之不竭的可再生能源。利用风能，人们可以用来发电、助航、提水灌溉、制热供暖等。人类利用风能的历史可以追溯到公元前，至少有 3000 年的历史，主要用于机械动力生产。约公元 1000 多年前，人们就掌握了帆船技术，即靠风帆直接推动来利用风能，然而机械能不能远距离传送，而电能可以利用电网远距离输送，因此转化为电能成为风能的主要利用方式，即利用风轮收集风能（叶片是具有空气动力学外形，在气流推动下产生力矩使风轮绕其轴转动的主要原件），将其转变为旋转的机械能，通过发电机将风轮收集的机械能转变成电能并利用电网远距离输送。但是由于风能具有间歇性且波动较大，其可控性和稳定性不如常规能源。

近年来，由于风力发电环境友好、技术成熟、可靠性高、成本低且规模效益显著，已成为发展最快的新型能源。而风力发电的发展过程可以分为以下三个阶段。

(1) 自十九世纪末至二十世纪 60 年代末，风能资源的开发尚处于小规模的利用阶段。美国的 Brush 风机和丹麦的 Cour 风机被认为是风力发电的先驱。1887 年～1888 年冬，作为美国电力工业的奠基人之一 Charles F. Brush 在俄亥俄州市安装了第一台自动运行的风力发电机。这台电机叶轮直径 17m，有 144 个由雪松木制成的叶片，运行了约 20 年，用来给他家地窖里的蓄电池充电。不过，由于低转速风机效率不可能太高，这台发电机的功率仅为12kW。1891 年，丹麦物理学家 Poul La Cour 发现，叶片较少旋转较快的风力发电机效率高于叶片多转速慢的风力发电机。应用这一原理，他设计了一台使用 4 个叶片、发电能力为25kW 的风力发电机。丹麦由于能源相对匮乏，所以风电技术得到了持续的发展。到 1918年第一次世界大战结束时，丹麦就已经建成了几百个小型风力发电站，总装机容量达3MW。1957 年在丹麦 Gedser 海岸安装的 200kW 风力发电机，具有三个叶片，带有电动机机械偏航、交流异步发电机、失速型风力机，标志着"丹麦概念"风机的形成。与此同时，在美国、德国各种风机的设计概念也先后出现，虽然一些风力发电机因造价高和可靠性差而逐渐被淘汰，但这一阶段的各种类型风机的试验，为 20 世纪 70 年代后期的大发展奠定了基础。

（2）1973 年的石油危机之后，风力发电由小型逐渐向大中型发展。20 世纪 70 年代连续出现了两次能源危机（1973 年和 1979 年），世界范围内能源价格一路上涨，风力发电的发展得到一些国家政府大力支持，许多直径超过 60m 的大型风力发电机被建设起来用于研究和验证。丹麦由 Geders 风力发电机改良的古典三叶片、上风向风力发电机设计在激烈的竞争中成为商业赢家。丹麦的 Tvind 2MW 风力机，是风力发电机革命中的佼佼者。这台机组是下风向变速风机，叶轮直径为 54m，发电机为同步发电机，通过电力电子设备与电网相连。美国加州 20 世纪 80 年代开始了风能发展计划，成千的风机被密密麻麻的布置在加州的山坡上，出现了加州风电潮。具有代表性的还有德国的 GROWIAN 风机（风轮直径 100m，3MW），建设时是当时世界最大的，曾引起广泛的关注。但这些大型风机的开发都或多或少的碰到了各种技术问题，而未能长期运行。但在这些研究实践中，积累了大量的技术和经验。1980 年以来，国际上风力发电机技术日益走向商业化。随着风机产业商业化的逐渐成熟，丹麦当时一些农用机械生产商，如 Vestas，Nordtank 和 Bonus 等开始纷纷进入风机生产行业。由于这些公司有丰富的工程机械知识，因而他们很快就在丹麦的风机行业占据主导地位，进而在世界市场占据重要位置。这些对世界风力发电制造业无疑起着巨大的推动作用。

（3）20 世纪 90 年代后开始进入现代风力发电技术，风力发电开始大规模发展。经过了近百年的技术和经验的积累，加上风机产业的商业化，大型风电机组的技术日渐成熟。大规模的商业应用首先出现在北欧，1995 年丹麦建成的赖斯比·合德风电场装有 Bonus 能源公司的 40 台 600kW 型风机，是当时丹麦最大的风电场。恩德公司于 1995 年制造了世界第一台兆瓦级风力发电机组，而 Vistas 公司的 1.5MW 原型风机建于 1996 年。兆瓦级风机市场真正起于 1998 年，而之前 600～750kW 风电机组是主流机型。从那时起，市场趋势才越来越清晰，即向着更大的项目、更大的风机发展。目前，1.5～2.5MW 的风电机组已成为市场的绝对主力机型。一般来说，综合风机制造、吊装等因素，单机容量越大，风机单位千瓦的造价就越低。基于经济效益的优势，风机单机容量将朝更大方向发展。德国 Repower 的 5MW 和 6MW，Enercon 的 4.5MW 和 6MW 风机已经开始批量生产，并投入运行。美国 7MW 风电机组已经研制成功，并且研制 10MW 机组；欧盟正在考虑研制 20MW 的风电机组。随着大型机组技术的成熟，风电的装机容量在大幅增长，同时风力发电机组由陆地走向了近海。海上有丰富的风能资源和广阔平坦的区域，使得近海风力发电技术成为近来研究和应用的热点。多兆瓦级风力发电机组在近海风力发电场的商业化运行是国内外风能利用的新趋势。随着风力发电的发展，欧洲陆地上的风能利用正趋于饱和，海上风力发电场将成其为未来发展的重点。1991 年在丹麦南部的洛兰岛以北海域修建了世界上第一个海上风电场，由 11 台 Bonus 公司 450kW 失速型风机组成。随后荷兰、瑞典、英国相继建成了自己的海上风电场。2010 年 9 月 23 日，英国东南部的 Thanet 海上风电场正式开始并网发电。该风电场由 100 台 Vestas 的 V90 风力发电机，总装机容量为 300MW，是目前世界上最大的海上风电场。在欧洲之外，中国上海东海大桥 100MW 风电场的成功并网运行，标志着我国成功迈出了海上风电发展的第一步。

在过去的 20 年里，风电发展不断超越其预期的发展速度，一直保持着世界增长最快的能源地位。2011 年全球风机容量已达 238GW，预计全球装机容量 2015 年将到 600GW，2020 年将超过 1500GW。我国风力发电已进入大规模稳步发展阶段，从 2005～2009 年连续 5 年风电总装机翻番，实现飞越式发展。2011 年中国新增安装风电装机容量 17.6GW，累计安装风电装机容量 62.3GW，均居世界第一。按照我国"十二五"风电规划，2015 年的风电总装机容量为 1 亿 kW，而 2020 年的远期规划为 1.8 亿 kW，即未来每年的新增风电装机容量应保持在 1000 万 kW 以上。建设千万千瓦级风电基地思路的提出和实施，落实了"建设大基地，融入大电网"的发展方针，以使中国到 2020 年时非化石能源占一次能源比重要达到 15％。但"大规模—高集中—高电压—远距离输送"的模式，对电网企业也是一项很大的挑战。

9.1.2 风力发电机组的构成

风力发电系统主要由风轮、齿轮箱、发电机、变流器等设备以及控制系统构成，典型的风力发电系统主要组成如图 9-1 所示。风轮首先捕获波动的风能并转换为旋转的机械能，再由发电机将机械能转换为电能后经由变压器馈入电网。

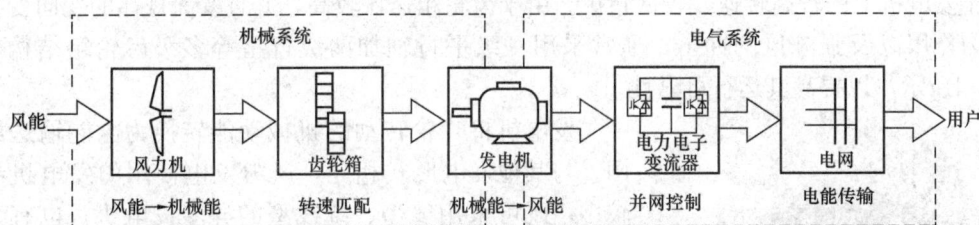

图 9-1 典型风力发电系统主要组成框图

叶轮由叶片和轮毂和变桨系统组成，如图 9-2 所示，是吸收风能的单元，用于将空气的动能转换为叶轮转动的机械能。叶片具有空气动力外形，在气流作用下产生力矩驱动风轮转动，通过轮毂将转矩输入到主传动系统。轮毂的作用是将叶片固定在一起，并且承受叶片上传递的各种载荷，然后传递到发电机转动轴上。每个叶片有一套独立的变桨机构，可主动对叶片捕获的风能进行调节。叶片的数量通常为 3 个，叶片半径越大，旋转速度越慢，兆瓦级风力机的旋转转速一般为 10～15rpm。由于风力机转速较慢，因此在其与发电机的连接中需要齿轮箱将低转速转换为高转速。

齿轮箱、传动链、发电机、和控制柜等主要设备安装于机舱内，如图 9-3 所示。机舱用于保护电气设备免受风沙、雨雪、冰雹以及烟雾等恶劣环境的直接侵害，顶部装有风速风向仪。双馈型机舱一般长度在 8m 以上，宽度和高度在 3m 以上，一般采用拼装结构；直驱型风力发电机组的机舱较短小，一般整体制造。机舱在偏航系统的驱动下，可实现风轮的自动对风。由于风的方向和速度经常变化，为了使风力机能有效地捕捉风能，设置了偏航装置以跟踪风向的变化，保证风轮基本上始终处于迎风状况。偏

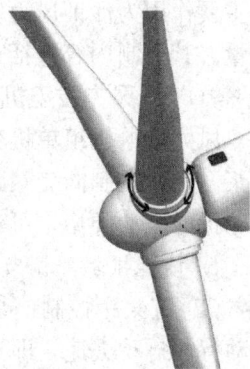

图 9-2 叶轮

航系统采用主动对风齿轮驱动形式，与控制系统相配合，使叶轮始终处于迎风状态，充分利用风能，提高发电效率。通过风向仪和地理方位检测风轮轴线与风向的偏差，采用电力或液压驱动来完成对风。

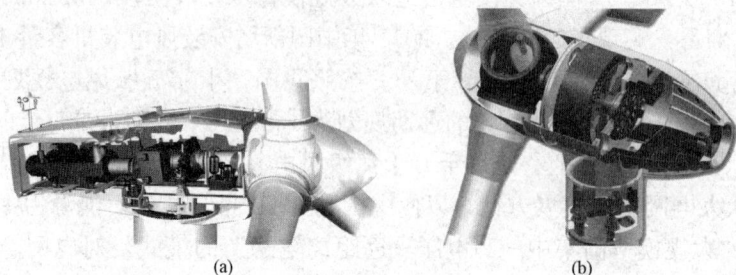

图 9-3　机舱的内部结构

(a) 双馈风电机组；(b) 永磁直驱风电机组

　　齿轮箱作为风力发电机组中一个重要的机械部件，其主要功能是将风轮在风力作用下所产生的动力传递给发电机。使用齿轮箱，可以将风力机转子上的较低转速、较高转矩，转换为用于发电机上的较高转速、较低转矩。由于齿轮箱速比较高，并且受无规律的变向变负荷的风力作用以及强阵风的冲击，通常采用一级平行轴加两级行星等多级齿轮箱结构，如图 9-4所示，以提高其运行可靠性。

图 9-4　齿轮箱

　　发电机将叶轮转动的机械动能转换为电能输送给电网。与其他发电形式相比，风力发电使用的发电机类型较多，既可采用笼型、绕线型的异步发电机，也有采用电励磁和永磁的同步发电机。此外，风力发电机受风的随机性影响，效率低、易过载，并且散热条件差、振动强烈。

　　风力发电机组的电控系统贯穿于风电机组的每个部分，相当于风电系统的神经。电控系统主要包括主控系统、变流器、变桨和偏航控制系统，由控制柜、变流柜、机舱控制柜、三套变桨柜、传感器和连接电缆等组成。

其主要作用为保证风力发电机组的可靠运行，获取最大风能转化效率，以及提供良好的电力质量。其控制内容包括正常运行控制、安全保护、运行状态监测三个方面。

9.1.3　风力发电机组的主要类型

　　风力发电机组单机容量从最初的数十千瓦级已经发展到兆瓦级，控制方式从基本单一的定桨、定速控制向变桨距、变速恒频发展。根据机械功率的调节方式、齿轮箱的传动形式和发电机的驱动类型，可对风力发电机组作如下分类。

　　1. 按机械功率调节方式分类

　　(1) 定桨距控制：桨叶与轮毂固定连接，桨叶的迎风角度不随风速而变化。依靠桨叶的气动特性自动失速，即当风速大于额定风速时，输出功率随风速增加而下降。定桨距风机不能有效利用风能，不能辅助启动。

　　(2) 变桨距控制：风速低于额定风速时，保证叶片在最佳攻角状态，以获得最大风能；

当风速超过额定风速后，变桨系统减小叶片攻角，保证输出功率在额定范围内。因此，机械功率不完全依靠叶片的气动特性调节，而主要依靠叶片攻角（气流方向与叶片横截面的弦的夹角）调节。在额定风速下，最佳攻角处于桨距角0°附近。

（3）主动失速控制：主动失速又称负变距，风速低于额定风速时，叶片的桨距角是固定不变的；当风速超过额定风速后，变桨系统通过增加叶片攻角，使叶片处于失速状态，限制风轮吸收功率增加，减小功率输出；而当叶片失速导致功率下降，功率输出低于额定功率时，适当调节叶片的桨距角，提高功率输出，可以更加精确地控制功率输出。对于变桨距和主动失速控制方式，叶片和轮毂都通过变桨轴承连接，即都通过变桨实现控制。主动失速控制的敏感性很高，需要准确控制桨距角，造价高。

2. 按传动形式分类

（1）高传动比齿轮箱型：用齿轮箱连接低速风力机和高速发电机，减小发电机体积重量，降低电气系统成本。但风电机组对齿轮箱依赖较大，由于齿轮箱导致的风电机组故障率高，齿轮箱的运行维护工作量大，易漏油污染，且导致系统的噪声大、效率低、寿命短，因此产生了直驱风电机组。

（2）直接驱动型：应用多极同步风力发电机可以去掉风力发电系统中常见的齿轮箱，让风力发电机直接拖动发电机转子运转在低速状态，解决了齿轮箱所带来的噪声、故障率高和维护成本大等问题，提高了运行可靠性。但发电机极数较多，体积较大。

（3）中传动比齿轮箱（半直驱）型：这种风机的工作原理是以上两种形式的综合。中传动比型风力机减少了传统齿轮箱的传动比，同时也相应地减少了多极同步风力发电机的极数，从而减小了发电机的体积。

3. 按发电机调速类型分类

（1）定速恒频机组：采用异步电机直接并网，无电力电子变流器，转子通过齿轮箱与低速风机相连，转速由电网频率决定，其结构如图9-5所示。定速恒频机组的优点是简单可靠，造价低，因而在早期的小型风电场中获得广泛应用。定速异步发电机组结构简单、可靠性高，但只能运行在固定转速或在几个固定转速间切换，不能连续调节转速以捕获最大风电功率。此外，在风机转速基本不变的情况下，风速的波动直接反映在转矩和功率的波动上，因此机械疲劳应力与输出功率波动都比较大。此外，每台风机需配备无功补偿装置为异步电机提供励磁所需的无功功率，并且采用软启动装置限制启动电流。

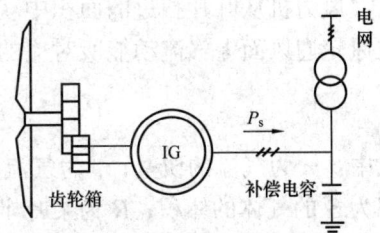

图9-5　定速异步发电机组

（2）变速恒频机组：异步发电机或同步发电机通过电力电子变流器并网，转速可调，有多种组合形式。目前实际应用的变速恒频机组主要有两种类型：采用绕线式异步发电机通过转子侧的部分功率变流器并网的双馈风力发电机组（见图9-6），以及采用永磁同步发电机通过全功率变流器并网的永磁直驱风力发电机组（见图9-7）。与定速恒频机组相比，变速恒频风电机组可调节转速，进行最大功率跟踪控制，提高了风能利用率；风速变化而引起的机械功率波动可变为转子动能，从而减小机械应力，对输出功率的波动也可起到平滑作用。

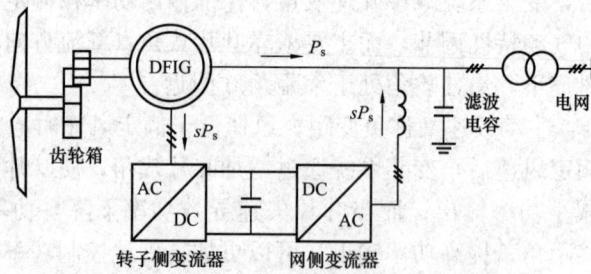

图 9-6　双馈发电机组

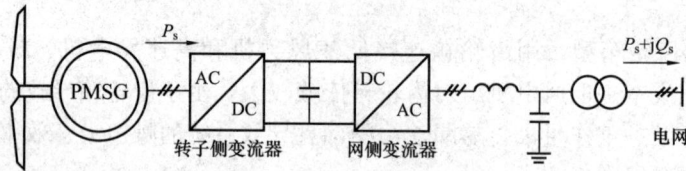

图 9-7　永磁直驱发电机组

9.2　风力机的特性与最大功率跟踪控制

9.2.1　风力机的特性

风在通过风力机时会产生升力，驱动风轮旋转，从而可利用风力机将风能转化为机械能。该过程的分析涉及空气动力学和流体力学，对其准确建模需要采用叶素理论，利用叶片的几何尺寸等参数，对叶片各处受力进行详细计算，因而建模较为复杂。当主要关心风电机组并网的电气特性时，通常采用简化的建模方法建立风力机的气动模型来描述其特性。

风力机从叶片扫过的面积中获取风能。风能是空气流动产生的动能，由流体力学可知，在风轮迎风面上气流动能所对应的全部风功率为

$$P_{\mathrm{w}}=\frac{1}{2}mv^2=\frac{1}{2}\rho Vv^2=\frac{1}{2}\rho Sv^3=\frac{1}{2}\rho\pi R^2v^3 \tag{9-1}$$

式中：m 为气流的质量；v 为气流的瞬时速度；ρ 为气体密度；V 为单位时间内气流流截面积为 S 的气体的体积；R 为桨叶半径。

式（9-1）给出了风中理论上可以开发利用的能量。然而，风力机无法从风中全部提取上述能量，当风流过风力机时，一部分动能传递给风轮，剩下的能量被流过风力机的气流带走。叶轮输出的实际功率取决于能量转换过程中风与风轮相互作用时的效率，即风能利用系数为 C_{p}，风力机的实际输出机械功率为

$$P_{\mathrm{M}}=C_{\mathrm{p}}P_{\mathrm{w}}=\frac{1}{2}\rho\pi R^2v^3C_{\mathrm{p}} \tag{9-2}$$

风能利用系数 C_{p} 是表征风力机效率的重要参数，它与风速、叶片转速、叶片直径、桨叶节距角均有关系。为了便于讨论 C_{p} 的特性，定义风力机的另一个重要参数叶尖速比 λ，即叶片的叶尖线速度与风速之比为

$$\lambda=R\omega/v \tag{9-3}$$

式中：ω 为叶片旋转的角速度。

风能利用系数 C_p 只与叶尖速比 λ 和桨距角 β 有关，当桨距角 β 固定时，可用一条曲线描述 $C_p(\lambda)$ 特征，如图 9-8 所示。对一特定的风力机，具有唯一的 λ 使得 C_p 最大，称为最佳叶尖速比 λ_{opt}，对应最大风能利用系数为 C_{pmax}。从图 9-8 可以看出，当叶尖速比大于或小于最佳叶尖速比时，风能利用系数都会偏离最大风能利用系数，引起机组效率的下降。一般 λ_{opt} 为 8～9，即叶尖速是风速的 8～9 倍时，风能利用系数最大。图 9-9 是桨距角变化时的风力机特性曲线，当桨叶距角逐渐增大时，$C_p(\lambda)$ 曲线向下移动，即 C_p 随之减小。因此，调节桨距角可以限制捕获的风电功率。

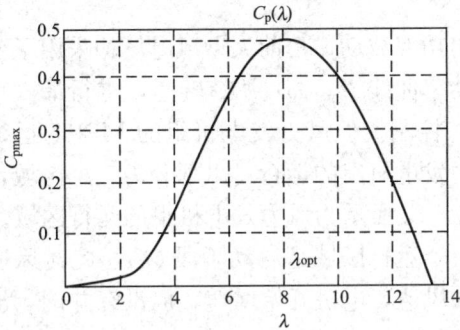

图 9-8　桨距角固定时的风力机特性曲线　　　图 9-9　不同桨距角下的风力机特性曲线

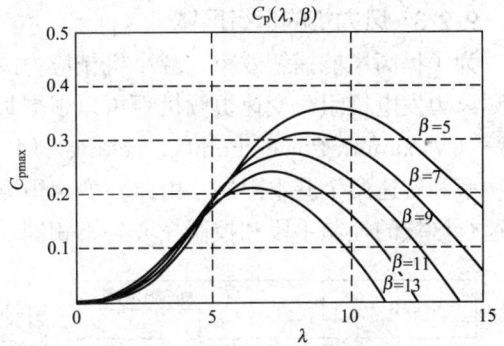

根据贝兹极限，理论上风能利用系数的最大值为 0.593。现代三桨叶风力机在轮毂处实测的最优 C_p 值为 0.52～0.55。而最终的风能利用系数还要考虑机械能转化为电能时的损耗，目前风电机组将风电功率转化为电气功率的最优利用系数为 0.46～0.48。

从上面的分析可知，在某一固定的风速 v 下，随着风力机转速的变化，C_p 值也会相应变化，从而使风力机输出的机械功率随之变化。对于一特定风力机，$C_p(\lambda)$ 特性曲线已知，桨叶半径 R 为常数，则可建立不同风速下 $C_p(\omega)$ 的特性曲线簇，如图 9-10 所示。风力机在固定风速下的最优运行点对应唯一的风轮转速，随着风速增加，$C_p(\omega)$ 曲线向右移动，转速也需随之而增加才能捕获最大功率。根据式（9-2）可进一步得到风力机捕获的机械功率和转速之间的关系 $P_M(\omega)$ 特性曲线簇，如图 9-11 所示。

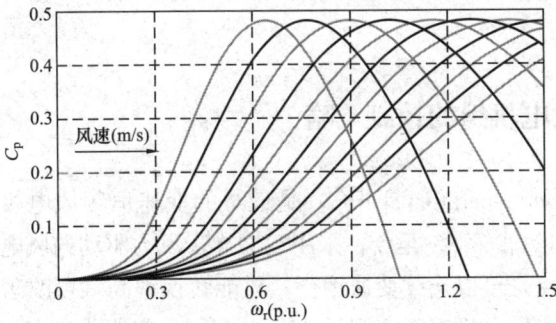

图 9-10　不同风速下 $C_p(\omega)$ 特性曲线簇　　　图 9-11　不同风速下风力机机械功率与转速的关系 $P_M(\omega)$ 特性曲线簇

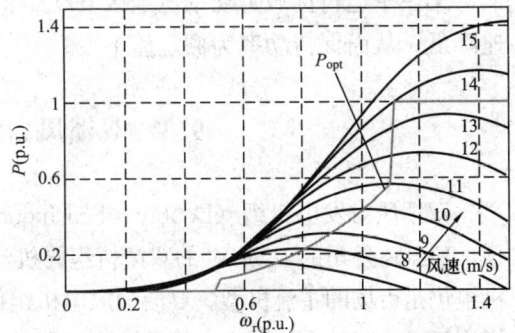

9.2.2 最大风功率跟踪曲线

在图 9-11 所示的曲线簇中，连接最大功率点即可得到功率最优曲线 $P_{opt}(\omega)$。风力机运行于最优点时（即 $\lambda=\lambda_{opt}$、$C_p=C_{pmax}$），根据式（9-3）可得风速和转速的关系为

$$v=R\omega/\lambda_{opt} \tag{9-4}$$

将式（9-4）代入式（9-2）中，可得在最优运行点风力机捕获的功率为

$$P_{opt}=0.5C_{pmax}\rho\left(\frac{R}{\lambda_{opt}}\right)^3\pi R^2\omega^3=k_{opt}\omega^3 \tag{9-5}$$

式中，$k_{opt}=0.5\rho\pi R^5 C_{pmax}/\lambda_{opt}^3$，为最优功率曲线系数。由式（9-5）可知，对于特定的风力机，其最佳功率曲线是确定的，最大功率和转速呈三次方成正比关系。

9.2.3 风力机的运行区域

为了提高风能捕获效率、减小机械应力及输出功率波动，目前大型风电场均采用了变速恒频风力发电机组。变速恒频机组可以根据最优功率曲线 $P_{opt}(\omega)$ 调节转速，进行最大功率跟踪（Maximum Power Point Tracking，MPPT）控制。但风力发电机组的 MPPT 运行受到功率和转速两个基本限制。由此，变速恒频风力发电机组的运行可以划分为三个区域，三个运行区域的控制手段和控制任务各不相同。图 9-12 所示为风力发电机组的运行区域。

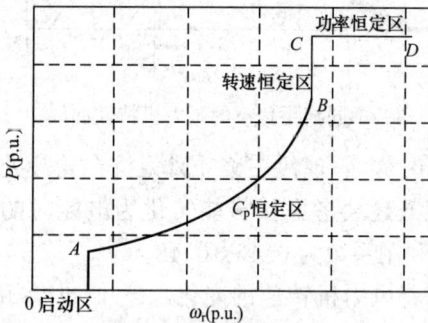

图 9-12　风力发电机组的运行区域

第一个运行区域是启动阶段 OA，此时风速上升到切入风速，电机开始增速，但没有并网，没有功率输出。

第二个运行区域是风力发电机并入电网并运行在额定风速以下的区域。此时风力发电机获得能量并转换成电能输送到电网。根据机组转速，这一阶段又可分为两个区域：变速运行区 AB 和恒速运行区 BC。当机组转速小于最大允许转速时，风力发电机组运行在变速运行区。在这个区域内进行最大风能追踪控制，确保风力机的风能利用系数始终保持为最大值 C_{pmax}，因此该区域又称为 C_p 恒定区。在 C_p 恒定区追踪最大风能时，风力机控制子系统进行定桨距控制，发电机控制子系统通过控制发电机的输出功率来控制机组的转速，实现变速恒频运行。恒转速区的转速控制任务一般是由风力机控制子系统通过变桨距控制来实现。

第三个运行区域为功率恒定区 CD。当风速增加时，通过变桨系统调节桨距角，C_p 值迅速降低，从而保持功率为额定值不变。

9.3　双馈风力发电机组的控制策略

双馈风力发电机组（Doubly-Fed Induction Generator，DFIG）是最早的变速恒频风电机型，Vestas 公司的 1.5MW 的双馈机组样机建于 1996 年。至今，采用双馈异步风力驱动的风电机组仍是市场的主流机型。双馈型风电机组优点是可以连续变速运行，风能转换率高，可改善作用于风轮桨叶上机械应力状况；变流器容量为风电机组额定容量 25%～30%，变流器成本相对较低；功率因数高，并网简单，无冲击电流。其缺点主要是存在滑环和齿轮箱问题，维护保养费用高于无齿轮箱的永磁机组。本节主要介绍双馈风电机组的工作原理及其控制策略。

9.3.1 DFIG 的结构和工作原理

DFIG 的结构及功率流向如图 9-6 所示，采用绕线式异步发电机，其定子直接联网，转子侧通过双 PWM 变流器与电网相连。发电机向电网输出的总功率由定子侧输出功率和转子侧通过变流器输出功率的滑差功率组成，因此称为双馈电机。在图 9-6 所示的双 PWM 变流器中，与电机转子侧相连的称为转子侧变流器，与电网相连的称为网侧变流器。转子侧变换器主要功能是在转子绕组中加入交流励磁，通过调节励磁电流的幅值、频率和相位，实现定子侧输出电压的恒频恒压，同时实现无冲击并网；通过矢量控制实现 DFIG 的有功功率、无功功率独立调节；实现最大风能追踪和定子侧功率因数的调节。网侧变换器主要功能是保持直流母线电压的稳定，实现网侧功率因数的控制。

异步发电机的同步转速和转子转速分别为 n_1，和 n，则转差率 s 定义为

$$s = \frac{n_1 - n}{n_1} \qquad (9-6)$$

定、转子电流频率 f_1、f_2 关系为

$$f_1 = \frac{p_n n}{60} \pm f_2 = \frac{f_2}{|s|} \qquad (9-7)$$

式中：p_n 为电机的极对数。

由式（9-7）可知，电网频率 f_1 恒定，可通过调节转子侧电流频率 f_2 来调节转速。DFIG 在调速过程中，双 PWM 变流器流过的有功功率为滑差功率，即

$$P_r = -s P_s \qquad (9-8)$$

式中：P_s 和 P_r 分别为定子侧和转子侧输出的功率。

由式（9-8）可知，DFIG 的调速范围越宽，则所需的变流器容量就越大。DFIG 输出的总功率为

$$P_e = P_s + P_r = (1-s) P_s \qquad (9-9)$$

根据调速过程中转差率的正负，DFIG 可以有三种运行状态。

（1）亚同步运行状态：此时 $n < n_1$，转差率 $s > 0$，式（9-7）取正号，频率为 f_2 的转子电流产生的旋转磁场的转速与转子转速同方向，$P_r < 0$，由电网经变流器向转子馈入功率，输出的电磁功率 P_e 小于定子侧功率 P_s，如图 9-13 所示。

（2）超同步运行状态：此时 $n > n_1$，转差率 $s < 0$，式（9-7）取负号，频率为 f_2 的转子电流产生的旋转磁场的转速与转子转速反方向，功率由转子侧变流器流向电网，输出的电磁功率 P_e 大于定子侧功率 P_s，如图 9-13 所示。

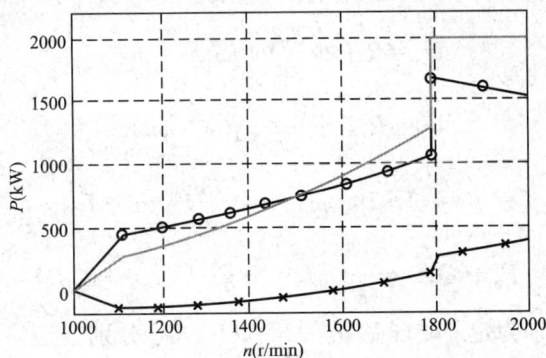

图 9-13 DFIG 的定子、转子侧功率及输出总功率的关系

——电磁功率；—○—定子功率；—✕—转子功率

（3）同步运行状态：此时 $n=n_1$，$f_2=0$，转子中的电流为直流，与同步发电机相同。

9.3.2　双馈风电机组的动态模型

为了便于分析，得到实用的数学模型，通常对电机作如下假设。

（1）忽略空间谐波，假定三相绕组对称，空间互差120°电角度，所产生的磁动势沿气隙按正弦规律分布。

（2）忽略磁路饱和，假定各绕组的自感和互感恒定。

（3）忽略电机铁芯损耗。

（4）忽略电机频率及温度变化对绕组电阻的影响。

（5）若无特别说明，DFIG 转子侧的参数均为已折算至定子侧，折算后的定、转子绕组匝数相同。

由于异步电机的数学模型是一个高阶、非线性、时变和强耦合的系统，为进一步分析和求解，可以通过坐标变换的方法来简化模型，将三相静止 abc 坐标系变换到两相旋转 $d\text{-}q$ 同步坐标系下，如图 9-14 所示。经过变换后，双馈感应电机的模型分割为相对独立的 d 轴模型和 q 轴模型。虽然 d 轴模型与 q 轴模型间存在交叉耦合关系，但是 d 轴磁链与 q 轴磁链因正交而互不影响，使所有的电感均为定常量，在一定程度上简化了电机模型。

双馈电机在 $d\text{-}q$ 同步坐标系统下的等效电路如图 9-15 所示，定转子绕组均采用电动机惯例规定正方向。定转子磁链、电压、转矩和定子侧功率的数学模型分别有

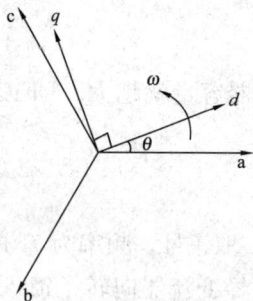

图9-14　三相静止 abc 坐标系与 $d\text{-}q$ 坐标系的关系

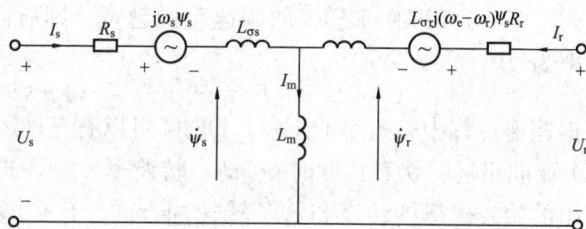

图 9-15　DFIG 在 $d\text{-}q$ 同步坐标系下的等效电路

$$\psi_s=L_sI_s+L_mI_r$$
$$\psi_r=L_rI_r+L_mI_s \tag{9-10}$$

$$U_s=R_sI_s+\frac{d\psi_s}{dt}+j\omega_e\psi_s$$
$$U_r=R_rI_r+\frac{d\psi_r}{dt}+j(\omega_e-\omega_r)\psi_r \tag{9-11}$$

$$T_e=\frac{3}{2}p_n\text{Im}[\psi_s\hat{I_s}]=-\frac{3L_m}{2L_s}\text{Im}[\psi_s\hat{I_r}] \tag{9-12}$$

$$P_s+jQ_s=-\frac{3}{2}U_s\hat{I_s}=-\frac{3}{2L_s}U_s(\hat{\psi_s}-L_m\hat{I_r}) \tag{9-13}$$

式中及图中：ψ_s、ψ_r 分别为定、转子磁链矢量；U_s、U_r 分别为定、转子电压矢量；I_s、I_r 分别为定、转子电流矢量；p 为微分算子；R_s、R_r 分别为定、转子电阻；L_s、L_r、L_m 分别为定、转子自感及其之间的互感；$L_{\sigma s}$、$L_{\sigma r}$分别为定、转子漏感；ω_e 为同步电角速度；ω_r 为

转子电角速度；p_n 为电机极对数；T_e 为电磁转矩；P_s、Q_s 分别为 DFIG 定子侧有功功率与无功功率。

由式（9 - 10）、式（9 - 11）可得

$$\psi_r = \frac{L_m}{L_s}\psi_s + \sigma L_r I_r$$

$$I_s = \frac{1}{L_s}(\psi_s - L_m I_r) \tag{9-14}$$

$$U_r = R_r I_r + \sigma L_r \frac{dI_r}{dt} + \frac{L_m}{L_s}\frac{d\psi_s}{dt} + j\omega_{slip}\left(\sigma L_r I_r + \frac{L_m}{L_s}\psi_s\right)$$

$$\sigma = 1 - L_m^2 / L_r L_s;\ \omega_{slip} = \omega_e - \omega_r$$

式中：σ 为漏磁因数；ω_{slip} 为滑差角频率。

转子运动方程为

$$T_e - T_L = \frac{J}{p_n}\frac{d\omega_r}{dt} + D_m\frac{\omega_r}{p_n} + k_m\frac{\theta_r}{p_n} \tag{9-15}$$

式中：T_L 为负载转矩；J 为机组旋转部分转动惯量；D_m 为阻尼系数；K_m 为弹性转矩系数。

通常可假设风力机与 DFIG 转子轴完全刚性连接、整个风电机组无阻尼，即 $D_m = 0$，$K_m = 0$，则系统运动方程可进一步简化为

$$T_e - T_L = \frac{J}{p_n}\frac{d\omega_r}{dt} \tag{9-16}$$

9.3.3　DFIG 的控制策略

在双馈电机的变速恒频控制中，采用矢量控制技术将 DFIG 定子电流分解为相互解耦的有功分量和无功分量，对其进行独立控制，可以实现 DFIG 输出有功功率和无功功率的解耦控制。矢量控制是 1971 年西门子公司的 F. Blaschke 等人首先提出来的，它是交流传动调速系统实现解耦控制的核心，其基本思路是通过电机理论和坐标变换理论，把交流电动机的定子电流分解成磁场定向旋转坐标系的励磁电流分量和与之垂直的转矩分量，然后分别对它们进行控制使交流电动机得到和直流电动机一样的控制性能。借鉴这一思想，对于 DFIG 来说，通过矢量控制技术对双馈异步发电机的有功功率和无功功率进行解耦控制，从而实现控制风电机组变速运行和提供无功电压支持的目的。

变速恒频双馈风力发电系统的主要控制目标有两个：一是实现最大风能追踪和在风速过高时限制发电机的输入功率，其核心是对双馈发电机转速或者是有功功率的控制；二是控制双馈发电机与电网间交换的无功功率。双馈发电机转子侧换流器和网侧换流器均有一套独立的矢量控制系统，均采用 PWM 控制，转子侧换流器控制电磁功率，并为电机提供交流励磁，网侧换流器控制直流电压及单位功率因数运行，其总体控制系统如图 9 - 16 所示。

1. 转子侧换流器控制

通过对坐标轴定向，可以进一步简化 DFIG 的数学模型，从而得到矢量控制所需有功和无功解耦的控制方程。从而转子侧换流器可通过控制转子电流的 $d - q$ 轴分量来分别控制 DFIG 的有功和无功功率。坐标轴定向方法有转子磁链定向、定子磁链矢量和定子电压定向等。双馈电机的矢量控制通常采用定子电压或定子磁链定向。实际上，忽略定子绕组电阻后，发电机的定子磁链与定子端电压矢量之间的相位差正好是 90°。因此，这两种定向方式的控制效果类似，只是 d、q 轴电流代表的有功和无功分量刚好相反。

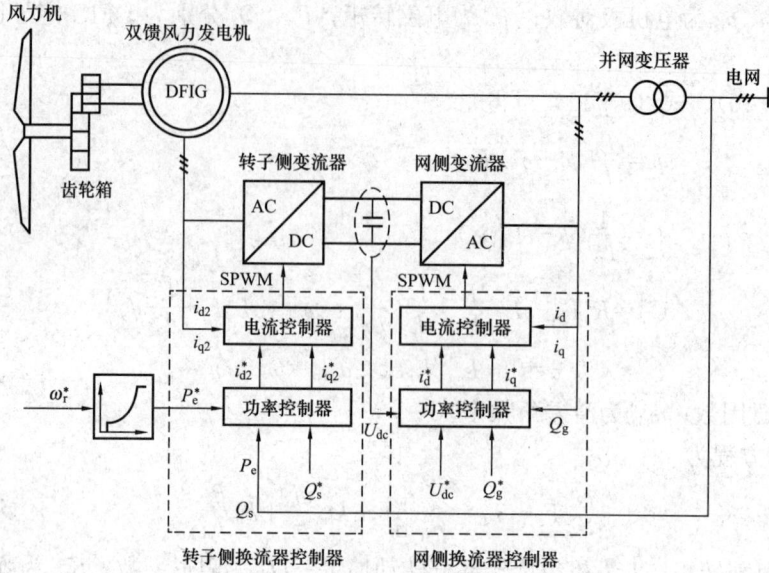

图 9-16　变速恒频双馈风力发电机总体控制系统

若以定子磁链定向，取定子磁链矢量方向为同步坐标系 d 轴，即 $\psi_{sd}=\psi_s$，$\psi_{sd}=0$，在忽略双馈发电机定子磁链变化的情况下，有

$$u_{rd}=R_r i_{rd}+\sigma L_r\frac{\mathrm{d}i_{rd}}{\mathrm{d}t}-\omega_{slip}\sigma L_r i_{rq}$$

$$u_{rq}=R_r i_{rq}+\sigma L_r\frac{\mathrm{d}i_{rq}}{\mathrm{d}t}+\omega_{slip}\left(\sigma L_r i_{rd}+\frac{L_m}{L_r}\psi_s\right) \qquad (9-17)$$

$$p_s+\mathrm{j}q_s=-\frac{3}{2}U_s\hat{I}_s\approx-\frac{3}{2}\mathrm{j}\omega_e\psi_s\frac{1}{L_s}(\psi_s-L_m I_r)^*$$

$$=-\frac{3}{2}\frac{\omega_e}{L_s}\mathrm{j}\psi_s\left[(\psi_s-L_m i_{rd})+\mathrm{j}L_m i_{rq}\right] \qquad (9-18)$$

$$=\frac{3}{2}\frac{\omega_e}{L_s}\left[\psi_s L_m i_{rq}-\mathrm{j}\psi_s(\psi_s-L_m i_{rd})\right]$$

$$T_e=\frac{3}{2}p_n\mathrm{Im}[\psi_s I_s^*]=\frac{3}{2}p_n\mathrm{Im}\left[\frac{1}{L_s}\psi_s(\psi_s-L_m I_r)^*\right]$$

$$=-\frac{3}{2}p_n\mathrm{Im}\left[\frac{L_m}{L_s}\psi_s I_r^*\right] \qquad (9-19)$$

$$=\frac{3p_n L_m}{2L_s}\psi_s i_{rq}$$

由式（9-18）和式（9-19）可见，当定子磁链（或定子电压）保持恒定时，定子侧有功功率及电磁转矩与转子电流的 q 轴分量（转矩分量）i_{rq} 成正比，而定子侧无功功率则完全由转子电流的 d 轴分量（励磁分量）i_{rd} 决定，这就实现了定子有功功率和无功功率控制的解耦，或者说实现了电磁转矩与转子励磁控制的解耦，此即转子侧换流器的控制目的。u_{rd} 和 u_{rq} 之间存在耦合项 $\omega_{slip}\sigma L_r i_{rq}$ 和 $\omega_{slip}\left(\sigma L_r i_{rd}+L_m\psi_s/L_s\right)$，可以通过前馈补偿的方法将其作为干扰前馈补偿后消除两者之间的耦合。转子侧换流器矢量控制框图如图 9-17 所示。

转子侧换流器实现了 DFIG 定子有功功率和无功功率的解耦控制。转子电流的励磁分量参

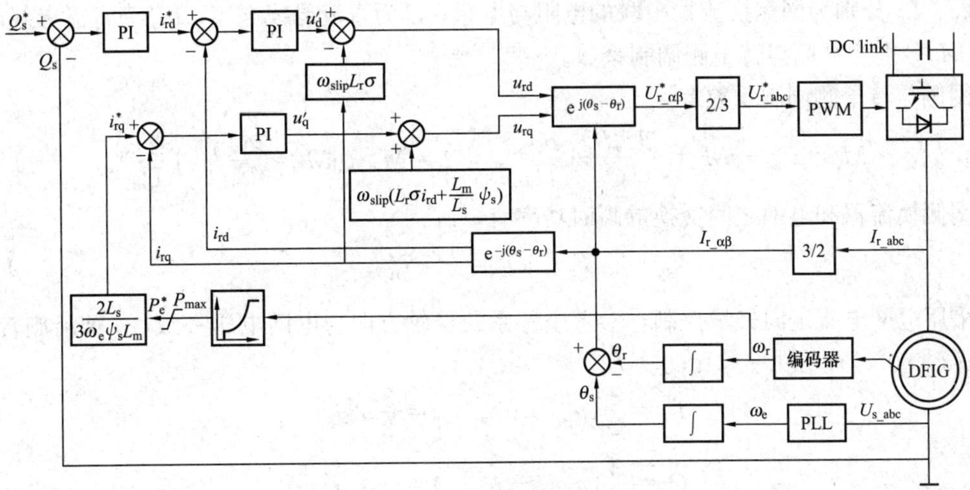

图 9 - 17　转子侧换流器矢量控制框图

考值 i_{rd}^* 和转矩分量参考值 i_{rq}^* 分别通过对定子无功功率的控制和实现最大风能跟踪策略来获得。一般控制策略中，为实现双馈发电机组的单位功率因数控制，设定定子侧无功功率的参考值为0，此时转子侧换流器仅提供电机的励磁电流。若需 DFIG 控制并网点电压，则需在外环增加电压控制器，根据电压控制器给定 d 轴电流参考值 i_{rd}^*。在有功控制环节，根据发电机转速和最大功率跟踪曲线可确定电磁功率给定，进一步可计算出电磁转矩和 q 轴电流给定 i_{rq}^*。

2. 网侧换流器控制

网侧换流器控制采用基于电网电压定向的矢量控制方案，此矢量控制方案用于电网与网侧换流器之间传输的有功功率和无功功率的解耦控制。其中网侧换流器电流的直轴分量用来控制直流母线电压保持恒定，而其交轴分量用来控制网侧换流器与电网之间的无功功率的交换。同步旋转坐标系下网侧换流器等效电路如图 9 - 18，其数学模型为

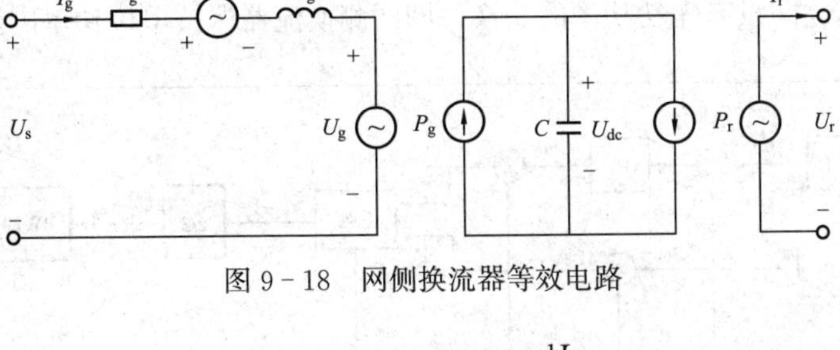

图 9 - 18　网侧换流器等效电路

$$U_s = R_g I_g + j\omega_e L_g I_g + L_g \frac{dI_g}{dt} + U_g$$

$$C \frac{du_{dc}}{dt} = \frac{P_g}{U_{dc}} - \frac{P_r}{U_{dc}}$$

$$U_g = M_g \frac{U_{dc}}{2} \qquad\qquad (9-20)$$

$$U_r = M_r \frac{U_{dc}}{2}$$

式中：U_g、I_g 分别为网侧换流器电压与电流矢量；U_s 为电网电压矢量；U_r 为转子侧电压矢

量；R_g、L_g 分别为网侧换流器串联的电阻与电感；C 为直流母线电容；U_{dc} 为直流母线电压；M_g、M_r 分别为网侧与转子侧调制系数。

网侧与转子侧调制系数有

$$M_g = M_{gd} + jM_{gq} = \frac{2U_{gd}}{U_{dc}} + j\frac{2U_{gq}}{U_{dc}}, \quad M_r = M_{rd} + jM_{rq} = \frac{2U_{rd}}{U_{dc}} + j\frac{2U_{rq}}{U_{dc}}。$$

网侧换流器和电网之间交换的瞬时功率有

$$P_g + jQ_g = \frac{3}{2}U_s I_g^* \tag{9-21}$$

采用电网电压定向矢量控制，参考坐标系的 d 轴方向与电网电压一致，q 轴沿旋转方向超前 d 轴 90°，有功功率和无功功为

$$P_g = \frac{3}{2}(u_{sd}i_{gd} + u_{sq}i_{gq}) = \frac{3}{2}u_{sd}i_{gd}$$

$$Q_g = \frac{3}{2}(u_{sq}i_{gd} - u_{sd}i_{gq}) = -\frac{3}{2}u_{sd}i_{gq} \tag{9-22}$$

由式（9-22）可知，在电网电压保持恒定时，网侧换流器有功功率与 i_{gd} 成比例，而无功功率则与 i_{gq} 成比例，实现了转子有功功率和无功功率的解耦控制。

令

$$u_d' = (R_g + pL_g)i_{gd}$$

$$u_q' = (R_g + pL_g)i_{gq} \tag{9-23}$$

则由式（9-20）可得

$$u_{gd} = u_{sd} + \omega_e L_g i_{gq} - u_d'$$

$$u_{gq} = -\omega_e L_g i_{gd} - u_q' \tag{9-24}$$

综上所述，网侧换流器的矢量控制框图如图 9-19 所示。根据直流母线电压的要求对换流器 d 轴电流参考值 i_{gd}^* 进行控制，u_{gd} 和 u_{gq} 之间的耦合项 $\omega_s L_g i_{gq}$ 和 $\omega_s L_g i_{gd}$ 可以通过前馈补偿的方法消除两者之间的耦合；根据整个风电机组对无功功率的要求对换流器 q 轴电流参考值 i_{gq}^* 进行控制。一般控制策略中，为充分利用变频器的控制能力并输出尽可能多的有功功率，通常设定电网与网侧换流器之间没有无功功率的交换，即网侧换流器保持单位功率因数运行。

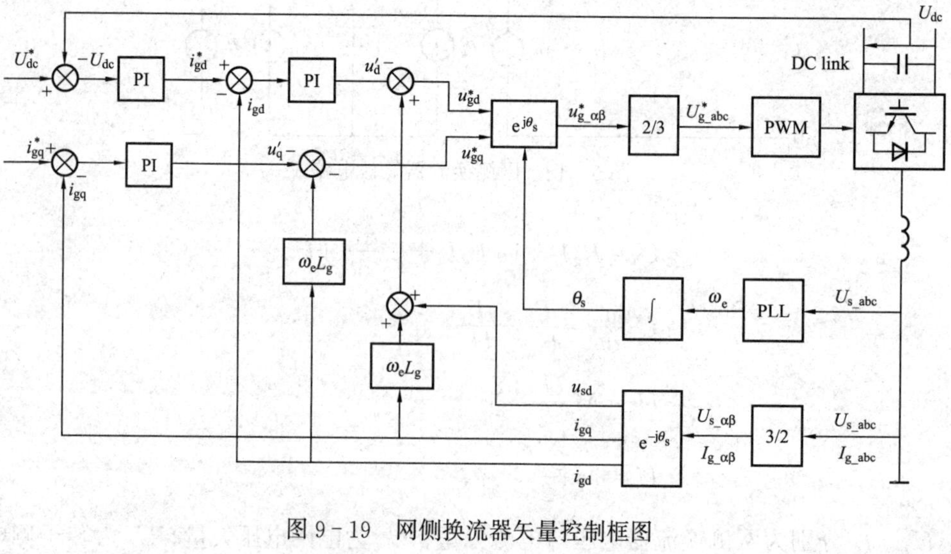

图 9-19　网侧换流器矢量控制框图

9.4 永磁直驱风力发电机组的控制策略

永磁直驱风力发电机组也是目前变速恒频的主流机型之一，并且市场份额逐渐增加。相对于双馈风电机组，其主要优点为取消了齿轮箱和传动轴，使传动系统的部件数量减少，增加了机组稳定性，降低了运行维护成本；转子没有绕组，不需要励磁电源，没有集电环和碳刷，简化了结构，提高了效率；在电网侧采用 PWM 逆变器输出恒定频率和电压的三相交流电，对电网波动的适应性好。但永磁同步发电机（Permanent Magnet Synchronous Generator，PMSG）和全功率变流器成本高，对永磁材料的稳定性要求高，发电机的外径和重量大幅增加，尤其在 5MW 以上的风电机组应用时受到体积和重量过大的限制。

9.4.1 PMSG 的稳态特性

永磁直驱风力发电机组主要由风力机、永磁同步发电机、全功率变流器等部件组成，系统结构示意图如图 9-7 所示。PMSG 为多级低速结构，因此风力机可以直接与发电机转子连接，省去齿轮箱，即为直接驱动式结构。这样可大大减小系统运行噪声，提高可靠性。由于转子采用永磁体结构，无需外部提供励磁电源，提高了效率。为实现变速恒频控制，PMSG 需通过全功率变流器并网。永磁直驱风电机组大多采用机侧变流器实现最大风能跟踪控制，网侧变流器实现直流侧电压稳定和交流输出的功率因数控制。

PMSG 定子侧输出电压的频率与转速的关系为

$$f_s = \frac{p_n n}{60} \tag{9-25}$$

式中：f_s 为 PMSG 定子侧频率，n 为其转子转速，p_n 为极对数。

通过增加 PMSG 的极对数，可以减小其转速，使之与风力机的转速相匹配，从而省去增速齿轮箱。为避免 PMSG 的极对数太多，通常定子侧的额定频率仅为 10Hz 左右，而不是 50Hz。如风力机的额定转速为 15rpm，额定频率为 10Hz 时所需的极对数为 40。PMSG 的转速的调节范围为 $0 \sim n_N$（额定转速），而 DFIG 的调速范围为额定转速附近的 $\pm 25\% \sim \pm 30\%$，

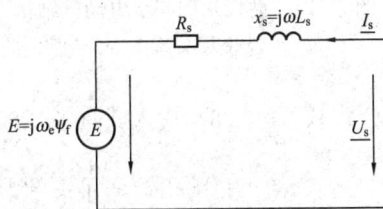

图 9-20 PMSG 的稳态等效电路

因而 PMSG 比 DFIG 的调速范围要宽。PMSG 的稳态等效电路如图 9-20 所示。图中，U_s、I_s 分别表示定子电压与定子电流矢量；ψ_f 表示转子永磁体磁链，通常为恒值；R_s、L_s 分别表示定子电阻与电感；x_s 表示定子电抗。

图 9-20 中 E 为永磁体磁链的感应电动势，有

$$E = j\omega_e \psi_f$$

由图 9-20 可得 PMSG 的定子侧电压为

$$U_s = j\omega_e \psi_f + R_s I_s + j\omega_e L_s I_s \tag{9-26}$$

式（9-26）说明，风力机在变速过程中，PMSG 输出的电压也随之而变化。PMSG 的变压变频输出需经全功率变流器后，才能并入恒压恒频的电网。

由 PMSG 的稳态等效电路可得其输出的有功和无功功率为

$$P_s = \frac{|U_s||E|}{x_s}\sin\delta$$

$$Q_s = \frac{|U_s||E|}{x_s}\cos\delta - \frac{|U_s|^2}{x_s} \tag{9-27}$$

式中：δ 为永磁同步发电机的功率角。

由于变流器为 AC-DC-AC 变换，只能将 PMSG 的有功传输给电网，而无功不能经过直流环节传输，因而机组的无功输出由网侧变流器提供。由式（9-27）可知，由于感应电动势 E 随转速变化，PMSG 输出有功不仅由功角决定，因此需进一步分析其动态模型。

9.4.2 PMSG 的动态模型

PMSG 的定子绕组与普通电励磁同步电机相同，都是三相对称绕组。为分析方便，在建立数学模型过程中作如下基本假设。

（1）转子永磁磁场在气隙空间分布为正弦波，定子电枢绕组中的感应电动势也为正弦波。

（2）忽略定子铁芯饱和，认为磁路线性，电感参数不变。

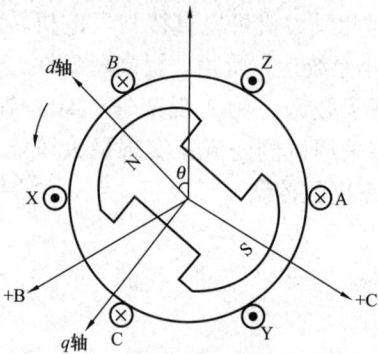

图 9-21 两极永磁同步电动机结构及坐标关系图

（3）不计铁芯涡流与磁滞等损耗。

（4）转子上没有阻尼绕组。

两极永磁同步电机结构及坐标轴关系如图 9-21 所示，通常将 d 轴定向到转子磁链上。此时，定子磁链为

$$\psi_{sd} = L_d i_{sd} + \psi_f$$
$$\psi_{sq} = L_q i_{sq} \tag{9-28}$$

式中：ψ_{sd}、ψ_{sq} 分别为定子 d、q 轴磁链；i_{sd}、i_{sq} 分别为定子 d、q 轴电流；L_d、L_q 分别为定子 d、q 轴电感。

采用电动机惯例规定正方向，则 PMSG 在 d-q 同步旋转坐标系统下的电压方程为

$$u_{sd} = p\psi_{sd} - \omega_e\psi_{sq} + R_s i_{sd}$$
$$u_{sq} = p\psi_{sq} + \omega_e\psi_{sd} + R_s i_{sq} \tag{9-29}$$

将式（9-28）代入式（9-29）可得

$$u_{sd} = R_s i_{sd} + L_d\frac{di_{sd}}{dt} - \omega_e L_q i_{sq}$$

$$u_{sq} = R_s i_{sq} + L_q\frac{di_{sq}}{dt} + \omega_e L_d i_{sd} + \omega_e\psi_f \tag{9-30}$$

由式（9-30）可得转子磁链定向方式下的 PMSG 等效电路，如图 9-22 所示。

PMSG 的功率和电磁转矩的计算公式为

$$P_s = -\frac{3}{2}(u_{sd}i_{sd} + u_{sq}i_{sq})$$

$$Q_s = \frac{3}{2}(u_{sd}i_{sq} - u_{sq}i_{sd}) \tag{9-31}$$

$$T_c = -\frac{3}{2}p_n(\psi_{sd}i_{sq} - \psi_{sq}i_{sd}) \tag{9-32}$$

式（9-31）和式（9-32）是功率和转矩的通用计算公式，适用于不同坐标系定向方式。而在转子磁链定向方

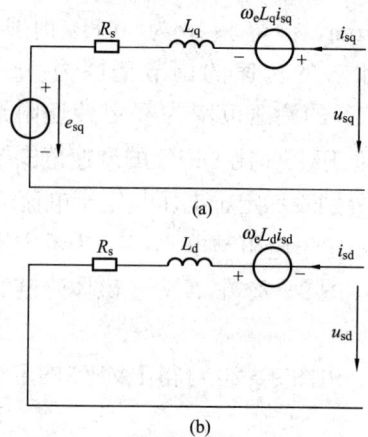

图 9-22 PMSG 在 d-q 同步坐标系下的等效电路

(a) d 轴等效电路；(b) q 轴等效电路

式下，将式（9-28）代人式（9-32）可得

$$T_e = -\frac{3}{2} p_n i_{sq} \left[(L_d - L_q) i_{sd} + \psi_f \right] \tag{9-33}$$

9.4.3　PMSG的控制策略

与双馈风力发电系统相同，永磁同步发电机亦采用机侧和网侧各有一套换流器的双PWM矢量控制系统。机侧换流器实现对电机转矩的控制，实现最大风功率跟踪；电网侧换流器的控制任务是保证直流母线电压的稳定和实现输出有功无功的解耦控制，使风机功率平稳传输到电网上。总体控制系统如图9-23所示。由于其网侧变流器的矢量控制策略与双馈机组类似，因此本节仅阐述机侧变流器的控制策略。

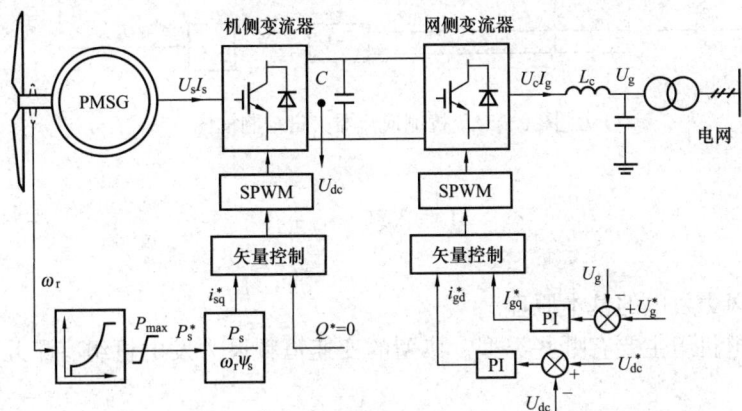

图9-23　永磁直驱风力发电机总体控制系统

机侧变流器一般采用基于转子磁链定向的矢量控制方式，即取 d 轴沿着 PMSG 永磁体磁链 ψ_f 方向。但由于定、转子磁链存在角度差 δ，定子电压的 q 轴分量 u_{sq} 并不为0，因此，在转子磁链定向方式下，有功和无功并不能解耦，而且有功和电流的 d、q 轴分量都有关系。为简化控制，通常控制 d 轴电流为零，即 $i_d = 0$，则有功和无功功率以及转矩为

$$P_s = -\frac{3}{2} u_{sq} i_{sq} \approx -\frac{3}{2} \omega_e \psi_f i_{sq}$$
$$Q_s = \frac{3}{2} u_{sd} i_{sq} \approx -\frac{3}{2} \omega_e L_q i_{sq}^2 \tag{9-34}$$

$$T_e = -\frac{3}{2} p_n \psi_f i_{sq} \tag{9-35}$$

由式（9-34）和式（9-35）可知，电磁功率 P_s 及转矩 T_e 与 q 轴电流 i_{sq} 呈线性关系，通过控制定子电流的 q 轴直流分量可控制电磁转矩，这正是 $i_d = 0$ 控制的优点之一，使电机的转矩控制环节得到简化。有最大功率跟踪曲线可得转矩设定值 T_e^* 时，电机 d、q 轴电流的参考值为

$$i_{sd}^* = 0$$
$$i_{sq}^* = -\frac{2T_e^*}{3 p_n \psi_f} \tag{9-36}$$

由式（9-30）可知，u_d 和 u_q 之间存在耦合项 $\omega_s L_d i_q$ 和 $\omega_s L_q i_d$，可以通过前馈补偿的方法

将其作为干扰前馈补偿后消除两者之间的耦合。机侧变流器的矢量控制系统框图 9 - 24 所示。

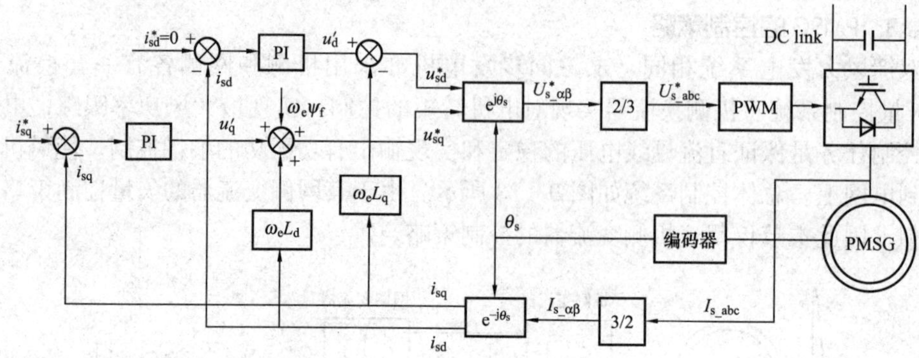

图 9 - 24　机侧换流器矢量控制框图

习　题　九

1. 试简述风力发电的基本原理。

2. 风力发电机组主要有哪些类型？典型的变速恒频风力发电机组有哪几类？其工作原理是什么？

3. 试简述风力机的运行区域与最大功率跟踪技术。

4. 变速恒频风力发电系统的控制目标是什么？分别如何实现该控制目标？

5. 双馈感应风力发电机组有几种运行状态？

6. 试写出双馈感应风力发电机组的动态数学模型。

7. 试简述双馈感应风力发电机组的转子侧换流器与网侧换流器的控制策略。

8. 试写出永磁同步风力发电机组的动态数学模型。

9. 试简述永磁同步风力发电机组的转子侧换流器控制策略。

参 考 文 献

[1] 王兆安，刘进军. 电力电子技术（第 5 版）. 北京：机械工业出版社，2009.

[2] 袁立强，赵争鸣，等. 电力半导体器件原理与应用. 北京：机械工业出版社，2011.

[3] 陈坚，康勇，等. 电力电子学：电力电子变换和控制技术（第 3 版）. 北京：高等教育出版社，2011.

[4] Daniel W. Hart. Power Electronics. McGraw Hill Higher Education，2010.

[5] 杨旭，裴云庆，王兆安. 开关电源技术. 北京：机械工业出版社，2004.

[6] 赵畹君. 高压直流输电工程技术（第 2 版）. 北京：中国电力出版社，2011.

[7] 王兆安，杨君，刘进军，等. 谐波抑制和无功功率补偿. 北京：机械工业出版社，2006.

[8] 陈坚. 柔性电力系统中的电力电子技术：电力电子技术在电力系统中的应用. 北京：机械工业出版社，2012.

[9] George J. Wakileh. 徐政译. 电力系统谐波：基本原理、分析方法和滤波器设计. 北京：机械工业出版社，2011.

[10] Olimpo Anaya‐lara, et al. 徐政，译. 风力发电的模拟与控制. 北京：机械工业出版社，2011.